한국 중소기업론

지은이 이경의 李敬儀

1938년 전라북도 군산(구 옥구)에서 태어났다. 서울대학교 상과대학 경제학과를 졸업하고 서울대학교 대학원 경제학과에서 석사학위와 박사학위를 취득했다. 중소기업은행 조사과장, 미국 럿거스Rutgers대학교 객원교수, 숙명여자대학교 경제학부 교수, 경상대학장 등을 지냈으며 현재 숙명여자대학교 명예교수이다.

주요 저서로는 《중소기업경제론》(박영사, 1972, 공저), 《한국경제와 중소기업》(까치, 1982), 《경제발전과 중소기업》(창작과 비평사, 1986), 《한국 중소기업의 구조》(풀빛, 1991), 《중소기업의 이론과 정책》(지식산업사, 1996), 《현대중소기업경제론》(지식산업사, 2002), 《중소기업정책론》(지식산업사, 2006), 《한국중소기업사》(지식산업사, 2010), 《한국 중소기업의 경제 이론》(지식산업사, 2014) 등이 있다.

한국 중소기업론

초판 제1쇄 인쇄   2014. 2. 17.
초판 제1쇄 발행   2014. 2. 25.

지은이   이 경 의
펴낸이   김 경 희
편 집   김 하 나
펴낸곳   (주)지식산업사
         본사 ● 413-832, 경기도 파주시 광인사길 53(문발동)
              전화 (031) 955-4226~7 팩스 (031)955-4228
         서울사무소 ● 110-040, 서울시 종로구 자하문로6길 18-7(통의동)
              전화 (02)734-1978 팩스 (02)720-7900
         한글문패   지식산업사
         영문문패   www.jisik.co.kr
         전자우편   jsp@jisik.co.kr
         등록번호   1-363
         등록날짜   1969. 5. 8.

책값은 뒤표지에 있습니다.

이 책을 읽고 저자에게 문의하고자 하는 이는
지식산업사 전자우편으로 연락 바랍니다.

한국 중소기업론

이 경 의

지식산업사

머 리 말

 《한국 중소기업론》은 해방 이후 2000년대에 걸친 반세기 동안 한국 중소기업과 그 정책의 변화를 분석·고찰한 것이다. 필자가 2010년에 집필한 《한국 중소기업사》에서는 해방 이전 일제 식민지 자본주의 시기까지의 중소기업을 다루는 데 그쳤다. 이 책은 거기서 미룬 해방 이후 현대 한국 중소기업사를 개관한 것이다.

 자본주의적 축적의 일반적 법칙에 따르면 자본주의 전개 과정에서 자본의 집적·집중으로 소자본(중소기업)은 대자본(대기업)에 흡수·도태되는 것을 기본적 경향으로 한다. 그런데 이러한 경향은 일방적·획일적으로 진행되는 것이 아니고 자본의 분열·분산이라는 반대 경향을 수반하여 그것이   제약되면서 이루어지기 때문에 소자본은 광범하게 잔존·신생하게 된다. 곧 자본의 집적·집중과 분열·분산이라는 모순적 현상으로 대자본·대기업 또는 독점자본과 중소자본, 중소기업은 공존하게 된다. 더욱이 자본주의가 고도화하면서 독점기업이 중소기업을 자본축적의 바탕으로 삼으면서 중소기업의 잔존·이용은 강하게 요구되었고, 이에 따라 중소기업의 잔존·신생은 더욱 광범하게 진행되었다. 중소기업은 한편에서는 구축·수탈되면서도 다른 한편에서는 사회적 대류현상 속에서 신구기업이 교체되는 가운데 폭넓게 존립하고 경제순환과 발전에 적극적으로 작용하고 있다. 이는 한국 중소기업의 변화·발전 속에서도 예외가 아니었다.

 그런데 이런 과정은 중소기업문제라는 모순 현상을 수반하면서 진행한다. 중소기업문제는 자본주의 전개 과정에서 형성되는 모순이며 또한 산업구조상의 모순으로 보고 있다. 자본주의 발전과 이에 따른 산업구조의 고도화 과정에서 생기는 모순의 하나가 중소기업문제이기 때문에 그것은 역사적 성격을 지닌다. 이에 따라 자본주의의 역사적 전개 과정에서 각 단계·유형의 모순과 그 속에서 만들어진 중소기업문제를 파악할 필요가 있다. 각 단계에서 지배적 자본이 종속적 자본을 해체·몰락시키지만 동시에 잔존·이용하는 양자 사이의 부정적·긍정적 관계가 중소기업문제 분석의 대상이 된다.

또한 중소기업문제는 산업구조상의 모순이기 때문에 산업구조의 변화에 따라 그 성격도 변할 수 있다. 산업구조가 경공업 중심에서 중화학공업 중심으로 고도화하면서 자본의 역할은 강화되고 모순 현상으로서 중소기업문제는 더욱 깊어질 수밖에 없다. 그러나 산업구조가 지식·정보집약적으로 변화하는 현대 자본주의에서는 중소기업문제도 새로운 특성을 보이게 된다.

중소기업문제는 중소기업의 경쟁·도태와 잔존·이용이라는 틀 속에서 대기업 또는 독점자본과 중소기업 사이의 상호 경쟁·대립관계와 보완·협력관계라는 두 측면이 서로 교차하면서 전개되는 것이 일반적 특징이다. 중소기업문제의 이러한 특징을 긍정적 방향으로 완화·해소시키면서 중소기업의 역할을 높여 주는 방안이 중소기업정책이다. 경쟁·도태보다는 잔존·이용을, 그리고 상호 경쟁·대립보다는 보완·협력의 측면을 강화하면서 중소기업을 경제 발전에 이바지하도록 하는 것이 중소기업정책의 과제이다. 따라서 중소기업정책은 중소기업문제에 대한 대응이라는 점에서 두 가지는 상호 관련 아래 전개된다.

이런 관점에서 한국 중소기업의 분석·고찰에서는 한국 자본주의의 발전·전개 과정이 그 전제가 되는 분석 대상이었다. 한국경제의 전개는 해방 이후 원조 의존적 축적구조의 위기를 시작으로 하여 수입대체적 공업화가 가져온 위기, 차관경제와 외채 누적의 위기, 과도한 중화학공업화가 가져온 불황, 고비용·저효율의 구조적 요인에 따른 불황, 외환경제의 위기 등 계기적으로 형성된 모순을 극복하는 과정이었다. 이러한 위기와 모순은 산업구조가 경공업 단계에서 중화학공업 단계로, 그리고 지식·정보집약적 단계로 진행·발전하면서 형성된

것이었지만, 그것은 식민지 지배를 경험한 경제, 곧 후진자본주의의 특수성을
반영한 것이기도 했다.

　한국 중소기업은 이러한 한국경제의 전개에 상응해서 그 문제가 형성되었고,
구조가 변화하면서 발전하였다. 해방 이후 생산 공백기에 지역적 시장을 바탕
으로 광범하게 생성되었던 중소기업은 원조경제 아래에서 공업화의 기반이 되
었다. 그리고 개방경제체제 아래에서 수출산업으로 전환되면서 자생적 존립 기
반은 위축되었지만, 중소기업은 국내적 생산력 기반에 분업관계를 지속하는 국
민경제의 자립의 기초였다. 산업구조의 고도화 단계에서는 하청계열 기업으로
중화학공업 성장·발전의 바탕이 되었으며 오늘날 지식·정보집약적 산업구조
아래에서도 벤처 비즈니스 등 혁신의 주체, 경쟁의 뿌리, 가치 창조의 원천으로
창조의 모체가 되고 있다. 그리고 개방화·세계화 시대에 국민경제의 자립적 기
반이 되고 있는 것도 중소기업이다.

　경제 발전 과정에서 발생하는 구조적 모순인 중소기업문제를 완화·해소하고
그 역할을 높이려는 중소기업정책의 큰 줄기는 1960년대 이후 1990년대에 걸친
일곱 차례의 경제개발계획과 문민정부의 신경제5개년계획 및 국민의 정부의 경
제 청사진(국민과 함께 내일을 연다)에 수록되어 있다. 경제개발계획은 경제개발의
포괄적 목표를 제시하는 것이어서 그 속에 담겨진 중소기업정책은 개발정책의
보완정책으로서 성격을 지니는 것이었다.

　1950년대 금융대책적 중소기업정책으로 시작한 중소기업정책은 1960년대 중
소기업 근대화정책으로 이어졌고, 초기의 전반적 육성정책은 점차 중점적·선별
적 육성정책으로 전환되었다. 산업구조 고도화와 대외지향적 개방체제 아래에
서는 하청계열화와 수출지향정책 등 보완정책으로 기능하였다. 1980년대 까지
의 근대화·고도화 촉진을 위한 적극적인 보호·육성정책에서 1990년대에는 자
율과 경쟁을 중요시하는 정책 기조로 중소기업정책은 전환되었다. 중소기업을
보호의 객체가 아니라 경쟁의 주체, 그리고 경제의 뿌리로 인식한 것이다. 이에
따라 과거에 전략산업 위주의 성장정책을 추구하던 보호와 육성의 정책 흐름은
자율과 경쟁의 방향에 따라 다수의 중소기업에게 공통적으로 혜택이 돌아가는

기능별·부문별 지원으로 바뀌었다. 그리고 중소기업의 경쟁력 확보는 기술혁신과 지식집약화를 요청하고 있다고 보고 물적 생산성뿐만 아니라 인력·기술·정보·마케팅 능력·관리 능력 등 무형의 경영자원 축적에 바탕을 둔 지식 경쟁력도 아울러 향상되는 정책 방향이 채택되었다.

경제의 순환·발전에서 중소기업의 높은 비중과 역할 등 그 중요성에 비추어 이 분야 전문서의 간행은 상대적으로 부진했던 것이 그동안의 사정이었다. 그런 점에서 보면 1996년 이후 지식산업사가 어려움을 부담하면서도 중소기업 이론서를 연이어 발간해 온 것은 중소기업 이론의 발전에 크게 이바지한 것으로 생각한다. 끝으로 이 책의 원고 타자는 김애리 석사가 수고했음을 밝혀 둔다. 또한 출판업계의 어려움 속에서 이번에도 인기 없는 중소기업 이론서 간행을 맡아 주신 김경희 사장님께 충심으로 고마움을 드리고 편집진의 노고에도 감사를 표시한다.

2013년 10월
공덕동 연구실에서
이 경 의

차 례

제6장　경제개발과 소영세기업문제

제7장　중화학공업화와 중소기업

제8장 하청·계열화와 1980년대 중소기업정책

제9장 산업구조의 기술·지식집약화와 중소기업

제10장 1990년대 이후 중소기업정책과 그 과제

16

표 · 그림 차례

18

제1장

8·15해방 전후 한국경제와 중소기업

제1절 식민지 자본주의의 파행성과 그 경제적 유산

1. 일제 식민지 자본주의의 파행성

해방 후 1950년대 한국 중소기업을 고찰하려면 먼저 일제 식민지 지배 아래 한국경제에 대한 선행적 검토가 요구되는데, 그것은 식민지 시기의 경제적 유산이 해방 뒤 한국경제와 중소기업의 순환을 규정하는 중요한 요인이기 때문이다. 일제 치하 한국경제에는 봉건제도의 경제와 그 종속 아래 있던 개인경제, 제국주의 자본의 경제, 예속자본주의 및 민족자본의 경제 등 여러 가지 경제범주가 병존하였다.

그 가운데서도 일본제국주의 자본이 지배적인 위치에 있었으며 봉건제도도 중요한 위치에 있었기 때문에 식민지·반봉건사회라는 특수한 경제 형태를 형성하였다고 보기도 한다.[1] 그런데 일제 치하 한국경제는 민족자본주의 경제의 발전을 억압하면서 전개되었으며, 또한 이 시기 지배적인 경제범주였던 제국주의 경제는 자본주의적이었지만 그 성격은 식민지적이었기 때문에 일제 식민지 지배 아래의 한국경제는 식민지 자본주의라고 볼 수 있다.[2]

식민지 자본주의에 대하여는 긍정적 시각과 부정적 시각이 교차하고 있다. 전자는 이른바 식민지근대화론을 배경으로 하는 사회적 분업재편성론이다. 사회적 분업재편성론은 우선 1930년대 식민지공업화를 군수공업기지의 건설이라고 보는 군수산업화론에 대하여 비판적이다. 조선의 공업화를 모두 전쟁경제와

---

1) 安秉直, 〈植民地經濟의 성격과 分斷의 경제적 의의〉, 金潤煥 외 10人 共著, 《韓國經濟의 展開過程》, 돌베개, 1981, 31쪽.
2) 이에 대한 상세한 논의는 이경의, 《한국중소기업사》, 지식산업사, 2010, 제7장 제1절을 참조할 것.

관련지어 보면 1910년대 말부터 있었던 조선경제의 변화를 제대로 보지 못한다는 것이다. 또 조선에 직접적인 군수산업은 없었고 1930년대 군수공업은 넓은 의미에서 생산력 확충 산업이며, 그것이 어떠한 조선적 특질을 가지고 전개되었는가가 문제라는 것이다.[3]

실태 분석을 중심으로 논리를 진행한 사회적 분업재편성론은, 조선공업의 실제적 내용은 군수적 성격이 그렇게 강한 것이 아니고 오히려 조선 내의 공산품 시장 확대가 일본으로부터 자본과 상품의 유입을 유인했다는 측면을 강조하였다. 조선 내의 공산품 시장의 확대에 따른 공산품 소비의 급증은 새로운 자본주의적 생산력에 따라 농촌 지역을 포함한 조선 내부의 사회적 분업을 급속히 확대·재편하였고, 그 과정에서 시장 조건에 변화가 일어나 발생한 것이다. 여기에는 종래의 자급자족적 소비 부문이 일본제품으로 대체되었을 뿐만 아니라 새롭게 수요가 창출되었다는 기저적基底的 변화에 대한 인식이 필요하다고 하였다. 곧 사회적 분업의 재편과 시장 확장을 배경으로 군수자원 개발정책의 대상과 다른 제조공장이 속출하였다는 것이다.[4]

여기서 말하는 사회적 분업의 재편성이란 ① 자본의 농업 포섭과 그에 따른 농촌사회의 변질, ② 농업 종사자의 이농과 비농업사회의 확대, ③ 자본주의적 공업경영의 확대, ④ 자본의 사회 전체 포섭의 가일층加一層 심화深化라는 역사적 과정이라고 설명하였다.[5] 더욱이 1930년대 막대한 농업인구가 조선 외부나 조선 내의 특정 지역 및 산업 부문으로 단기간에 이동하면서 사회적 구조에 변화가 일어났는데, 이것은 조선 내에서 도시를 중심으로 하는 비농업사회의 팽창의 결과이며 직접적인 자본주의적 공업의 성립이라고 보았다.

비농업사회에서는 직접적으로 자본주의에 포섭되고 있는 부분이 아주 컸고,

---

3) 安秉直·堀和生, 〈總論—植民地朝鮮工業化의 歷史的 條件과 그 性格—〉, 安秉直·中村哲 共編著, 《近代朝鮮工業化의 研究》—1930~1945년—, 일조각, 1993, 28쪽.
4) 堀和生, 〈1930年代 朝鮮工業化의 再生産條件—商品市場分析을 中心으로—〉, 安秉直·李大根·中村哲·梶村秀樹 編, 《近代朝鮮의 經濟構造》, 比峰出版社, 1989, 351쪽.
5) 堀和生, 〈1930年代 社會的 分業의 再編成—京畿道 京城府의 分析을 통하여〉, 安秉直·中村哲 共編著, 앞의 책, 49쪽.

그 중심이 되는 자본주의적 공업은 재래의 산업 기반과는 비교적 관계가 없는 이식공업이었으며, 어느 정도 이상의 규모를 갖고 성립하였다. 중소공장이 일정하게 발생·발전하였으며 도시에 대규모 공장화의 경향도 진전되었는데, 그로 말미암아 조선인 자본이 양적으로 증대하였으나 대공장을 경영하는 일본인 자본의 지배력은 오히려 강해졌다. 경성京城은 조선 공업화의 중심지였으며 경성을 비롯한 도시와 농촌을 묶는 광범위한 자본주의적인 사회적 분업이 성립하였다는 것이다. 그리고 그것을 조직하는 새로운 상업망이 조선 안에 널리 형성되었는데, 그 근간을 장악한 것은 일본 상인이었고 이들이 공산품의 유통에서 중요한 위치를 차지하였다고 보았다.

이러한 조선사회의 구조적 변화와 자본주의적인 사회적 분업의 진전은 두 가지 측면을 동시에 파악할 수 있게 한다는 것이다. 하나는 조선사회의 변화가 일본 자본주의 변용의 일부라는 것이다. 그것은 식민지 시기 조선의 시장적 조건이 이미 일본경제의 일부라는 일반적 조건에 덧붙여 일본 자본주의가 중화학공업으로 선회함에 따라 대조선對朝鮮 투자가 크게 이루어져 조선의 공업화와 자본주의화가 강력히 추진되었기 때문이라는 것이다.

또 하나의 측면은 조선경제가 단순히 일본경제의 일부는 아니며 조선의 독자적인 특징이 형성되는 과정을 들고 있다. 그것은 소수 대도시로 도시기능 집중, 영세공업의 취약성과 대공장 우위성의 대칭, 자본·기술 면에서 강한 대일 의존, 자본주의가 지배적인 산업 및 지역에서 조선인의 급격한 증대 등이다. 결국 일본 자본주의로 포섭이 강해짐과 동시에 조선만의 독특한 구조를 지닌 새로운 사회가 형성되고 있었다는 것이다. 이는 식민지 조선만의 특징을 지닌 자본주의의 성립 과정이었으며, 이렇게 조선사회가 독특한 특징을 지니면서 자본주의를 향해 나아가는 불가역적不可逆的 과정이 1930년대 공업화 과정이었고, 그것이 사회적 분업의 재편성으로 구체화되었다는 것이다.[6]

이 견해는 물론 '식민지공업비지론'에 대해서도 비판적이다. 조선은 단순한

---

6) 위의 글, 위의 책, 82~83쪽.

일본 공업의 소비제품 시장이 아니고, 또 국내 공업 제품을 모두 일본으로 반출하는 비지飛地도 아니라는 것이다. 조선 공업 제품의 운동에는 ① 일본으로부터 소비수단(특히 비식료품)과 생산수단의 유입 증가, ② 조선에서 공업 제품 소비시장의 확대와 그것과 연관된 소비수단·생산수단(특히 생산재)의 생산증대, ③ 조선 내의 생산증가로 일본으로 생산재의 공급증가 등의 세 가지 운동이 병행·중복되었다는 것이다. 그 결과 조선과 일본 사이, 그리고 조선 지역의 내부에서도 산업연관, 곧 공급 면에서 사회적 분업이 형성되어 있다고 보았다.7) 결국 사회적 분업의 재편성으로 조선 내에서 공산품 시장이 지속적으로 확대된 것이 조선공업화와 자본주의화의 요인이라고 본 것이 사회적 분업재편성론의 요지이다.

　이러한 사회적 분업재편성론에 대하여는 다음과 같이 반론이 제기되었다. 조선의 공업화 과정에서 조선인 공업도 절대적으로는 발전하였지만 상대적으로는 위축되었으며, 조선경제 전체로 보면 아주 미미한 비중밖에 차지하지 못하였다. 회사의 납입금이나 공업회사 자산의 9할을 일본인이 지배하였고, 조선 내의 공업 생산은 압도적으로 일본인 공장에서 이루어져 생산이 일본인에 집중되었다. 그것은 최종소비재를 제외한 원료와 중간재 및 자본재가 주로 일본인 공장에 의해서 소비되었음을 뜻하고 나아가 일본에 대한 공업원료나 중간재의 이출도 주로 조선 내의 일본인 공장과 일본인 사이에서 이루어졌을 가능성을 말한다. 이러한 가능성은 사회적 분업재편성론의 한계를 지적하는 것이다. 이러한 관점에서 조선의 공업을 세 개의 그룹으로 분류·검토한 결과, 일본인 대자본이 설립한 근대적 공장은 그 생산액이 비약적으로 증대하고 조선 공업의 고도화를 주도하였지만, 이들 공장의 업종은 조선 안의 다른 업종과 직접적인 연관관계가 크지 않아서 오히려 포령적包領的 존재에 가까웠다.

　결국 1930년대 공업구조의 고도화 과정에서 공업 내부의 산업연관 증대를 근거로 조선 공업의 이중구조적 성격을 부정하는 견해는 적절하지 못하다는 것이다. 조선과 일본 사이, 그리고 조선 안에서 공업 내부의 산업연관이 증대된 것

---

7) 安秉直·堀和生, 앞의 글, 앞의 책, 27쪽.

은 사실이다. 그러나 조선의 공업화는 일본의 대자본이 압도적 비중을 가지면서 진행되었기 때문에 조선 내에서는 일본인 공업 내부, 그리고 조선과 일본 사이에서는 조선 내 일본인 공업과 일본 본토 공업 사이의 산업연관이 증대되는 형태로 전개되었을 가능성이 높다. 주로 조선인 가내공업과 소영세공장을 하나의 극極으로 하고, 일본인 대자본을 다른 극으로 하는 이중구조가 1930년대 이후 조선 공업의 특징을 이루고 있었으며 생산뿐만 아니라 기술 또한 이중구조적 성격을 보여 주었다는 것이다.[8]

이러한 것의 근본적 원인은 식민지 지배의 경제적 기반이 된 것이 제국주의 자본의 경제였기 때문이다. 일반적으로 식민지라고 하면 농업국이고 이들은 주로 제국주의와 분업관계를 형성하지만 그러한 경우에도 식민지에서는 미약하고 느리기는 하지만 공업이 발전하고 경우에 따라서는 급속한 공업화를 경험하기도 하는데, 1930년대 조선경제의 공업화가 그 사례이다. 이를 두고 식민지 근대화라고도 하지만 그것은 식민지의 근대화가 아니고 식민지 지배체제의 발전에 지나지 않으며, 그 생산관계에서 식민지적 성격을 갖는 제국주의 자본의 확대 과정에 지나지 않는 것이다. 설령 식민지에서 공업이 발전하더라도 그것은 식민지 초과이윤의 실현을 위한 제국주의 자본이 발전한 것이다. 이에 민중의 생활은 향상되지 못하고 제국주의 자본의 발전은 민족자본 경제의 발전을 저지한다. 곧, 형태상으로는 식민지에서 자본주의 경제가 발전하지만 그것은 제국주의 자본의 발전에 지나지 않는다는 것이다.[9]

그 결과로 전개된 식민지 자본주의는 다음과 같이 다양한 파행성을 지니는 것으로 지적되었다. ① 일본 독점자본의 조선공업 독점과 지배, ② 중공업의 낙후성과 그 예속성, ③ 경공업의 낙후성과 그 식민지적 예속성, ④ 광업과 공업의 불균형성, ⑤ 공업과 농업의 불균형성, ⑥ 공업 생산 배치의 지역적 편재성, ⑦ 기술 수준의 저위성 등이 그것이다.[10]

---

8) 허수열, 〈식민지적 공업화의 특징〉, 吳斗煥 編著, 《工業化의 諸類型(Ⅱ)》—韓國의 歷史的 經驗, 經文社, 1996, 210~211쪽.
9) 安秉直, 〈日帝의 朝鮮支配와 收奪構造〉, 《韓國經濟의 展開過程》, 1981, 21~22쪽.
10) 전석담·최윤규 외, 《조선근대사회경제사》, 이성과 현실, 1989, 304~324쪽.

2. 식민지 자본주의의 경제적 유산

식민지 자본주의는 구조적으로 여러 가지 파행성을 지녔으며 조선 민족 수탈의 시기로 규정될 수 있지만, 한편에서는 경제가 성장하고 자본주의적 관계가 확대되는 국면도 지녔었다. 재정 금융 등에서 근대적 제도가 정비되고 철도 등 사회간접자본이 확충되었다. 또한 농가 경영의 시장 편입이 진전하고 지주의 상품생산에 대한 대응이 적극화하였다. 농외투자가 활성화하고 공장제 생산의 발전과 그것을 에워싼 노동자계급, 상품시장, 원료시장, 금융시장의 성장이 이루어졌다. 더욱이 중일전쟁 이후 조선의 공업은 양적·질적으로 비약적 발전을 하여 1936년부터 1943년 사이에 공장 수는 5,927개에서 14,856개로 2.5배, 종업원 수는 같은 기간 약 3배 증가하였다. 공업 생산액은 7.3배나 되는 비약적 증가를 기록하였고, 신설 공장의 대규모 근대화가 촉진 되었으며 이에 따라 생산력도 크게 증가하였다.[11]

그러나 이러한 식민지 통치 아래 경제성장은 일본 공업의 외연적 확대 과정에 지나지 않았고 식민지 권력과 일본의 자본과 기술의 주도로 이루어졌으며, 일부의 종속적 발전을 제외하고는 조선인 자본의 상대적 위축과 조선인 기술관리 능력의 부족 등 민족공업의 발전은 억제되었다. 그 결과 민족적 경제력의 위축이 초래되었다. 그리고 성장 동인이 제국주의 측으로부터 유래하면서 조선이 일본 경제권으로 편입됨에 따라 조선 내 산업연관도가 저위에 머무르는 등 산업구조의 왜곡이 형성되었다. 곧 식민지 자본주의는 외래적이고 파행적인 자본주의라고 할 수 있다.

국내적 연관이 낮은 공업구조는 남북 사이에 지역적 편재라는 특징을 지님으로써 그 파행성이 더욱 심화되었다. 북쪽에는 중화공업 부문이, 남쪽에는 경공업과 소비재 부문이 편재하고(표 1), 남쪽에는 연료 및 동력 부문의 부족이 뚜렷하였다. 이러한 파행성은 해방 뒤 남북분단이 이루어지면서 남한경제의 전반적

---

11) 朝鮮銀行 調查部,《朝鮮經濟年報》, 1948, 1~98쪽.

위축을 불가피하게 하였고 이에 더하여 자금, 자재, 기술 등에서 외부로부터 보
전 없이는 가동할 수 없는 대규모 공장은 휴업 내지 조업단축에 돌입하지 않을
수 없었다.

표 1. 남·북한 부문별 공산품액(1940년)

(단위: 천 원, %)

	남　한	북　한	합　계
화　학	91,172 (18)	410,578 (82)	501,750
금　속	13,602 (10)	123,490 (90)	137,092
기　계	38,406 (72)	14,820 (28)	53,226
방　직	170,980 (85)	30,356 (15)	201,342
요　업	7,966 (21)	31,276 (79)	39,242
목 제 품	13,749 (65)	7,312 (35)	21,061
인쇄·제본	17,246 (89)	2,127 (11)	19,373
식 료 품	213,628 (65)	114,724 (35)	328,352
가스·전기	11,097 (36)	19,366 (64)	30,463
기　타	127,474 (78)	35,794 (22)	163,268
합　계	705,474 (47)	789,843 (53)	1,495,169

주: 괄호 안 수치는 구성비임.
자료: 朝鮮銀行 調査部, 《朝鮮經濟統計要覽》, 1949년, 여강출판사(영인), 1986, 72쪽.

식민지 자본주의 아래 주요한 생산수단은 대부분 일본인에 의하여 점유되었
다. 공업 부문에서 1940년 말 현재 자본금 100만 원 이상인 공장의 공칭자본총
액 가운데 일본인 소유가 94%를 차지하고 조선인 소유는 6%를 차지하는 데 그
쳤다.[12] 또한 1941년 말 현재 공업회사의 민족별 소유 상황에서도 이러한 결과
는 분명해진다(표 2). 즉, 이 시기에 한국에 본사를 둔 한국인 소유회사는 41.4%
를 차지하지만 불입자본금액에서는 9.1%에 지나지 않는다. 이와 달리 일본인
소유의 공업회사는 그 수가 58.6%이지만 불입자본금액 비율은 90.9%나 된다.

12) 위의 책, 1~100쪽.

표 2. 공업회사의 민족별 소유 상황(1941년 말 현재)

	한 국 인				일 본 인				합 계	
	사수	비율 (%)	불입자본금 (원)	비율 (%)	사수	비율 (%)	불입자본금 (원)	비율 (%)	사수	불입자본금 (원)
방 직	35	38.5	6,948,200	14.6	56	61.5	40,770,000	85.4	91	47,718,200
금 속 기계기구	65	27.8	8,646,400	5.7	169	72.2	142,124,289	94.3	234	150,770,689
양 조 및 식 료 품	345	70.3	15,787,636	46.4	46	29.7	18,266,221	53.6	491	34,056,857
제 약	44	53.7	2,782,500	49.7	38	46.3	2,810,980	50.3	28	5,593,480
요 업 및 제 품	16	20.8	988,300	3.7	16	79.2	25,504,750	96.3	77	26,493,050
정 곡 및 제 품	89	50.9	2,827,463	19.7	86	49.1	11,558,459	80.4	175	14,385,922
식 료 품	19	15.6	401,000	8.0	103	84.4	12,957,150	97.0	122	13,358,150
제 재 및 목 재	17	16.5	3,018,875	15.1	86	83.5	17,034,189	85.0	103	20,053,064
인 쇄	39	46.4	475,800	17.2	45	53.6	2,283,400	82.8	84	2,759,200
화 학	43	29.9	3,767,300	2.0	101	70.1	189,486,175	98.1	144	193,253,475
기 타	102	28.3	3,294,998	11.7	259	71.7	24,993,625	88.4	361	28,288,623
합 계	814	41.4	48,938,472	9.1	1,150	58.6	487,792,238	90.9	1,964	536,730,710

자료: 조선은행 조사부, 《조선경제연보》, 1948년, 1~318쪽.

이 밖에 일본에 본사를 둔 대규모 공장이 다수 존재하고 회사 형태를 갖추지 않은 한국인 경영의 영세기업이 존재하고 있지만, 일제 치하 주요 생산수단은 대부분 일본인에 의하여 점유되었다. 이들 일본인 경영의 대기업은 본국 공업의 보완적 공업이라는 성격을 지니면서 개별적으로 본국과 긴밀한 연관 아래 경영되었기 때문에 한국 내의 각 부문 간, 그리고 부문 내에서 유기적 관련은 거의 갖지 못하였다. 곧 식민지 자본주의 아래 이들 생산시설은 한국민의 경제

표 3. 부문별·규모별·민족별 공장 수(1939년)

(단위: 개, %)

	5~50인			51~100인			101~200인			200인 이상			계		
	총 수	조선인 공장	비율	총 수	조선인 공장	비율	총 수	조선인 공장	비율	총 수	조선인 공장	비율	총 수	조선인 공장	비율
방 직	442	356	80	69	34	49	25	6	24	41	5	12	577	401	69
금 속	252	159	63	17	4	24	6	1	17	9	1	11	284	165	58
기계기구	523	235	45	44	9	20	24	9	38	19	1	5	610	254	41
요 업	273	193	70	31	9	29	13	1	7	11	1	9	328	204	62
화 학	1,229	965	77	106	42	39	66	30	45	33	10	30	1,434	1,047	73
목제재품	319	140	44	20	3	15	12	1	8	2	–	–	353	144	40
인쇄제본	287	143	50	12	6	50	8	1	12	3	–	–	310	150	48
식료품	2,059	1,330	64	82	35	42	32	3	9	13	–	–	2,186	1,368	62
가스전기	28	–	–	2	–	–	1	–	–	1	–	–	32	–	–
기 타	367	172	47	25	8	32	14	2	14	10	1	10	416	183	44
합 계	5,779	3,693	64	408	150	36	201	54	27	142	19	13	6,530	3916	59

주: 비율은 조선인 공장 구성비임.
자료: ① 1939년 현재 조선인공장 명부(1941년간)에 의거.
    ② 조선은행 조사부, 《조선경제통계요람》, 1949, 여강출판사(영인), 1986, 74쪽.

에 입각하여 형성된 것이 아니었으며, 일본 본국으로부터 자재 등의 보전 없이
는 가동할 수 없는 것이 대부분이었다.

한편 식민지 자본주의 아래 공장을 규모별로 민족별 소유 현황을 보면 6,530
개 가운데 조선인 공장이 3,916개로서 59%를 차지하고 있지만, 규모별로는 소
영세규모에 집중되고 있음을 알 수 있다. 즉 종업원 5~50인 규모에서 조선인
공장은 64%이지만, 51~100인 규모에서는 36%, 101~200인 규모에서는 27%로
그 비중이 감소하였으며, 종업원 수 200인 이상의 대규모 공장은 142개 가운데
19개로서 13%를 점하는 데 그쳤다. 즉 조선인 공장의 상대적 소영세성이 뚜렷
한 것이다(표 3).

이어서 공장규모별로 공장 수, 종업원 수, 생산액의 비율을 나타낸 것이 표
4의 내용이다. 공장 수가 종업원 5~30인의 규모에 81.7%가 집중되어 있으면서

표 4. 규모별 공장 수·종업원 수·생산액 비율(1939년)

(단위: %)

	5~30인 (소공장)			30~200인 (중공장)			200인 이상 (대공장)		
	공장 수	종업원 수	생산액	공장 수	종업원 수	생산액	공장 수	종업원 수	생산액
방 직	68	10	5.9	25	22	7.3	7	67	85.8
금 속	82	34	4.8	15	23	6.8	3	43	88.4
기 계	74	20	17.0	23	35	30.3	3	44	52.7
요 업	73	19	10.8	24	44	16.7	3	37	72.5
화 학	79	22	9.9	19	39	14.1	2	38	76.0
제 재	82	41	52.1	17	50	47.9	0.8	8	-
인 쇄	83	43	25.5	16	38	54.7	1	14	19.8
식 료	91	49	41.6	8	37	53.2	0.6	13	5.2
가스전기	73	26	49.8	6	52	37.0	0.8	22	13.2
기타공업	79	26	34.8	19	41	39.8	2	33	25.4
합 계	81.7	26.1	16.5	16.3	34.6	21.7	2	39.3	61.8

자료: ① 鈴木武雄, 《朝鮮の經濟》, 1942에서 작성.
　　　② 朝鮮銀行 調査部, 《朝鮮經濟統計要覽》, 1949, 여강출판사(영인), 1986, 71쪽.

도 종업원 수는 26.1%, 생산액은 16.5%를 차지하는 데 그쳤다. 이어서 30~200인의 중규모에서는 각각 16.3%, 34.6%, 21.7%였던 것이 200인 이상 대규모에서는 공장 수가 2%에 불과하였지만 종업원 수와 생산액은 39.3%와 61.8%를 차지하였다.

종업원 규모 5인 이상의 공장을 반영하는 이러한 공업구조는 주로 일본인 자본의 대규모 공업 및 그 하청기업으로 편입된 중소기업 등을 포괄하는 것이다. 그렇지만 식민지 자본주의에는 일제 치하 이식형공업移植型工業과는 별도로, 식민지 민중의 수요에 기반을 두면서 그들의 생활에 밀착하여 기초적인 소비재로부터 생산재에 이르기까지 다양한 제품을 공급했던 군소 수공업적 공업군群이 존재했다. 이들 공업은 이식형 공업의 전개로 압력을 받으면서 그 발전이 저지·왜곡되면서도 도시 하층 노동자 및 농민의 가계보충적 취업의 장場으로서 도시 지역과 농촌 지역을 막론하고 광범한 지역에 존재해 왔다. 표 5는 그러한 공업 가운데 종업원 5인 이하의 가내공업을 나타낸 것이다.

이 결과에 따르면 방직, 제재 및 목재품, 식료품, 그 밖의 생활필수품 관련 부문에서 그 부문 공업 총 생산액 가운데 각각 22.3%, 48.9%, 45.8%, 41.0%를 차지하고, 이러한 가내공업이 총 공업 생산액 가운데 21.9%를 차지하고 있다. 1930년대 말에는 군수공업화가 진전되면서 이로 말미암아 그 상대적 비중이 낮아졌지만 1930년대 초에는 이러한 공업이 총 공업 생산의 약 4할을 차지했다는 기록도 있다.[13]

이들 공업은 기본적으로는 지역 안의 수요를 대상으로 지역 토착 생산원료를 사용하여 생산하였지만 그 생산물의 일부는 전국에서 열리는 정기시定期市의 조직을 거쳐 전국 시장에 공급되기도 하였다. 또한 이들 공업은 일제 말기 전시

---

13) 高橋龜吉, 《現代朝鮮經濟論》, 千倉書房, 1935, pp.341~343 참조. 가내공업 생산액 증가율은 공장 생산에 크게 미치지 못하였지만 중일전쟁까지는 계속 증가하였고 그 이후 쇠퇴하지만 그러한 쇠퇴 현상은 서서히 진행되었다. 1920년대까지 공장 생산은 가내공업 생산에 미치지 못하였지만 1930년대 중엽에 와서야 양자의 차이가 벌어지기 시작하였다. 다만 1930년대 후반에도 가내공업 생산은 전체 공산액의 20~30%의 비중을 유지하였으며 가내공업은 일제 말기까지 뿌리 깊게 잔존하였다는 것이다(김낙년, 〈식민지 조선의 공업화〉, 《한국사 13》, 식민지 시기의 사회경제 1, 한길사, 1994, 303쪽).

표 5. 가내공업 생산액(1939년)

(단위: 천 원, %)

	생산액	공업 총생산액에 대한 비율
방 직 공 업	44,860	22.3
금 속 공 업	4,376	3.2
기 계 기 구 공 업	4,613	8.7
요 업	7,080	16.3
화 학 공 업	39,791	7.9
제 재 및 목 제 품 공 업	10,290	48.9
인 쇄 제 본 업	–	–
식 료 품 공 업	150,546	45.8
가 스 및 전 기 업	–	–
기 타 공 업	67,001	41.0
합 계	328,560	21.9

자료: 鈴木武雄, 《朝鮮の經濟》, 1942, p.216.

통제 아래서는 일시적으로 원료 통제 등에 따라 폐쇄되거나 군수 하청공장으로 전환하기도 하였지만, 해방 뒤에는 그 제약 조건도 해제되고 지역적 수요 증대도 있어서 부활·재전개되었다. 이러한 수공업적 공업군은 이 시기의 공업 생산에서 주도적 역할을 감당, 자주적 중소기업 생성의 기초가 되었다.

이러한 가내공업을 포함한 중소기업은 태평양전쟁 개시 이후 1942년에 기업정비가 착수되고, 1942년 5월 12일에 〈기업정비령〉의 공포와 6월 12일의 시행규칙 공포로 진행된 강제적 기업정비로 절대적 소멸의 국면을 맞았다. 1916년을 경계로 조선인 자본에서 회사조직과 공장조직은 영세자본에 이르기까지 빠른 속도로 중소공업에 적합한 근대적 업종에 폭넓게 진출하였다. 그 내부에서는 기술과 경영 능력을 배양하면서 점차 두터운 층을 형성해 나갔다. 그러한 조선인 자본은 1942년을 전후한 원료·노동력·자금의 봉쇄와 〈기업정비령〉 같은 직접적인 통제·강제로 소멸의 길에 들어섰다.[14] 그러나 강제적 통합 시기에도

업체들은 상호 통힙함으로써 정비되었고, 조선인 경영으로 남아 있으면서 일제 말의 극심한 물자난 속에서 겨우 유지하며 끝까지 존속하기도 하였다는 것이다. 이것은 기업정비에 관한 조선인 자본의 일방적 몰락 소멸론에 대한 반론이기도 하다.[15]

〈기업정비령〉을 계기로 조선인 자본(주로 중소영세기업)은 강제적 통제·소멸의 위기에 봉착했지만, 식민지 지배에 능동적으로 대처하면서 배양된 조선인 자본의 기술·경영 능력 등의 역량은 해방 뒤 한국경제 전개의 기초가 되었다.

---

14) 허수열, 〈식민지 경제구조의 변화와 민족자본의 동향〉, 《한국사 14》, 식민지시기의 사회경제 2, 한길사, 1994, 133쪽.
15) 朱益鐘, 〈日帝下 平壤의 메리야스工業에 관한 硏究〉, 서울대 경제학박사학위논문, 1994.8, 229~230쪽.

제2절 식민지 자본주의에서 종속적 자본주의로 전환

1. 주변부 자본주의론과 사회구성체론

8·15 해방은 한국경제를 식민지 자본주의라는 낡은 사회를 해체시키고 새로운 사회의 형성을 위한 계기였다. 그런데 그 결과는 한국경제를 미국과 일본의 자본에 의존하면서 중공업—경공업이라는 새로운 국제분업체제에 조응, 미국과 일본 자본주의와의 수직적 분업체제에 편입시켰고 결국 한국경제는 자본주의적 세계체제에 연결되었다. 외자의 배정과 금융세제상의 특혜를 통해 국가권력과 밀착관계를 형성한 독점자본이 등장하는 등 외향적 축적을 한 자본제 부문이 미·일 자본주의와 수직적 분업체제를 형성하면서 토대의 중추가 되었다. 이들은 외향적 축적을 위해 비자본주의적 관계를 재생시켰으며 내적으로는 경제부문 간 상호 관련성이 미약한 주변부 자본주의의 경제적 사회 구성을 성립하게 하였다.[16]

이런 점에서 8·15 해방은 주변부 자본주의 사회로 이행하는 기점으로 이해될 수 있다. 가지무라梶村秀樹는 전후 식민지의 정치적 독립 달성으로 세계 자본주의는 총체적으로 새로운 단계로 이행하였는데, 1950년대는 그 과도기였고 1960년대 이후에 주변부 자본주의 사회구성체론의 전개가 본격화·보편화되었다고 보았다. 그러면서 그는 세계 자본주의 주변부에서 전자본주의 사회구성체 → 식민지·반봉건사회구성체 → 주변부 자본주의 사회구성체라는 법칙적인 종속 발전의 과정을 제시하였는데, 이때 '발전'은 다름 아닌 모순의 심화 과정이라고

---

16) 李憲昶, 〈8·15의 사회경제사적 인식〉, 李大根·鄭雲暎 編, 《韓國資本主義論》, 까치, 1984, 99쪽.

규정하면서 아민S. Amin의 주변부 자본주의 사회구성체론을 동태화·역사이론화 시켰다.17)

그런데 구식민지로부터 제3세계에 이르는 사회 구성(주변부 자본주의) 추이에 결정적인 영향을 미친 외부 조건은 중심부와 주변부 사이에 중심부(본국) 총자본의 제요구를 반영하는, 중심부 본위의 국제분업체제가 형성된 것이었다. 따라서 중심부가 그 총자본의 내재적 요구에 따라 주변부에 강요하려고 하는 국제분업의 계기적 제형태를 중심부의 산업구조나 중심적 산업 부문의 추이, 주변부의 그것과의 관계를 통하여 고찰해 볼 필요가 있다는 것이다. 그러면서 가지무라는 일반적으로 중심부의 중심적인 산업 부문에 따른 국제분업의 단계로서 ① 경공업(소비재 생산)—농업분업의 단계, ② 중공업(생산재 생산)—경공업 분업의 단계, ③ 기술·지식집약적산업—기타 여러 가지 산업의 분업 단계를 생각할 수 있다고 하였다. 여기서 주변부 자본주의 사회구성체는 제2단계에 조응하는 개념이라는 것이다.18)

주변부 자본주의론은 초기 종속학파인 프레비쉬P. Prebisch를 원류로 하는 종속이론dependency theory에 그 기원이 있다. 전후의 서구중심적 역사관에 입각한 후진국 경제발전론은 근대 서구에서 발달한 자본주의가 비서구 사회와 경제적·문화적 교류를 통해 기술의 전파는 물론 일체의 자본주의 문명을 보급시켜 비서구 사회를 자본주의화 시킨다는 것, 곧 자본의 범지구대적汎地球大的 보편성과 문명화 작용을 신봉하고 있다. 그러나 이러한 개발관이 실제적으로 실현되지 않아 서국적 개발론이 파탄에 부딪혔는데, 한 세기 반의 오랜 개발 경험을 갖는 중남미 사회가 그 사례였다. 이에 1960년대 초 국제연합 중남미위원회ECLA, Economic Commission for Latin America를 중심으로 서구적 개발론에 대한 비판이 전개되었는데 그것이 이른바 종속이론과 주변부 자본주의론의 단서였다.

---

17) 가지무라梶村秀樹는 식민지하 조선사회를 식민지·반봉건사회로 규정하였다. 또한 安秉直,〈한국근대경제의 성격〉,《三一運動》, 春秋文庫, 한국일보사, 1975, 25~26쪽 및〈日帝의 朝鮮支配와 收奪構造〉,《韓國經濟의 展開過程》, 17~21쪽에도 같은 견해가 기술되고 있다.

18) 梶村秀樹,〈舊植民地社會構成体論〉, 梶村秀樹 外 著·사계절 편집부 編,《韓國近代經濟史硏究》, 1983, 89쪽 및 94쪽.

ECLA의 위원장인 프레비쉬를 중심으로 하는 중남미경제학자들은 중남미사회의 구조적 특수성을 분석하면서 서구개발이론의 유의성을 부정하였다. 이들은 중남미사회에서 서구적 기술의 이전과 진보가 일어나더라도 그것이 자체 내의 자본축적 → 경제 발전으로 연결되지 못한다고 보았다. 즉 자본주의 중심국에서는 기술 진보 → 이윤 증가 → 자본축적으로 연결되지만, 그 주변국에서는 기술 진보 → 제품가격 인하 → 수출가격(중심부에 대한) 인하 → 교역조건 악화 → 자본축적(경제 발전)의 불가로 귀결된다는 것이었다. 프레비쉬는 세계경제를 중심공업국industrial centers과 주변국peripheral countries으로 양분하여, 주변국인 저개발국은 1차 상품 대 공업품의 상대가격이 불리하게 되고 손실을 보는 한편, 중심공업국은 그에 따라 커다란 이익을 본다고 주장하였다. 그러므로 중심공업국은 교역조건 악화로 저개발국에 초대된 손실을 보상해야 한다고 주장하였다.[19]

이러한 비판적 토대 위에서 프랑크, 아민 등 신종속학파는 세계경제의 발전 과정을 제3세계 입장에서 총체적·통일적으로 파악하였다. 먼저 프랑크A. G. Frank는 오늘날 제3세계가 공통적으로 직면하고 있는 저개발underdevelopment은 그 자체가 본원적·전통적인 것이 아니라 세계 자본주의 발전의 중추─위성관계 속에서 만들어진 역사적 산물이라고 보았다. 자본주의의 세계적 발전은 세계경제를 경제잉여를 수탈하고 영위하는 중추부와 경제는 발전하지만 경제잉여는 수탈당하는 위성부로 양극화 시킨다는 것이다. 그 결과 중추부의 경제 발전과 위성부의 저개발은 세계 자본주의 발전 과정에서 동시에 나타나는 양면적 현상이며 이러한 중추─위성부관계 때문에 중추부의 경제 발전이 진전될수록 동일한 역사 과정에서 위성부에서는 저개발이 심화된다는 이른바 '저개발의 발전development of underdevelopment'이라는 명제를 제시하였다.

한편 아민은 생산양식과 사회구성체의 두 개념을 도입, 구분하면서[20] 중심부

---

19) United Nations, *Toward a New Trade Policy for Development*(Prebish Report), 1964.
20) 아민은 '사회구성체' 개념과 '생산양식' 개념을 대치시키고 있지만 생산양식이라는 말은 넓은 의미에서 보면 사회구성체 개념의 경제적 측면을 나타낸다. 다만 아민의 경우는 생산양식이 그런 의미가 아니라 개별의 생산양식으로 이루어진 생산의 체계라는 개별경영체 내부에서 구체적으로 인간과 인간 사이에 맺어지는 생산관계의 개념에 가까운 의미이다(梶村秀樹, 앞의 글, 앞의 책, 96쪽).

—주변부center-periphery구조라는 대칭적 개념을 도입하였다. 그는 세계 자본주의 구조를 발달한 중심부 자본주의와 그렇지 못한 주변부 자본주의로 양극화시키고 주변부의 사회구성체 분석을 통하여 세계 자본주의의 축적 메커니즘—〈세계적 규모에서 자본축적〉21)—과 나아가 중심부와 주변부 사이의 불평등발전unequal development22)의 메커니즘을 해명하고자 하였다.

중심부 자본주의와 달리 이에 따라 고정된 주변부 자본주의 사회구성체에서는 여러 가지 전前 자본주의적 생산양식이 파괴되지 않고 변형될 뿐이며 그 결과 자본제적 생산양식이 지배적이기는 하지만 결코 유일한 것으로는 되지 못한다. 곧 중심부 자본주의의 영향 아래 생긴 상이한 생산양식의 이종혼합성異種混合性이 주변부 자본주의 사회 구성의 기본적 특징을 이룬다는 것이다. 여기서 이종혼합성이란 사회 구성의 이행 과정에서 어디에서나 일반적으로 존재하는 과도적 여러 우끌라뜨uklad(경제제도)23)의 병존 상태와는 구별되는 재생산구조상의 특질이며, 여러 가지 생산양식이 밀접한 관계를 가지고 일체로서 사회 구성을 이루고 있다고 보는 점에서 이식자본주의 우끌라뜨와 토착 전자본주의 우끌라뜨가 단순히 병존하는 이중사회二重社會와 구분된다는 것이다.

주변부 자본주의 사회구성체의 내부 구조에 대하여는 자본주의적 요소를 중요시한다. 그리고 주변부 자본주의 사회구성체에서는 중심부로부터 이식된 외래(이식) 자본주의 우끌라뜨와 더불어 그것에 종속된 현지(토착) 자본주의가 있지만 후자는 외래 자본주의에 따라 억압되어 농업, 상업, 경공업 부문에 집중되고 또 개별적으로 중심부와 관련이 있으므로 산업 부문 사이의 유기적인 내적 관련성이 결여된 구조를 지니고 있다. 생산재 부문과 소비재 부문 등 산업 부문

---

21) Samir Amin, *The Capital Accumulation on a World Scale*, MRP, 1974(김대한·윤진호 역, 《세계적 규모의 자본축적》, (1)·(2), 한길사, 1986).

22) Samir Amin, *Unequal Development*, Harvest Press and MRP, 1976.

23) 하나의 사회경제는 순수한 형태로서 하나의 생산양식에 따라 구성되어 있는 것이 아니라 각기 그 사회의 기본적이고 지배적인 생산양식과 더불어 전前 사회로부터의 유제遺制와 새로 발생하고 있는 맹아적 생산양식이 존재하고 있다. 이와 같이 역사적으로 규정된 여러 사회의 경제적 토대를 구성하고 있는 생산관계의 그 각각의 형을 우끌라뜨(경제제도)라 한다. 사회의 역사에 있어서는 원시공산제적·노예제적·봉건적·자본주의적 내지 사회주의적 우끌라뜨가 각기 지배적 우끌라뜨로 되어 그 시대의 사회 구성의 성격을 규정하였다.

사이의 균형은 주변부 자본주의 영역에서는 찾을 수 없고 오직 그것은 세계경제적 차원에서만 존재한다. 곧 자율적인 국민경제를 창출할 수 있는 계기를 결여하고 있는 것이 주변부 자본주의의 현상적 특징이며 이것은 어디까지나 중심부 자본주의와의 관계의 소산이라고 보았다.

따라서 주변부 자본주의는 중심부 자본주의로 전화할 수 있는 가능성을 원리적으로 박탈당하게 된 상태에서 '저개발의 발전'만이 남게 된다. 그 결과 제3세계에 속한 국가가 자율적인 발전의 길을 회복하기 위해서는 세계 자본주의와 단절된 '비자본주의적 발전의 길'을 선택할 수밖에 없다고 아민은 보고 있다.

그러나 구체적·역사적 사례와 관련해서는 일본과 같은 예외를 설정하고 있으며, 중진국의 장래에 대하여 불확실한 성격을 부차적인 범주로 도입할 것인가의 문제에도 분명한 해답을 주지 못하고 있다.[24] 냉전체제의 종식과 함께 구동구舊東歐 여러 나라는 세계 시스템의 주변부적 위치로 포섭되고 있지만, 다른 한편에서 기존의 주변부 내에서는 오히려 주변부적 성격을 벗어나는 나라도 있다. 후사의 경우 1970년대 이후 고도의 지속적 경제성장 과정을 밟아 온 아시아 신흥공업국NIES인 한국, 대만, 홍콩, 싱가포르 등이 여기에 해당되며 이 밖에도 동남아의 아세안ASEAN 여러 나라 가운데 타이, 말레이시아 등 준신흥공업국도 포함된다는 지적도 있다.[25]

한편 주변부자본주의를 사회구성체로 규정하는 데 대한 근본적 문제 제기도 있다. 즉 한 사회(사회구성체)의 성격을 밝히는 것은 그 사회에서 인간 사이의 상호관계에서 벌어지는 모순을 규명하는 것이며, 그것은 한 사회의 기본적인 내적 모순을 밝히는 것이라는 사회구성체 규정의 기본 방향을 먼저 제시한다. 그러면서 때로는 한 사회에 존재하는 버금가는 여러 모순 가운데 주요한 것을 밝혀서 그 사회의 성격을 규명하기도 한다는 것이다. 인간 사이의 상호관계에는 부차적인 것이 있고 한 사회가 밖으로 연관되면서 많은 외적 모순을 가지며 이와 같은 부차적이거나 외적인 모순이 기본적 모순을 제치고 주요 모순이 되기

24) 梶村秀樹, 앞의 글, 앞의 책, 82쪽.
25) 李大根, 《世界經濟論》, 博英社, 1998, 251쪽.

도 한다. 그러나 이러한 주요 모순(부차적 모순)은 기본모순을 내재적인 것으로 하면서 일정한 사회 구성 또는 경제제도 상호 간에 주어지는 모순이다.

기본모순 또는 내적 모순은 본질적인 것이고 또 발전에서 주요하고 지도적인 역할을 하며 변화의 근거가 되는 제1차적 모순이다. 이에 대하여 외적 모순은 본질과 변화를 규정하는 것이 아니고 발전에서 부차적 역할을 하는 제2차적 모순이다. 그럼에도 구체적인 조건에 따라서는 외적 모순이 전면에 나타나고 그 해결의 1차적 의의를 갖는 중요한 것이 되는 경우도 있다. 이때 내적 모순이 후퇴하고 부차화副次化하게 된다. 곧 일정한 역사적 시기에는 외적 모순이 주요 모순으로 전화하는 것이 가능하고 이로써 외적 모순을 주요 모순으로 지니는 한 사회의 성격을 해명하게 되는데, 식민지 반봉건사회론이나 주변부 자본주의론은 이 범주에 속한다고 보았다. 따라서 이들은 엄밀한 의미에서 역사 발전의 보편적 법칙에 입각한 사회구성체로서 한 사회의 성격 규정이나 해명은 아니라는 것이다.[26]

2. 주변부 자본주의의 경제구조와 종속적 자본주의로 전환

사회구성체의 개념은 마르크스의 《경제학비판》 서문의 "대체로 아시아적·고대적·봉건적·근대부르주아적 생산양식을 경제적 사회구성체의 계속된 제시기 Progressive Epochen으로서 들 수 있다."는 짧은 문장의 해석에 그 기원을 둔다. 앞의 문장에 생략되어 있는 원시공산제 사회와 공산주의 사회를 첨가하더라도 사회구성체는 기본적으로 여섯 종류밖에 없다. 그런데 생산관계의 전개 순서에 대한 설명이 그대로 사회구성체의 발전 단계를 구획하는 역사 이론이라고 보는 관점에서는 사회구성체·생산양식·주도적 생산관계(복수 우클라드가 병존하는 과도기 등의 경우)의 세 용어를 같은 개념으로 여긴다. 그래서 흔히 사회 구성과 경제적

---

26) 박현채, 〈한국 현대사회의 성격과 발전단계〉, 《창작과비평》 제57호, 부정기간행물 1호, 1985, 311~312쪽.

사회 구성을 같은 의미로 보는 경향이 강하다.

그렇게 볼 때 사회구성체(경제적 사회 구성)란 생산관계의 총체를 토대(경제구조)로 하여 그 위에 법률적 및 정치적 상부구조가 세워지고, 다시 거기에 일정한 사회적 의식 형태가 조응하고 있는 사회이다. 그리고 이러한 사회구성체의 기본 골격은 경제구조와 정치적 상부구조(국가)에 따라 표현된다. 그런데 사회구성체의 경제구조의 질(또는 변질)을 규정하는 것은 그 규정적 경제제도(경제구조의 기본적 모순)이고 또 정치적 상부구조의 질(또는 변질)을 규정하는 것은 직접적으로는 규정적 정치제도(정치구조의 기본적 모순)이다. 이 양자는 상대적 독자성을 지니기 때문에 사회구성체의 이행기(변혁기)에서 이 양자(경제구조와 정치적 상부구조)의 이행은 반드시 동시에 병행되는 것은 아니며 오히려 상당히 불일치를 보이기도 한다. 이 경우 '사회구성체의 토대는 경제구조이고 따라서 사회구성체의 질은 궁극적으로 토대의 규정적 경제제도에 의하여 표현된다.'는 논리가 그대로 적용될 수 없는 사태가 생긴다고 할 수 있다.

곧 전체적으로는 사회구성체가 그 규정적 경제제도에 따라 규정되지만, 그 규정적 경제제도의 변질이 곧 사회구성체의 변질은 아니고 이 경우 당분간은 그 경제제도의 변질만을 의미할 뿐 정치적 상부구조의 변질이 동시적으로 일어나는 것은 아니다. 반대로 혁명에 기초한 정치제도의 변질이 직접적으로 정치적 상부구조(국가)의 변질을 나타내는 데 불과할 뿐, 동시에 경제제도의 변질이 일어나는 것이 아니다.[27]

한편 식민지 반봉건사회론에서는 상부구조가 토대(하부구조)에 규정성을 부여하는 것으로 보기도 하였다. 식민지 반봉건사회구성체의 기초 범주는 (반)식민지제와 반봉건제의 두 가지라고 보았다. 그런데 (반)식민성은 '상부구조'에 관한 규정으로서 세계 자본주의의 지배 세력에 따른 식민지 권력으로, 반봉건제는 '토대'에 관한 규정으로 생산 제관계의 총체, 곧 경제적 토대에 관한 규정이라고 이해하였다.

---

27) 星埜淳, 〈사회구성체 이행의 제유형〉, 藤瀬浩司 외 지음, 장시원 편역, 《식민지반봉건사회론》, 한울, 1984, 80~81쪽.

토대와 상부구조가 조응하는 일반적인 사회구성체의 경우와는 달리 식민지 반봉건사회구성체의 경우 토대에 걸맞은 상부구조가 형성되는 것이 아니라 식민성(상부구조)이 (반)봉건성(토대)에 규정성을 부여한다. 그렇기 때문에 단순히 반봉건적 사회구성체가 아니라 상부구조의 규정성을 표시한 식민지 반봉건사회구성체라고 규정한다는 것이다.[28] 즉 식민지 사회 구성에서는 토대가 상부구조를 규정하는 일반적 사회구성체론에서와는 달리 상부구조(국가권력)가 토대(경제제도)를 규정하게 된다는 점이 지적되고 있다.

이러한 점은 해방 후 한국 사회 구성을 설명하는 데 중요한 시사점을 제시하고 있다. 8·15 해방은 주변부 자본주의 사회로 이행하는 기점이었는데 우선 조선총독부라는 상부구조를 퇴장시키고 토대의 중추를 이루고 있던 반봉건제를 포함한 식민지적 제국주의경제 아래 경공업 대 농업이라는 국제분업관계를 단절하는 계기였다. 이는 해방이 낡은 사회를 해체시키고 새로운 사회를 형성하는 계기였다는 것을 뜻하는데, 해방으로 총독부 권력이 물러간 후 성립된 국가권력의 성격은 파행적 식민지경제의 개편 방향을 결정하는 중요한 변수가 되었다. 해방 뒤 확립된 국가권력이 새로운 한국경제를 창출하는 추진체가 되고 그것이 해방 후 한국 경제사회의 기본 성격을 결정하였기 때문이다.

산업구조가 파행적·기형적인 식민지경제의 유산을 청산하고 자립적 국민경제를 창출하는 과제는 정치적 독립과 표리관계에 있었다. 비록 그것이 반봉건적 지주나 예속자본가의 이익에는 배치되었지만, 자립경제의 건설은 식민지 지배를 통해 수탈·억압당하던 민족자본가, 노동자, 농민, 도시빈민, 민족적 지식인 등 광범한 민중들의 생활상의 요구였다. 그러기 위해서는 민주주의, 민족통일, 민족독립을 추진할 수 있는, 정치적으로는 자주독립국가가 수립되고 그와 동시에 경제적으로 자립적 국민경제가 형성되는 것이 상호 불가분의 관계 속에 진행되어야 했다.

해방 뒤 실질적 정치권력으로 등장한 미군정은 좌익 세력을 척결하는 과정에

---

28) 小谷汪之, 〈(반)식민지·반봉건 사회구성의 개념규정〉, 위의 책, 350쪽.

서 자립경제를 열망하는 민중 세력을 파괴하고 민족독립을 지향하는 민중 세력과 대항하는 입장의 한민당과 이승만 세력 등 보수 세력을 지원하였다. 그 결과 창출된 국가권력은 민중의 요구를 민주적으로 수렴할 수 없었으며 대외 의존의 길을 걷게 되었고 외세의 분단지향정책을 따랐다. 식민지 시대의 반봉건 지주층과 예속자본가 층을 경제적 기반으로 하는 대외 의존적 국가권력은 그 대외 의존성에 상응하여 해방 후 한국경제를 자본주의적 세계체제와의 수직적 분업체제 속에 편입시켜 갔다.

해방 뒤 자율적 재생산 기반을 확립하려면 식민지 아래에서 경공업—농업이라는 국제분업체제 속에 파행적으로 전개된 공업 부문을 개선하여 건전하게 육성·발전시켜야 했는데, 이는 자본제 부문에서 압도적 비중을 차지하는 일본인소유의 공장, 곧 귀속재산(기업체)을 잘 활용하는 문제이기도 하였다. 미군정은 후에 귀속재산 불하拂下 과정에서 우선권을 가지는 합법적인 관리인을 그 기관의 연고자, 경력자, 인격·수완구비자, 자산가 등에서 공모함으로써 식민지 시대에 기득권을 지닌 상공인, 관료, 친미적 인사, 한민당 등 친일 및 보수 세력과 관련을 가진 자들을 주로 선정하였다. 그 결과 귀속재산은 식민지 시대에 기득권을 행사하던 사람이 다수 불하를 받게 되었는데, 이들에게는 물론 식민지 유제의 청산과 자립경제 건설의 의지가 결여되어 있었다. 또한 미군정의 귀속재산 접수 및 장악은 미국의 한국 산업에 대한 지배체제의 형성 계기를 마련하여 대미 의존적 인맥을 형성하였다.

동시에 귀속재산 불하는 국가권력과 밀착한 관료자본을 형성시켰고 이것이 일부에게 특혜적으로 이루어져 관료독점의 단서를 제공하였다. 즉 예속적 관료 독점자본 형성의 단초적 계기를 제공한 것이 귀속재산 불하였다.

미국의 원조는 귀속재산 불하로 형성된 자본의 관료적·독점적 성격을 한층 심화시켰다. 원조 물자의 배정과 대충자금의 융자가 관권과 결탁한 소수기업에 집중되었고, 그 결과 관권의 비호 아래 원조와 재정에 기생한 소수로의 자본집중과 이들의 산업 지배가 진전되었다. 그리고 미국 원조는 한국경제를 미국 자본주의의 재생산구조에 편입시키는 초기 국면을 만들었다. 그 결과 해방 뒤

1950년대에 한국경제는 주변부 자본주의 성제구조를 확립하는 과정에 진입하였다. 결국 자립경제의 과제 실현보다는 미국과 일본 자본에 의지하여 중공업—경공업이라는 새로운 국제분업 질서에 걸맞은 수출주도형 고도성장이 '60년대 이후 추진되면서 미국·일본·한국 사이의 수직적 통합구조와 경제적으로는 미·일 자본주의에 의존한 한국경제의 재생산구조가 확립되었다.[29]

해방 뒤 분단체제 아래에서 성립한 국가권력은 초기 국면에 대미 종속성을 가졌다. 미군정의 지원 아래 진행된 대미 종속적 국가권력의 성립 과정은 한국경제를 대미 종속적 자본주의로 전환시키는 과정이었다. 식민지 유산으로 이어받은 파행적 산업구조 속에서 분단에 따른 자율적 경제운영의 어려움 속 미국 원조가 이루어졌고, 원조를 매개로 한국경제는 미국 경제권에 편입되었다. 이러한 외적 규정성과 내적인 취약성이 대미 종속성을 규정하면서 해방 뒤 한국경제는 대미 종속적 자본주의로 전환되었다.

---

29) 李憲昶, 앞의 글, 李大根·鄭雲暎 編, 앞의 책, 98쪽.

제3절 해방 뒤 한국 공업의 구조

1. 해방 뒤 공업구조의 위축과 그 실태

외래적이고 파행적인 식민지 자본주의는 8·15 이후 한국경제가 직면한 경제 환경이었으며, 식민지 자본주의의 외래성과 파행성은 식민지로부터 이탈한 이후 한국경제의 길을 험난하게 만들었다. 자율적으로 재생산을 수행할 능력을 지니지 못한 식민지경제는 제국주의경제로부터 분리되자 격심한 곤경을 맞이할 수밖에 없었다. 여기에 남북분단은 중요한 산업설비와 지하자원을 북에 남긴 채 남북 사이 산업과 자원의 상호 보완성을 단절시켰다.

이로 말미암아 해방 뒤 남한의 공업 생산은 크게 위축되었다. 표 6은 해방 뒤 남한 제조업의 생산 위축 상황을 나타낸 것이다. 1939년에 견주어 1946년에 생산액은 75.3%가 감소한 것으로 되어 있다. 1939년을 비교 시점으로 한 자료이기 때문에 1945년 해방까지는 생산증가세가 진전된 것으로 추정하더라도, 8·15 해방 직후 남한의 공업 생산은 절반 이하의 수준으로 위축되었다고 볼 수 있다.

이러한 제조업의 생산 위축은 표 7의 공장 수와 종업원 수 감소 추이에 의해서도 뒷받침된다. 공장 수는 1943년의 8,998개에서 1946년에는 4,996개로, 1948년에는 3,808개로 크게 감소하였다. 이것은 종업원 수의 감소 추이에도 반영되었다. 1943년에 종업원 수는 198,849명이었으나 1946년에는 113,850명으로 감소하였다. 다만 종업원 수는 1947년 이후 회복 기조를 보였다.

표 6. 남한 제조업의 생산 위축 상황(1939년~1946년)

	생 산 액(천 원)			감소액 (A-C)	감소율(%) $\frac{A-C}{A} \times 100$
	1939년(A)	1946년(B)	동수정액(C)		
기 계 기 구	38,405	1,888,310	13,279	25,126	65.4
화 학	91,171	750,454	5,277	85,894	94.2
금 속	–	불명	–	–	–
방 직	170,985	9,635,453	67,760	103,225	60.4
식 품	213,628	5,186,549	36,474	177,154	82.9
요 업 및 토 석	21,665	552,527	3,886	17,779	82.1
인 쇄 · 제 본	17,340	1,448,511	10,186	7,154	41.3
가 스 · 전 기	–	불명	–	–	–
제재·목제품	–	〃	–	–	–
기 타	–	〃	–	–	–
합 계	553,194	19,461,804	136,862	416,332	75.3

주: ① 1939년의 생산액은 남부 8도의 집계(경기·강원은 남, 황해는 북으로 함).
　　② 물가수정율은 142.2임.
자료: 표 1과 같음(75쪽).

표 7. 부문별 공장 수와 종업원 수의 추이

(단위: 개, 명)

	공 장 수					종 업 원 수				
	1943년 6월	1946년 11월	1947년 3월	1948년 1월	1948년 말	1943년 6월	1946년 11월	1947년 3월	1948년 1월	1948년 말
금 속	416	499	262	414	206	12,578	8,966	6,118	10,942	4,929
기 계 기 구	944	878	874	637	543	27,331	17,394	20,510	19,280	14,386
화 학	681	574	582	532	767	22,869	19,171	21,457	25,542	32,630
요업및토석	1,172	731	700	416	115	20,616	9,693	10,686	8,565	5,568
방 직	1,683	615	537	541	1,325	61,210	36,269	37,353	36,564	60,406
제 재 및 목 제 품	1,359	584	542	493	134	14,598	6,502	11,315	10,605	1,808
식 료 품	1,704	726	643	781	646	19,854	8,383	12,506	19,625	8,985
인쇄·제본	420	233	143	228	72	7,370	4,540	2,655	6,236	2,404
기 타	619	156	95	152	–	12,423	2,932	3,155	4,486	–
합 계	8,998	4,996	4,378	4,194 (1,573)	3,808 (822)	198,849	113,850	125,575	114,845 (96,964)	131,116 (63,342)

주: ① 1943년 6월은 남한분임.
　　② 종업원 5인 이상의 공장임(단 1946년 11월에는 5인 이하 공장 364개소를 포함).
　　③ 괄호 안의 수치는 귀속공장분임(단 1948년 1월에 대해서는 1947년 10월의 수치를 이용했음).
　　④ 1948년 말의 수치는 요업 및 토석에 토석공업을 포함하지 않고, 제재 및 목제품에 제재업을 포함하지 않았음.
자료: ① 1943년 6월 및 1947년 3월은 조선은행 조사부, 《朝鮮經濟年報》, 1948년, I-102쪽.
　　② 1946년 11월은 조선은행 조사부, 《朝鮮經濟統計要覽》, 1949년, 153쪽.
　　③ 1948년 1월 및 1948년 말은 조선은행 조사부 《경제연감》, 1949년, IV-176쪽 및 I-47~48쪽.

즉, 해방 직후에 공장 수와 종업원 수는 다 같이 해방 전의 약 절반으로 격감하였는데, 이는 식민지적 경제구조에 따른 생산 위축 상황이 반영된 것으로 보인다. 해방 전 제국주의 경제권에 편입되었던 조선경제의 공업화는 자본, 생산수단, 원료시장의 대외 종속성이 강했고 이로 말미암아 해방 뒤 물적 설비의 원활한 공급과 순환이 저해된 결과였다.

다만 공장 수는 해방 뒤 지속해서 감소 경향을 보였지만 종업원 수는 점차 늘어나고 있는데, 이것은 이 기간에 부실기업의 도태와 동시에 각 기업의 조업 상황의 개선이 진행되면서 전반적인 회복 기조를 보인 결과였다. 그런데 부문별로는 서로 다른 경향을 보이고 있다. 금속, 기계기구 등의 생산재 생산 부문은 점차 축소 경향을 보였지만 화학, 방직 등은 오히려 확대 경향을 나타낸 가운데 식료품 등은 상대적으로 안정 기조를 보였다. 이러한 부문 간의 불균등한 전개는 각 부문마다 원료난, 자금난 등 개별적 애로 요인의 반영으로 볼 수 있다. 여기서 두드러진 것은 전체에서 비중이 높은 화학 및 방직 두 부문이 1948년 이후 확대 기조를 보이고 있다는 점이며 이것이 이 시기 공업의 전체적 회복 추이를 주도한 것으로 해석된다.

2. 경제 위축과 귀속공장의 실태

해방 뒤 경제구조와 경제 위축 상황을 고찰하는 데 귀속공장(구 일본인 경영공장)의 실태를 파악하는 것은 중요한 의미가 있다. 표 8 및 표 9는 해방 뒤 1948년 말 현재 귀속공장을 민영공장과 비교하여 그 업종별 구성을 살펴본 것이다. 여기서 귀속공장은 중앙 직할과 지방 관리[30]로 나누어져 있는데 두 가지를 합한 수는 822개(중앙 직할 183개, 지방 관리 639개)로서 총 공장 수의 21.6%(중앙 관리

---

30) 주요 국유기업체나 재산 가치가 크고 재산이 2개 도 이상에 걸쳐 있는 기업체는 중앙 직할 기업체로 관할하고, 비교적 규모가 작고 1개 도에 재산이 국한되어 있는 기업은 재산소재 각 시·도市·道 관재국장이 관할하였다.

4.8%, 지방 관리 16.8%)이며, 민영공장은 2,986개로서 78.4%를 차지하고 있다. 이에 대하여 종업원 수는 총 131,116명 가운데 귀속공장의 그것이 63,342명(중앙 직할 37,779명, 지방 관리 25,563명)으로 48.3%(중앙 관리 28.8%, 지방 관리 19.5%)이며, 민영공장은 67,774명으로 51.7%이다. 양자가 거의 비슷한 비중을 보여, 귀속공장의 종업원 규모가 상대적으로 큰 것을 알 수 있다.

한편 생산액의 비중에서는 귀속공장이 35%, 민영공장이 65%로 민영공장의 비중이 오히려 높아 이 시기 민영공장이 실제 생산을 주도하였음을 알 수 있다. 1944년에 일본인 경영의 공장 생산액이 총생산액의 83%를 차지하였다는 사실31)에 비추어 보면, 해방 뒤 귀속공장의 생산 감퇴가 심각하였으며, 이것이 해방 후 경제 위축의 큰 원인이었음을 알 수 있다. 또한 종업원 1인당 생산액(생산성)을 보아도 귀속공장의 중앙 직할 공장이 308,000원, 지방 관리 공장이 266,000원인데 견주어 민영공장은 505,000원으로 민영공장이 귀속공장보다 높은 생산 효율을 보였다. 또한 부문별로 생산액 구성을 보면 섬유공업이 40.1%, 화학공업이 28.8%로 두 산업이 공업 생산액의 70%를 차지하였고 이는 공장 수 및 종업원 구성에서도 확인된다. 곧 이 시기에 섬유공업과 화학공업은 한국 공업의 기축 부문이었다.

두 부문에서 귀속공장이 차지하는 비중은 섬유가 40.7%, 화학이 24.8%로 섬유공업에서는 귀속공장이, 화학공업에서는 오히려 민영공장이 주도적이었다. 그리고 식품공업에서는 민영공장이, 기계기구 공업에서는 귀속공장의 비중이 높았다. 또한 귀속·민영공장의 규모별 공장 수를 보면 민영공장은 종업원 29명 이하의 소규모 공장이 압도적 다수를 차지했고, 중규모 이상에서는 귀속공장의 비중이 높았다(표 10). 이 가운데 종업원 규모가 1,000명을 넘는 대규모 공장은 중앙 직할 공장에 집중되어 있었다.

---

31) 朝鮮銀行 調査部, 《朝鮮經濟統計要覽》, 1949년, 여강출판사(영인), 1986, 73쪽.

표 8. 공장의 귀속 및 민영별 실태(1)(1948년 말 현재)

		공　장　수(개소)				종　업　원　수(명)			
		중앙직할	지방관리	민영	계	중앙직할	지방관리	민영	계
금	속	21	25	160	206	2,005	783	1,731	4,929
기	계	29	159	355	543	2,961	4,598	6,827	14,386
화	학	29	94	644	767	6,974	3,965	21,691	32,630
섬	유	17	196	1,112	1,325	21,875	12,143	25,888	60,406
식	품	83	109	454	646	2,619	1,919	4,447	8,985
요	업	2	38	75	115	1,041	1,556	2,971	5,568
인	쇄	2	10	60	72	304	349	1,751	2,404
공	예	0	8	126	134	0	250	1,558	1,808
합	계	183	639	2,986	3,808	37,779	25,563	67,774	131,116
구성비(%)		4.8	16.8	78.4	100.0	28.8	19.5	51.7	100.0

주: ① 식품공업에 포함되는 정미·제분공업의 공장 수 및 종업원 수는 1948년 5월 말 현재임.
　　② 식품공업에 포함되는 정미·제분공업의 생산액은 1947년도분의 가공수수료에 의함.
　　③ 종업원 수 5인 이상의 공장임.
자료: 조선은행 조사부, 《경제연감》, 1949년, I-47~48쪽.

표 9. 공장의 귀속 및 민영별 실태(2)(1948년 말 현재)

		생　산　액(천 원)				
		중앙직할	지방관리	민영	계	구성비(%)
금	속	464,364	296,937	1,447,896	2,209,197	4.2
기	계	1,018,083	812,644	1,550,407	3,381,134	6.4
화	학	1,902,136	1,855,939	11,400,196	15,158,270	28.8
섬	유	6,594,167	1,823,572	12,798,819	21,567,558	41.0
식	품	459,642	815,174	5,312,125	6,586,941	12.5
요	업	240,011	267,003	919,885	1,426,899	2.7
인	쇄	598,522	890,818	130,923	1,620,263	3.1
공	예	0	28,645	668,232	696,877	1.3
합	계	11,636,925	6,790,732	34,219,483	52,647,139	100.0
구성비(%)		22.1	12.9	65.0	100.0	

주 및 자료: 표 8과 같음.

표 10. 귀속 및 민영공장의 규모별 공장 수(1948년 말 현재)

	중앙직할	지방관리	민영	계
5~29인	50	356	2,363	2,769
30~99	59	232	546	837
100인 이상	74	51	77	202
합 계	183	639	2,986	3,808

자료: 표 8과 같음(I-47쪽).

이상은 종업원 규모 5명 이상의 공장을 대상으로 한 것이지만 1949년 5월의
조사에서 공업에 종사하는 사람이 265,753명으로 파악되고 있다.[32] 이는 5인
이하의 공장에 취업한 종업원 또는 개인 경영자가 135,000명 정도 되었다는 것
을 말해 준다(앞의 표 8에서 귀속 민영 공장의 종업원 수 합계가 131,116명). 즉 5인 이하의
공장이 이 시기 공업구조의 취약성을 보완하는 데 중요한 역할을 담당하였음을
알 수 있다.

해방 직후에 남한에 있던 구 일본인 자산은 각종 토지·건물 등의 부동산, 광
산·기업체 등의 사업장, 각종 채권·유가증권·금·은·보석 등의 동산류로 구성되
어 남한 총 자산의 70~80%를 차지하고 있었다.[33] 이들 귀속재산은 남북분단
및 미국 원조와 함께 8·15 해방 뒤 한국경제의 전개 과정을 결정하는 중요한
요인이었고, 그것의 불하와 운영 실태는 자본축적 및 경제순환에 중요한 영향
을 주었다. 그런데 해방 뒤 귀속기업체는 관리인의 관리 능력 부족에 따른 노사
간 불화와 관리인 자체의 기술 및 노력 부족으로 생산과정에 혼란을 가져왔다.
또한 사기 부정사건과 저질 자본가로의 예속 등으로 생산의 유지·부흥보다도
원자재·반재품, 기계 및 부분품, 심지어는 공장건물과 시설의 부속품까지도 암

---

32) 朝鮮銀行 調査部,《經濟年鑑》, 1949년, I-157쪽.
33) 이대근,〈미군정하 귀속재산처리에 대한 평가〉,《한국사회연구》제1장, 한길사, 1983, 411~430쪽
참조.

시장에서 매각·처분되었고 그 결과 생산관계를 파괴하고 생산력은 쇠퇴하였
다.[34] 그에 따라 해방 뒤 일반적인 생산은 크게 위축되었다.

해방 초기보다 비교적 개선된 1948년 6월의 귀속공장 운영 실태를 나타낸 것
이 표 11이다. 총 공장 수 1,719개 가운데 불완전하지만 가동하고 있는 것은
1,121개 소, 완전 운휴 상태에 있는 것이 299개 소였다. 운휴의 원인으로는 원료
부족, 기계 부족, 자금 부족, 노동력 부족 등으로 되어 있는데 이 가운데 원료
부족이 가장 큰 어려움이었다.[35]

표 11. 귀속공장의 운영 상태(1948년 6월 현재)

	관리공장 총 수(A) (개소)	운영(B) (개소)	운휴(C) (개소)	임대(D) (개소)	$\frac{C}{A}$ (%)	$\frac{D}{A}$ (%)
중 앙 직 할	83	83	−	−	−	−
서 울 시	433	271	95	67	22	15
경 기	178	85	33	60	19	33
충 북	35	7	2	26	6	74
충 남	107	97	10	−	9	−
경 북	240	224	11	5	5	2
경 남	276	225	51	−	13	−
전 북	197	54	75	68	38	35
전 남	144	62	21	61	15	42
강 원	20	7	1	12	5	60
제 주	6	6	−	−	−	−
합 계	1,719	1,121	299	299	17	17

자료: 표 1과 같음(26쪽).

1947년 말 이후 원조로 원면原棉이 도입되면서 면방직 부문의 어려움이 상당

---

34) 朝鮮銀行 調査部, 《朝鮮經濟年報》, 1948, I-102쪽.
35) 朝鮮銀行 調査部, 《朝鮮經濟統計要覽》, 1949년, 여강출판사(영인), 76쪽.

히 개선되었지만 다른 부문에서는 그 후에도 마찬가지였다. 또한 가동 중인 공장도 관리권과 운영권의 혼선이 생산 저해의 요인이 되었고, 운영되는 귀속공장도 겨우 현상 유지에 머문 상태여서 실제의 생산은 총 생산능력의 30% 정도에 그쳤다는 것이다.[36)]

이처럼 해방 뒤 상당수 귀속공장은 완전 운휴하였으며 또한 가동 중인 공장의 가동율도 극히 저조하였다. 그 원인은 해방 뒤의 정치적·사회적 혼란과 군정청의 소극적인 관리와 운영, 그리고 관리제도의 불합리 등에 있지만 직접적인 원인은 원료·자재·기술·자금 등의 부족이었다. 해방 전 이 생산요소들은 일본으로부터 공급에 의존했던 것이어서 이들 공장의 가동율은 저조할 수밖에 없었다. 그 결과 해방 뒤 경제 재건, 즉 새로운 정세 아래에서 국내 경제순환은 귀속공장이 아닌 다른 영역의 주도 아래 진행되었고 또한 귀속공장도 조업을 유지하려면 원료·소재·자금의 공급을 이전과 다른 새로운 대상에서 찾을 수밖에 없었다.

3. 미국 원조의 도입과 그 영향

귀속재산(공장)과 함께 해방 뒤 한국경제의 순환과정을 규정한 또 하나의 요인은 미국 원조였다. 해방 뒤 한국의 통치권을 인수한 미군정청은 한국경제의 장래를 결정하는 정책 주체였다. 미군정 당국은 한국 경제정책의 목표를 민생 안정과 경제 안정에 두고, 소비재 중심의 경제 원조를 기초로 이를 실현하려고 하였다. 미군정의 시기는 한마디로 인플레이션 위협 아래 경제적 혼란기였다. 이러한 혼란기에 미군정은 정책의 중점을 긴급 구호를 통한 경제 안정에 최우선으로 두었다. 이러한 사정에 응급적 구호 원조로 제공된 것이 점령지역구호원조GARIOA, Government and Relief in Occupied Areas였다.[37)]

---

36) 朝鮮銀行 調査部,〈南朝鮮道別經濟動向調査〉,《朝鮮經濟年報》, 1948, 地 15쪽.
37) 洪性圍,《韓國經濟의 資本蓄積過程》, 고려대출판부, 1965, 268~269쪽.

그 주요 도입물자는 식료품, 농업용품, 피복, 기존 시설 유지 용품 및 의료품 등 주로 소비재였다. 수입된 원조 총액은 미군정 3년 동안에 약 4억 달러(1949년의 9천2백만 달러 제외)로서 식료품이 40%, 농업용품이 17%, 피복류가 10% 등이었다(표 12).

표 12. GARIOA 원조 수입 총괄표

(단위: 천 달러)

	GARIOA					OFLC차관(B) (1947)	총계 (A+B)	구성비 (%)
	1945	1940	1947	1948	소계(A)			
식 료 품	3,604	21,551	77,574	67,698	170,427	132	170,559	39.2
농업용공급품	–	6,983	31,394	38,609	76,986	–	76,986	17.7
비 가 공 재 료	–	113	3,809	8,093	12,055	88	12,103	2.7
석 유 산 품	36	4,494	5,227	10,185	19,947	405	20,347	4.6
고 체 연 료	1,294	7,730	8,980	15,326	33,334	–	33,334	7.6
의 료 품	–	134	2,096	3,321	5,551	2,060	7,611	1.7
자동차부속품	–	2,269	559	2,566	5,394	3,097	8,491	1.9
건 축 재 료	–	407	2,941	3,280	6,628	1,102	7,730	1.7
화 학 약 품	–	100	171	2,192	2,463	75	2,538	0.5
피 복	–	1,674	25,832	14,147	41,153	2,598	44,251	0.2
통 신 용	–	320	2,163	4,500	6,982	909	7,891	1.6
교 육 용	–	33	186	571	790	16	806	0.2
수 산 용	–	–	119	511	630	–	630	0.1
도 로 공 사	–	201	545	313	1,058	1,419	2,477	0.5
해 운 용	–	–	–	–	–	8,986	8,986	2.0
광 공 업	–	–	–	502	502	–	502	0.1
관청용공급	–	15	5	345	366	126	495	0.1
전 력	–	21	366	1,267	1,657	254	1,911	0.4
철 도	–	1,579	10,461	807	13,027	183	13,210	3.0
직 물	–	190	848	1,480	2,517	923	3,440	0.8
기 타	–	1,683	1,911	3,878	7,472	2,550	10,022	2.3
합 계	4,934	49,496	175,371	179,592	409,393	24,528	433,921	100.0

자료: ① 한국은행.
　　　② 돌베개, 《韓國經濟의 展開過程》, 76쪽.

이러한 긴급 구호 원조는 식량 부족의 해소와 질병 구호에 공헌하였으며 또한 물량 공급 확대와 판매대전 회수를 통하여 인플레이션을 수습하는 것이 소비재 중심 원조의 일차적 목적이었다. 그러나 산업개발 및 자립적 산업구조의 형성과 같은 과제는 그 원조의 성격상 소홀히 될 수밖에 없었다.

GARIOA 원조와 더불어 이 시기에 제공된 원조로서 1947년 2월 15일에 해외청산위원회OFLC, Office of the Foreign Liquidation Commissioner에서 차관 형식으로 한국에 할당된 약 2천만 달러의 OFLC 차관이 있다. 이 원조로 의료품, 자동차용품, 피복, 건축자재, 도로공사자재, 해운자재 등의 해외 잉여물자가 도입되었다.[38]

그 밖에 경제협조처ECA, Economic Cooperation Administration 원조는 경제를 부흥시켜 유럽을 공산화의 위협으로부터 막자는 이른바 마셜계획Marshall Plan에 따른 원조로 개시되었다. 그 초기에는 GARIOA 원조 잔액과 함께 주로 소비물자 도입에 그쳤다. 한국도 1948년 12월 10일의 〈대한민국과 미합중국 간의 원조 협정〉(ECA협정)을 체결함으로써 이 원조를 받게 되었는데 1949년에는 ECA와 협동하여 성안된 투자 계획을 지원하는 형식으로 원조 계획이 바뀌면서, ECA 원조는 탄광개발·화력발전시설·비료공장 등 3대 기간 부문의 건설과 철도·교량·통신 등 사회간접자본의 확충을 위한 투자에 주력하고 식량 수입 대신 비료·농약·석유제품 원료용품을 도입하는 노력이 증대되었다. 도입된 물자는 1억 달러를 약간 웃돌았는데, 소비재 및 원료가 전체의 85% 이상을 차지하였고 시설재는 15% 미만에 그쳤다. 또한 ECA 원조는 원조액에 대한 국내 통화의 대충자금을 적립하도록 규정하고 이를 재정 안정을 위한 적자보전에 사용하도록 하여 이른바 〈대충자금제도〉의 효시가 되었다.

이러한 해방 후 경제원조는 식량 부족 해소와 질병 구호, 그리고 인플레이션 수습 등 민생 안정과 경제 안정에 이바지하였지만, 생산정책을 수반하지 않는 소비재 중심의 원조가 지닌 부정적 측면을 무시할 수는 없다. 생산이 확대되지 않은 상태에서 국민의 소비수준은 높아졌으며 소비구조는 대외 의존적으로 되

---

38) 위의 책, 269쪽.

었다. 그리고 국민경제 자체 내에서 싹틀 수 있는 중소·민족기업의 맹아가 원조물자의 범람으로 쇠잔하였고 국민경제의 시장적 기반을 잠식하였다. 해방 뒤 소비재 중심의 원조는 국내 분업 관련 속에 생성하던 중소기업을 위축시키고 토착자본의 성장을 압박하면서 국민경제를 대미 의존적으로 재편성하여 전개시켰다는 부정적 측면의 지적도 있다.39)

---

39) 朴贊一, 〈미국의 經濟援助의 성격과 그 경제적 귀결〉, 《韓國經濟의 展開過程 》, 1981, 78쪽.

제4절 중소기업의 구조와 그 생성·전개

1. 해방 뒤 중소기업의 구조

일제 식민지정책의 억압과 수탈 속에서도 조선인 자본은 영세자본에 이르기까지 회사조직과 공장조직 등을 도입, 이를 보편화하였고 특히 중소공업에 적합한 근대적 업종에 폭넓게 진출하였다. 또한 그 내부에서는 기술과 경영 능력을 배양하면서 점차 두터운 층을 형성해 나갔다. 그러한 조선인 자본은 1942년을 전후한 원료, 노동력, 자금의 봉쇄와 〈기업정비령〉 같은 직접적인 통제로 소멸의 국면을 맞았다.

대외 종속적인 식민지 조선경제는 해방 뒤 제국주의 경제권과의 단절에 따른 원료, 기술, 자금 등의 부족에 따라 경제의 순환은 크게 위축되었다. 거기에 남북분단은 남북 사이에 지역적 불균형성에 따른 상호 보완성의 결여로 경제는 더욱 타격을 받았다. 공장 수는 1943년 6월의 8,998개에서 1946년 11월에는 4,996개로 급격히 감소하였고, 이러한 추세는 종업원과 생산액의 감소에도 반영되었다.

표 13은 1946년 당시 공장을 규모별, 부문별로 본 것이다. 종업원 규모 50인 미만의 공장이 90% 이상을 차지하고, 부문별로는 방직, 화학, 기계기구 등의 부문에서 대규모 공장이 비교적 높은 구성을 보이고 있으며 다른 부문에서는 중소영세공장의 비중이 압도적이다.

총 공장 수 4,996개 가운데 종업원 규모 5인 이하의 364개 공장을 제외하면 4,632개이다. 이 가운데 2,469개의 공장[40]은 귀속사업체로서 구 일본인 경영의 공장을 인계받은 것으로 볼 수 있다. 1944년 전후 남한에 존재했던 한국인 경영의 공장은 전시 통제 히의 징리 때문에 850개에도 이르지 못한 것으로 지적되었다.[41] 이 결과에 따르면 1946년 현재 종업원 규모 5인 이상의 공장 가운데 1,332개가 해방 뒤에 신설되거나 부활된 것으로 볼 수 있다. 한편 사업체 및 종업원의 구조를 나타낸 표 14의 결과는 1948년 말 현재 공업 부문의 종업원 5인 이상 규모의 사업체 수가 앞서 표 13의 사업체 수보다 적은 4,194개로 되어 있다. 이 자료를 기준으로 하더라도 해방 뒤 875개의 사업체가 신설된 것으로 추정되는데 이들은 대부분 중소영세공장이었다. 귀속공장을 중심으로 비교적 대규모의 공장이 크게 침체한 것과는 대조적으로 해방 뒤의 전반적인 생산 위축 상황에서 소비재 중심의 미국 원조 물자의 시장범람이라는 부정적 영향이 있었지만, 중소영세공장은 지역적 수요를 기반으로 각지에서 생성·전개되어 생산 공백을 메꾸면서 해방 뒤 한국경제의 순환에 주도적 역할을 담당하였다.

표 13. 공장규모별·부문별 구성(1946년 11월 현재)

(단위: 개)

	5인 이하	5~49	50~199	200~999	1,000인 이상	합계
금 속	17	454	27	1	–	499
기 계 기 구	27	794	49	8	–	878
화 학	25	458	75	15	1	574
요 업 및 토 석	57	637	35	2	–	713
방 직	21	457	101	29	1	615
제 재 및 목 제 품	41	533	7	2	–	583
식 품	156	543	27	–	–	726
인 쇄 · 제 본	12	204	16	1	–	233
기 타	8	138	10	1		157
합 계	364	4,218	347	59	8	4,996

자료: ① 표 1과 같음(75쪽).
　　　② 미군정청 중앙경제위원회, 〈남조선 산업노동력 및 임금조사〉에 따름.

---

40) 朝鮮銀行 調査部, 《經濟年鑑》, 1949, IV-154쪽.
41) 朝鮮銀行 調査部, 《朝鮮經濟年報》, 1948, I-324쪽.

표 14. 부문별·규모별 사업체 수 및 종업원 수(1948년 말 현재)

(단위: 개, 명)

	5~49인		50~199		200~299		300~499		500인 이상		합 계	
	사업체	종업원	사업체	종업원	사업체	종업원	사업체	종업원	사업체	종업원	사업체	종업원
금 속	377	6,002	30	2,650	5	1,177	-	-	2	1,113	414	10,942
기계기구	577	8,733	53	4,866	1	252	2	734	4	4,695	637	19,280
화 학	390	6,900	121	10,904	13	3114	4	1,557	4	3,067	532	25,542
요업·토석	387	5,377	26	2,034	1	280	1	339	1	535	416	8,565
방 직	436	9,148	77	6,838	7	1,786	11	4,168	10	14,624	541	36,564
제재·목제품	464	6,414	24	2,166	2	502	2	793	1	730	493	10,605
식 료 품	724	11,202	50	4,297	3	610	1	330	3	3,186	781	19,625
인쇄·제본	203	3,016	22	2,062	2	460	-	-	1	698	228	6,236
기 타	135	2,090	16	1,455	-	-	-	-	1	941	152	4,486
합 계	3,693	58,882	419	37,272	34	8,181	21	7,921	27	29,589	4,194	141,845

자료: 朝鮮銀行 調査部,《經濟年鑑》, 1949, IV-176쪽에서 작성.

　　해방 뒤 원료, 자재, 자금, 기술 등의 부족과 인플레이션, 상업 계열의 혼선, 운수 부문의 능력 감퇴에 따른 유통 부문의 미정비[42]로 생산이 크게 위축되었고 생활 관련 물자는 절대적으로 부족하였다. 그럼에도 수요 자체는 지속하였기 때문에 이러한 민중의 수요에 부응하는 부문으로 생산활동의 전환과 공장의 신설·부활이 진행되었다. 여기에는 일제 말기의 전시 통제 아래에서 일시적으로 강제 폐쇄되거나 군수하청공장으로 전환하였던 공업 활동이 해방 뒤에 그 제약 조건이 해제되면서 지역적 수요를 바탕으로 부활·전개된 중소영세 수공업군이 포함되어 있다.

---

42) 위의 책, I-158쪽 및 I-178쪽 참조.

2. 중소기업의 생성과 전개

해방 뒤 남북분단, 사회적 혼란, 생산정책의 부재와 소비재 중심의 원조정책 속에서 중소기업도 위축되고 타격을 받았지만 모든 중소기업이 그러한 것은 아니었다. 지역적 시장에 기반을 둔 중소영세기업은 원조 물자 범람의 영향을 크게 받지 않는 범위 안에서 다소 자본축적의 어려움이 있었지만 재기하고 생성하기 시작하였다. 즉 국민의 최소한의 생활 유지를 위한 시장의 확보는 공업발전의 새로운 기반이 되었으며 이러한 새로운 기반 위에 과거의 생산시설은 복구되고 부분적으로 새로운 기업들이 생성되었다. 이 시기에 신속하게 복구된 기업들은 대부분 과거에 일본인 자본과 관계없이 자본 원료 시장 등이 상대적으로 국내 경제에 뿌리를 두고 잔존했던 중소영세기업이었는데, 신생하는 기업들도 국내시장에 자립적 기반을 갖는 기업들이었다. 그리고 새로운 기반 위에서 복구·신생한 중소영세기업은 국민경제의 자립적 재편성을 가능하게 하는 잠재력이었고, 이들을 보호·육성하는 것은 국민경제의 자립적 재편성을 위한 당면 과제였으며, 중소기업문제와 정책의 뿌리라고 할 수 있다.[43]

그 결과 이러한 중소영세기업의 복구·신생은 다음과 같이 지적되었다. 곧 해방 뒤 한국에서는 어느 도시 농촌(도비都鄙)을 막론하고 경색된 자금, 원료의 가격 상승, 기술자의 부족, 생산품의 가격통제, 민중의 구매력 감퇴 등에 따라 대부분의 공장이 휴업 상태에 가까웠으며 이른바 중세기적 가내공업, 소공업으로 전환한다고 하는 역세기적逆世紀的 현상이 도처에서 발견되었다. 이는 기업가들이 채산을 맞출 수 없는 큰 공장보다는 소규모이지만 최소한도의 국내소비를 유일한 대상으로 해서 수공업적인 공장으로 후퇴한 것이라고 볼 수 있다는 것이다.[44] 이것은 물론 '후퇴'가 아니라 국민경제의 자립적 재편성에 따라 새로운 기반 위에 중소영세기업이 부활, 생성됨을 지적한 것이며 실제로 군 단위에서는 지역적 수요를 바탕으로 이들에 따라 광범위하게 새로운 생산이 진행되었다.

---

43) 朴東燮, 《中小企業論》, 博英社, 1972, 140쪽 및 148~149쪽.
44) 朝鮮銀行 調査部, 〈南朝鮮道別經濟動向調査〉, 《朝鮮經濟年報》, 1948, 地 60쪽.

표 15는 공장의 지역별, 규모별 분포를 나타낸 것이다. 50인 이상의 공장은 서울 및 부산의 2대 도시에 41.4%, 소도시 지역에 26.8%가 입지, 총 68.2%를 차지하여 대규모 공장이 시부市部에 집중한 경향을 보였다. 이에 대하여 총 공장 수의 90% 이상을 차지하는 종업원 규모 50인 미만의 공장은 기타 지역〔郡部〕이 50.3%를 차지하고 있다. 이 군부에 입지하는 공장은 시부에 입지하는 공장보다 생산성이 더 높은 것으로 보이는데, 이는 귀속공장의 저생산성을 별도로 하더라도 소규모의 공장이 생산 형태의 전환을 통하여 생산성을 회복하였고 원료 공급이나 판매시장 측면에서도 유리하였기 때문이다.

한편 해방 뒤에 신설·부활되었다고 추정되는 약 1,000개 내외의 공장 가운데 1946년까지 8대 도시에 신설된 '회사'는 201개에 지나지 않는 것으로 되어 있다.[45] 표 16의 수치가 '공장'이 아닌 '회사'임을 감안하더라도 신설·부활공장의 다수는 8대 도시가 아닌 소도시 및 군부에 입지한 것으로 추정할 수 있으며, 이것도 이 시기에 생산활동에서 소도시 및 군부가 상대적으로 활발하고 유리하였음을 말해 준다.

이러한 지방 소공업 전개의 특징은 원료, 자재, 기술, 자금, 판매시장 등 당시 공업 생산의 어려움을 당하여 이와 같은 여건에 적합한 규모로 생산을 조정하였다는 데 있었다. 원료의 공급이 남북분단으로 단절된 금속공업 부문은 일부의 귀속공장이 남은 원재료로 강재 등을 다소 생산했을 뿐 대부분 휴업 상태였지만, 이것과는 별도로 고철을 수집해서 재생 선철과 강괴를 생산하는 중소공장이 각지에 탄생했고 이를 원료로 2차 가공공업이 전개되었다. 그 가운데서도 제정製釘공업은 6개 소의 주요 공장 외에 군소공장에 의한 생산이 각지에 이루어져 1948년 초에는 그 수가 100여 개에 이르렀다는 것이다.[46] 알루미늄공업에서도 남아 있는 비행기와 폐품·부스러기 알루미늄을 원료로 솥·냄비·도시락 통·국자 등을 생산하는 소공장이 각지에 나타났다.[47] 곧 이 시기 금속공업은

---

45) 朝鮮銀行 調査部, 《經濟年鑑》, 1949, I-150쪽.
46) 朝鮮銀行 調査部, 《朝鮮經濟年報》, 1948, I-104쪽.
47) 위의 책, I-104쪽.

재생소재를 원료로 사용하는, 나양한 2차 가공제품을 생산하는 각지의 군소공
장이었다.

표 15. 종업원 규모별 공장의 지역 분포(1946년 11월 현재)

		50인 미만 공장		50인 이상 공장	
		공장 수	%	공장 수	%
서울		983	20.5	140	30.8
경기	인천	111	2.3	32	7.0
	개성	84	1.8	8	1.8
	기타	411	8.6	52	11.5
충북	청주	49	1.0	3	0.7
	기타	77	1.6	8	1.8
충남	대전	28	0.6	10	2.2
	기타	153	3.2	18	4.0
전북	군산	117	2.4	12	2.6
	전주	51	1.1	8	1.8
	기타	241	5.0	8	1.8
전남	목포	67	1.4	9	2.0
	광주	110	2.3	6	1.3
	기타	374	7.8	15	3.3
경북	대구	273	5.7	20	4.4
	기타	487	10.2	8	1.8
경남	부산	327	6.8	48	10.6
	마산	60	1.3	5	1.1
	진주	89	1.9	2	0.4
	기타	481	10.0	20	4.4
강원	춘천	34	0.7	7	1.5
	기타	157	3.3	14	3.1
제주		31	0.6	1	0.2
합계		4,795	100.0	454	100.0

주: ① 앞의 표에 포함되지 않았던 가스·전기·수도 등의 공익사업체(50인 미만-68, 50인 이상
   -10) 및 토목건축업(50인 미만-145, 50인 이상-30)이 포함되어 있음.
   ② 도시명은 1946년 현재의 인구 5만 명 이상의 모든 시정 지역.
자료: 표 1과 같음(76쪽).

표 16. 8·15 이후 신설 회사

(단위: 개, %, 백만 원)

구분	45. 8-12	46	47	48	합계	불입자본금
제 조 업	9(33)	192(35)	186(37.4)	167(42.3)	554(37.8)	1,201(34.4)
광 업	0	6(1.1)	11(2.2)	14(3.5)	31(2.1)	119(3.4)
토 건 업	4(14.8)	93(16.9)	81(16.3)	36(9.1)	214(14.6)	346(9.9)
무 역 업	3(11.1)	108(19.7)	40(8.0)	47(11.9)	198(13.5)	669(19.1)
상업·운수· 금 융 업	10(37.3)	130(23.7)	151(30.3)	104(26.3)	395(26.9)	885(25.3)
농림·수산	1(3.7)	20(3.6)	28(5.6)	27(6.8)	76(5.2)	275(7.9)
합 계	27(100)	549(100)	497(100)	395(100)	1,468(100)	3,495(100)

주: ① 8대 도시의 집계임.
　　② 괄호 안의 숫자는 구성비임.
자료: 조선은행 조사부, 《경제연감》, 1949, I-150쪽에서 작성.

　　기계기구 공업에서도 이러한 사정은 동일하였다. 기계기구 공장은 1947년 말 현재 887개였는데 그 가운데 귀속공장이 332개, 민영공장이 555개였다. 그런데 비교적 대규모의 것은 귀속공장에 속하며, 이들 공장은 원료와 자재 공급 등 악조건이 겹쳐 조업을 단축하게 되었고, 그들이 존립할 수 있는 영역은 극히 한정되어 있었다. 이와 대조적으로 해방 전에 군수 하청공장이었던 중소기업은 해방 뒤 농기구·가정용기구의 생산으로 전환하였으며, 여기에 농기구공업에서는 군소 신설공장이 진출하였고, 전문공장 30개를 통합하여 그 수가 300여 개에 달해 그 생산이 수요를 초과할 만큼 활발하였다.[48] 곧 기계기구 공업에서도 군

---

48) 위의 책, I-106쪽.

소공장이 주도적 기능을 하였다.

성냥공업은 설비가 간단한 관계로 해방 뒤 가내공업이 난립하여 그 제품의 품질은 낮았으나 양적으로 남한의 수요에 견주어 부족함이 없었는데, 이들 가내공업의 수요를 충족하기 위해 원료인 염소산가리 공장이 3개, 적린赤燐공장 1개가 설립되었다.[49] 정미공업도 해방 이후 수출미의 정지와 국내소비의 격증에 따라 생산지 부근에 가내공업적 소규모 공장이 나타나 그 수가 300여 개에 이르렀다.[50] 그 밖에 풍부한 목재를 원료로 사용하는 가구공업의 번성, 흙을 이용하는 토기재조 등은 모두 원료 공급에 힘입은 지방적 공업의 발전이었는데,[51] 이들은 모두 원료와 시장 기반을 지역에 두고 있었다.

결국 이들 지방의 중소 영세기업은 원료·자재·기술·자금·판매시장 등 공업 생산의 난관을 여건에 적합한 규모로 조정하면서 발전하였다. 그 결과 이 시기에는 귀속공장보다는 민영공장이, 대도시에 입지하는 공장보다 소도시 및 군부에 입지하는 공장이 활발한 생산을 하였음을 알 수 있다. 더욱이 지방적 중소공업은 비교적 혼란이 적었던 농촌의 지역적 수요를 바탕으로 활발하게 전개되었으며, 해방 뒤 경제 재건의 실질적 담당자로서 국민경제의 자립적 재편성의 잠재력이었다. 그리고 8·15 직후에 크게 위축되었던 산업생산이 1946년 중반부터 점차 회복 추세를 보인 것도 이들 중소영세기업의 생성과 그 전개에 바탕을 둔 것이었다.[52]

---

49) 위의 책, I-108쪽.
50) 위의 책, I-113쪽.
51) 朝鮮銀行 調査部,〈南朝鮮道別經濟動向調査〉,《朝鮮經濟年報》, 1948, 地-60쪽.
52) 학민사,《한국 경제의 구조》—민족경제의 발전과 왜곡—, 1983, 제2장, 44~75쪽 참조.

제2장

1950년대 공업구조의 변화와 중소기업

제1절 자본축적의 계기와 자원 배분의 편중·특혜성

1. 미국 원조의 도입과 그 역할

1950년대 이후 경제순환을 논의하는 데 6·25 전쟁의 경제적 피해와 그 복구 과정에서 입은 영향을 검토하는 것은 매우 중요한 의미를 지닌다. 6·25 전쟁은 ① 경제·사회시설의 파괴와 생산활동의 중단, ② 통화 증발과 인플레의 촉진, ③ 농지개혁·귀속재산 불하 등 주요 정책사업을 중단·왜곡시킴으로써 국민경제에 큰 충격을 주었다. 이것은 역사적으로 축적된 '내재적 힘'에 의한 해방 뒤의 자생적인 공업화의 길을 좌절시킨 계기가 되었다.

전쟁이 가져온 경제적 피해 상황은 국민경제의 구조적 왜곡을 초래한 기초적 조건이었다. 인명 피해 규모를 보더라도 한국 및 유엔군 측 약 150만 명, 북한 및 중공군 측 약 250만 명의 인명 살상을 가져왔고, 유엔군 측 전비만도 200억 달러를 초과한 파괴전이며 소모전이었다. 표 1에서 제조업 부문의 전쟁 피해 상황을 보면 건물의 피해율이 44%, 시설의 피해율도 42%에 이른 것으로 되어 있다. 이러한 전쟁 피해의 복구 및 재건 과정은 전쟁의 타율성을 반영하여 처음부터 외국 원조라는 타율적인 힘에 따라 전개되었고 그 결과 산업구조를 다음과 같이 파행·왜곡시켰다.

첫째, 막대한 규모의 외국 잉여농산물을 무분별하게 도입함으로써 한국 농업을 피폐화시켰다. 둘째, 대외 의존적 소비재공업의 발흥이나 경제원조에 따른 시설재 및 원자재의 공급 체계는 '국내 원료기반이 없는 공업화' 또는 '국내 생산재공업이 없는 소비재공업화'를 가져왔다. 셋째, 비생산적인 3차 산업의 비대화를 가져왔다. 이는 원조 물자에 기생하는 자본축적이 유통 및 서비스업의 비중을 증대시켜 상업자본이 산업자본을 지배하는 자본구조에서 이루어졌기 때문이며, 그 결과 대중들의 소비 패턴과 의식구조를 변화시켜 서구적 소비문화의 급속한 보급과 함께 민족주체성의 상실 과정으로 전개되었다.

표 1. 제조업 부문의 전쟁 피해 상황(1951년 8월말 현재)

(단위: 천 달러)

	피해액				원상에 대한 피해율(%)	
	건물	시설	원자재—제품	합계	건물	시설
금 속 공 업	414	127	112	653	26	26
철 강	312	108	65	485	25	25
비 철 금 속	102	19	47	168	27	27
기 계 공 업	407	106	280	793	53	35
자 전 차	139	33	115	286	26	26
자 동 차	152	880	35	188	11	11
조 선	45	30	34	108	60	60
방 직 기 계	64	35	76	174	50	50
방 직 공 업	41,902	50,820	–	92,722	62	64
면 방 직	41,417	42,938	–	84,347	64	64
모 방 직	179	56	–	235	24	25
견 방 직	303	138	–	440	60	64
염 색 가 공	4	7,696	–	7,700	100	100
화 학 공 업	4,731	10,633	49	15,412	35	33
고 무	1,141	4,245	0.2	5,386	20	20
피 혁	1,630	674	0.6	2,304	40	30
제 지	1,403	3,935	2	5,339	20	20
유 지	186	1,343	0.1	1,529	40	20
요 업	1,429	215	246	1,644	25	40
식 품 공 업	1,216	378	55	1,594	30	20
인 쇄 공 업	908	1,537	255	2,444	75	75
제 조 업 평 균	51,006	63,815	441	115,262	44	42

주: 업종별 피해액 합계는 제조업 평균과 일치하지 않음.
자료: ① 한국산업은행 조사부, 〈한국산업경제십년사(1945~1955)〉, 1955, 996~997쪽.
　　② 까치, 《韓國資本主義論》, 119쪽.

또한 6·25 전쟁은 8·15 이후 분단체제의 물질적 기초인 분단경제구조를 형성, 고착화시켰다. 이는 대외적 분업체계에 입각한 원격지 상업의 심화 과정을 통하여 이루어졌다. 대외적 분업체계의 형성은 전후의 복구 과정에서 주어진 막대한 외국 원조에 따라 촉진되었고, 그것은 '50년대까지의 무상 원조가 '60년대에 유상차관과 외국인 직접투자 형태로 바뀌면서 분단경제구조의 기반을 더욱 공고하게 만들었다. 곧 1960~1970년대의 대외지향적 내지 수출주도형 경제개발 패턴은 6·25 전쟁에서 그 기초 조건이 주어졌다.[1]

6·25 전쟁으로 말미암아 모든 공업시설이 파괴된 상황에서 미국 원조는 자금, 원료 공급 등 공업 재건의 모든 면에서 유일한 동인이었다. 즉 공장 재건과 건설은 원조에 의존하지 않을 수 없었고, 그 결과 미국의 대한對韓 원조는 대외적으로는 한국경제를 미국 재생산구조에 편입시켜 대외 종속을 가져왔으며, 대내적으로는 이에 부응하는 매판적買辦的 재벌의 형성과 강화에 큰 역할을 하였다.

당초 미국의 대한 원조는 구호물자를 공급한 GARIOA 원조에서 시작하여 1949년 1월부터는 시설재, 소비재, 기술원조의 ECA 원조가 공여되다가 6·25 전쟁으로 1951년에 끝나고 이것이 SEC(Supplies, Economic Cooperation) 원조에 포함되어 1953년 5월까지 계속되었다. 그 후 전쟁 중의 CRIK(Civil Relief in Korea, 한국민간구호계획) 원조, UNKRA(The United Nations Korean Reconstruction Agency, 국제연합한국재건단) 원조 등의 전시 긴급 구호 원조가 휴전 뒤 부흥 원조로 계속되는 한편 FOA(Foreign Operation Administration, 대외활동본부), ICA(International Cooperation Administration, 국제협조처), PL(Public Law, 미공법) 480원조 등이 이어서 행해졌다.

표 2에서 볼 수 있듯이 1945년부터 1961년의 기간에 31억 달러 이상의 원조가 한국에 제공되었고, 이 외에도 3~4억 달러 상당의 군사원조가 행해졌다. 그 결과 이 기간 한국경제는 미국 원조에 의존하여 그 순환이 이루어졌다고 할 수 있다.[2] 이러한 막대한 원조를 바탕으로 1957년에는 문경 시멘트공장과 인천 판

1) 李大根, 〈6·25의 사회경제사적 인식〉, 李大根·鄭雲暎 編, 《韓國資本主義論》, 까치, 1984, 127~129쪽.
2) 洪性囿, 《韓國經濟의 資本蓄積過程》, 고대출판부, 1965, 322쪽. 1950년대 자본축적 과정의 논리에

유리공장이 설립되고 기타 방직시설 복구 및 개발이 이루어졌다. 그러나 미국 원조의 기본적 성격은 구호 및 군사적인 것이었고, 경제 발전보다는 경제의 안정 및 수습에 역점을 두었다.

표 2. 원조 수입 총괄표

(단위: 천 달러)

연도	합계	GARIOA	ECA& SEC	PL 480	ICA	CRIK	UNKRA
1945	4,934	4,934	–	–	–	–	–
1946	49,496	49,496	–	–	–	–	–
1947	175,371	175,371	–	–	–	–	–
1948	179,593	179,593	–	–	–	–	–
1949	116,509	–	116,590	–	–	–	–
1950	58,706	–	49,330	–	–	9,376	–
1951	106,542	–	31,972	–	–	74,448	122
1952	161,327	–	3,824	–	–	155,534	1,969
1953	194,170	–	232	–	5,571	158,787	29,580
1954	153,925	–	–	–	82,437	50,191	21,297
1955	236,707	–	–	–	205,815	8,711	22,181
1956	326,705	–	–	32,955	271,049	331	22,370
1957	382,892	–	–	45,522	323,267	–	14,103
1958	321,272	–	–	47,896	265,629	–	7,747
1959	222,204	–	–	11,436	208,297	–	2,471
1960	245,393	–	–	19,913	225,236	–	244
1961	201,554	–	–	44,926	156,628	–	–
총계	3,137,300	409,394	201,867	202,648	1,743,929	457,378	122,047

자료: ① 한국은행.
② 돌베개, 《韓國經濟의 展開過程》, 74쪽.

이 기간 동안 원조 도입물자를 내용별, 용도별로 살펴본 것이 표 3이다. 원조 전체의 생산재와 소비재 비율은 19% 대 81%로 소비재가 압도적 비중을 차지하

대하여 원조의존축적론으로부터 농업희생축적론으로 전환해야 한다는 주장도 있다. 곧 농공 사이의 부등가교환 메커니즘에 따라 농업 부문의 잉여가 공업 부문으로 강제적으로 이전되고 그것을 조건으로 하여 공업 부문에서 자본축적이 가능할 수 있었다는 것이다(李大根, 《韓國戰爭과 1950年代의 資本蓄積》, 까치, 1987, 240쪽 및 250쪽).

고 있으며, 경제 부흥을 위한 ICA 원조도 시설재와 소비재의 비율이 28%와 72%로 같은 경향을 보이고 있다. 더욱이 PL 480호에 따른 원조는 모두가 소비재인 농산물이었다. 그 결과 미국 원조는 한국의 공업구조를 소비재 산업 편중으로 만들고 한국 농업을 정체시켰다.

표 3. 미국 대한 원조의 내용

(단위: 백만 달러, %)

자 금 별	시 설 재	소 비 재	합 계
GARIOA	31 (7)	379 (93)	410
ECA	6 (3)	170 (97)	176
SEC	0.2 (0)	26 (100)	26
CRIK	- (0)	457 (100)	457
UNKRA	86 (70)	36 (30)	122
ICA	485 (28)	1,260 (72)	1,745
PL 480	- (0)	203 (100)	203
합 계	608 (19)	2,531 (81)	3,199

주: 괄호 안 수치는 비중임.
자료: ① 한국은행.
　　　② 한길사, 《1950年代의 認識》, 187쪽.

미국 원조는 '50년대의 부흥기에 공업 부문이 외형적으로 상당한 성장을 이루게 하였다. 그러나 그것은 소비재 중심의 파행적 공업구조를 형성시켰고 이는 자립적 재생산구조 수립이라는 경제의 당위 과제와는 거리가 먼 것이었다. 소비재 편중의 공업구조는 해당 산업의 원자재 대외 의존도를 높였고, 이는 원조가 수원국受援國을 자기의 해외시장의 일환으로 편성하려는 원조 제공국의 의도를 반영한 결과였다. 결국 미국 원조로 한국경제의 자율적 재생산구조가 형성되는 것은 기대할 수 없었으며 자본 원재료의 대외 의존성은 심화되었다.

　더구나 원조 물자의 도입, 처리, 가공 과정이 일부 권력과 밀착된 무역업자와 제조업자에게 특혜적으로 제공·전개됨으로써 관료독점자본 형성의 계기를 제

공하였다. 더욱이 원조의 소수 기업에 집중은 중소기업을 중심으로 한 민족자
본의 쇠잔·종속화를 의미하였다. 해방 뒤 국지적 분업에 기초하여 광범위하게
형성된 중소기업은 소비재 중심의 원조와 대기업 중심의 소비재 편중 공업구조
속에서 몰락의 과정에 직면하였다.[3]

2. 귀속재산의 불하拂下와 재정융자의 특혜성

　미국 원조와 함께 1950년대 자본축적의 또 하나의 계기는 귀속기업체의 불하
였다. 해방 뒤 일본 제국주의 경제권과 단절되면서 일본인 소유였던 공장시설
은 자본과 기술이 결합되지 못하였지만, 그것의 불하는 공업의 기초가 취약했
던 당시의 상황에서 공업화의 물질적 기초를 마련해 주는 것이었다.

　한국 내에 있던 일본인 재산은 1945년 9월 미군청의 군정청령 제2호 〈패전국
소유재산의 동결 내지 이전제한의 건〉에 따라 적산敵産으로 규정되어 그 처분이
일절 금지되고, 12월에는 군정청령 제33호 〈조선내 소유 일본인 재산권 취득에
관한 건〉을 공포하여 이를 '조선군정청이 취득하고 조선군정청이 그 재산의 전
부를 소유'하는 군정청 귀속재산으로 하였다. 여기에는 기업체·주택·부동산 등
모두 294,167건이 포함되었다. 미군정청은 귀속재산관리 제도에 따라 미국인
고문의 관할 아래 이들 귀속재산 중 일부는 운영·해체하고 또 일부는 1947년부
터 민간에 불하하였다. 군정청은 대한민국 정부가 수립되기 전까지 513개의 기
업체를 포함해서 2,258건의 귀속재산을 불하하고 나머지는 대부분 〈대한민국
정부 및 미국정부 간의 재정 및 재산에 관한 최초협정〉 제5조에 따라 한국 정부

---

3) 朴贊一, 〈미국의 經濟援助의 성격과 그 경제적 귀결〉, 《韓國經濟의 展開過程》, 돌베개, 1981, 90쪽.
　한편 1950년대를 자생적 민족공업의 소멸 과정으로 보는 것에 대한 반론도 있다. 곧 이 무렵 원
　조자금에 기생하는 독점적 대기업의 형성이 토착 중소기업에 타격을 준 것은 인정하지만 그것을
　민족공업의 소멸로까지 보는 것은 민족자본의 실체를 너무 강조하고자 한 견강부회牽强附會적 해
　석이라는 것이다(李大根, 〈한국자본주의의 성격에 관하여〉, 《創作과 批評》, 부정기간행물 1호,
　1985, 361쪽).

에 이양하였다.

1948년 말 현재 귀속기업체의 전 기업체에서 차지하는 비중은 공장 수에서
21.6%였고 종업원 수에서는 48.5%를 점하였지만, 생산액에서는 35%여서 상대
적으로 생산이 침체하였는데, 이는 관리상의 비효율과 자금난에 따른 것이었다.
그런데 규모별로는 종업원 30인 이상의 기업체가 50.6%였지만 민영의 그것은
20.9%에 그쳐 귀속기업체가 상대적으로 큰 규모임을 보여 준다.4)

한국 정부는 1948년 12월에 대통령령으로 임시관재총국을 설치하였고 1949
년 12월에는 〈귀속재산처리법〉이 제정되었으며 1954년 이후부터 대대적인 불
하가 이루어졌다(표 4). 그 매각·불하 방법으로 귀속재산은 합법적이며 사상이
온건하고 운영 능력이 있는 선량한 연고자, 종업원 등에게 우선적으로 매각한
다(제15조)고 규정하였으며, 재산매각에서는 최고 15년의 기한으로 분할하여 그
대금을 납부할 수 있다(제19조)고 되어 있다.

표 4. 귀속재산 처분 실적

연도	총 처분 건수	기업체	부동산	기타
1948	1,538	407	541	590
1949	729	107	299	323
1950	1,054	162	731	16
1951	7,213	391	6,740	82
1952	10,421	359	9,981	81
1953	40,134	121	39,693	320
1954	93,063	233	92,735	95
1955	64,099	165	63,717	217
1956	36,641	61	36,418	162
1957	8,882	23	8,784	75

자료: ① 재무부, 《재정금융의 회고》, 166~167쪽.
      ② 한길사, 《1950年代의 認識》, 184쪽.

---

4) 朝鮮銀行 調査部, 《經濟年鑑》, 1949년, I-47쪽.

불하 방법에서 연고자 우선 원칙은 귀속기업체를 식민지 시기의 연고자—군
정청 시기에는 이른바 '우호적인' 한국인— 및 군정청 시기의 관리자에 우선적
으로 불하하게 하였다. 그리고 귀속기업체의 불하가 권력과의 유착에 따라 관
리인에게 불하되거나 수의계약을 통하여 연고가 없는 자들에게도 이루어졌다.
그 결과 자본가로서 자격을 구비하지 못하였으면서도 당시의 정치 권력자와 고
급 특권관료나 혈연 및 지연이 있는 자 또는 이들과 결탁한 자가 특혜제도에
따라 부당한 책략을 통해 불하 대상에 포함되었다. 또한 불하대금의 장기 분할
상환을 허용하고 있어서 물가상승이 격심했던 당시로서는 그 자체가 특혜였으
며, 대금 지불을 연기할수록 이득을 보게 되었다. 거기에 정부가 사정가격査定價
格보다 훨씬 낮은 가격으로 불하하기도 하였는데, 이는 정치권력과의 급부·반대
급부관계 속에서만 가능한 것이었다.

귀속재산 불하는 원래 자유기업주의를 지향한 것이었으나, 실제 불하는 정치
권력과 밀접한 관련을 가지고 있는 특정인에게 이루어졌으며, 또한 시세에도
미치지 못하는 저렴한 가격으로 불하된 데다, 당시의 급속한 인플레 아래서 장
기분할 납부가 허용됨으로써 실제로는 거의 무상이었다고 볼 수 있다. 그뿐만
아니라 불하대금도 특혜융자로 메꾸어짐으로써 자기자본이 없는 상황에서 귀
속재산 불하는 건전한 민족자본의 형성이 아니었다. 여기에 미국 원조 물자가
특혜적으로 이들에 제공되면서 재벌 형성에 있어 최초의 물질적 토대가 되었
고, 소규모이지만 중소기업에 의해 육성되고 있던 민족자본을 소멸시키는 계기
로도 되었다.5) 결국 귀속재산 불하는 이 시기 공업화를 독점화·의존화의 길로
전개시켰다고 볼 수 있다.

1950년대 한국 공업화에서 미국 원조의 배정과 귀속재산 불하는 특혜라는 형
태로 진행되었으며 재정금융도 같은 성격을 지니고 있었다. 해방 이후 한국경
제는 자본의 자생적 축적 기회가 취약했기 때문에 정부의 지원이 절대적 역할
을 하였다. 후진국 공업화에서 정부의 역할은 후진국 일반이 자생적 공업화의

---

5) 金大煥, 〈1950년대 韓國經濟의 연구—工業을 중심으로〉, 《1950年代의 認識》, 한길사, 1981, 182~
   185쪽.

전체 조건을 지니지 못하였기 때문에 그것의 조성을 위하여 요구되는 것이고, '50년대 한국의 공업화도 어떤 의미에서 국가정책의 소산이었는데 이는 특혜 정책으로 구체화했다.

　국가정책의 특혜적 성격은 귀속기업체의 불하와 원조 물자의 특혜적 배정으로 나타났으며, 재정투융자와 금융 지원의 측면에서도 동일하였다. 1953년 이후 본격화하는 재정투융자는 고정자본 형성 가운데 5∼7할을 차지하였는데, 1953년∼1960년 동안 재정투융자 재원 가운데 원조 물자 판매 대금인 대충자금의 비중이 69%에 이르러 원조 의존적 공업화의 중요한 계기가 되었다. 그 가운데 62%에 달하는 재정투자는 사회간접자본에 집중되었지만, 재정융자(표 5)는 일반산업과 수리사업에 집중되었다. 1957년부터 실현된 중소기업자금은 재정융자의 3.3% 수준에 그쳤다.

　대충자금은 주로 산업은행을 통하여 융자되었는데 1957년 말에 산업은행의 일반산업자금의 이율은 연 15%였음에 대하여 대충자금 융자는 3∼8%였고, 사채私債의 금리는 연 20∼25%였다. 곧 대충자금을 재원으로 하는 저리의 융자는 장기산업자금의 주된 공급원이면서 특혜의 대상이었다.

표 5. 재정융자의 배분

(단위: 천만 환, %)

회계연도	일반산업자금	수리농사자금	중소기업자금	주택자금	수출진흥자금	합　계
1953	500	–	–	–	–	500
1954	1,695	456	–	–	–	2,151
1955	2,029	1,160	–	100	–	3,289
1957	2,624	1,644	600	313	–	5,181
1958	3,192	2,204	50	370	–	5,816
1959	2,453	1,750	48	668	–	4,919
1960	1,480	1,227	122	210	130	3,169
합　계	13,973 (55.8)	8,441 (33.7)	820 (3.3)	1,661 (6.6)	130 (0.5)	25,025 (100)

주: 괄호 안 수치는 구성비임.
자료: ① 한국산업은행, 《조사월보》, 1964년 8월호, 20쪽.
　　② 李憲昶, 《韓國經濟通史》(제2판), 2003, 410쪽.

정부가 저금리로 일부 기업에 중점 융자하는 정책은 대자본을 성장시켰는데 이러한 금융집중 배분의 중추적 역할을 한 것이 산업은행이었다. 산업은행 자금의 원천은 그 대부분이 정부자금으로 구성되었으며, 그 대출금은 전금융기관의 40% 내외를 차지하고, 80~90%는 시설자금에 투입되었으며 주된 대상은 대기업이었다.

산업은행 대출과 더불어 일반은행의 융자도 상당한 규모로 전개되었는데, 그 대출 금리는 산업은행 금리보다는 높았으나 사채금리보다는 훨씬 낮은 수준이었다. 인플레가 격심했던 상황에서 이러한 대출 금리는 실질적으로는 마이너스 이자율로서 그 자체가 큰 이득이었다. 극심한 자금 부족 아래 자금이 경제성의 법칙에 따라 효율적으로 배분되지 못하고, 정치적 또는 정실적情實的으로 융자의 대상이 선정되었으며, 결국 금융기관의 자금 지원은 특권 재벌의 치부 수단으로 이용되었다. 금융이 관권에 의해 지배되는 상황에서 금융 자원의 배분은 경제적 논리보다는 관권의 자의적인 선호에 의존하는 경우가 더욱 많았다.[6]

이처럼 1950년대 한국의 공업화에서는 정부의 지원이 중요한 역할을 하였다. 귀속재산 불하, 원조, 재정투융자 등의 정책 지원은 이를 특혜적으로 받았던 재벌을 형성·강화시켰으며, 이는 정치권력과 밀착되면서 진행되었다. 귀속재산 불하로 기업가로서 기반을 얻은 일부 특정 기업인에게 기존 시설 중심의 재해복구 시설자재의 우선 배정이라는 특혜 조치가 주어졌다. 여기에 미국 원조에 따른 원료 및 기계설비가 특권적으로 공급되었으며, 재정금융 자금 공급과 외화자금이 우선적으로 배정되는 등 모든 면에서 특혜를 주었다. 이는 권력과의 밀접한 상호관계 속에서 형성되었고 처음부터 독점을 합법적으로 마련해 주었다. 이리하여 관료독점적인 성격을 가진 재벌들에 따라 '50년대 한국 공업화가 주도되었으며 이들은 특혜 의존적인 체질을 가지게 되었다.[7]

---

6) 洪性囿, 앞의 책, 35쪽 및 138쪽.
7) 金大煥, 앞의 글, 앞의 책, 200쪽.

제2절 1950년대 경제성장과 공업구조의 변화

해방 후부터 6·25전쟁에 이르는 기간의 한국 공업의 특징은 해방 전에 견주어 생산재공업의 상대적 위축과 소비재공업의 압도, 그리고 90%를 차지하는 소비재공업 가운데서도 식품·섬유·화학공업 원료의 전적인 대외 의존, 공업인구의 감소 등으로 요약된다. 결국 식민지 지배 아래에서 형성된 종속적 경제구조가 자립경제로 재편성된 것이 아니라, 오히려 민족과 국토가 분단되는 가운데 생산력 수준은 감퇴하고 경제력이 침체하였으며 경제의 대외 종속과 의존은 확대되었다. 그러면서 대외 종속·의존의 대상이 일본에서 미국으로 바뀐 결과를 보였다.

그런 가운데서도 서서히 형성되던 주체적 경제 기반은 6·25전쟁으로 크게 파괴되면서 공업 생산력을 격감시켜 기존 공업의 물리적 기초를 붕괴시켰고, 여러 공업화 정책도 시행되지 못한 채 계속 구호경제가 추구될 뿐이었다. 그러나 1952년 5월에는 대한민국과 국제연합사령부 사이에 경제원조에 관한 협약이 체결되고, 1953년 7월 휴전 후 12월에는 〈경제재건과 재정안정에 관한 합동경제위원회협약〉이 체결되면서 전후 경제 재건이 시작되었다. 경제원조를 바탕으로 본격적인 경제 부흥이 시작되면서 안정된 성장을 전개하여 경제 규모는 급속히 확장되었다.

1954~1959년의 기간에 1956년의 흉작에도 평균 4.8%의 성장을 달성하였고, 이 가운데 광공업 부문의 연평균 성장률은 12.7%에 달하였으며, 더욱이 제조업의 GNP 성장 기여율이 높았는데 이는 제조업이 '50년대 경제성장의 기동력이었음을 말해 준다(표 6). 이러한 안정적인 경제성장과 산업구조의 상당한 개선에도 공업구조는 크게 나아지지 못하였다. 1957년 기준으로 소비재공업의 비중이

80%에 이르고 있으며 생산재공업은 후진성을 벗어나지 못하여 산업구조의 고도화에도 산업 간 상호 관련성은 결여되었는데, 이는 대외 의존적인 경제구조를 반영하는 것이었다.

경제성장과 공업화를 주도한 부문을 분석하기 위하여 제조업을 소비재공업 부문과 생산재공업 부문으로 나누어 그 구조 변화(부가가치 기준)를 살펴본 것이 표 7이다. 1957년을 정점으로 하여 소비재공업의 비중이 감소하는 것과 달리 생산재공업의 비중은 증가하는 추세였다. 이것을 성장률에 따라 살펴본 것이 표 8인데 이것은 1957년을 기준으로 소비재공업과 생산재공업의 성장지수를 나타낸 것이다. 1957년을 정점으로 생산재공업의 급속한 성장과 소비재 부문의 상대적 정체를 확인할 수 있다.

표 6. 주요 경제지표의 추이

(단위: %)

	1954	1955	1956	1957	1958	1959	1960	1961	1962
GNP성장률	5.5	5.4	0.4	7.7	5.2	3.9	1.9	4.8	3.1
산업별 성장률									
1차 산업	7.6	2.6	−5.9	9.1	6.2	−1.2	−1.3	11.9	−5.8
2차 산업	11.2	21.6	16.2	9.7	8.2	9.7	10.4	3.6	14.1
3차 산업	2.5	5.7	4.0	5.8	3.5	7.5	2.8	−1.1	8.9
산업별 성장기여율									
농업·임업·어업	64.6	23.0	−656.7	52.1	53.1	−13.6	−27.9	101.6	−82.3
광업·채석업	−6.0	1.4	10.3	2.8	0.0	3.4	16.9	2.1	9.3
제조업	20.5	28.9	224.2	10.0	16.3	23.1	43.1	6.9	45.3

자료: ① 한국은행,《한국의 국민소득》, 1973.
　　　② 한길사,《1950年代의 認識》, 172쪽 및 177쪽.

표 7. 공업 부문별 구성비의 추이

(단위: 백만 원, %)

	전 공 업		소 비 재 공 업		생 산 재 공 업		기타	
	부가가치총액	구성비	부가가치총액	구성비	부가가치총액	구성비	부가가치총액	구성비
1953	12,565	100	10,008	79.5	2,295	18.5	262	2.1
1954	14,796	100	11,652	78.2	2,834	19.7	310	2.1
1955	18,099	100	14,480	80.0	3,292	18.2	327	1.8
1956	20,829	100	16,557	79.5	3,908	18.8	364	1.8
1957	22,707	100	18,196	80.1	4,126	18.2	385	1.7
1958	24,531	100	19,581	79.8	4,610	18.8	340	1.4
1959	26,371	100	20,791	78.8	5,186	19.7	394	1.5
1960	27,812	100	21,410	77.0	6,023	21.7	379	1.4
1961	28,394	100	21,317	75.1	6,697	23.6	380	1.3
1962	31,820	100	22,823	71.7	8,481	26.7	516	1.6
1963	63,773	100	25,441	69.2	10,648	29.0	684	1.9

주: ① 소비재공업은 산업중분류의 제조업분류번호 20~29, 생산재공업은 30~38로 하고, 분류번호 39
의 기타는 별도로 취급했다.
② 1960년 불변시장가격임.
자료: 한국은행, 《한국의 국민소득(1953~1963)》, 1965.

표 8. 공업 부문별 성장지수(1953년=100)

	소비재공업	생산재공업
1953	100 (55.0)	100 (55.6)
1954	116.4 (64.0)	123.5 (68.7)
1955	144.7 (79.6)	143.4 (79.8)
1956	165.4 (91.0)	170.3 (94.7)
1957	181.8 (100)	179.8 (100)
1958	195.7 (107.6)	200.9 (111.7)
1959	207.7 (114.3)	226.0 (125.7)
1960	213.9 (117.7)	262.4 (146.0)
1961	213.0 (117.2)	291.8 (162.3)
1962	228.0 (125.4)	369.5 (205.6)
1963	254.2 (139.8)	464.0 (258.1)

주: 괄호 안의 수치는 1957=100으로 한 성장지수.
자료: ① 표 7과 같은 책, 54~55쪽에 따라 작성.
② 학민사, 《한국경제의 구조》, 133쪽.

두 부문으로 나누지 않고 세 부문, 즉 자본재, 중간재, 소비재 부문으로 구분하여 성장률을 나타낸 것이 표 9이다. 소비재 부문 성장률은 1954~1957년의 기간에 17.0%에서 1958~1961년의 기간에는 4.9%로 급격히 떨어지고 있다. 이와 달리 중간재 부문 성장률은 같은 기간 14.5%에서 20.0%로 크게 높아지고 있다. 곧 '50년대 한국의 경제성장은 1957년까지는 소비재공업 부문이 주도했으나 이 이후에는 생산재공업 부문, 그 가운데서도 중간재공업 부문이 주도하였다고 할 수 있다.

표 9. 부문별 성장률

(단위: %)

	1954~57	1958~61
자본재	18.5	18.9
중간재	14.5	20.0
소비재	17.0	4.9

자료: ① 배한경, 〈한국공업화의 전개와 과제〉, 아시아경제연구소, 1970, 7쪽.
② 학민사, 《한국 경제의 구조》, 114쪽.

표 10은 제조업 주요 업종과 제조업 전체의 연평균 성장률을 나타낸 것이다. 1958~1961년의 기간에 1954~1957년의 기간보다 낮은 성장률을 보이는 가운데서도 섬유·식품 등 소비재공업의 성장 둔화가 더욱 뚜렷하다. 식료, 음료품, 담배, 섬유의 비중이 높지만 이들 부문은 1957~1958년을 경계로 하여 비중이 감소하고 성장률이 둔화하기 시작하였다. 이에 대하여 고무화학, 유리, 제1차금속 등의 부문은 증가하였으며 구성비는 낮지만 석유, 석탄제품, 전기기기, 종이류, 종이제품 등의 부문이 급성장하였다. 1958년 이후 전체적인 저성장 속에서도 소비재 부문의 정체와 대조적으로 중간재·생산재 부문은 높은 성장을 유지하고, 화학과 기계 부문의 성장률이 상승한 것이 특징이다.

표 10. 공업 주요 업종별 성장률

(단위: %)

	1954~57	1958~61
식 품	12.8	9.0
섬 유	25.1	−0.9
화 학	14.9	20.2
요 업	22.9	18.2
금 속	24.0	21.1
기 계	18.3	19.0
전 제 조 업	18.1	6.7

자료: 표 9와 같음.

결국 1950년대 경제성장은 1957년을 경계로 하여 서로 다른 두 부문에 따라 전개된 것으로 볼 수 있다. 1953~1957년의 기간에는 소비재공업을 중심으로 한 식료품, 담배, 섬유 등의 업종이 성장을 주도하였고, 1958년 이후에는 중간재·생산재공업 부문을 중심으로 한 비료, 고무, 파이프, 시멘트, 전기기기, 유리 등의 업종이 성장을 이끌었다.

그렇게 볼 때 1953~1957년의 기간은 외국 원조를 축으로 자급체계를 목표로 하는 소비재공업을 중심으로 한 공업화의 단계로, 그리고 1958년 이후는 중간재 생산재를 중심으로 한 수입대체화 촉진 단계로 볼 수 있는데, 이는 '60년대 전반의 본격적인 수입대체화 준비 단계의 성격을 지닌 것이었다. 이렇게 볼 때 '60년대 이후 고도 경제성장은 '50년대의 성과 위에 진행된 측면이 있고 수출지향형 경제성장 방향도 이미 '50년대 후반에 시도되었음을 확인할 수 있다.

곧 1960년대부터 계획적 성장 정책에 따라 산업자본의 축적과 개발 성과가 이루어졌지만, 그것은 '50년대가 기반이 되었다고 할 수 있다. '50년대 말에 이미 과잉시설 상태에 빠진 면방공업을 비롯한 일부 근대적 시설을 갖춘 업종에서 수출과 해외시장 개척을 위한 수출산업화 전략의 요구가 제기되었다. 즉 섬

유, 신발, 가발 등 경공업 제품의 수출 진흥과 그것에 토대를 둔 대외지향적 공업화를 위한 기초가 마련되었다.

또한 파행적·종속적 발전의 방향도 1950년대부터 그 바탕이 마련되었다. 즉 '50년대 자본축적은 대내적으로는 파행적이면서 대외적으로는 종속적 축적의 성격을 지녔다. 여기서 대내적으로 파행적이라는 것은 국내 각 산업별·부문별 발전 과정이 상호 유기적 관련성을 갖고 동시 병행적으로 전개되지 않았다는 의미이다. 그리고 대외적으로 종속적이란 경제 외적 요구에 따라 타율적으로 주어지는 외국 원조를 바탕으로 해서 축적이 가능했다는 것을 뜻한다. 이 두 가지, 곧 파행적 축적과 종속적 축적은 동일한 과정에서 전개되었는데, 그것은 내부적으로 유기적 분업 관련이 결여된 상태에서 어떤 부문에서 축적과 발전이 이루어지려면 그것은 대외적 분업 관련이 전제되어서만 가능하기 때문이다.

이처럼 파행적·종속적 발전은 1950년대부터 그 진전이 있었지만, 그것과 '60년대의 것은 그 성격이 저차적 종속 단계에서 고차적 종속 단계로 전환되었다는 점에서 차이가 있을 뿐이다. 즉 1950년대의 무상 원조 단계에서는 중심부와 분업관계가 유형적으로는 1차 산품 수출 → 2차 산품 수입이라는 식민지적 유형과 유사한 형태를 취했지만, 1960년대의 유상차관 수취 단계에서는 경공업(소비재)의 수입대체가 진행되면서 경공업 수출—중화학공업품 수입이라는 신 국제분업체제, 곧 신 식민지형으로 전환된 것이었다. '50년대에서 '60년대로 이러한 분업체제의 전환은 내재적 생산력 발전의 대외적 반영이 아니라 중심부 경제의 자체 내의 구조 변동에 따른 대외적 요구의 타율적 반영에 지니지 않는다는 측면에서 파행적·종속적 발전이었던 것이다.[8]

---

8) 李大根, 앞의 책, 262~267쪽.

제3절 공업화의 기반으로서 중소기업

1. 공업화와 중소기업의 구조 변화

1950년대 한국경제의 성장은 제2차 산업 그 가운데서도 제조업(공업)의 확대에 따라 달성되었다고 할 수 있다. 그리고 공업화는 자본축적 측면에서 막대한 외국 원조, 귀속재산의 불하, 정부의 재정 금융정책의 뒷받침을 받은 결과였다. 그런데 이러한 특혜적 지원을 중점적으로 받은 대상은 대부분 대기업이었고 이들 대기업의 성장(재벌화)이 '50년대 한국 공업화 과정의 특징이 되었다. 그 결과 이들을 분석하는 것이 '50년대 한국경제의 순환과 공업화를 설명하는 주된 흐름이 되었다. 그에 따라 이 시기에 광범하게 존재하였던 중소기업이 경제순환과 공업화에 이바지한 역할과 존재에 대하여는 소홀히 취급되었다.

그런데 6·25 전쟁 뒤 경제 재건 과정에서 공업 부문의 복구는 기존의 공업기업을 중심으로 시작되었고 이 시기의 기업은 그 대부분이 중소기업이었다. 표 11은 1952년 말 현재 부문별·규모별 공업구조를 나타낸 것이다. 종업원 규모 10인 이상 공장 3,208개 가운데 비교적 대규모인 종업원 규모 100인 이상 공장은 146개로서 4.6%를 차지하는 데 지나지 않았다. 이와 달리 중소기업은 3,062개로서 95.4%의 높은 비중이었다. 이것은 종업원 구조에도 그대로 반영되어 대기업은 총 종업원 수 114,965명 가운데 44,289명으로 38.5%인데 견주어 중소기업의 종업원은 70,676명으로 61.5%의 구성을 보였다.

이를 생산재공업과 소비재공업으로 나누어 보면, 공장 수의 경우 생산재 부문 대기업은 6.9%를, 중소기업은 93.1%를 차지하였고, 소비재 부문에서는 각각 3.7%와 96.3%의 구성이었다.

표 11. 부문별·규모별 공업구조(1952년 말 현재)

(단위: 인, 개)

	10~49인		50~99인		100인 이상		합 계	
	공장 수	종업원 수	공장 수	종업원 수	공장 수	종업원 수	공장 수	종업원 수
금 속	126	2,404	7	594	1	170	134	3,228
기 계	378	6,571	27	1,846	8	1,174	413	9,591
화 학	341	6,746	90	6,105	58	10,737	489	23,588
섬 유	1,325	25,767	132	9,107	55	23,829	1,512	58,703
요 업	85	1,735	28	1,828	12	3,106	125	6,669
식 품	246	2,878	12	874	7	1,022	265	4,774
전기구	30	433	1	56	−	−	31	489
연 료 제 재	103	1,192	4	251	−	−	107	1,443
목 제 공예품	48	810	6	387	5	4,251	59	5,448
인 쇄 제 본	68	739	5	293	−	−	73	1,032
합 계	2,750 (85.7)	49,335 (42.9)	312 (9.7)	21,341 (18.6)	146 (4.6)	44,289 (38.5)	3,208 (100.0)	114,965 (100.0)

주: 괄호 안 수치는 구성비(%)임.
자료: 朝鮮銀行 調査部,《經濟年鑑》, 1955, I-127~128쪽.

이를 종업원 수를 기준으로 보면 생산재 부문에서 대기업이 33.1%였으나 중소기업은 40.9%였으며 소비재 부문에서는 각각 66.9%와 59.1%였다. 곧 생산재와 소비재 부문에서 다 같이 중소기업은 공장 수 및 종업원 수 구성에서 높은 비중을 차지하였고, 이것이 '50년대 경제 재건 과정의 초기적 조건이었다.

한편 표 12는 경제 복구가 상당히 진전된 1955년 말 현재 부문별·규모별 공업구조를 보여 주고 있다. 이 표의 수치는 종업원 규모 9인 이하의 공장을 포함한 결과라는 점에서 앞서 표 11과 차이가 있다. 총 공장 수 8,810개 가운데 종업원 규모 100인 이상의 대기업은 244개로서 2.8%이며, 중소기업은 8,566개로서 97.2%를 차지하고 있다. 종업원 구성에서는 총 종업원 수 204,335명 가운데 대기업이 64,501명으로 31.8%였으나, 중소기업은 139,434명으로 68.2%를 차지하였다. 이를 생산재 부문과 소비재 부문으로 나누어 살펴보면 공장 수에서 생산재 부문의 대기업은 4.2%를 차지했지만 중소기업은 95.8%를, 소비재 부문에서는 대기업과 중소기업이 각각 2.4%와 97.6%였다. 이를 종업원 기준으로 보면 생산재 부문에서 대기업이 33.2%, 중소기업이 66.8%였으며 소비재 부문에서는 그 구성이 각각 31.3%와 68.7%였다.

표 12. 부문별·규모별 공업구조(1955년 말 현재)

(단위: 인, 개)

	9인 이하		10~49		50~99		100인 이상		합 계	
	공장수	종업원수	공장수	종업원수	공장수	종업원수	공장수	종업원수	공장수	종업원수
금속	136	917	260	5,354	30	2,029	10	1,701	436	9,991
기계	265	1,798	338	7,340	26	1,642	9	2,093	638	12,873
화학	224	1,424	329	6,977	75	4,913	56	12,317	684	25,631
섬유	1,377	9,012	1,504	31,179	171	11,548	99	36,632	3,151	88,372
요업	255	1,743	285	5,631	43	3,137	12	2,518	595	13,029
식품	1,028	6,777	873	15,782	39	2,727	26	4,428	1,966	29,714
기타	670	4,671	572	10,427	66	4,414	32	5,212	1,340	24,725
합계	3,955 (44.9)	26,343 (12.9)	4,161 (47.2)	82,690 (40.5)	450 (5.1)	30,401 (14.9)	244 (2.8)	64,901 (31.8)	8,810 (100.0)	204,335 (100.0)

주: 괄호 안의 수치는 구성비(%)임.
자료: 朝鮮銀行 調査部, 《經濟年鑑》, 1957, I-99~100쪽.

결국 1955년 말 현재의 자료에서도 중소기업은 공업구조에서 중요한 비중을 차지하고 있음을 확인할 수 있다. 한편 1952년 말과 1955년 말 현재의 공업구조를 비교해 보면(종업원 규모 10인 이상 기준), 우선 대기업의 공장 수가 146개였던 것이 244개로 되어 67.1% 증가하였다. 이에 대하여 중소기업은 3,062개에서 4,611개로 50.6% 증가하였다. 같은 기간 전체 공장 수가 3,208개에서 4,855개(종업원 10인 이상 기준)로 증가하여 그 증가율이 51.3%였음에 견주어 보면, 대기업의 증가가 뚜렷하여 기업 규모의 확대 경향을 보였다. 그러나 중소기업도 상당한 증가세를 나타내어 전후 경제 복구 과정에서 중소기업이 대기업 못지않게 중요한 역할을 하였음을 알 수 있다.

1950년대 경제 재건 과정에서 기업의 대규모화는 뚜렷한 추세를 보였다. 표 13에서 보면 100인 이상 사업체는 1955년에 244개에서 1958년에는 325개(100～199인: 210개, 200인 이상: 115개)로, 다시 1960년에는 549개(100～199인: 224개, 200인 이상: 137개)로 증가하였다. 곧 100인 이상 사업체 수가 1955년에 견주어 1958년에 33.2%, 1960년에는 125.0% 증가하였고, 1952년에 견주면 1960년에 2.8배 가량 증가하여 대규모 사업체의 현격한 발전을 알 수 있다. 이러한 증가세에는 미치지 못하지만 중소기업도 상당한 증가가 실현되었다. 1955년에 99인 이하 중소기업은 8,566개였던 것이 1958년에는 12,646개로 47.6%, 그리고 1960년에는 14,843개로 1955년 대비 73.3% 증가하여 '50년대 공업화 과정의 기반을 형성하였다. 즉 총 사업체가 1955년에 8,810개에서 1960년에 15,204개로 72.6% 증가한 6,394개의 기초가 된 것은 바로 중소기업이었다.

표 13. 규모별 사업체 수·종업원 수 추이

	5～9인 (9인 이하)		10～49		50～99		100～199 (100인 이상)		200인 이상		합계	
	사업체	종업원	사업체	종업원	사업체	종업원	사업체	종업원	사업체	종업원	사업체	종업원
1952	-	-	2,750	49,335	312	21,341	146	44,289	-		3,208	114,965
1955	3,955	26,343	4,161	82,690	450	30,401	244	64,901	-		8,810	204,335
1958	7,019	44,064	5,109	95,840	518	33,880	210 (325)	28,555 (86,643)	115	58,088	12,971	260,427
1960	8,426	35,739	5,946	97,244	471	28,574	224 (549)	28,452 (89,015)	137	59,563	15,204	249,572

주: ① 1952년과 1955년은 공장 수임.
  ② 1952년은 9인 이하가 조사되지 않았으며 1955년은 9인 이하의 수치임.
  ③ 1952년과 1955년의 수치는 200인 이상의 수치를 100인 이상에 포괄하여 대기업으로 간주하였음.
  ④ 괄호 안 수치는 종업원 규모 100인 이상 사업체 및 종업원 수임.
자료: 한국은행 조사부, 《경제연감》(1955년 및 1957년) 및 상공부·한국산업은행, 《광업 및 사업체조사 종합보고서》(1958년 및 1960년).

그 결과 1955년에 대기업(100인 이상)과 중소기업의 사업체 구성비는 2.8% 대 97.2%였던 것이 1960년에는 2.4% 대 97.6%로 되어 오히려 중소기업의 비중이 작지만 증가 추세를 보였다. 한편 고용구조에서는 1955년에 대기업(100인 이상) 과 중소기업의 구성이 31.8%와 68.2%였던 것이 1960년에는 각각 64.7%와 35.7%로 대기업의 구성이 약간 증가하였지만 역시 중소기업도 60%를 넘는 비 중을 유지하였다. 이처럼 1950년대 공업발전에서 중소기업은 그 바탕이 되었으 며 동시에 중소기업의 중요한 위치를 확인할 수 있다.

2. 경제력 집중과 중소기업 존립

1950년대 공업화는 미국 원조, 귀속기업체의 불하, 재정금융의 특혜적 지원 에 의하여 추진되었고 그 혜택을 누릴 수 있었던 대상은 주로 대기업이었다. 그 결과 기업 규모의 확대와 시장 집중을 촉진하여 일부 업종에서 독점화나 경제 력 집중이 진전되었다. 그 요인으로는 첫째, 대규모 귀속기업체의 지분을 분산 하지 않은 채 특혜적으로 일괄 불하함으로써 대자본의 현저한 소유 집중을 초 래하였다. 둘째, 원조 물자의 배당에서 원조 받은 원자재가 시장을 거치지 않고 특혜적으로 생산능력 내지 시설 능력에 따라 배정되고 여기에 산업은행 자금의 저리융자가 이루어졌다. 셋째, 이를 계기로 형성된 대기업집단은 정부의 특혜와 담합을 통하여 원료를 독점하였고 정부에 의한 외국산 제품의 단계적 수입금지 와 독과점적인 판매 행위의 묵인에 힘입어 판매독점을 실현하였다. 넷째, 정부 가 일부 기업에 저금리로 중점 융자하는 금융의 편중 배분은 대자본을 성장시 켰다.

1950년대 기업의 성장은 국가의 지원 아래 진행되었고, 독점적 요소가 형성 되는 가운데서도 전후 복구 과정에서 활발하게 설립·발전된 중소기업은 이러한 특혜적 지원에서 소외되었으며, 오히려 독점화한 대기업의 압박 속에 순조로운 성장을 할 수가 없었다.

표 14는 주요 업종의 시장 집중도를 나타낸 것이다. 산업세분류를 기준으로 출하액 비중이 상대적으로 높은 업종을 선정, 사업체 수와 대기업의 출하액 및

그 비중을 산정하여 해당 업종의 시장 집중도를 표시한 것이다. 확실히 제당, 방적, 모직물제조, 타이어, 튜브, 고무신, 시멘트 등 소위 삼백공업을 중심으로 정부의 특혜적 지원을 받은 업종에서 시장 집중도가 매우 높고 독점적 지배가 형성된 것을 알 수 있다. 그러나 기타의 다양한 분야에서는 중소기업이 광범위하게 존재한 것을 확인할 수 있고 이들 중소기업은 독점적 대기업에 의해 압박·도태·병합되면서도 공업화와 경쟁적 시장구조를 창출하는 기틀이었다.

표 14. 주요 업종의 시장 집중도

(단위: 백만 환, %)

업종	사업체 수		출하액	
	총 수	대기업 수	총액	대기업 출하액
도　　　　정	731	–	14,865	–
제　　　　분	41	1	15,057	6,032(40.1)
제 당 · 정 당	3	1	14,687	14,632(99.6)
증류주·혼합주	139	1	13,450	1,765(13.1)
청 주 · 약 주	1,269	–	27,044	–
면　　방　　적	44	10	23,838	23,181(97.2)
모방적·기타방적	17	4	7,717	6,917(89.6)
면 · 스 프 직 물	604	5	36,841	21,551(58.5)
견 · 인 견 직 물	1,026	13	26,476	5,726(21.6)
모 직 물 제 조	25	4	17,427	12,649(72.6)
외 의 · 외 투	1,322	–	20,682	–
제　　　　재	855	2	31,241	4,008(12.8)
양지류·판지류	42	4	10,705	6,646(62.1)
타 이 어 · 튜 브	6	3	9,046	8,150(90.1)
고　무　신	17	10	20,714	17,940(86.6)
연탄·마세크탄	785	2	21,604	642(3.0)
시 멘 트	3	2	24,727	24,727(100.0)
제 조 업 총 계	15,204	137(0.9)	567,049	197,271(34.8)

주: 괄호 안 수치는 대기업 출하액 및 사업체 수 비중임.
자료: 상공부·한국산업은행,《광업 및 제조업사업체조사종합보고서》, 1960.

따라서 일부 독점적 대기업의 분석으로 도출된 논리가 '50년대 한국경제를 설명하는 기축이 되는 데는 한계가 있다고 보아야 할 것이다. 곧 이 시기에 광범하게 그리고 활기차게 생성·전개된 중소기업의 실태를 분석하는 것이 필요하다.

　　표 15는 1958년과 1960년의 사업체 수, 종업원 수, 부가가치액을 기업 규모별
로 살펴본 것이다. 1960년 기준으로 사업체 수에서는 15,204개 가운데 99.1%에
해당하는 15,167개(종업원 규모 5~199인)가 중소기업이며 이 가운데서도 5~9인
규모의 영세중소기업이 8,426개로서 55.4%를 차지하고 있는 것과 달리, 대기업
은 137개로서 0.9%에 지나지 않는다. 종업원 수에서는 중소기업이 76.1%를 점
하고 있으며 대기업의 종업원 구성은 23.9%이다.

표 15. 규모별·연도별 사업체·종업원·부가가치 구성

(단위: 개, 인, 백만 환, %)

	사업체 수		종업원 수		부가가치액	
	1958	1960	1958	1960	1958	1960
5~9인	7,019 (54.1)	8,426 (55.4)	44,064 (16.9)	35,739 (14.3)	19,058 (12.1)	28,269 (12.9)
10~49	5,109 (39.4)	5,946 (39.1)	95,840 (36.8)	97,244 (39.0)	49,706 (31.6)	74,678 (34.2)
50~99	518 (4.0)	471 (3.1)	33,880 (13.0)	28,574 (11.4)	19,455 (12.4)	21,740 (9.9)
100~199	210 (1.6)	224 (1.5)	28,555 (11.0)	28,452 (11.4)	17,245 (10.9)	20,590 (9.4)
200~499	89 (0.7)	105 (0.7)	27,002 (10.4)	26,590 (10.7)	27,304 (17.3)	34,577 (15.8)
500인 이상	26 (0.2)	32 (0.2)	31,086 (11.9)	32,973 (13.2)	24,782 (15.7)	38,802 (17.8)
합 계	12,971 (100.0)	15,204 (100.0)	260,427 (100.0)	249,572 (100.0)	157,550 (100.0)	218,656 (100.0)
중소기업 대 기 업	99.1 0.9	99.1 0.9	77.7 22.3	76.1 23.9	67.0 33.0	66.6 33.4

주: 괄호 안 수치는 구성비임.
자료: 상공부·한국산업은행, 《광업 및 제조업사업체조사종합보고서》

　　부가가치 구성에서는 중소기업과 대기업의 구성비가 66.6% 대 33.4%로서 대
기업 비중이 사업체 수나 종업원 수의 구성보다는 상대적으로 높은 편이다.

0.9%의 137개 대기업이 종업원 수의 23.9%, 부가가치액의 33.4%를 차지하고 있다는 점에서 대기업의 중요성과 그에 대한 논리가 두드러질 수밖에 없다. 그렇지만 중소기업도 사업체 수의 99% 이상, 부가가치액의 66% 이상을 차지하고 있다는 사실은 중소기업이 경제순환과 공업화에서 주도적 역할을 하고 있음을 말해 준다.

표 16은 1958년과 1960년의 사업체 수 및 부가가치의 규모별·업종별 구조를 나타낸 것이다. '50년대 후반까지 한국 공업화의 견인차 기능을 한 소비재공업의 높은 비중을 반영하고 있으며, 더욱이 섬유공업의 높은 비중과 그 비중 증가를 나타내고 있는데 이 부문에서 중소기업의 상대적 쇠퇴와 대기업의 신장을 알 수 있다.

표 17은 부가가치 기준으로 규모별로 소비재공업과 생산재공업의 구성을 살펴본 것이다. 1960년 기준으로 소비재공업의 비중이 68.2%이고 생산재공업의 비중은 31.8%였다. 기업 규모별로는 대기업의 소비재공업 비중이 76.6%이며 생산재공업은 23.4%였다. 이에 대하여 중소기업은 소비재공업이 64.2%, 생산재공업이 35.8%여서 대기업은 소비재공업에서, 중소기업은 생산재공업의 비중이 상대적으로 높은 것을 알 수 있다.

표 18은 중소기업의 업종별 생산 형태를 본 것이다. 중소기업과 대기업의 계열화 현상은 거의 진전되지 않고 있으며(하청생산, 5.0%) 주로 시장생산(43.3%)과 주문생산(51.7%)에 의존하고 있다. 이것은 이 시기 중소기업이 판매를 실현하는 유통체계의 특징과 관련된 것으로 보인다. 대기업은 그 생산체계의 근대성 때문에 자본주의의 경제논리를 요구한다. 이러한 경제논리가 적응할 수 있는 조건과 계층은 '50년대 공업화 과정에서, 특히 도시에서 형성되었을 것으로 추정된다. 섬유공업의 예를 보면 '50년대 후반의 정체기에 그 타개책으로 도시소비자 지향제품으로 생산 품목을 전환하였고, 나아가 수출지향의 움직임을 보였다.[9]

---

9) 면공업에서 수출지향 움직임으로는 이미 1955년의 벨기에 국제박람회 대표 파견, 1956년에 호주세계박람회 출품이 있었고, 직접적 수출 대상 지역으로는 동남아시아를 설정하였다. 1957년에 상공부의 수출 5개년계획 작성에 이어 실제 수출은 1957년부터 시작되었다. 이러한 불황의 타개책은 모직물 공업에서도 동남아시아를 대상으로 한 수출지향이 전개되었고, 1960년대에 들어서면서 그

표 16. 규모별 사업체 수 및 부가가치 추이

(단위: 개, %)

	사업체 수						부가가치액(%)			
	중소기업		대기업		합계		중소기업		대기업	
	1958	1960	1958	1960	1958	1960	1958	1960	1958	1960
식 료 품	1,465	1,987	8	13	1,473	2,000	74.6	76.3	25.4	23.7
음 료 품	1,337	1,462	3	2	1,340	1,463	80.1	82.2	19.9	17.8
섬 유	2,767	2,442	34	51	2,801	2,493	45.0	42.8	55.0	57.2
화류·의류·장신품	1,099	1,669	3	1	1,102	1,670	98.0	99.5	2.0	0.5
제재·목제품	936	994	4	1	940	995	87.8	91.2	12.2	8.8
기 구·장 비	352	466	–	–	352	466	100.0	100.0	–	–
지류·지류제품	273	471	1	10	274	481	64.3	51.4	35.7	48.6
인 쇄·출 판	528	542	7	10	535	552	67.3	65.2	32.6	34.8
피혁·피혁제품	58	55	–	–	58	55	100.0	100.0	–	–
고 무 제 품	105	94	15	14	120	105	30.3	22.0	69.7	78.0
화 학 공 업	384	366	4	7	388	373	76.9	79.1	23.1	20.0
석유·석탄제품	519	788	2	2	521	790	93.9	97.8	6.1	2.2
유 리·토 석	997	1,299	11	11	1,008	1,310	43.6	42.2	56.2	57.2
제 1 차 금 속	244	186	5	4	249	190	77.4	100.3	22.4	-0.3
금 속 제 품	462	675	1	3	463	678	98.3	82.3	1.7	18.3
기 계	430	524	2	4	432	528	92.3	85.9	7.7	14.1
전기기계기구	86	126	1	3	87	129	97.5	76.4	2.5	23.6
수 송 용 기 계 기 구	528	613	3	1	531	614	88.8	98.6	11.2	1.4
기 타	296	311	1	1	297	312	99.1	99.3	0.9	0.7
합 계	12,856 (99.1)	15,067 (99.1)	115 (0.2)	137 (0.9)	12,971 (100.0)	15,204 (100.0)	66.9	66.4	33.1	33.6

주: ① 중소기업은 종업원 규모 5~199인, 대기업은 200인 이상임.
　② 괄호 안 수치는 구성비임. ③ 부가가치액은 구성비임.
자료: 상공부·한국산업은행,《광업 및 제조업사업체조사종합보고서》

결실을 보게 되었다.

표 17. 규모별·연도별·부문별 공업구조(부가가치 기준)

(단위: %)

규모	연도	소비재공업	생산재공업
중 소 기 업	1958	63.7	36.3
	1960	64.2	35.8
대 기 업	1958	76.3	23.7
	1960	76.7	23.4
전 제 조 업	1958	67.7	32.3
	1960	68.2	31.8

주: 소비재공업은 제조업 산업중분류 20~29. 생산재공업은 30~39의 업종의 부가가치 기준으로
　　작성하였음.
자료: 상공부·한국산업은행, 《광업 및 제조업사업체조사 종합보고서》

표 18. 중소기업 업종별 생산 형태(1963년 1월~9월)

(단위: %)

업종	시장생산	주문생산	하청생산	계
식 료 품 및 음 료 품	56.8	43.2	-	100.0
섬 유 공 업	48.2	37.6	14.2	100.0
신발·의류및장신구	28.4	71.7	-	100.0
종 이 및 그 제 품	23.5	72.5	-	100.0
피 혁 및 피 혁 제 품	11.7	88.3	-	100.0
화 학 공 업	68.5	31.5	-	100.0
유 리 및 토 석 제 품	5.0	91.7	3.3	100.0
금 속 제 품	40.8	58.2	1.0	100.0
기 계	42.9	45.5	11.6	100.0
전 기 기 기	95.8	4.2	-	100.0
수 송 용 기 기	40.6	38.6	20.8	100.0
기 타	54.7	40.0	5.3	100.0
평 균	43.3	51.7	5.0	100.0

주: 하청생산은 중소기업의 총출하액 중에서 차지하는 하청관계를 맺고 있는 기업에 대한 출하
　　액의 비중을 나타냄.
자료: ① 한국생산성본부.
　　② 황병준, 《한국의 공업경제》, 고려대학교 아세아문제연구소, 1966, 195쪽.

그러나 더 광범한 농촌시장을 중심으로 한 일반대중의 시장은 재래시장(상설시장과 정기시장)을 축으로 전개되었고, 여기에는 근대적 가격체계와는 다른 가격체계를 가진 경제원리가 작용하고 있었다. 이러한 시장에서 활동하는 소매업자들은 중소기업과 긴밀하게 연관하고 있어서 중소기업은 광범한 대중의 경제와 결합하고 있었다. 중소기업의 주문생산 비율의 크기는 이와 같은 형태의 국내시장과의 결합을 반영한다고 볼 수 있다. 곧 '50년대 한국 공업은 대기업을 축으로 하여 근대적 도시형 유통체계를 가진 시장권과 중소기업을 축으로 한 전근대적(전통적) 농촌형의 유통체계를 가진 시장권이라는 이중구조의 시장체계를 바탕으로 하고 있었다. 해방 뒤 지역적 시장에 바탕을 두고 생성·전개된 중소기업이 특혜적 지원으로 성장한 대기업에 압도되었지만, 그 생산의 지역적 성격에 상응하여 국내시장의 존립 기반을 유지할 수 있었으며, 이것이 대기업의 계열화·하청화의 요구가 소극적이 되었던 요인인 것으로 생각된다.

한편 기업 경영의 측면에서 우선 규모별 자본구성을 비교한 것이 표 19의 내용이다. 자본구성에서 대기업의 타인자본 의존도가 중소기업보다 훨씬 높은데 그것은 대기업에 재정금융상의 특혜가 집중된 결과로 보인다. 그리고 자산구성에서는 1960년에 대기업과 중소기업의 유동자산 비율은 43.7% 대 51.7%로 중소기업의 유동자산비율이 대기업보다 높다. 이와 달리 고정자산비율은 각각 54.0% 대 46.2%로서 대기업의 그것이 중소기업보다 높다. 이것은 지불 능력인 유동성 수준을 말하는 것으로 대기업이 중소기업보다 지불 능력이 약한 것을 의미하며, 그것은 대기업의 타인자본 의존도가 높은 결과와 관련이 있다. 이러한 점은 재무비율의 분석에서도 같은 결과를 보여 주고 있으며 수익 및 비용구성에서도 중소기업은 대기업보다 건실한 경영을 한 것으로 분석되었다.[10]

---

10) 한국은행, 《기업경영분석》, 1962(김대환, 앞의 글, 앞의 책, 230~231쪽 참조).

표 19. 규모별 기업의 자본구성 추이

(단위: %)

	1960			1961	1962		
	계	중소기업	대기업		계	중소기업	대기업
타인자본	70.5	54.0	73.5	57.6	60.5	47.2	62.0
유동자본	40.4	40.6	40.3	35.8	42.7	35.6	43.4
고정부채	30.0	13.4	32.1	21.9	17.9	11.2	18.6
자기자본	29.5	46.1	27.5	42.4	39.5	52.8	38.0
자 본 금	18.0	33.2	16.2	26.1	23.4	33.4	22.3
잉 여 금	11.5	12.8	11.4	16.3	16.1	19.5	15.7

자료: ① 한국은행, 《기업경영분석》, 1962.
　　　② 한길사, 《1950年代의 認識》, 1981, 229쪽.

제4절 종속적 자본주의의 위기와 중소기업문제

1950년대 중소기업문제는 자본축적이 재정금융과 미국 원조를 주축으로 이루어질 수밖에 없는 제약 조건 속에서 이해할 수 있다. 전쟁을 계기로 한국경제는 재정의 역할이 늘어났고, 국민경제의 부담 능력 이상으로 재정이 확대되면서 자본축적은 재정독주형으로 전개되었다. 또한 전쟁으로 파괴된 생산력의 복구와 악성인플레의 진정은 미국 원조로 말미암아 수습의 실마리를 찾았다.[11]

원조로 도입되는 물자가 소비재에서 식량 및 원면, 원당, 유지 등 중간재로 옮겨감에 따라 새로 건설되는 국내 공업은 원조 물자의 최종 가공 형태를 취하게 되었다. 이에 따라 원조는 이에 기생하는 자본의 급속한 집중을 초래하는 물적 기반이 되었다. 그리하여 원조는 기존 시설(귀속재산)의 불하와 결합하여 낮은 생산력 위에서 소수 독점적 대기업을 만들었다. 여기에 적자재정에 기초하는 재정자금의 방출과 금융자금의 편중적 지원은 이러한 소수자에게 자본의 집중을 가속화시켰으며, 비현실적인 저환율정책, 저임금정책, 저금리정책과 상승하는 인플레는 원조와 재정금융자금에 의존하는 소수 기업을 독점자본으로 성장시켰다.[12]

한국전쟁 뒤 산업부흥기에서 1950년대 말 사이에 형성된 소수의 독점자본은 서구 선진자본주의의 독점자본이 산업자본주의가 성숙한 결과로 나타난 것과는 차이가 있다. 정상적인 자본축적으로 산업자본주의를 확립하기도 전에 방대한 규모의 귀속재산, 원조, 재정금융이라는 특혜적 요소와 결합하여 단시일에

---

11) 洪性囿,〈韓國經濟의 資本蓄積過程과 財政金融政策〉, 1953~1963,《經濟論集》第III卷 第3號, 서울商大, 1964, 10~13쪽 참조.

12) 朴東燮,《中小企業論》, 博英社, 1972, 152~153쪽.

독점자본이 이루어졌다. 그 결과 이들 독점자본은 흔히 그들이 지니는 강력한 지위와는 대조적으로 많은 취약점을 가지고 있었다.

그들은 외형상 독점으로 시장경쟁을 제한하고 금융자본과의 결합은 물론 강력한 영향력을 가진 관료 및 정치권력과 긴밀한 유대로 관료독점 내지 국가독점자본주의적 성격까지 띠고 있었다. 그러나 최종소비재 산업을 기반으로 하고 있다는 취약성, 그리고 금융, 원료, 기술의 비자립성 내지 대외 종속성이라는 약점을 지니고 있었던 것이 이 시기의 독점자본이었다. 따라서 본질적으로 이는 서구 자본주의 이전의 단계, 곧 중상주의 시대에 횡행했던 '전기적 독점'과 다름이 없다는 것이다.[13] 결국 이 시기의 자본축적 과정은 정상적인 자본주의적 축적 방식이 아니었으며 선진국의 중상주의정책에서 볼 수 있었던 원시적 자본축적이었다. 이러한 자본축적을 바탕으로 하여 전개된 '50년대 공업화 과정에 대하여는 다음과 같은 특징이 지적된다.

첫째, 공업화 과정에서 자유주의적 경제원리가 채택되었지만, 이 원리는 특정 재벌을 비호하는 데 집중되었다. 이것은 재벌기업에 대한 특혜(자유)와 중소기업, 농민, 노동자에 대한 통제라는 두 측면을 바탕으로 한 것이었다. 재벌에 대한 특혜는 정치자금의 제공이라는 반대급부로 보장받은 것이었으며, 이러한 관계를 전제로 재벌의 형성 및 자본축적의 체계가 완결되어 관료독점자본체제라는 특징을 만들어 냈다. 곧 경제에 대한 정부의 관여 확대가 관료자본을 이루게 하고 그 결과 비생산적 독점화를 가져왔다.[14]

---

13) 鄭允炯, 〈經濟成長과 獨占資本〉, 《韓國經濟의 展開過程》, 돌베개, 1981, 147~148쪽. 이것은 초기 독점적 특성이다. 그러나 '50년대 독점화는 경제 외적 요인에 따른 몇몇 대기업의 비정상적 출현에 지나지 않으며 더욱이 이 시기의 독점화가 생산재공업을 중심으로 전개되는 정상적인 과정을 밟지 않고 거꾸로 소비재공업을 중심으로 이루어졌다고 하여 이를 '전기적 독점', '천민적 독점', '저차적 독점' 등으로 규정하는 견해에 대하여 비판적 시각도 있다(李大根, 앞의 책, 257~258쪽). 또한 이 시기를 독점자본주의 단계로 규정하는 데에는 신중을 기할 필요가 있으며, 오히려 산업자본이 충분히 발달하지 못한 상태에서 국가에 의한 특혜적 지원이 이루어졌기 때문에 성립한 것이라는 점에서 대외 종속 아래 한국에서 공업화 초기에 성립한 독점적 요소를 지닌 특수한 형태의 산업자본이라고 규정하는 것이 무난하다는 견해도 있다(李憲昶, 《韓國經濟通史》(제2판), 法文社, 2003, 414~415쪽).

14) 洪性囿, 《韓國經濟의 資本蓄積過程》, 고려대 아시아문제연구소, 1965, 219쪽. 관료자본제bureaucratic capitalism라는 개념은 중국의 청조 말기 아편전쟁 이후에 양무운동洋務運動의 과정에서 국가재정

둘째, '50년대 한국의 공업화는 자주적 발전이 아니었다. 해방과 더불어 미국 경제의 재생산구조 안에 편입하여 공업화 과정에서 자본, 기술을 비롯한 모든 면에서 미국경제에 의존하지 않을 수 없었다. 식민지 경제구조를 탈피하지 못한 가운데 일제에서 미국으로 그 의존성이 바뀜으로써 대외 의존성은 온존되었다.

셋째, 식민지 지배 아래에서 형성된 불평등이 없어지지 않고 계층 사이, 산업 사이, 지역 사이, 그리고 재벌과 중소기업 사이의 격차가 커져 갔다. 이런 불평등은 정치권력과 재벌이 주체가 되어 중소기업, 농업, 노동자를 희생시키는 가운데 전개되었다.

넷째, '50년대 형성된 한국의 재벌은 관료독점성, 매판성, 상인 자본적 성격, 가족 경영적 폐쇄성 등을 지니고 있었다. 이와 같은 재벌의 발전은 대외 의존성의 심화와 대내적인 불평등의 확대라는 사회경제적 모순으로 나타났다.

결국 재벌은 중소기업을 불황의 방패로 이용하고 또한 저임금을 기초로 정치권력과 유착한 상태에서 독점적 지위를 확립하였다. 이들은 원조 물자 가공업과 무역에 종사함으로써 관료 의존, 해외 의존, 상업성, 폐쇄적 가족경영을 그 특징으로 하면서 '50년대 한국경제의 대외 의존성과 불평등을 고착시켰다.[15]

이러한 과정에서 전개된 '50년대 종속적 자본주의는 내부적으로 성장의 동인을 형성하기도 하였지만 관료독점자본체제가 지닌 관료 의존성과 경제원조 의존성이라는 점에서 중대한 한계를 지니고 있었고, 결국 종속적 자본주의는 '50년대 후반에 위기에 봉착하였다. 첫째, 원자재의 원조와 생산설비의 수입은 국내적으로 사회적 분업의 전개와 시장의 확대를 제약하였다. 잉여농산물 원조가 농민의 구매력을 정체시킨 것과 달리 원조 물자의 특혜적 배정을 받기 위한 생산설비의 확장 투자는 면방, 소모방, 제분 등 산업에서 과잉생산문제를 야기시

자금을 투자하여 기업을 자기 소유로 만들고 관독상판官督商辦의 형태로 기업을 경영하면서, 그들의 사익을 증식시켜 주는 기업가를 위해 국가경제정책이 시행된 역사 상황으로부터 나온 개념이다. 한편 관료독점자본은 근대사회의 전통적인 자본주의 발전의 단계로서 독점자본의 개념이 아니고, 한국에서 1950년대에 독점정권 아래에서 재정수단과 원조자금을 두 지주支柱로 하고 여기에 관료의 비호 아래 형성된 독점자본을 말한다. 경제사에서 볼 수 있는 초기독점의 특성에 가깝다.

15) 金大煥, 〈1950년대 韓國經濟의 연구─工業을 중심으로〉, 《1950年代의 認識》, 한길사, 1981, 237쪽 및 249~250쪽.

컸다. 둘째, 1957년을 정점으로 무상 원조가 유상차관으로 바뀌어 감에 따라 원조를 매개로 하는 경제 운용이 지장을 받았고 1959~1960년 사이에 심각한 불황이 초래되었다.

귀속재산 불하, 미국 원조의 특혜적 배정과 재정금융의 편중적 지원으로 소비재 중심의 성장을 한 대표적인 사례가 이른바 삼백공업三白工業이었다. 원조받은 원면, 원맥, 원당의 가공업인 면공업, 제분공업, 제당공업은 그 시설을 귀속기업체의 불하로부터, 원료는 원조 물자로부터, 그리고 기업자금은 대충자금으로부터 지원받아 그 자본을 축적하였다. 이들에 대한 원조 물자와 달러의 공정환율 배정과 저금리 융자는 엄청난 특혜였으며 여기에 저곡가 및 유휴노동력을 바탕으로 하는 저임금은 이들의 자본축적의 원천이었다. 이러한 특혜적 지원 속에 성장한 대기업은 독점화와 경제력 집중을 진전시켰기 때문에 그 독점성은 국가의 지원에 근원이 있었다.

이들 대기업이 1959~1960년 사이에 심각한 불황에 직면한 배경은 무상 원조 삭감, 구매력과 생산력 사이의 불균형에 따른 과잉생산의 문제 등이 주요 요인이었으나 정책적으로는 공정환율의 인상·조정도 큰 요인이 되었다.

1955년 8월의 대미 환율 변경은 한국경제에 하나의 전기가 되었다.[16] 이를 계기로 〈재정안정계획〉이라는 디플레정책을 수행하였고 1957년부터 전반적인 경제의 침체가 시작되었다. 여기에 1958년이 되면서 미국 무상 원조의 소멸, 〈임시특별외국환율법〉[17]의 제정에 따라 원재료비가 더욱 상승하여 불황은 한층 더 심화되었다.

공정환율이 시장환율의 절반에도 미치지 못하는 상황에서 원조 물자를 공정환율로 배정하는 것은 큰 특혜였으며 기업이윤의 중요한 원천이었다. 예컨대 1958년에 원면환율의 경우 공정환율 500환에 외환세 150환을 추가하여 650환에 결정되었는데 당시의 자유시장 환율은 1,225환이었다. 곧 공정환율 기준으로

---

16) 이해 달러의 공정환율 시세가 18원에서 50원으로 변경되었고, 이것이 원조 물자에 적용되었기 때문에 원재료비가 급상승하였다.
17) 이 법률에 따라 공정환율 시세에 15원이 부가되었다.

원조 물자(원료)를 배정하는 상황에서 그 인상은 원재료비를 그만큼 상승시켰으며 그에 따라 기업은 더욱 타격을 받았다.[18]

표 20. 규모별 부가가치구성·생산성·1인당 급여액

(단위: %, 천 환)

	1958			1960		
	부가가치구성	부가가치생산성	1인당 급여액	부가가치구성	부가가치생산성	1인당 급여액
5~9인	12.2	434.9	165.8	12.9	791.0	248.4
10~19	13.8	529.9	202.6	15.7	827.8	266.7
20~29	7.6	489.1	245.1	7.8	689.6	245.9
30~49	10.2	522.3	216.1	10.6	750.2	230.0
50~99	12.3	574.2	230.0	9.9	760.8	242.3
100~199	10.9	603.9	224.4	9.4	723.3	256.1
200~499	17.3	1011.2	296.8	15.8	1300.4	341.5
500인 이상	15.7	797.2	269.1	17.7	1176.8	339.4
합 계	100.0	605.0 (58.1)	221.4 (72.3)	100.0	879.7 (62.1)	271.1 (73.3)
중 소 기 업	67.0	521.2	204.0	66.5	764.5	249.3
대 기 업	33.0	896.7	282.0	33.5	1232.0	340.3

주: 괄호 안 수치는 중소기업의 비중임.
자료: 상공부·한국산업은행,《광업 및 제조업사업체 종합보고서》, 1958 및 1960.

1950년대 후반기에 경제불황을 맞아 중소기업문제는 더욱 심각하게 제기되었는데, 그 근본적인 원인은 '50년대 관료독점자본의 축적과 공업화 과정에서 만들어진 구조적 모순의 결과였다. 독점자본과 대기업이 진출 분야를 확대하면서 중소기업은 이들과 경쟁하게 되었다. 또한 관료독점자본의 형성에도 중소기

---

18) 1950년대 후반의 불경기에 기업은 흡수·합병의 진행, 외국 기술의 흡수·소화나 자체 기술개발, 경영합리화 등의 노력을 하였으며 농촌구매력의 제약에 따른 국내시장 한계를 극복하고자 수출을 위한 노력을 개시하였다. 더욱이 무상 원조가 유상차관으로 전환되면서 원리금 상환을 위해서도 해외시장 개척이 필요하였고, 이것은 '60년대 수출지향정책의 바탕이 되었다.

업은 1950년대 말까지 대부분의 업종에서 우위를 차지하였지만, 중소기업 분야에서 군생群生하는 중소영세기업은 그들 사이에 과도한 경쟁[過當競爭]을 전개하면서 중소기업문제가 구체화되었다.

중소기업은 그 생산성에서 대기업과 큰 격차를 보이면서 그 존립 기반이 위축되어 갔다(표 20). 현저한 생산성 격차는 대기업과 중소기업 사이에 단층을 만들었고 양자 사이에는 이중구조가 형성되었다. 이것은 대기업에 대한 재정금융의 지원에 따른 금융독점과 원조 물자를 중심으로 하는 각종 특혜가 주어지면서 독점적 대기업이 중소기업보다 결정적 우위를 갖게 된 데 따른 것이었다.

이처럼 관료독점자본이 성장·전개됨에 따라 이들과 경쟁관계에 있던 중소기업의 침체와 소멸은 필연적이었다. 그런 가운데 저임금 기반이 중소기업의 존립을 연장시켜 주었지만 안정적 존립을 보장하는 것은 아니었다. 이것은 독점적 대기업과 중소기업이 상호 보완적이 아니라 대립적·단층적인 경우에 더욱 그러하였다. 그런 가운데서도 중소기업은 지역적 수요를 기반으로 대기업이 진출하지 않은 분야에서는 활력을 유지할 수 있었다.

대기업과 중소기업의 대립적 단층 속에 중소기업의 위축·소멸 현상은 대기업과 중소기업의 균형 있는 발전과 경제 자립을 지향하는 주체성 있는 경제정책이 결여되고 외국 원조에만 기생하는 안일한 정책을 추구하면서 더욱 심화될 수밖에 없었다. 그 결과는 국민경제의 자립적 재편성을 가능하게 할 잠재력을 지니면서 '50년대 공업화의 기반이었던 중소기업은 재기와 신생이 억제되고 새로 생성된 중소기업의 도산이 촉진될 뿐이었다.

제5절 중소기업정책의 기본 방향 정립

1. 금융대책적 중소기업정책과 〈중소기업육성대책요강〉

이러한 중소기업문제의 심각성은 1950년대 후반기 중소기업정책 인식을 적극화하였다. 그러나 국민경제의 자립적 재편성의 잠재력이며 '50년대 공업화의 기반이었던 중소기업에 대한 정책은 '50년대 전반기에는 소극적으로 시행될 뿐이었다. 만성적 재정인플레가 계속되고 생산이 위축되었던 휴전 뒤 산업복구기에 물적 생산력의 증강은 무엇보다도 시급한 과제였다. 그런데 당시 원조 물자가공 등으로 생활필수품의 공급을 담당했던 생업적 소규모기업과 지역적 수요를 바탕으로 생성되었던 중소기업은 중점기업의 육성정책에 밀려 정책 대상에서 제외됨으로써 심각한 자금난과 경영의 어려움을 겪었다. 이에 1952년 중소기업에 대한 금융조치가 이루어졌는데 이것이 중소기업에 대한 최초의 정책 대응이었으며 초유의 중소기업 금융정책이었다. 당시의 경제정책이 생산정책 보다는 인플레 수습을 위한 재정금융정책을 위주로 하였던 이유로 중소기업정책도 금융대책으로 일관된 면이 있었으나, 그것보다는 중소기업문제에 대한 적극적 인식이 부족한 결과라고 볼 수 있다.

그 결과 1950년대 중반까지 중소기업정책은 재정금융정책의 테두리를 벗어나지 못하는 금융대책에 머무르고 있었는데 그 내용을 보면 다음과 같다.[19]

　　① 중소기업자금 '실정'제도의 제정(1952년)

---

[19] 中小企業銀行, 《中小企業銀行五年史》, 1966, 34~39쪽.

② UNKRA 계획에 의한 중소제조업 및 광업에 대한 융자기금설정(1953년)

③ 〈생활필수품생산자금취급요강〉의 작성 및 실시(1954년)

④ 〈중요산업생산자금취급요강〉의 제정(1955년)

⑤ 〈생활필수품생산자금취급요강〉을 〈중소기업생산자금취급요강〉으로 대체(1955년)

⑥ 〈중소기업육성자금취급요강〉을 금융통화위원회에서 제정(1956년)

중소기업에 대한 이러한 금융조치는 일반적인 융자 조건을 구비하지 못하고 있는 중소기업에 금융 혜택을 주고자 한 것이었다. 더욱이 1954년 헌법의 경제 조항에 규정된 자유경제원칙은 원조와 재정·금융 지원을 대기업에 치우치게 하였고, 이에 중소기업의 경영난이 높아지면서 생활필수품 생산에서 절대적 비중을 차지하고 있던 중소기업에 대한 금융 면의 구제가 요청되었다. 단기성 운전자금의 공급 위주였던 이 시기 금융시책은 단편적 경기대책 내지 도산 위기를 모면시키는 보호정책적 성격을 벗어나지 못하였다.

이런 가운데 1956년 4월 상공당국은 중소기업에 대한 근본적인 종합 대책의 수립에 착수하였고 〈중소기업협동조합법〉의 입안도 추진하였다. 1956년 8월에는 대통령 취임식에서 경제정책의 기본 방향의 하나로 중소기업 육성을 약속한 것을 계기로 하여 중소기업의 종합육성책이 적극적으로 구상되면서 〈중소기업 육성대책요강〉이 작성되었고 이것이 우리나라 중소기업정책사에서 최초의 중소기업종합육성계획(안)이었는데, 그 주요 내용을 보면 다음과 같다.[20]

① 중소기업협동조직의 강화 대책으로 협동조합법을 제정하고,

② 자금대책으로는 금융자금 외에 귀속재산수입, 비료대금, 도시금융조합자금, 대충자금 등에서 융자재원을 확보하며,

③ 중소기업에 대한 인정과세를 폐지하고 자진신고 납부제로 개선하며, 이를 위해 〈자산재평가법〉을 신속히 재정하는 동시에,

---

20) 위의 책, 39~40쪽.

④ 물품세를 개정하여 중요 제조업에 대한 직접세의 감면 조치를 확대하고 법인의 재투자를 위한 내부 보유금에 대하여 면세를 고려하며,

⑤ 판로의 개척을 위하여 ㉠ 군납의 확대를 기하고, ㉡ 〈상품판매시장법〉을 제정하여 공동판매장을 설치하고, ㉢ 상품의 품질 향상과 규격의 통일을 기하고, ㉣ 상업어음 제도의 적용 범위를 확대하고, ㉤ 국산품과 같은 종류의 외래품 수입을 억제하며 모범공장 및 우량국산품 장려제도를 강화할 것 등이다.

이 요강은 다각적인 중소기업 육성에 대한 정책 내용을 담고 있으며 중소기업문제 의식을 적극적으로 제기하는 계기를 마련, 그 뒤 중소기업 육성정책의 기본 방향을 제시하였다. 그리고 중소기업정책을 일반 산업정책으로부터 분화하는 것을 전제로 한 중소기업정책이 시도되었다는 의미를 갖고 있다. 그러나 독점적 대기업과 중소기업의 관계 등 구조적 모순의 문제를 바탕으로 한 것은 아니었고, 1957년 안정공황기를 맞아 거의 실시되지 못하였다. 그 이후 중소기업정책은 당면한 자금난의 해소에 중점을 두었을 뿐, 안정공황기에 위축되어 가는 중소기업에 대한 구체적 대응 방안을 제시하지 못하였다. 중소기업은 정부의 기간산업과 대기업 위주의 공업정책에 밀려 등한시되었고, 원조 물자를 가공하는 신규 대기업이 중소기업 분야에 진출하면서 그 경제활동은 침식당하였다. 거기에 농촌구매력이 감퇴되어 중소기업 시장이던 농촌시장이 협소해졌고, 외래품의 범람으로 중소기업의 국내시장은 위축되었다. 특혜적 지원 속에 독과점화된 대기업이 생산하는 원재료를 사용하는 중소기업의 거래 조건은 악화되었고, 근대화된 새로운 시설을 갖춘 대기업에 견주어 노후화된 낡은 시설로 이들과 경쟁해야 하는 중소기업은 불리함을 감수해야 했다.

2. 〈3개년계획(안)〉과 민주당정권 아래 중소기업정책

이러한 불리함을 극복해야 할 중소기업정책이 강구되지 못한 가운데 대기업

의 발전과 중소기업의 침체라는 상반된 경향이 지속되면서 양자의 격차는 확대되고, 중소기업의 상대적 지위는 저하되었던 것이 1950년대 말의 실태였다. 산업개발위원회가 미국 경제고문단의 협력을 얻어 1959년에 7개년계획의 전반 계획으로 작성한 〈경제개발3개년계획(안)〉은 이러한 문제의식을 좀 더 반영했다는 점에서 주목을 끈다.[21]

이 계획(안)에서는 중소기업의 육성·발전이 생활필수품의 자급과 고용 기회의 증대를 기할 수 있다고 하면서 일부 기간산업에는 자본집약적 투자(중점적 투자)를 한정하되 경제성장의 기반을 조성하려면 중소기업에 대한 노동집약적 투자를 해야 한다는 점을 강조하였다. 곧 중화학공업은 대기업이, 경공업은 중소기업이 담당하는 분화적 산업체제가 필요하고, 산업구조 고도화 지향은 농업과 공업이 상호 수요를 창출하는 국내시장에서의 균형 있는 성장 속에서 실현되어야 한다는 것이다. 공업화의 초기에 농업 진흥에 따른 구매력 증강과 중소기업의 발전은 생산과 소비를 서로 확약함으로써 국내시장을 확립하는 길이 된다고 하였다. 이런 방향에서 다음과 같은 중소기업문제 의식을 제시하였다.[22]

① 중소 광공업은 국민경제 가운데 높은 비중을 차지하고 있다.

② 공업구조의 특징은 소규모기업의 종업원과 대규모기업의 종업원이 많고, 중규모기업의 종업원이 적은 이극집중형二極集中型을 이루고 있어 선진국의 대규모 기업 집중형과 대조적이다.

③ 영·미 등 선진국은 중소기업의 생산성이 대기업의 90%인데 대하여 우리나라의 경우는 대기업에 대하여 중규모기업의 생산성이 70%, 소규모기업의 그것은 60%에 그치는 등 생산성 격차가 심하다.

④ 대기업에 견주어 중소기업의 급여액은 62%에 그치는 격차를 보이고 있는데 이러한 임금격차가 중소기업이 대기업과 경쟁하는 것을 가능하게 한다.

---

21) 전후 복구·재건안에 지나지 않았던 종전의 계획안과는 달리 자립경제의 기반 조성을 목표로 하는 최초의 경제계획이며 수출정책과 경제계획 상설기구도 포함한 진전된 내용을 담았고, 국무회의까지 통과하였지만, 4.19를 맞이하여 구체적 실행 방안이 강구되지는 못하였다.

22) 大韓民國政府,《經濟開發三個年計劃(案)》, 1959, 315~323쪽.

⑤ 중소기업의 발전은 생산력의 증강뿐만 아니라 취업 기회를 창출해 준다는 점에서 중소기업문제는 경제문제인 동시에 사회문제이다.

이와 같은 문제의식에서 출발하여 이 계획(안)은 다음과 같은 중소기업 발전 방향을 제시하고 있다.

① 공업구조의 체질 강화를 위해서는 하청공업으로서 중소기업의 근대화와 발전이 수반되어야 한다.

② 중소기업과 대기업 사이의 여러 격차는 중소기업의 설비와 기술의 후진성, 경영의 비합리성 등 중소기업 경영의 내부적 측면과 동시에 경영 외의 환경이 중소기업에 불리한 데에서도 연유한다. 따라서 중소기업 발전정책은 중소기업의 내부와 외부의 양면에서 강구되어야 한다.

③ 경영 내부 문제로서는 중소기업의 저기술, 저능률, 저임금으로 대표되는 열악한 경영과 노동조건을 들 수 있다. 이를 해소하려면 설비의 개선, 회계 방식의 근대화, 생산계획의 수립 방법, 기술 개선 등 광범위한 경영합리화와 능률 향상책이 강구되어야 한다.

④ 중소기업에 불리한 경영 환경으로는 중소기업의 신용력 부족에 따른 금융의 곤란성과 더불어 원료 구입과 제품 판매의 불리한 처지, 나아가 중소기업 상호 간의 치열한 경쟁을 들 수 있는데 이들 어려움을 해소시켜야 한다.

⑤ 중소기업의 대기업에 대한 경쟁력을 배양하기 위해서는 금융력의 강화와 조정사업, 공동경제사업의 추진이 요청된다.

　ㄱ 금융력의 강화를 위해서는 현재 다기多岐한 중소기업 자금원의 일원화와 적기에 자금을 공급할 수 있는 '중소기업전담금고'의 설립이 필요하다.

　ㄴ 조정사업과 공동경제사업은 동업자조합에 따라 조합원이 행하는 생산·가공·판매 등 사업활동의 내용에 대하여 각종 제한을 가함으로써 조합원 상호 간의 과도한 경쟁을 배제하고 그 경영의 불안정을 극복하는 데 목적이 있다. 이를 위해서는 우선 동업자의 협동조합 설립이 선행되어야 하며 이와 같은 제한

행위에는 법령으로 강제성을 부여하고 주무당국에 의한 감독권이 필요하다.

ⓒ 공동경제행위는 협동조합이 조합원의 경영합리성과 경쟁력의 유지 고양을 목적으로 하는 사업을 말한다. 이를 위해서는 〈중소기업단체조직법〉과 이에 따른 조합법의 제정 시행이 요구된다.

〈3개년계획(안)〉의 중소기업정책은 1950년대 말의 중소기업문제의 심각성과 중요성을 반영한 것으로서 비록 그것이 시행되지는 못했지만 그 뒤 중소기업정책의 기본 방향을 제시한 것으로 평가된다. 더욱이 중소기업과 대기업 사이의 여러 격차 분석과 고용구조의 이극집중 등의 지적은 비슷한 시기에 일본의 중소기업문제에 대한 인식과 유사한 바가 있어 주목된다.[23]

이 계획(안)은 1960년의 4·19로 구체적 시행이 이루어지지 못하였다. 권력과 결탁한 독점자본에 대한 국민적 비판과 국민 생활 안정에 대한 요구는 4·19혁명으로 이어졌고 그 후 중소기업 육성에 대한 논의가 활발하게 되면서 민주당 정권 아래서는 더욱 적극적인 중소기업정책이 수립·시행되었다. 곧 중소기업선담 행정기구의 설치, 중소기업 조직화의 태동, 지도사업의 착수에 이어 〈중소기업육성에 대한 종합대책〉이 수립되기에 이르렀다.[24]

① 중소기업 전담 행정기구의 설치: 민주당정부 아래서 1960년 7월에 상공부 안에 중소기업행정을 전담하는 기구로 중소기업과를 신설하고 중소기업정책의 자문기구로서 중소기업심의회를 설치하였다. 이로써 소극적이고 임기응변적이던 중소기업정책의 기본 방향을 정립하는 행정적 기초가 마련되었다.

② 중소기업 금융의 확대: 재정금융안정계획, 대충자금, 귀속자금에서 중소기업자금이 적극적으로 확대되었으며 일반 시중은행 등 금융 부문에서도 중소기업자금 대출이 늘어났다.

---

23) 《1957年度 日本經濟白書》는 이것을 이중구조문제로 규정하였고 그것은 그 뒤 '구조정책으로서 중소기업 근대화정책'의 시발점이 되었다.

24) 中小企業銀行, 앞의 책, 46~50쪽 참조.

③ 신용보증제도: 대충자금을 재원으로 한 중소기업자금의 방출에서 정부는 중소
기업자의 신용력을 보완하는 조치를 취함으로써 중소기업금융제도 상의 중요한
계기를 마련하였다. 즉 대충자금의 융자에서 융자액의 2%를 별도 징수하여 신용
보증기금으로 적립하도록 하였는데 이를 자금상환을 보증하는 기금으로 사용,
신용력이 약한 중소기업자의 융자적격성 보완을 시도하였다. 이 제도는 〈중소기
업은행법〉 제정 때 계승·발전되어 중소기업 신용보증제도, 나아가 오늘날 '신용
보증기금'의 모태가 되었다.

④ 중소기업 조직화의 태동: 이미 중소기업자의 공동이익 증진을 위하여 업종별로
임의단체인 협회를 마련, 자유당 말기에 각 협회의 실무자 기구를 대한상공회의
소 안에 둔 바 있었다. 이 업종별 공업단체는 62개에 이르렀는데, 1960년 7월에
이를 규합하여 전국중소기업 중앙단체연합회를 창설하였다. 이 기구는 그 뒤 중
소기업조직화의 선구적 역할을 담당하였으며 그 바탕이 되었다.

⑤ 중소기업에 대한 지도사업의 실시: 1961년에 중소기업의 경영 및 생산기술에
관한 지도사업이 착수되었다. 중소기업센터를 각 도에 한 개씩 설치하고 중소기
업체의 지도사업을 전담하여 중소기업의 생산성을 높이고 경영합리화를 위한
경영 및 기술 지도를 하였으며 한국생산성 본부에서도 기업진단을 실시하였다.

한편 1961년 3월에는 〈중소기업육성을 위한 종합대책〉이 발표되었다. 이 종합
대책은 종래의 단편적이고 산발적이던 중소기업대책을 종합화·체계화시킨 것이
었다. 금융대책뿐만 아니라 세제, 경영, 기술 등 여러 분야에 걸쳐 일관된 정책
목표 아래 종합되어 향후 정책 방향을 제시하였는데 그 내용은 다음과 같다.

① 중소기업의 조직강화책: 중소기업의 조직을 강화하여 그 공동이익을 늘리도록
전국중소기업 중앙단체연합회를 발전적으로 해체하고 중소기업협동조합을 창설
하며, 정부는 그 발전을 위하여 금융 및 세제 면에서 적극적인 조성책을 강구한다.

② 중소기업의 체질 개선책: 중소기업의 체질을 개선하고 생산성을 높이기 위해
첫째 중소기업 진단제도를 확립하고, 둘째 설비근대화 및 기술 지도책을 강구한

　다. 진단제도 확립을 위해서는 〈중소기업 합리화 촉진법〉을 제정하고 설비근대
　화를 위하여 중소기업용 기계설비의 특별상각제도 등을 추진한다.

③ 중소기업 금융정책: 첫째, 중소기업의 발전을 위해 중소기업 전담금융기관을
　설치하여 융자체계를 일원화한다. 둘째, 중소기업의 신용력을 충실화하기 위해
　〈중소기업신용보증법〉을 제정·실시하여 중소기업신용보증제도를 확립한다. 셋
　째, 자금의 효율성을 높이기 위하여 종래의 분산융자를 지양하고 〈중소기업 등
　중요업종의 중점융자에 관한 대책요강〉을 작성하여 중점융자를 지향한다.

④ 판로의 개척: 첫째 공동판매제도의 실시, 둘째 군수물자 국내조달과 해외판로
　의 개척, 셋째 밀수의 방지, 넷째 품질 향상과 규격의 통일화를 기한다.

⑤ 조세부담의 경감책: 중소기업에 대한 소득세, 법인세 및 물품세 등을 경감하는
　한편 기계설비에 대한 특별상각제도를 적용, 조세부담을 경감한다.

　이 종합 대책은 1956년 8월에 부흥위원회에서 논의·통과된 〈중소기업육성대
책요강〉을 수정한 것으로서 당시 중소기업문제에 대한 높은 시대적 요구를 반
영한 정책 의도를 담고 있다는 점에서 의의가 있으며, 그 뒤 중소기업정책의 기
본 방향을 설정하는 것이기도 했다.

제3장

국가주도적 경제개발과 중소기업정책

제1절 국가주도적 경제개발과 그 방향

1. 경제개발계획의 의의와 방향

국가주도적 경제개발, 곧 경제개발계획은 시장경제체제 또는 자본주의체제를 바탕으로 하지만, 아직 민간자본의 축적과 시장의 조정 기능이 미숙한 상황에서 국가가 주도하여 국민경제의 성장 동인을 내부적으로 구축함으로써 지속적인 성장을 달성하기 위한 것이다. 5·16 이후 수립된 제1차 5개년계획은 민간인의 자유와 창의를 존중하는 자유기업의 원칙을 토대로 하되 기간산업과 그 밖에 주요 산업에 대하여는 정부가 직접적으로 관여하거나 유도정책을 쓰는 '지도 받는 자본주의체제'[1]를 표방하였다. 원칙적으로 민간이 기업을 소유·경영하되 중요한 투자에 관한 의사결정에서는 정부가 폭넓게 개입하여 국영기업을 창설·경영하고 민간자본의 축적을 견인하려는 것이었다. 정부는 시장기구를 통한 자원 배분의 유인체계에 의존하는 데 그치지 않고 주요 산업의 육성을 위한 선별적 개입도 시행하였다. 이것은 자유경제체제 아래서 정부가 간접적으로 조정하는 '정부의 계획적 유도'의 원칙이라는 정책 이념과는 다른 것이었다.

우리나라에서 종합적인 장기발전계획의 필요성이 구체적으로 제기된 것은 1958년 봄이었고, 당시 부흥부 산하에 장기발전계획의 수립을 위한 산업개발위원회가 창설되었으며, 여기서 〈경제개발3개년계획(안)〉이 수립되었고 1960년 4·19혁명 후 부흥부에서 〈제1차 경제개발5개년계획(안)〉이 완성되었으나 모두

---

1) 이것의 개념은 자유기업의 토대를 원칙으로 하되 경제의 주요 부문에 대하여는 정부가 직접 간여하는 방식(黃炳晙, 《韓國의 工業經濟》, 고려대 아세아문제연구소, 1971, 369쪽) 또는 자유경제체제를 원칙으로 하되 프랑스보다는 강력한 '지시적 계획'을 수행하는 '혼합경제체제'(邊衡尹·金潤煥 編著, 《韓國經濟論》, 裕豊出版社, 1977, 631쪽)라는 해석이 있다.

실시되지 못하였다. 그러나 한국에서 경제계획은 추상적이지만 사실상 6·25전쟁 전부터 시도되었는데 1950년 3월에 중간경제 안정을 위한 〈경제안정 15원칙〉이 시행되었으며, 휴전연도인 1953년 12월에는 〈경제 재건과 재정안정계획에 관한 종합경제위원회협약〉이 체결된 바 있다.[2] 그런데 이러한 계획들이 실시되지 못한 것은 자본 및 기업 기반을 비롯한 제반계획 여건이 정비되지 못한 것도 원인이었지만, 보다 근본적인 것은 계획을 실효성 있게 추진할 수 있는 행정력의 빈곤과 경제계획에 대한 인식의 결여에 있었다.[3] 그런데 산업개발위원회가 작성한 〈경제개발3개년계획(안)〉과 4·19 이후 〈경제개발5개년계획〉은 전자가 균형성장을 이론적 토대로 하였지만, 후자는 불균형성장이론을 그 이론적 지주로 하였다는 점에서 차이가 있다.[4]

자본주의 국가에서 경제계획의 수립·실천은 제2차 세계대전 후 프랑스(제1차 〈모네·프랑〉), 이탈리아(〈봐소리·프랜〉) 등에서 볼 수 있으며 후진국으로는 인도가 선구적 위치에 있다.[5] 전후 저개발경제가 추구한 일반적인 경제개발계획은 성격상 두 가지로 나누어 볼 수 있다. 우선 주체적으로 토지개혁을 실시하여 농촌의 전근대성을 타파하고 농업생산력 수준을 높여 그것을 통해 투자 재원의 주된 부분을 조달하여 농업, 광업 및 주요 기간산업의 개발에 역점을 두는 방식이 있다. 반대로 투자 재원의 주종을 외국자본에 의존하여 그들 외자에 따라 국내 농업보다는 국내 채취산업의 개발이나 수입대체공업화에 개발의 역점을 두는 방식의 두 가지가 그것이다. 전자를 '내포적(또는 내향적) 개발 방식'이라고 하고, 후자를 '외연적(또는 외향적) 개발 방식'이라고 부른다.[6]

---

2) 외국인에 의하여 작성된 계획으로는 UN의 UNKRA 원조 계획을 뒷받침하기 위하여 1953년 3월 미국의 네이산협회가 작성한 〈네이산보고서〉(한국경제 재건계획)와 1953년 7월 타스카사절단이 미국정부에 건의한 〈타스카보고서〉(타스카 3개년 대한원조계획) 등이 있다.

3) 黃炳晙, 앞의 책, 364쪽.

4) 邊衡尹·金潤煥 編著, 앞의 책, 631쪽.

5) 黃炳晙, 앞의 책, 363쪽.

6) 아시아 지역의 예를 보면 1950년대에 추진한 인도(1951), 파키스탄(1955), 대만(1953) 등은 내포적 개발 방식에, 1960년대에 추진한 태국(1961), 필리핀(1963), 말레이시아(1966) 등은 외연적 개발 방식에 넣을 수 있다는 것이다(李大根, 〈차관경제의 전개〉, 李大根·鄭雲暎 編, 《韓國資本主義論》, 까치, 1984, 167쪽). 그런데 원래 내포적intensive과 외연적extensive의 개념은 전자가 생산요소의 질

한국의 〈5개년계획〉은 범주적으로 후자에 속한다고 볼 수 있다. 물론 〈제1차 5개년계획〉의 '당초 계획'은 전자의 성격을 상당히 가미한 것이었다. 예컨대 '지도 받는 자본주의' 아래 자립경제 달성을 위한 기반 구축을 목표로 하면서 농업 생산력의 증대, 전력·석탄·종합제철·시멘트 등 기간산업을 자체적으로 건설하려고 했고, 투자 재원의 조달도 내자가 70% 이상의 구성을 보였다. 그러나 이러한 계획과 성격은 1963년의 〈보완계획〉에서 후자의 성격으로 전환되었다. 외국 자본의 비협조와 소요재원의 조달에 어려움이 있었고 국내자본가에게서도 지지를 받지 못하였기 때문이다. 결국 〈보완계획〉을 수립하여 성장 목표의 하향 조정, 정부투자 부문 축소, 민간투자 부문 확대와 투자 재원의 외자 의존도를 높이고, 외자의 활동을 보다 자유롭게 하는 등 외향적 개발 방식으로 개발계획의 기조는 전환되었다.

결국 포괄적으로 보아 1960년대 이후 한국경제의 개발 전략은 다음과 같은 방향으로 진행된 것으로 지적되었다.

첫째, 관주도형官主導型 개발 전략이다. 시장경제라는 체제적 기반에 제약을 가하여 관주도적 개발정책을 정착시키고 시장이라는 조정기구를 명령으로 보완하는 것이었다.

둘째, 성장제일주의적 개발 전략이다. 생산력 수준을 높이기 위하여 생활수준 전반의 상승을 최대한으로 억제하고, '선성장·후분배先成長·後分配'를 지향하는 것이었다.

셋째, 외연적外延的 성장extensive source of growth 전략이다. 기술혁신, 근로자의 참여의식 제고 등 성장의 내연적內延的 요인intensive source of growth보다는 자본, 토지, 단순노동의 양적 증대에 의존하는 성장이었다.[7]

넷째, 대외지향적 공업화outward-looking industrialization 전략이다. 분업체계 면에서 대내적 분업의 심화에 따른 대내지향적 공업화inward-looking industrialization보다는 자본조달, 시장, 원자재 등의 여러 측면에서 대외적 분업을 지향하는 것이다.

적 향상을, 후자가 생산요소의 양적 증대를 통한 개발 방식을 주로 추구한다는 점에 차이가 있다.
7) 林鐘哲, 〈官主導的 外延的 成長戰略의 成就와 限界〉, 《政經文化》, 1981년 10월호, 97쪽.

다섯째, 균형성장balanced growth보다는 허쉬만A. O. Hirschman의 불균형성장unbalanced growth 전략에 따랐다.[8]

특히 개방체제 아래의 국제분업주의와 한국경제의 진로는 산업의 근대화를 통한 공업화에 있다[9]고 보았다. 이에 따라 농업보다는 공업을, 분업관계 면에서는 국제분업주의를 우선하여 수입대체산업에서 수출산업으로, 그리고 기업 규모 면에서는 양산체제量産體制의 이익을 추구하여 중소기업보다는 대기업 편중적으로 전개된 것이 불균형 성장 전략의 내용이었다.

한국경제의 이상과 같은 개발 전략은 다음과 같은 기초적 조건에 대한 인식을 바탕으로 한 것이었다.

첫째, 자본주의적 경제개발의 주체가 될 산업 엘리트로서 민간기업이 충분히 성장하지 못하였기 때문에 정부가 경제개발을 주도한다.

둘째, 저저축률—저투자율—저생산성—저소득수준—지저축률이라는 저수준 균형의 함정low level equilibrium trap에서 벗어나 빈곤의 악순환을 단절하는 데 필요한 자본축적의 원천을 국내적으로는 저임금 기반과 정부저축 및 인플레에 의한 강제저축에서, 대외적으로는 외국자본의 도입에서 구한다.

셋째, 경제개발에 필요한 기술은 외국 기술의 도입에 의존한다.

넷째, 경제개발에 필요한 국내 자원이 빈약하다고 보고 이를 수입에 주로 의존하여 충당한다.

다섯째, 인적자원은 전문·기술노동이 확보되지 않은 상태에서 양적으로 풍부한 과잉노동력을 활용한다.

여섯째, 경제개발에 필요한 시장은 내수시장보다는 주로 해외시장의 개척에서 구한다.[10]

이상과 같은 개발 전략과 그 기초 조건에 대한 인식은 국가주도적 개발 전략으로 실현되었고 그 구체적 형태가 경제개발계획이었다. 이것은 1962년의 제1

---

8) A. O. Hirschman, *The Strategy of Economic Development*, Yale Univ. Press, 1965.

9) 대한민국정부, 《제1차경제개발5개년계획》, 1962, 16쪽.

10) 金潤煥, 〈韓國經濟의 座標〉, 邊衡尹·金潤煥 編, 《韓國經濟論》, 유풍출판사, 1977, 29~33쪽.

차 계획 이후 1992년의 제7차 계획과 1993년의 〈신경제5개년계획〉에 이르는 과
정으로 이어졌는데 그것이 표 1의 내용이다. 여기에서 특징적으로 보이는 것은
제1차에서 제4차에 이르는 개발계획의 기본 목표로 자립경제 내지 자력적 성장
구조의 달성을 정하고 있다는 점이다.

표 1. 경제개발계획의 총괄표

계획 명칭 (계획 기간)	계획의 기본 목표	경제성장률(%)	
		계획치	실적치
제1차 계획 (1962~66)	① 사회경제적 악순환의 시정 ② 자립경제 기반의 구축	7.1	7.9
제2차 계획 (1967~71)	① 산업구조의 근대화 ② 자립경제의 확립을 더욱 추진	7.0	9.6
제3차 계획 (1972~76)	① 성장·안정·균형의 조화 ② 자립경제구조의 실현 ③ 국토종합개발과 지역개발의 균형	8.6	9.2
제4차 계획 (1977~81)	① 자력성장구조의 실현 ② 사회개발을 통한 균형의 증진 ③ 기술혁신과 능률의 향상	9.2	5.8
제5차 계획 (1982~86)	안정·능률·균형을 이념으로 하여, ① 안정 기조 정착과 경쟁력 향상 및 국제수지 개선 ② 고용 기회 확대와 소득증대 ③ 계층 간·지역 간 균형 발전	7.5	8.6
제6차 계획 (1987~91)	근본목표: 능률과 형평을 토대로 한 경제선진화와 국민복지 중점목표: ① 형평성 제고와 공정성 확보 ② 균형 발전과 서민생활 향상 ③ 경제의 개방화와 국제화 추진	7.3	9.9
제7차 계획 (1992~96)	근본목표: 경제사회 선진화와 민족통일의 지향 중점목표: ① 산업의 경쟁력 강화 ② 사회적 형평의 제고와 균형 발전 ③ 국제화와 자율화의 추진과 통일기반 조성	7.5	7.0
신경제5개년계획 (1993~97)	근본목표: 선진경제권에 진입하면서 통일에 대비할 수 있는 튼튼한 경제 건설 중점목표: ① 성장 잠재력 강화 ② 국제시장기반의 확충 ③ 국민 생활 여건의 개선	6.9	7.3

자료: 李憲昶, 《韓國經濟通史》(제2판), 2003, 433쪽.

2. 자립경제의 지향과 개발정책의 방향

이러한 자립경제의 목표를 달성하기 위하여 초기의 개발계획(특히 제1차 및 제2차)은 수입대체적 공업화를 그 기본 목표로 삼았다. 즉 당시까지 원조자금으로 수입하던 주요 소비재와 원자재를 국내에서 생산하면 그것이 바로 자립경제를 의미하는 것으로 보았다. 그리고 그 대상으로 정유, 비료, 자동차, 선박, 합성수지 등의 수입대체를 추진하였다. 그런데 합작기업 형태로 진행된 이들의 수입대체는 외국자본의 입장에서는 사실상 제조공장의 현지(소비지)로의 이전이라는 의미를 지닐 뿐이며, 국내에서는 약간의 고용효과와 소비자가격의 인하 개연성을 지닐 뿐이었다. 그 결과 이러한 수입대체적 공업화가 자립경제의 지향으로 되기보다 비자립화 지향의 가능성 이 크게 되었다.

후진국개발론에서 주장하는 수입대체공업화의 의미는 궁극적으로 수입을 자체 내의 생산으로 대체하여 생산력의 주체성을 확보하고 국제수지를 개선하고자 하는 것이고, 그 결과 국민경제의 대외 균형을 이루어 자립경제를 실현할 수 있는 것이었다.

자립경제의 방향은 두 가지로 규정할 수 있는데, 기능론적인 접근과 구조론적 접근이 그것이다. 포괄적으로 보아 자립경제는 균형의 달성을 뜻하지만 이때 균형의 개념은 두 가지 방법 사이에 차이가 있다.

기능론적 시각의 균형은 경제변수 사이의 균형을 뜻한다. 이 경우 자립경제는 대내적으로는 투자와 저축이 균형을 이루면서, 대외적으로는 수출입을 포함한 국제수지의 균형이 이루어지는 조건 아래에서 경제가 지속적으로 성장을 유지하는 것이라고 볼 수 있다.

이에 대하여 구조론적 시각의 균형은 경제변수를 규정하는 실체인 구조의 균형을 뜻한다. 구조의 균형을 뜻하는 자립경제는 구조적 불균형 또는 파행성을 개선함으로써 이루어질 수 있다. 이때 기능론적 시각의 자립경제 개념을 도외시하는 것은 아니지만 저개발국의 경제개발에서는 구조론적 시각의 자립경제 달성이 더욱 중요하다고 본다. 그것은 한국을 포함한 대부분의 저개발국이 선진자본주의의 식민지 지배를 받았기 때문에, 고전적 의미에서의 자본제화 과정을 제대로 거치지 못하고 왜곡된 경제구조가 정착되었기 때문이다. 전후 저개발국가 등은 반봉건적, 전근대적이면서도 종속적인 경제구조를 식민지 지배의 유제遺制로 이어받았기 때문에 이를 단절하는 것이 경제개발의 목표가 되어야 했고, 그것은 바로 자립경제를 달성하는 방향이기도 하였다. 이것을 좀 더 자세히 설명하면 다음과 같다.

첫째, 대외적으로는 자본주의의 범세계화 과정(국제분업주의의 실현 과정)에서, 특히 선후진국 사이에 경제잉여를 둘러싼 이해의 대립이라는 구조적 모순을 극복하여 경제잉여의 불평등한 누출을 방지하려는 노력의 과정이다. 이것은 국민경제가 외국자본 또는 매판자본에 대항하여 자립성을 지니도록 자립적인 자본의 논리를 갖는 민족자본을 육성하여 종속적인 생산관계를 극복함으로써 이루어진다.

둘째, 대내적으로는 전근대적이고 경제 외적 규제로부터 사회적 생산력을 해방시켜 근대적 생산력을 개발함으로써 대내적인 부의 축적 기반을 확립하여 자생적인 확대재생산을 지속적으로 전개시키는 과정이다. 이는 대내적으로 상호관련적 분업체계에 기초를 둔 균형성장을 추구하여 통일화된 재생산구조의 확대를 실현함으로써 달성된다.

셋째, 자립경제는 봉쇄경제가 아니며 상대적 자급체계임을 유의해야 한다. 사회적 분업의 관점에서 볼 때 대내적 분업의 결합이 주가 되고, 대외적인 것은 대내적인 것을 보완하는 부차적인 것에 그쳐야 한다. 이때 대내적 분업과 대외적 분업의 통일이라는 명제가 있을 수 있지만, 이것은 전자를 주된 요인으로 하는 산업구조의 형성, 곧 시장 및 소재素材 관련이라는 분업체계가 국내 생산력 기반을 주축으로 이루어지는 것을 전제로 한다.

넷째, 경제가 외국자본과 매판자본, 그리고 이들을 비호하는 정치권력이나 관권官權의 전기적 간섭 없이 자율적으로 순환되어야 한다. 이것은 경제 외적이며 전기적 요인에 따라 부당하게 경제잉여의 수취가 이루어지지 말아야 한다는 것을 뜻한다.

다섯째, 사회계층 면에서 볼 때 자립경제는 자립적 성격을 갖는 중소기업자와 영세 경영자, 농민, 노동자 및 중산층 등 근로민중의 건전하고 광범한 육성을 기반으로 한다. 이들은 반외세, 독립적 성격을 지녀 자립적 생산력 기반이 되고, 나아가 자주적 생산관계를 확립하도록 하는 사회적 바탕이 되기 때문이다.

여섯째, 이러한 자립경제의 방향을 경제개발의 목표로 할 때 그것은 식민지를 겪은 저개발국 자본주의의 순환행정循環行程에 병행적으로 존재하여 상호 규제하는 구조적 모순 곧 기본적 모순과 부차적 모순을 극복 내지 완화하는 길이다.

한국의 수입대체 과정은 구조론적 시각은 물론 기능론적 시각의 자립경제 실현의 방향으로도 되지 못하였다. 노동력을 제외한 거의 모든 생산물을 밖으로부터의 수입에 의존하였기 때문에 그 수입 대가를 지불해야 할 부담은 국제수지를 압박하여 오히려 대외 균형을 더욱 파괴하게 되었다. 1960년대 말 차관기업을 중심으로 한 기업 경영 부실화와 경제의 전반적인 불황 국면은 바로 이러한 수입대체적 공업화가 초래한 결과였다. 수입대체에 따른 또 다른 수입(자본재, 기술, 원자재 등의 수입)이 가져온 상업차관의 원리금 상환을 그 배경으로 한 것이었다.

이를 극복하기 위하여 내부적으로는 차관기업에 금융특혜조치[11]를 시행함과 동시에 밖으로는 외자 도입 방식을 직접투자로 전환하고 원리금 상환을 위한 외화획득을 높이기 위하여 적극적인 수출장려정책을 추진하였다. 수출입국, '수출제일주의'가 상징하듯 수입대체가 수출지향의 공업화로 방향을 전환하였다. 물론 이 시기(1973~1979년)를 떼어서 흔히 저개발국개발론에서 말하는 수입대체 다음 단계의 수출지향적 공업화 단계로 구분하는 것은 문제가 있다. 이미 1962~1972년의 기간에도 경공업 중심의 수출지향이 진행되고 있었기 때문이다.[12]

---

11) 금융특혜조치로는 ① 차관원리금의 보증은행 대불 허용, ② 국내 금융비용의 부담을 줄이기 위하여 융자의 투자로의 전환, ③ 직접금융으로의 자금 조달을 가능하도록 기업공개정책의 추구, ④ 대출금리를 예금금리보다 낮게하는 역금리逆金利제도의 채택, ⑤ 특히 8·3 긴급경제조치(1973년)을 통한 사채私債의 동결 등이 포함되었다.

12) 1962년 단행한 화폐개혁이 실패한 뒤, 1964년 2월 확정된 제1차 계획 수정계획에서는 내자 조달을 통한 자립경제의 달성이라는 목표가 후퇴하고 외자의 유치와 수출공업의 육성에 주력하는 외향적 성장 전략이 전면에 부상하였다. 국제수지의 개선을 위한 수입대체공업화도 중시하였지만, 동시에

1970년대 중반까지 저임금을 토대로 노동집약적인 경공업의 국제경쟁력 중심의 수출구조가 기능공 부족과 임금코스트 상승으로 한계에 봉착하면서 1970년대 중반에는 중화학공업화정책을 선언하였는데, 이는 경공업 중심의 수출구조로부터 중화학공업 중심의 수출주도로 전환하려는 것이었다. 내구소비재 성격의 수출용 중화학공업을 일으켜 수출지향적 공업화 방향의 심화를 추구한 것이었다. 그러나 중화학공업 건설이 그 자체 및 경공업이 필요로 하는 자본재나 원자재를 수입 대체시키지 못하면서 오히려 더 많은 수입을 유발하게 되었다. 그 결과 국제수지의 불균형은 더욱 확대하였고, 추가적인 외자의 수요에 의존할 수밖에 없었는데 이 시기 외국인 직접투자는 저조한 상태였다.

중화학공업화를 통하여 차관경제의 모순을 해결하려는 노력은 1979년과 1980년을 고비로 난관에 봉착하였다. 자본, 기술 및 시장 조건을 무시한 과도한 중화학공업 건설은 1960년대 말 이후 두 번째의 차관경제 위기를 초래한 것이다. 1970년대 유신독재체제 아래에서 민주탄압과 노동통제로 추진되던 중화학공업화는 축소·조정이 불가피하게 되었다. 성장 수출편향적 개발 방향이 후퇴하고 국가의 지시적 개발 방식indicative planning으로부터 민간기업 활동을 유도하는 방식induced planning으로 전환하였다.13) 즉 '80년대 이후 자유주의적 시장친화적 개방체제로의 전환이 진행된 것이다.

개방체제로의 전환은 수입자유화와 자본자유화를 수반하였다. 외국상품 소비 시장화와 외자에 대하여 폭넓은 문호개방이 이루어졌다. 더욱이 외국자본에 대한 문호개방은 외국인 직접투자를 적극화하고 그 활동의 자유화를 보장하는 것이었다. 개방체제 아래의 공업화는 철저히 비교우위론에 입각할 수밖에 없고 비교우위를 유지하기 위하여 외국자본 및 기술과 제휴를 강화해야 하였다. 그 결과 한국경제의 국제분업관계를 수직적 분업으로 심화시켜 생산체제의 국제화 현상을 깊게 하였고, 수입대체적 공업화 내지 수출지향적 공업화 단계보다

수출산업의 육성 방침을 강화하고 저임금노동력을 활용할 수 있는 경공업(섬유·합판·가발 등)이 주요 대상이었다. 1965년 대통령 연두교서는 주요 목표의 하나로 수출증가를 천명한 바 있다.
13) 경제기획원, 《제5차경제사회발전5개년계획》, 1981.8, 10쪽.

한국경제를 세계경제 속에 더욱 깊숙이 편입시키게 했다. 그러나 이러한 방향
은 차관경제의 위기를 해결하기보다는 그것을 한 단계 이월하여 새로운 구조적
모순을 형성하는 데 지나지 않았다.[14] 어쨌든 자유주의적 개방체제로의 전환은
1960년 이후 전개된 국가주도적 경제개발의 적극적 방향을 상당한 정도 후퇴시
키게 하였다.

---

14) 이대근, 앞의 글, 앞의 책, 178~186쪽 참조.

제2절 중소기업문제의 인식과 그 역할

1. 중소기업문제의 인식

한국경제의 순환은 그 전개 과정에서 형성되는 구조적 모순의 극복 과정임을 알 수 있는데 그것은 다음과 같은 구조전환의 계기에 따른 것이었다. 크게 보아 ① 1959~1960년의 원조 의존적 축적구조의 위기, ② 수입대체적 공업화가 가져온 1969~1970년대 초의 차관경제의 위기, ③ 과도한 중화학공업화가 가져온 1979~1980년 초의 불황, ④ 고비용·저효율의 구조적 요인에 따른 1989~1990년대 초의 불황, ⑤ 20세기 말의 외환·경제 위기 등이다. 위기와 불황의 극복으로 구조전환을 모색하는 과정은 산업구조 재조정을 수반하였고, 그것은 국가권력의 개입, 국제분업체제의 심화, 독점적 대기업의 지배구조 확대 속에서 이루어졌는데 그때마다 중소기업문제의 인식은 새롭게 전개되었다.

1960년대 초에 인식된 중소기업문제는 해방 후 1950년대에 걸친 원조경제의 위기를 반영한 것이었고 그것은 그 속에서 형성된 관료독점자본과 중소기업 사이의 구조적 모순의 결과였다. 이러한 중소기업문제의 성격은 포괄적으로 보아 다음과 같이 설명할 수 있다.

첫째, 중소기업문제의 '문제'는 다름 아닌 '모순'인데 이때 모순은 자본주의 발전 과정에서 일어나는 산업구조에서의 모순이며 자본의 운동법칙이 가져온 모순이다. 자본주의 발전과 이에 수반된 산업구조의 '고도화' 과정에서 생기는 모순의 하나가 중소기업문제이다. 그렇기 때문에 중소기업문제는 '역사적' 성격을 갖는다.[15]

따라서 역사적 전개 과정에서 보면 자본의 본원적 축적 단계, 산업주의 확립

기와 그 다음 자유경쟁적 자본주의 단계, 그 다음의 독점자본주의 단계, 현재의
국가독점자본주의 시기 등 각 시대를 통한 모순의 발전 과정을 파악할 필요가
있다. 결국 각 단계에서 지배적 자본이 그렇지 못한 자본을 해체·몰락시키고 종
속·이용하면서 이루어지는 자본운동법칙의 한 측면이 중소기업문제라고 보는
것이다.16) 또한 여기에 후진자본주의의 특수성을 반영하는 모순 현상으로서 중
소기업문제를 규명할 필요가 있다.

둘째, 중소기업문제는 대기업 또는 독점자본과의 관계를 살피는 가운데 규정
할 수가 있다. 중소기업은 대기업과의 경쟁으로 도태·구축되는 기업집단이라는
것이 초기의 중소기업문제의 성격이었다. 그러나 자본주의가 고도화하면서 중
소기업은 도태·구축과 함께 지배적 자본이 잔존·이용하는 위치로 존재하게 되
었다. 이것은 중소기업을 주로 피수탈자로 보는 중소기업문제의 소극적 규정이
었다. 그러나 현대 자본주의에서는 불완전경쟁론, 적정규모론, 사회적 분업론에
서 볼 수 있듯이 중소기업은 적합한 산업 분야에서 적극적으로 존립·역할하고
있으며 대기업과 상호 보완관계를 맺고 있다. 이렇게 보는 것은 중소기업문제
를 그 '역할의 시각'에서 보는 적극적 규정이다.

셋째, 중소기업문제를 산업구조상의 모순으로 규정하는 것은 중소기업문제
가 산업구조의 변화에 따라 그 성격이 변화할 수 있다는 것을 의미한다. 더욱이
산업구조의 고도화는 자본의 유기적 구성의 고도화를 수반하기 때문에 자본의
역할이 강화되면 모순 현상으로 중소기업문제는 더욱 깊어질 수밖에 없다. 그
러나 산업구조가 경공업 중심에서 중화학공업 중심으로 고도화하는 과정의 이
러한 현상은 산업구조가 지식·정보집약적으로 변화하면서 지식·정보의 역할이
크게 작용하는 현대 자본주의에서는 새로운 특성을 보이게 된다.

넷째, 중소기업문제는 중소기업이 갖는 이원적 성격 때문에 두 가지 측면을
갖는다. 중소기업은 중소기업 노동자와의 관계에서는 수탈자의 위치에 있으면
서도, 지배적인 자본과의 관계에서는 피수탈자의 위치에 선다는 것이 정치경제

---

15) 이때 산업구조는 자본이 그 속에서 운동하는 구조(틀)를 의미한다.
16) 伊東垈吉, 〈中小企業問題の本質〉, 藤田敬三·伊東垈吉 編, 《中小工業の本質》, 有斐閣, 1960, p.29.

학적 성격 규정이다. 곧 중소기업은 자본가적 성격을 지녀 노동자에게서는 잉여가치를 수취하면서도, 다시 이것을 지배적인 자본(대기업 또는 독점자본)에게 수취당하는 종속적 위치에 선다는 것이다.[17] 전자는 기본적 모순을 말하고 후자는 종속적 모순을 뜻한다. 따라서 중소기업문제는 기본적 모순과 종속적 모순을 포함하는 이원적 성격을 갖는다.

다섯째, 중소기업이 지배적인 자본과 맺는 관계는 두 가지 시각에서 분석할 수 있으며 따라서 중소기업문제도 두 가지 측면을 갖는다. 먼저 생산력적 시각인데 이것은 양자를 상호 협동관계(상호의존·보완관계)로 보는 것이다. 이와 달리 생산관계적 시각은 중소기업과 지배적 자본이 지배·종속관계(착취·대립관계)를 맺는다고 보는 것이다.[18] 결국 중소기업은 지배적 자본과의 관계에서 대립적 관계를 맺으면서도 상호 의존성을 지닌다. 따라서 '대립관계 속의 상호 의존성'을 지향하는 것, 곧 대립관계를 완화·해소하면서 상호 의존성을 높여 양자를 통일하는 것이 중소기업문제와 정책의 본질이다.

여섯째, 중소기업문제를 자본주의 발전 단계에 따라 그리고 국민경제의 특수성에 따라 종적·횡적으로 인식하는 것은 중요한 의의가 있다. 일반적 경제법칙은 서로 다른 조건에서 서로 다른 양상으로 구체화하기 때문이다. 이것은 같은 경제개체들이라도 서로 다른 역사적 조건, 상이한 발전 단계에 따라 자기 역할 또는 위치가 다르다는 것을 뜻한다. 결국 종속적 경제제도로서 중소기업문제의 성격은 역사적·발전 단계별 자본주의의 유형 속에서 중소기업의 '위치와 역할'을 제시하는 것이라고 보았다.[19] 중소기업문제를 이렇게 규정하는 것은 그것을 산업구조상의 모순이라고 보는 시각보다 더욱 적극적인 측면을 나타낸다. '모순'이라고 하는 '위치'를 말하는 데 그치지 않고, 그 '역할'이라는 적극적 의미도 강조하기 때문이다.[20]

---

17) 이때 중소기업은 독점자본과 중소기업 노동자를 연결하는 결절환結節環 또는 결절점結節點의 역할을 한다고 본다(伊東垈吉, 위의 글, 위의 책, p.70).
18) 이것은 마르크스 경제학에서 생산력과 생산관계의 개념을 자본과 노동, 나아가 중소기업과 독점자본의 관계로 확대 해석한 것이다.
19) 朴玄埰, 〈中小企業問題의 認識〉,《創作과批評》, 창작과비평사, 1976 여름, 386~387쪽.

2. 중소기업의 역할

중소기업의 역할은 그 중요성에 비추어 다양하게 제시될 수 있지만 그것을 집약하여 정리하면 다음과 같다.

1) 대기업과의 관련: 하청·계열기업으로서의 기능

경제는 경쟁競爭으로만 발전하거나 효율성을 유지하는 것은 아니며, 협력協力이 경쟁력을 높이는 유력한 수단이 되기도 한다. 대기업과 중소기업의 상호 보완적 관계는 이를 반영한다. 중소기업과 대기업은 생산 및 판매 면에서 관련을 맺는다. 중소기업은 모기업인 대기업의 하청기업 내지 계열·판매업자로 되는 경우가 많다. 하청 및 계열관계는 단순한 분업관계로서만이 아니고 장기계속거래와 밀접한 제휴로 안정적 판로를 확보한다. 그러나 그로 말미암아 종속성의 문제가 발생하기도 한다.

제조업의 경우 모기업은 ① 자본 절약, ② 하청기업의 저임금 이용, ③ 경기 변동의 쿠션cushion으로 활동 등의 이유로 하청기업을 이용한다. 그러나 하청기업의 기술 수준이 높아지면서 하청기업의 전문 기술을 이용하려는 측면이 강해졌다.

하청제도가 하청기업이 모기업에 종속됨에 따라 경영이 불안정해지고 저임금이 발생하는 등 낮은 노동조건을 창출하기도 한다는 비판적 견해도 있다. 그러나 하청제도는 공업구조가 고도화하면서 국제경쟁력을 높이는 요인이라는 긍정적 논의와 함께 준수직적 통합準垂直的 統合으로 규정되기도 한다.

하청제도는 ① 모기업과 하청기업의 장기계속 거래에 따른 경영 안정과 신뢰관계의 형성, ② 설비 투자의 중복 방지, ③ 설계 단계로부터 밀접한 제휴와 정

---

20) 오늘날 후진 저개발국의 중소기업을 반외자反外資, 반매판자본反買辦資本이라는 민족자본적 성향을 갖는 자본으로 규정하고 민족경제를 확립하는 데 중소기업의 적극적 역할을 강조하는 것도 그런 의미이다(위의 책, 400쪽).

보의 공유로 경제적 효율을 높일 수 있다는 장점을 갖기도 한다. 결국 준수직적 통합으로서 하청제도는 산업체제의 효율성을 높일 수 있다는 긍정적 측면이 있다.

2) 산업 발전에 공헌

중소기업은 새로운 산업의 묘상苗床이며 기술혁신의 담당자, 그리고 수출산업에서의 기여 등으로 산업 발전에 이바지하는데 이를 좀 더 설명하면 다음과 같다.

첫째, 지식집약·연구개발형 중소기업인 벤처 비즈니스(벤처기업)의 역할을 들 수 있다. 1970년대 이후 선진경제는 침체된 경제에 활력을 넣기 위하여 기술혁신과 새로운 산업을 진흥하려고 노력하였는데 여기에 적합한 기업 유형이 바로 지식집약·연구개발형의 중소기업인 벤처 비즈니스였다.

둘째, 국민경제의 발전과 산업구조의 전환이라는 과제를 담당한다. 이것은 신산업新産業의 담당자 그리고 그 묘상seedbed으로서 중소기업의 역할을 통해 해결할 수 있다. 새로운 산업은 산업 및 시장 규모가 작고 대기업에게는 매력이 없지만 중소기업에게는 적합한 분야가 많다. 여기서는 강력한 기업가정신이 요구되는데, 이러한 지식집약·연구개발형 신산업의 묘상 기능을 하는 것이 중소기업이다. 묘상 기능은 구체적으로 다음과 같다.

① 지식·정보집약형 중소기업의 기술 진보와 혁신의 양성 기반
② 기업가적 재능과 경영 능력 등 인적 능력을 배양하는 기능
③ 새로운 산업(혁신적 중소기업)의 담당자인 기업가와 경영자를 양성해 주는 기반
④ 새로운 산업과 동시에 대기업의 양성 기반
⑤ 창조성과 왕성한 활력을 길러 산업구조를 변혁시키고 진보·발전시키는 원천이며 기반이 되는 기능

셋째, 국민경제가 국제화되면서 중소기업은 국제화의 담당자로서 인식되기

시작하였는데 수출의 담당자로서 수출 진흥에 이바지할 수 있기 때문이다. 더욱이 경제개발이 수출주도형으로 이루어지면서 국민경제에서 중소기업의 수출 증대가 이바지하는 역할은 매우 크다. 또한 중소기업은 직접투자의 형태로 해외에 직접 진출하기도 하고 외화 획득에도 크게 기여한다.

3) 국민 생활과 지역 경제에 공헌

중소기업은 다품종多品種·소량생산少量生産의 소비재와 서비스의 공급 및 고용의 흡수·창출 기능 그리고 지역 경제와 지역사회의 중추적 역할을 한다.

첫째, 소비 면에서의 역할이다. 중소기업은 소비수준이 올라가면서 수요의 다양화, 고급화, 다품종 소량화, 그리고 수명이 짧아진 제품의 수요에 대응하여 재화와 서비스를 생산·판매한다. 대규모 경제와 대량생산을 기본으로 하는 대기업은 이러한 변화에 기민하게 대응하기 어렵고 여기에는 중소기업이 적합하다.

둘째, 중소기업은 고용 흡수와 그 창출에 중요한 구실을 한다. 노동집약적 생산방식이 특징인 중소기업은 인구과잉과 구조적 실업의 경제 여건을 지닌 개발도상경제에서뿐만 아니라 실업률이 상대적으로 높은 선진경제에서도 실업해소라는 정책 과제에 적극적으로 이바지한다. 더욱이 공업화를 추진하는 개발도상경제에서 대기업은 자본집약적 기업이기 때문에 고용효과가 높지 않다. 이에 견주어 중소기업은 노동집약적이기 때문에 미숙련노동의 흡수에 크게 공헌한다. 또한 기업가적 재능을 갖는 자에게 창업創業의 기회를 제공하여 자영업자로서 기능의 기회를 제공한다.

셋째, 중소기업은 국민의 생활 기반인 지역 경제와 지역사회에서 큰 역할을 한다. 단일사업체單一事業體 중심인 중소기업은 지역성이 강하여 지역의 노동력과 자본을 이용하고 지역에 소득을 발생시킨다. 그리고 지역 주민이 이용하는 재화와 서비스를 공급하여 지역의 후생 증진에 공헌한다.

4) 시장활성화 및 경제사회의 쇄신 역할

중소기업에게는 시장경제를 활성화시키고 나아가 경제 발전을 이끄는 기능을 기대할 수 있다. 대기업체제는 독점과 과점적 시장구조를 전개하면서 경쟁 배제적 경향을 갖기 때문에 경제사회를 경직화시키고 정체시킨다. 독점의 폐해를 시정하고 시장 기능을 활성화하여 경제를 건전하게 발전시키려면 자유경쟁의 담당자인 중소기업의 역할이 중요할 수밖에 없다. '경쟁의 담당자'로서 중소기업의 역할을 높이면 시장이 활성화되기 때문이다.[21]

경쟁을 촉진하는 담당자이며 기업가정신의 보유자인 중소기업은 시장과 산업조직을 활성화하는 기능을 한다. 이를 통하여 자원의 효율적 배분에 이바지한다. 즉 중소기업은 경쟁을 촉진시켜 경제의 발전과 효율성을 높이는 구실을 한다. 그 결과 독과점으로 말미암아 기동성과 활력이 저하하는 경제사회를 쇄신하는 기능regenerative function을 하는데, 중소기업의 신진대사新陳代謝 또는 경제사회의 쇄신 기능을 설명하면 다음과 같다.

① 높은 도산율과 신설 속에서 신구기업이 교체되는 사회적 대류 현상社會的 對流現象이 진행되면서 새로운 기업이 진입한다.

② 중소기업은 경쟁적 성격으로 경쟁적 시장경제의 적극적 담당자가 되며 독과점적 시장구조의 경직성을 개선하고, 시장 기능을 활성화하면서 지배적 대기업에 자극을 주고 도전하는 가운데 경제의 노화 현상을 막는다.

③ 지식·정보집약적인 새로운 혁신형 중소기업은 기술개발과 혁신의 원천으로서 새로운 요소를 산업사회에 투입한다. 곧 창조성과 활력의 모체母體이며 혁신의 기수로서 산업사회에 새로운 에너지를 공급한다.

④ 중소기업은 새로운 산업과 성장하는 기업 및 대기업의 양성 기반이며 활력 있는 다수the vital majority로서 경제사회를 쇄신하는 기능을 담당한다.

---

21) 藤田敬三·竹内正己 編, 《中小企業論》, 第4版, 有斐閣, 1999, pp.39~45 참조.

5) 자본축적과 경제 자립의 기초

첫째, 중소기업은 자본축적의 기반으로서도 적극적인 역할을 한다. 이와 같은 적극적 기여는 위로부터 자본제화와 산업구조의 고도화를 추진하는 국민경제에서 공통된 특징이다. 중화학공업화가 전개되고 독점자본의 자본축적 기반이 다양해지면서 중소기업은 그 자본축적의 바탕이 된다. 계층적 축적의 지배구조 속에서 노동집약적이며 저임금 기반을 그 존립 조건으로 하는 중소기업은 독점자본과 국민경제의 자본축적의 바탕이며 경제 발전의 원동력이 된다. 더욱이 급속한 공업화를 정책적으로 추진하는 개발도상경제에서 중소기업은 부족한 자본으로 경제개발을 추진하게 하는 역할을 한다.

둘째, 개발도상국에서 중소기업의 민족기업national enterprise으로서 역할을 강조하는 것22)은 그것이 경제 자립의 기초가 되기 때문이다. 더욱이 식민지 지배를 경험한 후진경제에서는 생산력의 근대화와 함께 경제구조의 자립화를 이루는 것이 그 주요한 정책 과제이다. 중소기업은 시장 관련이나 원자재 측면에서 국내 생산력 기반에 깊은 분업 관련을 갖고 있다. 이런 특징은 중소기업을 민족기업 또는 민족자본가적 성향의 기업으로 규정하게 한다. 그런 의미에서 중소기업은 경제구조의 자립을 실현하고 개방화 시대에 국민경제의 바탕이 될 수 있다.

---

22) E. Staley and R. Morse, *Modern Small Industry for Developing Countries*, New York: McGraw-Hill, 1966, p.248.

제3절 중산층논쟁과 중소기업문제

1. 두 가지 중소기업정책 방향

1960년에 전개된 중산층논쟁中産層論爭[23]은 다양한 중소기업문제 의식을 제기하였는데 이것은 우리나라 중소기업문제의 성격을 이해하는 데 큰 의미를 지닌다. 〈제1차 5개년계획〉이 종료되고 다음 단계의 본격적인 경제개발계획을 추진하는 시점에서 1966년 초 대통령의 연두교서와 여당과 야당의 정책 기조연설로 부각된 중산층, 또는 좁게는 중소기업문제가 학계의 논쟁으로 이어졌다. 여당(공화당)의 '대공업개발주의 또는 대기업건설주의'에 대한 야당(민중당)의 '대중자본주의大衆資本主義 또는 중소기업주의'의 대응에서 비롯된 이 논쟁은 '근대화와 중산층'이라는 시각으로 전개되었다. 정책의 측면에서는 1966년에 〈중소기업기본법〉이 제정되어 중소기업정책이 체계적 본격적으로 전개되는 시점이어서 더욱 큰 의미를 지닌다.

중산층논쟁의 발단이 되었던 공화당과 민중당의 중산층 또는 중소기업에 대한 정책 기조를 보면 다음과 같다. 대공업 중심의 공업화와 부의 축적을 위하여 '선성장·후분배'가 필요하다는 공화당의 경제정책이 반대중적이고 반사회적인 빈부의 양극화 현상을 가져왔다고 비판한 민중당이 중산층의 정당임을 자부하면서 중소기업의 보호·육성과 부의 균등한 분배를 주장한 데서 이 논쟁은 비롯되었다.

민중당民衆黨은 중소상공인·중농·봉급자·지식인 등 중산층의 안정과 이익의

---

23) 중산층논쟁의 상세한 내용은 孫世一 編,《韓國論爭史III》, 청람문화사, 1976, 440~552쪽에 수록되어 있다.

증진 없이는 민주주의를 영원히 토착화할 수 없으며 사회 안정을 바랄 수 없다고 하였다. 이를 위해서 먼저 농촌경제의 발전을 조장하면서 중소기업은 물론 대기업의 주식 소유가 널리 대중에게 분산·귀속되고 경제적 부의 축적이 수많은 국민 대중에게 배분되도록 하는 자본의 대중화大衆化와 중소기업의 우선 육성주의를 경제정책의 방향으로 제시하였다. 공화당共和黨도 한국의 근대화와 사회 안정을 위하여 중산층의 확대·보호를 주장하고 이를 위하여 중소기업 육성의 당위성을 강조하지만 그 접근 방법에서는 서로 근본적인 차이[24]가 있었다.

공화당의 중소기업 육성 방향은 다음과 같다. 중소기업은 기간사업(주로 독과점 대기업)과 계열화로 육성되어야 하며 대기업으로부터 단절 내지 분리된 중소기업 자체의 단독 육성정책은 역사 역행적이다. 또한 중소기업은 수출산업과 수입대체산업으로 전환되어야 하며, 계열화된 중소기업을 위해 수출공업단지를 조성하고 수출을 촉진하는 방향을 제시하였다.[25] 이에 대하여 민중당의 정책 방향은 다음과 같다.

① 일부 국영기업을 제외한 국영과 민영의 대규모기업 주식을 분산시키고,

② 신규기업 건설에서는 대규모 자본 조성 방법보다는 중소규모에 주력하는 동시에 국가의 모든 혜택을 중소기업의 육성·강화에 집중하며,

③ 농촌경제의 병행 발전, 특히 중농의 보호와 세농細農의 중농화中農化에 치중하여 공산품의 시장 확대를 기하며,

④ 자본이 영세하고 기술과 경영 능력이 미숙한 바탕 위의 대기업건설주의는 특혜와 낭비, 그리고 국민의 희생을 강요한다. 그러나 중소기업주의는 우리의 기업 능력에 알맞은 동시에 기업의 소유가 많은 사람과 넓은 지역으로 확산될 수 있으며,

⑤ 이러한 중소규모의 노동집약적 기업 건설은 우수하며 값싸고 풍부한 노동력이 그 성공을 뒷받침해 주면서 고용효과를 빠르게 볼 수 있고,

⑥ 국제시장에서 선진국을 누르고 판로를 확대시킬 수 있는 것은 중소기업에 의한

---

24) 〈近代化와 中産層〉, 《朝鮮日報》, 1966년 1월 25일자.
25) 金成熺, 〈近代化와 中産層〉, 《朝鮮日報》, 1966년 1월 26일자.

노동집약적 상품이라는 것이다.[26]

두 정당의 이러한 정책 기조 속에서 공화당은 불균형성장不均衡成長의 대기업 주의를 추구하고 있으며 민중당은 중소기업과 농업을 바탕으로 한 균형성장均衡 成長의 정책 방향을 지향하고 있음을 알 수 있다.

2. 중산층논쟁과 중소기업문제

정치권의 중소기업정책에 대립되는 견해에 대한 학계의 논쟁은 경제개발 과정에서 중산층 또는 중소기업의 '필연적 소멸'을 주장한 것이 발단이 되었고, 이에 대해 중소기업의 존립·육성론을 주장하는 견해가 제기되면서 논쟁이 적극적으로 진행되었다. 중소기업의 소멸과 육성의 문제는 초기적이고 고전적인 중소기업문제인데 그것이 우리나라에서는 1960년대 중반에 학계의 논쟁으로 부각된 것이다. 1950년대 말에 이미 관료독점자본(대기업)과 중소기업 사이에 구조적 모순이 형성된 시점에서 제기된 중소기업문제였던 것이다. 먼저 중소기업 소멸론의 견해를 들어 보면 다음과 같다.

첫째, 독립적인 생산수단의 소유자 가운데 하나인 중산층은 경제적으로 중소기업의 형태로 나타난다. 이들 중소기업은 효율적인 생산 단위인 대기업의 발달이 불안전하여 시장수요를 충족시킬 수 없을 때 그 부분을 공급함으로써 생존할 수 있다. 따라서 중소기업을 보호·육성하는 것은 효율적인 생산을 할 수 있는 대기업의 발전을 저해하게 한다. 중소기업은 역사적·반동적 역할을 하기 때문에 중소기업이 도태되어 그 시장점유가 줄어들수록 소비대중에게는 값싼 생산물이 공급될 수 있다.

둘째, 중소기업 존립의 제2 조건은 저임금에 있다. 노동법의 그물을 피하여

---

26) 金大中, 〈近代化와 中産層〉, 《朝鮮日報》, 1966년 1월 27일자.

전근대적인 노동착취를 함으로써 중소기업은 대규모생산경제라는 이점을 가진 대기업과 대항한다. 그러나 노동자 희생이 사회정의에 비추어 그대로 방치될 수 없고, 역사의 흐름이 이를 오래 두지 않는다. 저임금에 발을 디딘 중소기업의 소멸이 빠르면 빠를수록 복지사회의 도래도 그만큼 빨라진다.

셋째, 반동과 부정의 화신인 중소기업도 한편으로 생각하면 경제적 희생자이며 대기업과 계열화에 연명하는 중소기업의 제3의 조건은 이를 밝혀 준다. 중소기업이 대기업과 계열화함으로써 그 사이에 자본 및 조직 면에서 주종主從관계가 생기고, 경제원칙의 냉혹한 작용에 따라 그들 사이에는 부등가교환이라는 착취관계가 생긴다. 그뿐만 아니라 경기순환의 쿠션이 됨으로써 대기업을 위해 불황의 총알받이가 되어 쓰러진다.

이러한 이유 등으로 한국경제의 근대화를 위해서는 중소기업의 소멸이 불가피하며 대기업 육성에 우선순위를 두어야 한다는 것이다.[27]

여기에 대한 반론은 다음과 같다. 이러한 주장은 자본의 집적·집중에 따라 중소기업은 필연적으로 소멸될 운명에 있다는 고전적 이론을 배경으로 하고 있지만, 실증적 자료는 이를 뒷받침하지 않는다는 것이다. 곧 중소기업의 우선 육성을 주장하는 입장은 자본의 집적·집중에도 중소기업이 오히려 비대화하면서 적극적으로 존립하고 있다는 각 나라의 현실을 제시하고 있다.

첫째, 자본의 집적·집중에 따라 대자본에 의한 소자본의 구축과 수탈이 이루어지고 그 결과 중소기업은 역사적·필연적으로 몰락할 운명에 있다는 것이 고전적 견해이다. 그러나 독점자본 단계에서 이러한 주장을 하는 것은 고전이론을 너무 직선적·도식적으로 해석하는 것이며, 이론적 발전과 실증적 반증을 외면하는 것이다. 독점의 진전에도 오늘날 중소기업은 선진자본주의에서도 소멸하지 않을 뿐만 아니라 오히려 절대수가 늘어나고 업종도 다양화되고 있다.

둘째, 독점자본 단계의 중소기업문제는 이를 좀 더 동태적으로 파악할 필요가 있다. 독점자본 그 자체가 중소기업의 잔존을 요구하는 성향이 있으며 국민

---

27) 林鐘哲, 〈近代化와 中産層—經濟學的 考察〉, 《朝鮮日報》, 1966년 1월 29일자.

경제 내에서도 중소기업이 잔존할 측면이 온존하기 때문이다. 그러나 개별 자본으로서 중소기업은 매우 불리하고 취약하기 때문에 끊임없이 몰락·도태·소멸되지만 다시 신설·탄생한다. 독점의 진전에도 중소기업의 수적 증가라는 현상이 나타나는 것은 대기업에 의한 중소기업 구축이라는 일반적 경향이 관철되고 있지만, 그것이 중소기업의 잔존 및 새로운 탄생이라는 반대 경향과 교차하는 가운데 진전되기 때문이다. 곧 한국에서 독점이 진전되어도 중소기업은 여전히 잔존할 것이지만, 그것은 대기업의 압박 속에서 언제나 불안정한 상태로 소멸과 탄생을 반복할 것이다.

셋째, 한국의 중소기업은 독점이 고도로 진전된 뒤에 잔존하는 형태의 중소기업과는 다른 특수성을 지니고 있다. 우리나라의 대기업은 중소기업이 발전하면서 형성된 것이 아니라 대부분이 정치권력과 결탁하여 특혜 속에서 나타난 것이다. 한편 중소기업은 대기업과는 관계없이 국민경제의 방대한 생산 부족을 충당하기 위해 출생하였으며 모든 업종에서 생산을 분담하고 있다. 곧 초기자본주의 시대의 생산 형태가 하등의 유기적 관련 없이 동시적으로 공존하고 있다. 그 결과 우리나라 중소기업의 지위와 역할은 상대적으로 매우 크다.

넷째, 중소기업의 비중이 크지만 그 안정성은 매우 취약하며, 대부분은 대기업의 진전으로 말미암아 개방적인 경쟁관계에 있다. 더욱이 대기업은 외국자본에 위압되거나 종속되어 외국자본과의 경쟁을 피하면서 대내적으로 그 시장을 개척한다. 중소기업의 생산담당 영역을 침범함으로써 단기간에 폭리를 추구하는 경향을 가지고 있다. 곧 외국자본에 종속된 대기업이 국내시장을 기반으로 생성된 중소기업의 영역을 침식함에 따라 경쟁관계가 형성된다.

이때 기술주의로 말미암아 개별 기업과 국민경제를 혼동해서는 안 된다. 기업은 생산성의 증대가 바로 그 기업의 생산의 극대화를 결과한다. 그러나 국민경제에서는 생산의 극대화가 노동생산성의 향상과 더불어 고용의 증가를 통하여 이루어진다. 대기업의 육성으로 말미암아 생산성이 증대되어도 중소기업의 몰락에 따라 실업자가 발생하고 고용이 감소하면 한국경제의 효율적 근대화를 이룰 수 없게 된다.

한국의 근대화를 촉진하기 위해서는 중소기업을 육성하되, 자본이 부족하고 상대적으로 노동이 과잉된 조건에서 근대화를 추진해야 하기 때문에 대기업과 중소기업이 상호 보완적으로 성장할 수 있도록 구조를 개편할 필요가 있다. 그리고 중소기업과 대기업이 외국자본의 종속에서 탈피하여 독자의 주체성을 확보, 민족산업자본으로 기능하도록 개편되어야 한다는 것이다.[28]

여기서 논의된 민족산업자본의 개념은 중소기업의 민족자본론적 시각을 반영한 것이어서 당시 중소기업문제의 인식에 새로운 방향을 제시한 것이었다. 곧 한국의 근대화 과정에서 중소기업의 역할을 강조하는 근거로서 중소기업의 민족자본적 성격을 강조한 것이다. 한국의 자본주의적 근대화를 추진할 수 있는 담당 계층은 외국자본에 종속되어 있지 않은 중소기업(중소 광공업)이라는 주장이어서[29] 주목할 만한 내용이었다.

그리고 이 논쟁에서는 중소기업 육성의 근거로서 중소기업의 역할이 강조되었다.[30] 또한 계열화에 대한 부정적 견해를 넘어서 긍정적 견해가 제시되었다. 곧 인적 사원이 과잉상태를 나타내고 있는 아시아적 후진국에서는 고용 면에서 노동집약적 기술 형태를 택하거나 자본집약적 기술의 노동집약화, 즉 대기업과 중소기업 사이의 계열화가 요구된다는 것이다. 대기업과 중소기업의 계열화는 대기업의 장점을 살리는 동시에 생산능률을 높이고 아울러 고용문제를 해결하여 준다는 것이다.[31]

또한 매판자본買辦資本에 대한 독특한 견해도 이 논쟁에서 피력되었다. 대기업은 매판자본, 중소기업은 민족자본인 것처럼 도식적으로 나누는 것은 잘못이며 어느 것이든 소비재가공업에 집중하여 선진국 대자본과 하청적 산업 관련을 맺음으로써 그 경제적 과실의 대부분을 선진국에 귀속시키는 것이라면 그것은 매판자본이 된다. 따라서 해외로부터 도입되는 반제원료半製原料를 단순히 가공하

28) 愼鏞廈, 〈韓國近代化와 中産層의 改編〉, 《政經研究》, 1966년 4월호, 112~115쪽 및 117쪽.
29) 위의 글, 위의 책, 109~110쪽.
30) 위의 글, 위의 책, 111쪽.
31) 朴喜範, 〈中産層育成論에 관한 再論〉(林鐘哲 敎授 所論에 부친다.), 《靑脈》, 1966년 6월호, 143~146쪽.

여 국내시장을 주 대상으로 판매하는 기업은 이 범주에서 벗어나지 못한다고
하였다. 다만 자유경제체제에서 근대화 과정의 초기에는 이러한 매판적 가공업
이 불가피하며, 문제는 그 매판성을 탈피하는 과정에 있느냐 아니면 더욱 예속
화하는 과정에 있느냐에 있다고 보았다.[32]

---

[32] 위의 글, 위의 책, 148쪽. 중소기업문제의 인식에 대한 상세한 논쟁사적 고찰은 이경의, 《한국 중
소기업의 경제 이론》, 지식산업사, 2014, 제1장을 참조할 것.

제4절 개발 전략의 추진과 중소기업정책

1. 계획적 개발의 과제와 중소기업정책 인식

5·16 이후 전개된 국가주도적 계획적 개발은 일제 식민지 지배와 해방 뒤 1950년에 이르는 과정에서 자리 잡은 한국 자본주의의 구조적 모순에 대한 인식에서 출발해야 했다. 원조경제 아래에서 급속한 자본축적이 가져온 경제구조의 파행성과 공업구조의 취약성을 극복하는 것이 근대화의 이념으로 출발한 계획적 개발의 과제였다. 여기에는 1950년대 관료독점자본의 축적 과정에서 정체된 중소기업과 농업을 개발하여 자립경제와 민족자본의 물질적 기초를 확립하는 내용이 포함되었어야 했다. 이런 의미에서 근대화와 경제개발계획의 과제는 다음과 같이 설명되었다.[33]

첫째, 근대화를 총체적인 사회적 변혁으로 인식해야 한다는 점이다. 일제 시대에 이루어지고 그 뒤 원조경제에서 더욱 고착된 국민경제의 이중구조와 대외의존성을 교정하기 위하여 강력한 조치를 수행해야 한다. 근대화를 단순한 공업화로 인식하고 공업화를 위하여 외국자본을 중요시하는 입장에서, 선진국의 이해를 반영하는 불균형 성장정책과 대외 개방을 아무런 구속도 없이 시행하는 것은, 국민경제의 자립화 방향과 상응하지 않는 부정적 측면이 있다.

둘째, 근대화를 담당할 민족자본 육성의 중요성을 인식하는 것이다. 근대화, 즉 공업화로 보고 국민경제의 대외 개방을 당연한 귀결로 보는 입장에서는 자본의 성격이나 자본의 국적은 거의 문제가 되지 않는다. 그러나 이러한 입장은

---

33) 邊衡尹, 〈韓國經濟開發計劃의 方向〉, 《韓國經濟의 診斷과 反省》, 지식산업사, 1980, 38쪽.

경제개발계획의 집행 과정에서 당연히 외국자본과 외자 관련 기업을 우대할 것이기 때문에 경제성장률은 높아질 수 있겠지만 중소기업은 정체·몰락하고 경제자립의 기반은 약화될 것이다. 이에 외국자본과 자본의 논리로 대항할 수 있는 국가자본이나 민족자본의 육성이 개발의 과제로 제기된다.

셋째, 개발 과정의 집행에 필요한 추진 재원을 지나치게 외국자본에 의존하지 않는 자세가 필요하다. 외국자본은 원조든 공공차관 또는 상업차관, 직·합작투자의 어느 형태이든 초과이윤의 논리를 관철하고 투자국의 이익을 추구하기 때문이며 국내자본이 빈약한 풍토에서는 더욱 그러하다.

넷째, 계획적 개발을 통한 공업화를 이루는 데는 반드시 경제구조의 개선이나 공업화에 따른 성장과실의 균점均霑에 대한 대책이 있어야 한다. '선건설·후분배'정책을 바탕으로 하는 성장 위주 정책은 공업의 대외 의존도 증대와 함께 소득분배의 불균형도 가져오기 때문에 이중구조의 청산과 국민적 참여 속의 국부國富 창출을 기대할 수 없게 한다.

경제개발의 과제를 이렇게 볼 때 그 과정에서 중소기업에 대한 정책적 인식은 매우 중요한데 그것은 다음과 같다.

첫째, 자본축적의 논리에 비추어 중소기업이 인식되어야 한다. 일반적으로 자본의 집적·집중이라는 자본주의적 축적의 일반적 법칙이 관철되는 가운데 대자본과 소자본의 관계, 그리고 오늘날 독점자본주의에서는 자본의 집적·집중과 분열·분산이라는 법칙이 작용하는 가운데 독점자본이 중소자본과 맺는 관계, 즉 중소기업의 소멸·도태와 잔존·이용이라는 두 측면에서 중소기업이 인식될 수 있다. 이것은 중소기업문제의 일반성一般性을 강조하는 입장이다.

둘째, 그 나라 국민경제의 경제사적 배경 속에서 중소기업이 이해되어야 한다. 더욱이 대부분의 개발도상국은 전전戰前 그들이 경험했던 식민지 경제구조와 전후戰後에 자본주의 범세계화 과정 속에서 그들 국민경제가 특수한 경제구조를 지니게 되었는데 그 속에서 중소기업문제를 인식할 필요가 있다. 이것은 중소기업문제의 특수성特殊性을 강조하는 입장이다.

셋째, 국민경제의 방향에 대한 역사적 합목적성의 관점에서 중소기업이 이해되어야 한다. 경제개발의 역사적 합목적성에서 중소기업문제를 인식하는 것은 중소기업의 역할을 적극적으로 규정하는 것이다. 개발도상국의 경우 역사적 합목적성을 자립경제의 확립 또는 근대화의 실현이라고 볼 때 이 과제를 실현하기 위한 중소기업의 능동적 역할을 살펴볼 수 있다. 이때 여러 가지 중소기업의 역할이 제시될 수 있지만 특히 관심의 대상이 되는 것은 중소기업의 민족자본 또는 민족자본가적 성향에 대한 인식이다.

2. 1960년대 경제개발계획과 중소기업정책

1960년대 이후에 추진된 계획적 개발은 이러한 과제와 문제의식을 실현하는 방향으로 이루어진 것이 아니었는데 그것은 우선 개발계획의 내용에서 확인할 수 있다.

〈제1차 5개년계획〉은 모든 경제적 악순환을 시정하고 자립경제를 이루기 위한 기반을 구축하는 데 기본 목표를 두면서 다음과 같은 계획의 방침을 밝혔다.[34]

① 경제체제는 되도록 민간인의 자유와 창의를 존중하는 자유기업의 원칙을 토대로 하되 기간 부문과 그 밖의 중요 부문에 대하여는 정부가 직접적으로 관여하거나 또는 간접적으로 유도정책을 쓰는 '지도 받는 자본주의체제'로 한다.

② 한국경제의 궁극적인 진로를 산업의 근대화를 통한 공업화에 두는데 이를 위한 중점 목표는 ㉠ 에너지 공급원의 확보, ㉡ 농가소득의 상승과 국민경제의 구조적 불균형의 시정, ㉢ 기간산업 및 사회간접자본의 충족, ㉣ 유휴자원의 활용과 고용의 증가, ㉤ 수출 증대를 주축으로 하는 국제수지의 개선, ㉥ 기술의 진흥 등이다.

③ 생산력의 극대화와 자본공급의 확보를 위해서는, ㉠ 국내 자원을 최대한으로

---

34) 大韓民國政府, 《第1次經濟開發5個年計劃》(1962~1966), 1962, 서문 및 15~16쪽.

동원하고 소요외자의 조달은 외자 도입에 중점을 두며 외자 유치를 위한 적극적인 노력을 기한다. ⓒ 국내노동력을 최대한으로 활용하여 자본화한다. ⓒ 자본축적을 위한 범국민적인 강력한 저축운동을 전개한다는 것 등이다.

'지도 받는 자본주의'를 경제체제의 특징으로 하되 계획적 개발은 국민경제의 구조적 불균형의 시정을 기하고 산업의 근대화를 통한 공업화정책의 추구로 이를 실현하는 것으로 보았다. 그 수단으로 적극적인 외자 도입과 수출 증대정책, 그리고 저임금 노동력을 바탕으로 한 자본축적정책 목표를 제시하였다. 곧 자립경제 달성의 기반 구축을 기본 목표로 하면서도 적극적 외자 도입이나 수출 증대 등 외향적 개발의 지향을 그 속에 내포하고 있었다.

이러한 〈제1차 5개년계획〉의 공업정책 방향 속에 중소기업정책은 다음과 같이 나와 있다. 곧 중소기업, 수공업을 초기에는 동업조합조직同業組合組織을 통하여 발전을 획책劃策하되 점차 대기업의 성장과 더불어 하청공업제도下請工業制度를 육성한다는 것이다.[35]

여기서의 정책 내용만으로 보면 이 계획의 중소기업정책은 조직화와 하청공업 육성 등 두 가지를 정한 데 지나지 않으며 개발계획의 방향과 구체적인 연관성을 보이고 있는 것도 아니었다. 그러나 계획적 개발이 시행되면서 중소기업정책은 개발계획의 일부로 진행되었다.

곧 1950년대 중소기업정책의 시행은 금융정책을 중심으로 하여 단기적인 경기정책 내지 일시적 도산의 위기를 해소하기 위한 보호정책적 테두리를 벗어나지 못하였다. 그러나 1950년대 말에는 일제의 유산인 귀속재산불하 기업 또는 외국 원조에 의한 신규 대기업이 점차 중소기업 분야에 진출하여 중소기업과 서로 마찰 현상이 발생하였다. 이에 중소기업문제는 경기순환 과정에서 일어나는 일시적인 문제(과도적·마찰적 모순)가 아니라 국민경제의 구조적 모순의 문제가 되었으며 경제 발전을 위하여 해결해야 할 기본적 정책 과제로 여겨졌다. 여기

---

35) 위의 책, 24쪽.

에 1960년대에 와서 적극적인 경제개발을 추진하면서 중소기업정책은 사회정책적 성격을 떠나서 개발 부문에 대한 보완정책적 성격을 지니게 되고 일관성 있는 경제정책의 일부로 인식되었다.

국민경제의 고도성장과 산업구조의 고도화정책에 병행하여 중소기업정책은 이와 깊은 관련을 갖고 이를 뒷받침하는 정책이 되었다. 그리고 외향적 개발과 수출제일주의는 산업의 국제경쟁력 강화를 수반해야 했는데 중소기업정책은 이에 맞추어 구조정책의 일환으로 전개되었다. 그에 따라 중소기업정책은 다양하게 전개되었는데 그 내용은 다음과 같다.[36]

① 중소기업 전담 금융기관인 중소기업은행의 설립(1961년 8월)

② 기업 환경의 개선과 정비

　㉠ 외래품의 국내시장 잠식을 막기 위하여 〈특징외래품 판매금지법〉제정(1961년 5월)

　㉡ 과당경쟁過當競爭의 방지와 판로 확장을 위하여 〈중소기업 사업조정법〉의 제정(1961년 12월)

③ 중소기업의 조직화를 위하여 〈중소기업 협동조합법〉의 제정(1961년 12월)

④ 경영합리화를 위한 기업 지도

⑤ 수출전환정책의 추진(1964년 하반기 이후 단계별 육성시책)

⑥ 공업단지 조성을 위한 〈수출산업 공업단지 개발조성법〉의 제정(1964년 12월)

⑦ 가내공업센터의 설치·운영 및 지방 특화산업 육성(1965년 이후)

⑧ 중소기업에 대한 외자 도입 추진(1965년 이후)

⑨ 중소기업금융의 기능 강화를 위한 〈금융부문 자금운용규정〉의 개정(1965년 제17차 금융통화운영위원회: 일반은행의 총대출금 가운데 30% 이상을 중소기업에 융자하도록 함)

⑩ 관납의 중소기업단체수의 계약제도의 실시(1965년 이후)

⑪ 중소기업 중점 육성정책의 실시(1965년 이후)

---

36) 중소기업은행, 《중소기업은행10년사》, 1971, 91~104쪽 참조.

계획적 개발이 추진되면서 위와 같은 여러 가지 중소기업정책이 추진되었는
데 그 초기에는 전담 금융기관이나 협동조합과 같은 제도와 기업 환경의 개설
등 전면적 보호·육성정책이 시행되었다. 그러나 경제개발이 본격화되면서 중소
기업정책은 소극적인 보호·육성에서 적극적인 선별적 육성으로 전환하였다. 국
제수지 개선을 위한 수출전환, 기간산업의 보완 분야로 중소기업 육성, 공업의
지방 분산과 그 집적의 이익을 추구하는 공업단지건설 등 국민경제에 대한 구
조정책의 일환으로 전개되기 시작하였다.

더욱이 1960년대 중반 이후 시행된 중소기업의 중점 육성정책은 중소기업을
전면적 보호·육성이 아니라 적정 분야에서의 육성 또는 적극적 성장으로 전환시
키는 구조개편정책의 계기를 마련하였다. 그 내용은 중소기업을 세 개의 그룹으
로 나누어 차별적 정책을 시행하도록 하는 것이었는데 그것은 다음과 같다.[37]

① 중소기업으로 육성할 A급 업종: ㉠ 대규모시설을 필요로 하지 않는 업종, ㉡
부속품 또는 부분품제조업, ㉢ 원료가공단계에 속하는 업종, ㉣ 노동집약적 업
종 등이다. 이들 업종은 기술 및 품질 향상으로 전문화와 대기업과의 계열화를
추구하고 대기업의 이 분야 진출을 억제하도록 하였다.

② 대기업으로 육성할 B급 업종: ㉠ 원료 생산 분야의 업종, ㉡ 조립공장 및 생산
원가 면에서 대기업이 현저하게 유리한 업종, ㉢ 거대시설을 필요로 하는 업종
등이다. 이들 업종에서는 중소기업의 난립을 억제하고 그 규모를 적정 규모까지
확장시켜 앞으로 대기업으로 성장·발전시키도록 하였다.

③ 업종전환을 요하는 C급 업종: ㉠ 시설이 과잉된 업종, ㉡ 시설이 노후하고 기
술이 낙후한 업종, ㉢ 대기업과 경쟁 상태에 있으며 중소기업으로 유지되기 곤
란한 업종 등이다. 이들은 수출산업이 될 수 있는 신규산업 등 다른 업종으로
전환하도록 하였다.

---

37) 中小企業銀行, 《中小企業銀行五年史》, 69쪽. 이것은 1973년에 시행되는 〈중소기업 근대화지원체
제〉의 확립으로 그 기조가 이어진다.

그리고 이 세 가지 그룹은 국민경제적 중요성에 비추어 상·중·하로 구분하였는데 ① 상위업종(수출대상 및 수입대체, 중간재 생산업종), ② 중위업종(생활필수품 생산업종), ③ 하위업종(준생필품 품목과 서비스업 및 단순가공업) 등이 그 내용이다.

이에 따라 우선도를 정하고 금융 지원을 비롯하여 경영 및 기술 지도 사업 등 지원 대책에 차등을 둠으로써 중소기업의 구조개편을 이루도록 하였다. 중점 육성계획은 다양한 내용을 포함하고 있어서 중소기업을 전면적 보호·육성이 아니라 적정 분야에서의 육성 또는 적극적인 성장으로 전환되도록 하는 구조개편정책의 계기를 마련하였다.

그런데 이 중점 육성계획의 초점은 수출전환업종, 대기업의 하청·계열화업종과 일부 수입대체업종을 중심으로 중소기업의 구조개편을 의도하고 있었다. 종전에 국내 수요(지역적 시장)를 기반으로 하여 광범하게 존속해 온 중소기업이라고 하더라도 원조와 외자에 의하여 새로 설립된 대기업과 경쟁관계에 있는 경우에는 이를 지원 대상에서 제외시켜 결국 도태·전환시키도록 하였다. 중소기업 부문에 대한 외자 도입과 함께 중소기업을 대외분업적인 방향으로 전환시키거나 저임금 기반의 노동집약적 중소기업을 신생 대기업에 하청·계열화하여 그 자본축적의 기반으로 삼고자 하는 구조정책의 초기적 특징이 이 중점 육성계획에 포함되고 있다. 이는 대외지향적 개발에 대비하고 독점적 대기업 중심의 고도성장정책과 그를 위한 자본축적 기반으로 중소기업을 삼으려는 방향이었으며 원조경제에서 이루어진 구조적 모순을 자립경제의 방향으로 극복하려는 구조개편은 아니었다.

제5절 중소기업 근대화정책의 전개

1. 〈중소기업기본법〉의 제정과 정책 내용

1966년에 제정된 〈중소기업기본법〉은 중소기업 육성의 체계적인 법체계를 마련한 것이었다.[38] 이 법은 중소기업의 중점적 육성정책으로서 구조정책을 시행하는 법적 기반이 되었다. 제정 당시 총 제35조 및 부칙으로 구성된 이 법은 중소기업의 나아갈 방향과 시책의 기본을 규정함으로써 중소기업의 성장·발전을 촉구하고 그 구조 개선과 국제경쟁력을 강화시켜 국민경제의 균형 있는 발전에 기여함을 목적으로 제정되었다(제1조). 이 법은 위와 같은 목표와 중소기업자의 범위 등을 규정하고 있으며 정책 방향으로는 중소기업의 구조 개선, 사업 활동의 불리 시정, 금융 및 세제상의 과제, 중소기업의 조직화와 행정기구, 소기업대책 등 포괄적이고 체계적 내용을 담고 있다. 정책 내용의 체계에 따라 제정 당시 이 법의 내용을 보면 다음과 같다.

첫째, 중소기업의 구조고도화 방향으로는, ① 경영관리의 합리화(제10조), ② 기술의 향상 및 전문 지도 기관의 육성(제11조), ③ 품질 향상(제12조), ④ 작업 환경의 개선(제13조), ⑤ 시설의 근대화(제14조), ⑥ 사업 전환의 촉진(제14조의 ②), ⑦ 중소기업의 협동화와 지방에 소재하는 중소기업의 육성(제15조), ⑧ 기업 규모의 적정화(제16조), ⑨ 전문화 및 계열화의 조성(제18조), ⑩ 유통기구의 합리화(제21조) 등이다.

둘째, 사업 활동의 불리 시정에 대한 규정이다. ① 도급거래의 적정화(제19조),

---

38) 우리나라 헌법의 중소기업에 대한 규정은 제5차 개정헌법(1962.12.26)에서 비롯되었지만 국가의 중소기업보호육성에 관한 의무를 적극적으로 표방한 것은 제5공화국 헌법(1980.10)에서였다.

② 중소기업의 사업 분야 확보(제20조), ③ 공제제도의 확립(제20조의 ②), ④ 수출의 진흥(제22조), ⑤ 정부수주기회의 확보(제23조), ⑥ 수입품의 조정(제24조), ⑦ 중소기업의 조직화(제27조) 등이다.

셋째, 소기업 대책이다. ① 법제정 초기에는 영세기업(제9조), ② 개정(1982년) 후에는 소기업대책(제9조) 등이다.

넷째, 금융 및 세제의 규정이다. ① 중소기업금융의 확보(제25조), ② 세제의 적정화(제26조) 등이다.

다섯째, 행정기관 및 중소기업단체에 대한 규정이다. ① 중소기업의 조직화(제12조), ② 행정기관의 확충(제28조), ③ 중소기업정책심의회(제29조~제35조) 등이다.

이 법은 전체적 틀에서 1963년에 제정된 일본의 〈중소기업기본법〉과 유사한 바가 있다. 일본의 〈중소기업기본법〉은 중소기업의 사회적·경제적 제약에 따른 불리시정이나 기업 사이에 존재하는 생산성, 기업소득, 노동임금 등 여러 격차를 시정하고 거래 조건을 개선함을 그 목적으로 규정하여[39] 중소기업 근대화정책의 법적 기초임을 분명히 하고 있다. 곧 대기업과 중소기업 사이의 부가가치 생산성과 임금격차로 상징되는 이중구조의 해소, 즉 중소기업 근대화를 〈중소기업기본법〉의 과제로 보았다. 이를 위해서 중소기업의 생산성 향상과 함께 가치 실현력의 보완이 병행되어야 한다고 보았다.

우리나라의 〈중소기업기본법〉은 이에 대한 명시적 규정은 없으나 법체계의 내용으로 보면 중소기업 근대화정책을 반영하고 있다.

한국경제의 이중구조적 특성에 대하여는 1950년대 원조경제 아래서 관료독점자본과 중소기업 사이에 이중구조가 형성된 것을 배경으로 이미 1959년에 작성된 《경제개발3개년계획(안)》에 규정된 바가 있다. 그리고 1960년대 계획적 개발이 추진되면서 중소기업의 기존 존립 기반의 위축, 존립 조건의 변동, 이중구조의 심화에 따라 이에 대처할 필요성이 생겼고 따라서 양적 성장에서 질적

---

39) 日本〈中小企業基本法〉序文.

성장으로 전환하고자 하는 정책 인식이 일어나게 되었다. 이에 따라 산업 내부에서도 경영구조 면에서 합리화 의식이 높아졌으며, 또한 국민경제의 고도화와 더불어 중소기업정책도 구조 고도화의 방향으로 전개되었다.[40] 이러한 정책 의식의 요구에 따라 〈중소기업기본법〉이 제정된 것으로 보아야 할 것이다.

구조정책으로서 중소기업 근대화정책은 중소기업 고도화정책으로부터 시행되는데 이것은 바로 중소기업의 고도화를 의미하며 산업구조 고도화정책에 속한다고 볼 수 있다. 즉 중소기업의 고도화는 산업구조의 고도화에 적응하여 업종 안 또는 업종 사이에 중소기업과 그 구성을 부가가치 생산성이 높은 방향으로 시정하는 것이며, 산업구조에서 중소기업의 구성을 합리적 방향으로 전환하는 것이다. 따라서 고도화는 중소기업 근대화에 포함되는 개념이다.

〈중소기업기본법〉은 산업구조의 고도화정책에 맞추어 중소기업의 고도화·근대화정책을 전개하려는 법적 바탕이며 크게 보면 구조의 고도화(생산성 향상 등)와 사업불리不利의 보정책補正策 등 두 가지 흐름의 정책 내용을 담고 있다.

더욱이 중소기업의 구조고도화는 설비의 근대화, 기술의 향상, 경영관리의 합리화, 기업 규모의 적정화 등에 따라 중소기업의 생산성을 향상하고 경쟁력을 높이는 방안을 포함하고 있다. 이것은 뒤늦게 근대화를 추진하면서도 고도성장과 산업구조 고도화를 이루는 과정에서 형성되는 국민경제의 불균형성과 이중구조문제의 해소, 곧 중소기업의 근대화를 정책적으로 인식한 결과이다.

우리나라에서 〈중소기업기본법〉이 제정된 1960년대 중반기 경제 환경이 반드시 일본의 그것과 같은 것은 아니었지만, 이 법이 중소기업의 구조고도화와 근대화에 대한 정책 인식을 담고 있다는 점에서는 동일하다고 볼 수 있다. 1950년대 경제유산속에 국가주도적인 경제개발을 추진하면서 대기업 중심의 고도성장은,

　① 중소기업 존립 기반의 변동과 위축 및 존립 조건의 변동

---

40) 중소기업은행, 《중소기업은행10년사》, 110쪽.

② 외국자본과 기술에 의한 신규의 독점적 대기업과 기존의 중소기업 사이의 여러 격차와 마찰에 따른 이중구조적 모순

③ 노동집약적 소비재(경공업)를 중심으로 한 수출구조 기반 조성

④ 기술개발 기반의 조성 필요성

⑤ 중간재 수입대체정책 추진에 따른 대기업과 중소기업 사이의 하청·계열관계의 형성 요구

⑥ 무역자유화에 대비한 국제경쟁력의 강화 등

경제 환경이 변화하였고 여기에 적응하는 중소기업의 구조고도화정책이 요구되었다.

그리고 〈중소기업기본법〉에는 구조고도화에 상응하는 불리시정정책不利是正政策이 반영되었는데 이것은 산업조직정책적 특징도 갖는 것이었다.

그런데 일본의 경우에는 중소기업의 근대화를 추진하는 〈중소기업기본법〉이 제정된 것과 병행하여 그것의 실천을 뒷받침하는 〈중소기업근대화촉진법〉이 제정되었으나 우리나라에서는 그렇지 못하였다. 다만 1978년에 뒤늦게 〈중소기업진흥법〉이 기본법의 실천법적 성격으로 제정되었을 뿐이었다.

우리나라의 〈중소기업기본법〉은 제정 뒤 '중소기업의 범위'를 조정하는 등 여러 차례 개정되었으며 특히 1995년(1월 5일)에는 국내외 경제 여건의 변화를 반영하여 전문全文 개정되었다. 전문 제21조 부칙으로 양적으로 축소 개정되었는데, 중요 시책 내용이 하위법으로 이양되고 특히 창업과 국제화의 촉진 등의 내용이 새롭게 추가·삽입되었다.

2. 〈제2차 5개년계획〉의 중소기업정책

〈제2차 경제개발5개년계획〉은 장기 개발 전략을 ① 수출 증대로 자립경제 달성, ② 자본 동원의 극대화, ③ 효율적인 인력 활동, ④ 안정 기조의 견지로

정하였다. 그러면서 불리한 자원부존 구조는 경제의 발전 진로를 공업화를 통한 확대된 개방체제에 두게 하고 개방체제의 자립적 유지는 수출의 증대를 불가피하게 한다고 보았다.[41]

한편 산업 내부에서는 근대기업과 전근대적인 중소기업과의 병존 과정에서 일어나는 이중구조의 문제를 중요한 정책적 과제로 제기하였다. 이에 더하여 대규모기업의 증가를 전망함으로써 기업 집중 또는 독과점의 진행을 예상하였다. 따라서 경제정책의 범위는 지금까지의 생산력 증강 위주로부터 경제 발전 과정의 진일보에 따르는 사회적 불균형 등을 시정·완화하는 방향으로 확대되어야 한다고 보았다.[42]

이어서 산업구조를 근대화하고 자립경제의 확립을 더욱 촉진시키는 데 기본 목표를 둔 이 계획은 ① 식량 자급, ② 공업구조 고도화의 기틀 마련, ③ 수출 달성과 수입대체 촉진으로 국제수지 개선의 기반 확립, ④ 고용 증대, ⑤ 과학 및 경영기술의 진흥으로 기술 수준과 생산성 제고 등을 그 중심으로 삼았다. 이를 바탕으로 중소기업 부문에 대해 '기존 시설 활용'의 관점에서 다음과 같이 규정하였다.[43]

① 생산 면이나 수요 면에서 상호 지원적인 수요와 투자의 창조효과를 크게 하는 부분은 중소기업이다.

② 대부분 기존 시설인 중소기업은 전산업에 대한 비중이 크며 대기업에 대하여 중소기업의 계열화와 전문화가 이루어지면 이 두 부문은 완전히 생산 면에서 상호 보완관계에 서게 된다.

③ 중소기업 가운데 수출산업으로 전환이 가능한 것을 수출산업으로 개발하면 새로운 투자소요 없이도 경제성장에 이바지한다.

④ 중소기업은 대부분이 노동집약적이어서 이 부문의 성장 개발은 많은 노임의 지

---

41) 經濟企劃院, 《第2次經濟開發5個年計劃(案)》(1967~1971), 1966, 9쪽.
42) 위의 책, 27~28쪽. 이중구조문제가 정책적 과제로 인식되었으나 이것은 부차적인 것에 그쳤다. 그 결과 중소기업정책 방향에서는 적극적이며 중심적 과제로 되지 못하였다.
43) 위의 책, 47쪽.

급과 소득의 평형화平衡化를 높은 수준으로 유지하도록 하여 수요를 촉진하고 수요 유형을 변화시킨다. 이에 따라 주요 성장 부문의 파생효과는 더욱 크게 되고 경제의 균형적 성장에도 이바지할 것이다.

중소기업 부문에 대한 이러한 진단 결과 다음과 같은 정책 과제를 제시하였다.[44] 국제 환경의 변화와 개방체제로의 이행에 따라 국내 산업의 경쟁력을 높이도록 계속 노력하되,

① 중소기업 육성을 위하여 대기업과 중소기업의 계열화를 촉진하고, 기존 시설의 활용과 설비의 신설 개량을 통하여 가동률을 높이며, 생산성을 증대시킨다.
② 수출 및 수입대체산업으로 발전할 업종과 노동집약도가 높은 중소기업을 지원하는 데 중점을 둔다.
③ 이를 위하여 공장 확장 및 운영에 필요한 자금 공급, 경영합리화를 위한 기술 지원, 원활한 원료 공급, 시장 확대 등의 정책 수단을 강구한다.
④ 이는 대기업에 의한 시장독점으로부터 중소기업의 보호를 유도하여 자립적 성장의 바탕을 마련한다.[45]
⑤ 지역 사이의 소득격차를 해소하기 위하여 지역별 특화산업을 육성하고 공장의 지방 분산을 촉진하여 지역개발을 꾀한다는 것 등이다.

이러한 정책 과제는 개방체제로 지향하는 틀 속에서 시행되었으며 그 제도적 기초가 1967년에 채택된 네거티브리스트시스템Negative List System이다. 이 제도는 그동안 보호무역의 그늘에서 비정상적으로 성장해 온 국내 산업의 체질을 개선하고 국제경쟁력을 강화시켜 수출 증진을 꾀하는 동시에 수입자유화의 확대로 소비자를 보호한다는 명분 아래 시행되었다. 종전의 '포지티브 리스트 시스템Positive List System'의 무역 방식을 바꾼 이 제도는 무역정책의 일대 전환을 가져온

---

44) 위의 책, 121~122쪽.
45) 위의 책, 47쪽.

정책이었다. 제2차 5개년계획이 ① 수출제일주의 지속, ② 수출진흥정책의 다양화, ③ 무역자유화의 추구라는 정책의 특징을 지닌 데서 온 결과였다.[46]

　무역자유화로의 이러한 획기적 전환은 모든 산업정책에는 물론 중소기업의 구조고도화정책에도 크게 영향을 주었다. 1965년 한일국교정상화 이후 한국경제는 그동안 미국에 치우쳐 있던 외국자본의 도입선에 일본을 포함시킴으로써 외국자본 도입선을 다변화하고 개방화하였다. 여기에 무역자유화를 위한 '네거티브 리스트 시스템'을 채택함으로써 한국경제는 대외지향적 개발 전략을 본격화하게 된 것이다.

　지배적 경제제도인 독과점 대기업은 이러한 개발 전략에 맞추어 자본축적 양식을 전환하였고, 종속적 경제제도인 중소기업의 구조고도화는 그에 상응한 방향으로 이루어졌다. 대외적으로는 특혜적 외자 도입과 대내적으로는 재정금융의 특혜가 대기업 자본축적의 바탕이 되었으며 이는 국제분업체제의 심화 속에 진전되었다. 그러면서 또 다른 자본축적의 원천으로 중소기업과 하청·계열화를 추구한 것이었다.

　이에 따라 1960년대 후반에 전개된 주요한 중소기업시책은 다음과 같다.

　　① 계열화 및 전문화의 본격화

　　② 중소기업의 수출 진흥

　　③ 시설의 근대화

　　④ 지방공업의 육성 및 단지화

　　⑤ 기업합병의 조성

　결국 근대화정책으로서 중소기업정책은 초기의 전면적 보호·육성정책에서

---

46) 吳萬植, 〈輸出産業 體質强化와 國際化〉(1967~1974), 全國經濟人聯合會 編, 《韓國經濟政策三十年史》, 社會思想社, 1975, 398~401쪽. 한 나라의 대외무역에 있어서 원칙적으로는 수입을 자유화하지만 일정 품목에 대하여 수입을 제한·금지할 필요가 있을 때 이들 품목만을 표시하는 경우 이를 '네거티브 리스트'라고 한다. 이와 반대로 수입자유화 품목만을 표시하고 표시된 이외의 품목에 대하여는 이를 수입제한 또는 금지하는 경우 이를 '포지티브 리스트'라 한다.

선별적 육성을 지향하는 구조정책으로 이행되면서 본격화하였다. 구조정책으로서 중소기업 근대화정책은 중소기업의 구조고도화에 그 중점을 두었으며 그 대상은 중소기업 가운데 수출산업과 수입대체산업 그리고 대기업과의 하청·계열화 산업에 집중되었다. 계획적 개발의 틀 속에서 다양하게 전개된 중소기업의 근대화 및 합리화정책의 중점이 이들 분야로 집중된 것이다.

이렇게 볼 때 중소기업정책은 구조정책의 성격을 지니면서도 대기업 중심의 개발 전략 아래 독과점 대기업의 자본축적 바탕이 되고 국민경제의 대외지향적 고도성장을 위한 디딤돌정책 역할을 하였다. 이러한 정책 기조가 관철되면서 대기업과의 관계에서 끊임없이 형성되는 생산관계적 모순에 중소기업은 대응해야 했다. 그 결과는 중소기업의 도산 및 업종 전환과 합병 그리고 새로운 분야의 신설 등으로 이어졌고, 그 속에서 정책은 대기업 중심 자본의 집적·집중과 분열·분산이라는 자본주의적 축적의 일반법칙이 관철되도록 하였다. 이것이 이 기간의 중소기업 근대화와 구조고도화정책의 특징이었다.

제4장

중소기업 근대화와 그 지위의 변화

제1절 이중구조의 해소와 중소기업 근대화

1. 중소기업 근대화정책의 이론적 배경

경제개발이 진전되면서 그 전략의 일환인 중소기업 근대화정책의 이론적 배경은 이중구조의 해소론에 있는데 이는 일본의 〈중소기업기본법〉에서 비롯된 것이다. 우리나라는 1960년대 중반에 중소기업의 중점 육성계획을 수립하여 중소기업의 구조 개선을 추진하였고, 〈중소기업기본법〉(1966)을 제정하여 구조정책으로서 중소기업 근대화를 위한 법체계의 기초를 마련한 바 있다. 그것은 일본 〈중소기업기본법〉(1963)의 체계에 유사하다는 점을 앞서 지적하였다. 우리나라의 〈중소기업기본법〉은 성격상 독일, 프랑스, 이탈리아 등 보호주의에 입각한 〈수공업법〉과 달리 일본의 〈중소기업기본법〉과 동일한 유형에 속한다. 따라서 그 내용에서 공통된 것이 많지만 중소기업의 경제적·사회적 제약에 따른 불리를 시정한다는 문제의식이 희박하다는 점에서는 차이가 있다.[1] 일본의 〈중소기업기본법〉은 생산성, 기업소득, 임금 등에서 대기업과 중소기업 사이에 현저한 격차가 있고 이것이 중소기업의 경영 안정과 종업원의 생활수준을 높이는 데 큰 제약이 되고 있음을 강조하고 있다. 곧 대기업과 중소기업 사이의 부가가치 생산성과 임금격차로 상징되는 이중구조를 중소기업의 기본적 문제로 보고 이러한 격차시정정책의 강구가 〈중소기업기본법〉의 기본 성격임을 규정하고 있다.[2]

---

1) 그러나 우리나라의 〈중소기업기본법〉은 전문화 및 계열화의 조성(제18조)을 규정하고 있다는 점에서 특징적이다.
2) 〈日本中小企業基本法〉 前文, 中小企業銀行 企劃調査部, 《海外各國의 中小企業關係法》, 1965, 77~78쪽.

일본경제의 고도성장 과정에서 형성된 격차문제隔差問題는 일본경제의 이중구조로 확인되었고 이것이 일본 중소기업문제와 이중구조의 해소를 위한 중소기업 근대화정책의 기점이 되었다. 일본 독점자본주의 발전의 특수성과 일본경제의 구조적 모순으로 지적된 이중구조문제를 일본의 《1957년 경제백서》(昭和 32年 經濟白書)는 구체적이고 적극적으로 지적하였다. 이것은 중소기업문제를 경제발전 과정에서 이해하는 중요한 이론적 계기가 되었다. 여기에서는 중소영세기업 부문을 전근대前近代 부문으로 보고, 대기업 부문을 근대近代 부문으로 규정하면서, 중소기업 부문을 근대화시켜 이중구조를 시정하는 것이 국민경제를 고도성장시키는 방안이라는 정책 인식이 담겨 있다. 더욱이 중소기업의 지위·기능·규모별 격차 등의 문제를 국민경제 구조의 메커니즘 속에서 통합적으로 이해하고 중소기업문제를 국민경제의 구조적 문제로 파악하려는 구조론적 시각이 이중구조론에 제시되었다.

1957년에 《경제백서》가 이중구조를 구체적으로 지적한 뒤 그에 대한 분석과 논생이 이어졌다. 그리고 그 해소문제를 제기하면서 전근대 부문인 중소기업 부문을 '특별히 고려'할 것을 주장한 것은 구조정책으로서 중소기업정책, 즉 중소기업문제를 구조론적으로 인식하게 만들었다. 《경제백서》는 이중구조 가운데 먼저 고용구조의 특수성을 지적하였는데 그 내용은 다음과 같다.

첫째, 가족노동의 비중이 크다.

둘째, 기업 규모별 임금격차가 매우 크다.

셋째, 농업과 중소영세기업의 취업인구가 높은 비중을 차지하는 것도 특유의 현상이다. 더욱이 일본경제는 고용구조에서 한편에는 근대적 대기업, 다른 한편에는 전근대적 노사관계를 갖고 있는 소기업 및 가내경영을 하는 영세 경영과 농업이 양극에 대립하고 중간의 비중이 현저히 낮다. 대기업을 정점으로 하는 근대적 부문에는 세계의 어떤 선진국에도 뒤지지 않는 선진적 설비가 설치되어 있다. 이러한 근대적 부문은 자본에 대한 노동의 필요량이 한정되어 있고 노동조합의 작용도 강하다. 여기서 고용되지 못하는 노동력은 자본이 부족한 농업과 소기업이 흡수하지 않으면 안 된다. 곧 노동력이 싼 임금에 낮은 생산력을 지닌 곳으로 흡수된다. 극히 생산성이 낮고 노동집약적인 생산방법을 갖는 부문이 근대 부문과 공존하는 것이다. 말하자면 한 나라 안에 선진국과 후진국의 이중구조가 존재하는 것과 같다.

넷째, 노동시장도 이중구조적 봉쇄성을 지니고 있다.

다섯째, 이중구조는 무역에서도 나타난다.

이와 같은 경제의 불균형적 발전은 소득수준의 격차를 확대시키고 나아가 사회적 긴장을 높인다는 것이다.[3]

《경제백서》가 경제의 이중구조 내용으로 고용의 이중구조, 생산성 격차, 노동시장의 이중성, 무역구조의 이중성, 그리고 이중구조에 따른 사회적 긴장을 제기하면서 뒤에 이중구조에 대한 논의의 계기를 마련하였다. 더욱이 이중구조 형성 요인의 하나로 저임금 노동력을 들고 있는 것은 중요한 의미를 갖는다.

원래 경제발전론에서 이중구조론은 루이스A. Lewis가 주장했다.[4] 루이스는 농업과 공업(전근대 부문과 근대 부문) 사이의 문제를 이중구조로 파악하였고, 이때 자본축적과 근대화(공업화)의 계기를 준 것은 잠재실업disguised unemployment이다. 즉 생존수준의 낮은 임금으로 무제한하게 공업 부문에 공급될 수 있는 농업 부문의 노동력이 잠재실업이고, 전근대적 구조의 기반을 갖는 농업 부문의 잠재실업이 자본축적과 근대 부문 발전의 원동력이 된다는 것이다.

이와 같은 루이스의 이론체계가 일본의 이중구조론과 관련을 맺고 있다는 실증적 자료를 발견하기는 어렵다. 그런데 일본의 이중구조가 일본 자본주의 형성의 특수성에서 비롯된 것이기는 하지만, 근대화 부문(독점, 대기업)이 전근대 부문(중소영세기업과 농업)을 자본축적의 기반으로 하여 발전하였고 그것이 저임금 노동력을 원천으로 하고 있다는 점에서 그 착상의 연관성을 짐작해 볼 수는 있다.

이중구조에 대하여 학계에서 논의된 내용은 다양하다. 경사구조론傾斜構造論[5]

---

3) 日本經濟企劃庁 編,《昭和32年度 經濟白書—速すきた擴大とその反省》, 至誠堂, 1957, pp.33∼36.
4) W. A. Lewis, "Economic Development with Unlimited Supply of Labor", *Manchester School*, May, 1954.

그리고 일중구조론一重構造論[6]이 제기되기도 하였다. 즉 일본경제의 이중구조적 특징은 후진국 일반의 그것과 차이가 있다는 것이 전자의 견해이다. 일본의 이중구조는 대기업, 중기업, 소기업이 각각 경제에서 큰 비중을 차지하면서 그들 사이에 연속적 소득격차를 보이고 있으며, 근대산업의 발전과 전근대산업의 잔존이 극단적인 모습으로 대치하고 있다는 것이다. 이것은 대기업 부문이 아직도 적고 중소영세기업이 압도적인 후진국 일반의 이원적 구조二元的 構造와는 차이가 있다는 것이다.

곧 근대 부문인 대기업이 개발되지 않은 후진국과는 달리 일본경제는 이미 근대화가 진행되어 그 결과로서 나타난 구조적 특징이 이중구조라고 보았기 때문에 임금격차와 소득격차는 이원적이라기보다는 연속적·경사적으로 나타난다고 보았다. 정체 상태에 있는 후진경제의 이중구조가 아니라 근대화 과정에 진입하여 고도성장을 추구하는 경세의 구조를 대상으로 한 것이 일본경제의 이중구조라는 것이다.[7]

이중구조는 한편에는 근대적 대기업이, 다른 한편에는 전근대적 노사관계에 입각한 소기업 및 가족경영을 하는 영세기업과 농업이 잔존하고 중간의 비중이 대단히 낮은 경제 현상, 즉 한 나라 안에 선진국과 후진국의 이중구조가 존재하는 것이며 선진국 경제구조와 후진국 경제구조가 함께 존재하면서 국민경제를 이루는 것이라고 규정한다. 그러나 이런 정의는 이질적인 부문의 단순한 병존으로 규정하는 것이어서 구조로 파악하기에는 불충분하다는 구조관構造觀의 문제가 제기되었다. 곧 이중구조라는 경제 현상은 자본주의 발전의 불균형성의 문제이며 일본의 특수한 역사적 조건 아래에서 이루어 진 것이다. 이때 양자는 결코 이중이 아니고 표리일체表裏一體, 즉 일중一重의 구조를 이루고 있다는 것이다.

근대 부문은 처음부터 전근대 영역을 기반으로 하여 존립할 수 있을 뿐만 아니라, 그 발전 과정은 끊임없이 전근대 영역을 재생산한다는 것, 즉 양자가 상

---

5) 大川一司, 〈過剰就業と傾斜構造〉, 《經濟の進步と安定》, 1968, p.9.

6) 小林良正, 〈日本經濟の二重構造について〉, 《經濟ミセナ》, 1960年 2月号.

7) 篠原三代平, 〈日本經濟の二重構造〉, 篠原三代平 編, 《産業構造論》, 日本經濟の分析 8, 春秋社, 1966, pp.82~99.

호 의존적이고 밀접한 관계에 있다는 점에서 구조라고 할 수 있다고 지적하였다. 따라서 양자는 하나의 유기체를 이루는 일중구조라는 것이다. 이 견해는 이중구조라는 현상이 독점자본을 정점으로 하여 이것이 주도력을 행사하는 국민경제의 피라미드형 계층구조를 의미한다는 견해와 상통하는 바가 있다.[8]

한편 이러한 이중구조를 해소하고 높은 경제성장을 지속, 안정된 번영을 누리는 것이 완전고용을 이루는 길이라고 일본《경제백서》는 보고 있다. 이때 어느 부문을 근대화해서 높은 성장률과 고용 흡수를 이룰 것인지에 대하여 두 가지 방향을 제시하였다.

하나는 대기업을 정점으로 근대 부문을 급속하게 성장시키고 그것을 기관차로 하여 전근대 부문을 견인하는 방법이며, 다른 하나는 전근대 부문(중소기업부문) 자체를 근대화하여 생산성을 높이는 방법이었다. 그런데 일본처럼 농업과 중소기업의 비중이 높은 나라에서 첫 번째 방법만으로는 오히려 이중구조의 격차를 크게 하고 고용 흡수도 충분히 이룰 수 없다고 보았다. 더욱이 이중구조의 하층에 있는 농업에서 소영세기업으로 노동인구가 옮겨감으로써 상층과 하층의 비중이 변하지 않는 당시 일본경제의 구조 속에서는 경제성장정책에서 전근대 부문을 특별히 고려해야 이중구조를 해소할 수 있다고 보았다.[9]

이런 생각은 일본의 〈국민소득배증계획〉(1960)과 〈중소기업기본법〉에서 정책의 기본 방향으로 반영되었고 이중구조를 해소하기 위한 중소기업 근대화정책의 원천이 되었다. 따라서 이중구조의 저변인 중소기업의 근대화를 추진하여 이중구조를 해소하는 것은 산업구조를 재편성하고 그 고도화를 이루면서 다시 지속적 고도성장을 달성하려는 정책 방향이 되었다. 따라서 중소기업 근대화정책은 국민경제의 고도성장정책의 보완정책으로 의미를 지니는 것이었다.[10]

---

8) 伊東垈吉, 〈日本の中小企業構造と勞動問題の特質〉, 楫西光速·小林義雄·岩尾裕純·伊東垈吉 編, 《講座中小企業4》(勞動問題), 有斐閣, 1960, p.362.
9) 日本經濟企劃廳 編, 앞의 책, pp.38~39.
10) 이중구조에 대한 상세한 이론적 설명은 이경의, 《한국 중소기업의 경제 이론》, 지식산업사, 2014, 제2장을 참조할 것.

2. 한국에서 이중구조 논의와 특징

중소기업정책의 법체계의 기본인 우리나라 〈중소기업기본법〉은 중소기업 근대화를 그 기본 방향으로 하고 있고, 그 내용에서 차이점이 있음에도 그 전체틀은 일본의 〈중소기업기본법〉과 비슷하다. 일본 〈중소기업기본법〉은 이중구조문제의 해소에 그 초점이 주어졌고 일본에서 논의된 이중구조문제는 고도성장 과정에서 형성된 격차문제였다. 그 성격은 정체 상태에 있는 후진경제의 이중구조가 아니라, 근대화 과정에 들어가 고도성장을 추구하는 경제구조를 대상으로 하는 연속적·경사적 구조라는 지적이 있었다. 일본에서 이러한 이중구조의 현상이나 여러 특징은 한국경제의 경우와 비슷하다.

그러나 일본의 이중구조가 일본 자본주의 형성의 역사적 특수성 속에서 이루어진 것처럼 한국의 이중구조도 한국 경제 발전의 역사적 특수성을 반영한 것이어서 직접적으로는 차이가 있을 수밖에 없다. 역사적으로 한국경제의 이중구조는 일제 식민지 지배 아래에서 일본인 자본과 조선인 자본 사이의 대립관계에서 그 근원을 찾을 수 있다. 해방 후 1950년에는 원조경제 아래에서 원조와 재정금융의 특혜적 지원을 받고 성장한 관료독점자본과 지역적 시장을 기반으로 자생적으로 발달한 중소기업 사이의 대립·격차의 문제였다. 그러나 이와 같은 근원을 가진 이중구조문제가 구체적인 정책 인식으로 적극 반영되지 못하였고 〈중소기업기본법〉에서도 그에 대한 문제의식은 희박하였다.

물론 1959년에 작성된 〈경제개발3개년계획(안)〉에서 소기업과 대기업 사이의 이극집중형二極集中型 구조라든가 격차문제 등 이중구조적 시각이 있었지만 그것이 시행되지 못하였다. 그 후 〈제2차 경제개발5개년계획(안)〉에서 산업 내부의 현대적 기업과 전근대적인 중소기업과의 병존 과정에서 일어나는 이중구조의 여러 문제가 정책적 과제로 제기되었지만(27쪽) 그 해소가 구체적인 정책으로 이어지지는 못했다. 그런 가운데 1970년대 중반에 《경제백서》에서 제기한 이중구조문제는 한국경제의 역사적 특수성을 나타낸 것이어서 주목된다.[11]

첫째, 산업구조 면에서 특징이다. 막대한 규모의 외자를 도입, 정부의 정책적 지원 아래 형성된 경공업 중심의 공업구조는 전반적으로 원자재와 시설재를 수입에 의존하는 가공수출체제加工輸出體制와 결부됨으로써 공업 부문이 서로 유기적 연관관계를 갖지 못한 약점을 지니고 있다. 곧 경제의 고도성장 과정이 가공형 산업구조에 바탕을 두고 있기 때문에 생산재 산업과 소비재 산업, 수출산업과 내수산업 등이 각각 유기적 관련 아래 상승적으로 성장하는 구조적 탄력성이 부족하다.

둘째, 산업구조상의 관련성 결여와 함께 기업구조 면에서는 대기업과 중소기업이 뚜렷한 발전 격차를 보이면서 기업구조가 이중적으로 형성되었다. 더욱이 산업의 이중구조 심화 현상은 대기업과 중소기업 및 근대적 기업과 전근대적 기업 사이의 상호 보완적 생산관계를 약하게 함으로써 자원의 비효율적 사용과 전후방 연관효과 및 외부경제의 소멸을 불러왔다. 곧 이중구조가 대기업(근대적 부문)과 중소기업(전근대적 부문) 사이의 발전 격차문제뿐만 아니라, 상호 보완적 관련성의 결여라는 특징을 보이고 있다는 것이다.

셋째, 공업 부문 또는 기업 규모 사이에 발전 격차와 관련성 결여라는 이중구조의 특징이 자본축적 면에서는 외국자본(원조 및 차관) 도입과 이를 뒷받침하는 재정 금융상의 정책 지원에 그 원인이 있다는 점이다. 1950년대까지의 원조 물자의 가공, '60년대 이후 차관자금에 의존하는 경제성장은 경제구조를 대외 의존적 가공형으로 만들었다. 그 결과 원자재와 시설재를 주로 외국에서 수입하는 대외지향적체계(국제분업체계)가 중심이 되는 분업체계가 정착되었다.

넷째, 그런 가운데 외국자본 및 정책적 특혜에 주로 의존하는 대기업과 지역적 시장 및 국산 원자재에 바탕을 두는 민족자본 또는 민족자본적 성향의 중소기업 사이에는 상호 보완적 관련성이 깊어질 수 없었고, 대외분업 지향적 대기업과 대내분업 지향적 중소기업은 오히려 경쟁적 대립관계가 되었다. 즉 자본의 기능 면에서 외국자본 또는 예속적 성격의 독점 대기업과 민족자본 또는 민족자본가적 성향의 중소기업 사이에 이중구조라는 특성이 나타났다.

---

11) 경제기획원, 《경제백서》(1976년판), 442~447쪽.

다섯째, 원자재와 시설재를 주로 수입에 의존하는 가공형 공업구조 아래에서 대기업과 중소기업의 연관관계는 부진할 수밖에 없었다. 예컨대 우리나라의 하청·계열관계는 일본에 견주어 그 진전의 정도가 크게 낮았다.

여섯째, 대기업과 중소기업은 그 존립 양식에 차이가 있다는 점이 지적되기도 하였다. 한국의 중소기업은 그 설립 과정에서부터 자본, 경영 면에서 대기업에 대한 종속관계에 그 존립 기반이 있는 것이 아니라, 독자적인 존립 양식을 갖추고 있으며 이점에서 일본의 중소기업과는 차이점이 있다고 보았다. 따라서 한국의 중소기업정책이 일본의 것을 기계적으로 모방하는 형식은 적합하지 않다는 점이 '70년대 중반에 지적되기도 하였다.[12]

이러한 설명에서는 자생적으로 생겨나 육성·발전된 중소기업의 존립 기반을 외국자본을 도입하여 성장한 대기업이 잠식하여 서로 경쟁·대립관계가 형성된 모습을 알 수 있다. 더욱이 후자는 선진국과 관련을 맺고 국제분업에 치중하는 경향을 갖고 있었다.

결국 일본의 이중구조는 하청·계열관계의 뚜렷한 진전에서 볼 수 있듯이 대기업과 중소기업 사이에 지배·종속관계와 상호의존관계 속의 이중구조라는 성격을 지녔다고 볼 수 있다. 이러한 이중구조를 바탕으로 고도성장 과정의 자본축적이 이루어지고 있다는 점에서 이를 일중구조一重構造라는 지적도 나오고 있다.

이에 견주어 한국의 이중구조는 산업 부문 또는 기업 규모(대기업과 중소기업) 사이의 관련성이 낮으며, 특히 대기업과 중소기업 사이에는 경쟁·대립관계를 특징으로 하는 이중구조의 모습을 보였다. 경공업 중심의 이식공업적, 가공적 대기업은 자생적 중소기업 분야를 침식하면서 성장하였으며 상호 보완성은 크게 부족하였다는 것이, '70년대 중반 한국의 이중구조에 대한 평가였다.

이러한 점은 1960년대 이후 외국차관과 재정금융의 특혜적 지원 아래 대외분업을 추구하는 가공형 경공업 중심의 고도성장이 가져온 구조적 모순을 지적한 것이었다. 이를 극복하기 위하여 중화학공업 중심으로 산업구조를 재편성하려

---

12) 高承濟, 〈工業化로의 産業構造 改編(總說)〉, 全國經濟人聯合會 編, 《韓國經濟政策三十年史》, 社會思想社, 1975, 691~692쪽.

는 정책 방향의 전환이 시도되었다. 그러나 조립공업 중심의 가공형 수출지향적 중화학공업 육성은 이러한 구조적 모순을 극복하는 데 한계를 가질 수밖에 없었고, 새로운 모순을 만드는 계기로 되었다. 하지만 산업구조가 고도화되고 특히 중화학공업이 더욱 발달하게 되면 그것이 지니는 산업적 성격의 결과로 대기업과 중소기업 사이에 상호 보완적 분업관계가 발전되기에 이른다. 우리나라에도 1980년대 이후 하청·계열관계가 그 기반이 양적으로 크게 늘어났으며 질적으로 개선되고 있다는 연구결과도 있다.[13] 대기업과 중소기업 사이의 상호 보완적 관계가 높아지는 것은 국내 생산력 기반에 분업관계가 심화되도록 하는 것이며, 관련성 결여라는 이중구조의 완화와 나아가 산업체제의 효율성을 높이는 데 기여할 것이다. 그러나 상호 보완적 관계 속에 담겨 있는 지배·종속적 속성의 극복은 지양되어야 할 과제로 남는다.

---

13) 중소기업은행, 《기은조사월보》, 1984년 9월호 참조.

제2절 중소기업의 특징과 그 범위의 규정

1. 중소기업의 일반적 특성

일반적으로 지적되고 있는 중소기업의 특성은 다음과 같다.

첫째, 중소기업은 이질다원적異質多元的 기업군이다. 매우 다양한 요소와 이질적 특성을 지닌 각종의 중소규모 사업자를 가리키는 것이 중소기업이다. 이것은 동질적 일체가 아니며 이질다원적 성격을 지닌다. 기업의 양적 규모 면에서도 영세 경영, 소기업, 중기업, 나아가 중견기업에 이르기까지 다양한 규모의 기업을 포함하고 있으며 각 규모마다 나름대로의 특성을 가지고 있다. 이들은 근대화된 것과 전근대적 특성을 지닌 기업으로 이루어져 있고, 주변기업周邊企業이나 벤처 비즈니스venture business라는 영역도 포함한다.

이질성異質性의 근거는 ① 업종과 그 형태, ② 기업 규모, ③ 기업의 역사(연혁), ④ 입지하는 장소와 시장의 범위, ⑤ 경영자의 자질과 기업가정신, ⑥ 자본축적의 양식 등 다양하다. 이 때문에 어느 기업, 어느 측면에 주목하느냐에 따라 다양한 중소기업이론이 제기될 수 있다.

둘째, 존립存立 분야가 넓고 다양하다. 중소기업은 대기업과 관련되는 분야뿐만 아니라 생산재와 소비재의 판매·수송·서비스업 등 국민경제의 넓은 분야에서 높은 비중을 차지하면서 존립한다. 그리고 대기업을 보완하거나 또는 대기업이 담당하지 않는 분야에서 중요한 역할을 한다. 이들은 흔히 저임금에 의존하지만 반드시 그런 것은 아니며 적정 규모로 활동하는 분야도 많이 있다.

셋째, 자유경쟁自由競爭이 그 존립의 일반적 법칙이다. 대기업이 활동하는 산업 분야에서는 독과점적 시장지배와 가격의 경직성을 볼 수 있지만, 중소기업의 비율이 높은 분야에서는 일반적으로 자유경쟁을 통한 가격이 형성되어 건전한 시장 메커니즘이 작용한다. 스타인들J. Steindl이 지적하는 것과 같은 불완전경쟁시장 또는 불황 카르텔과 합리화 카르텔이 중소기업 분야에도 없는 것은 아니다.14) 그러나 중소기업 존립 분야는 대체로 진입 장벽이 낮아 중소기업 사이에 과도한 경쟁excessive competition이 일어나기도 한다. 한편 중소기업은 대기업과 외주·하청관계 및 금융거래관계를 맺으면서 존립하기도 한다. 이때 대기업의 독과점적 영향이 중소기업 분야에 과당경쟁을 일으키면서 자유경쟁 현상이 더욱 촉진되기도 한다.

넷째, 중소기업은 대기업에 종속되는 경향이 있고, 따라서 대기업과 부등가교환이 일어나기 쉽다. 중소기업은 독립하여 존립하기도 하지만 많은 중소기업이 상사商社나 대기업인 모기업과 하청·계열을 통하여 지배를 받는다. 대자본에 대한 이러한 종속관계는 대기업과 중소기업 사이의 대등한 거래를 어렵게 하고 부등가교환을 강요한다. 독점자본주의 단계에서는 이것이 독점기업과 중소기업 사이의 구조적 모순의 문제가 된다.

다섯째, 시장에서 한계수익기업限界收益企業으로 존립하기 때문에 경기변동의 영향을 크게 받고 다산다사多産多死의 경향을 갖는다. 중소기업은 그 규모가 작아서 자유경쟁시장에서 한계수익기업이 되고 대기업이 지배적인 산업 분야에서 뿐만 아니라 중소기업의 비중이 높은 분야에서도 항상 피라미드적 기업의 계층구조에서 저변을 차지한다. 그리하여 경기의 확장 국면에서는 신규진입자新規進入者의 증가 때문에 위협을 받고, 경기의 수축 국면에서는 정리·도태되지 않을 수 없어 경기변동의 완충대cushion 역할을 담당하게 된다. 그 결과 소규모 중소기업일수록 그 출생률과 사망률이 높은 다산다사의 경향을 띤다.

여섯째, 중소기업은 대기업에 고용되지 않는 노동력을 저임금으로 고용한다. 그리하여 중소기업은 독점기업이나 대기업이 수많은 중소기업의 저임금 노동을 우회적으로 수탈하여 자본축적을 꾀하는 도구로 전략하기도 한다. 중소기업

---

14) J. Steindl, *Small and Big Business; Economic Problems of the Size of Firms*, Oxford: Basil Blackwell, 1947.

은 중년 및 노년노동자, 부녀자, 농촌부업자, 계절노동자 등 대기업이 고용하기에는 질적으로 적합하지 않은 노동력과 수많은 미숙련노동까지도 흡수·고용한다. 특히 중소기업은 투하자본당 고용량과 부가가치가 크기 때문에 노동력이 풍부하고 자본축적의 수준이 낮은 개발도상국에서 그 역할이 높이 평가받는다.

일곱째, 중소기업은 지역 경제와 깊은 관련을 맺고 있으며 자본주의 사회에서 중산층中産層으로서 사회의 안정 세력이 되고 있다. 일반적으로 자본주의 사회는 자본가와 노동자의 계급적 대립이 첨예화되어 사회 안정이 결여되기 쉽고 산업 및 지역 사이에도 융화가 파괴되기 쉽다. 중소기업은 지역적 산지産地를 이루어 지역의 노동력을 고용하고 금융, 원재료, 제품시장 등 여러 측면에서 지역성地域性이 강하다. 또 경영자와 노동자가 가까이 접촉하기 때문에 인간적 친밀성이 높고 폭넓은 중산층으로서 경제적 기초를 형성하여 사회의 안정 세력으로 이바지한다.[15]

2. 대기업과 비교되는 특징

중소기업은 대기업과 함께 산업조직을 구성하는 중요한 요소이며 그 특성이 다른 두 부문이 상호작용하여 경제성과에 큰 영향을 준다. 중소기업의 개념은 상대적이며 대기업과의 관계에서 정해지는 개념이기도 하다. 그러나 중소기업은 대기업의 축소 형태가 아니며 대기업과 다른 독자적인 경제적·경영적 특성과 역할 그리고 고유한 문제를 갖고 있다. 따라서 중소기업 연구의 독자성이 확립되는데, 이것은 임상의학에서 소아과小兒科가 독립된 연구 분야가 되는 것에 비유된다.

그런데 흔히 중소기업은 대기업에 견주어 수익률이나 임금수준 등 경영지표로 볼 때 큰 격차가 있으며, 이질다원적 존재라는 등 평균개념平均槪念으로 그

---

15) 上田宗次郎, 《現代資本主義と中小企業經營》, 新評論, 1974, pp.21~23.

특성이 논의된다. 그러나 대기업과 격차가 존재하는 실상實像을 파악하려면 대기업과 다른 중소기업의 여러 특성(산업조직론적 특징)을 검토할 필요가 있다.

첫째, 중소기업은 대기업에 견주어 비조직적 의사결정의 역할이 상대적으로 크다. 중소기업은 소유경영자의 의사결정이 비조직적 메커니즘 속에서 이루어지는 특성을 지닌다. 대기업과 같이 관료화된 여러 단계의 계층조직이 아니라 기업가의 강력한 지도력이 크게 작용할 가능성이 높은 것이 중소기업의 특징이다. 대체로 소유와 경영의 분리가 대기업보다 진전되어 있지 않고 소유경영자는 더 큰 위험부담risk taking을 지니지만 그만큼 큰 재량권을 확보하고 있다. 그 결과 중소기업의 경영활동은 대기업보다 비교적 신속하고 유연하며 경영자와 종업원 사이에 인간적 접촉의 기회가 많다. 중소기업 경영자는 높은 기업가 능력을 발휘하여 환경 변화에 신속히 적응하고 나아가 새로운 산업구조 변화의 담당자가 되기도 한다.

신속하고 유연한 기업 활동이라는 중소기업의 경영 특성은 대기업 중심의 경제제도가 지배적인 선진경제에서 그 기동성과 활력 저하에서 오는 경제의 경직성을 쇄신하는 기능regenerative function을 한다. 대기업이 경제의 동맥動脈이라면 중소기업은 모세혈관毛細血管으로 비유할 수 있다. 중소기업의 활발한 창업과 활력vitality은 동맥경화증에 걸릴 수 있는 국민경제를 활성화하는 불가결의 요소가 된다.

둘째, 중소기업은 시장점유율이 낮고 끊임없는 시장경쟁을 해야 한다. 중소기업은 치열한 가격 및 비가격경쟁을 거쳐 선별·도태되고 그 경제사회의 수요에 정확히 대응하면서 기업의 존립 기반을 확보한다. 곧 시장의 경쟁메커니즘을 적절하게 실현하는 것이 중소기업이다.

대기업 등 독과점 거대기업은 높은 시장점유율을 갖고 경쟁을 제한하면서 시장구조에 영향력을 발휘한다. 이에 견주어 중소기업은 낮은 시장점유율, 높은 시장경쟁 속에서 활동하기 때문에 경쟁의 담당자로서 중요한 역할을 한다. 미국에서 중소기업을 해당 업종에서 지배적인 시장점유를 지니지 않을 것[16]이라고 규정하는 것은 이를 말해 주고 있다. 그 결과 경쟁 제한적인 대기업 부문에 대하여 대항력countervailing power을 발휘하는 경쟁 기능이 대기업과는 다른 중소기업의 특징이다.

셋째, 중소기업이 갖고 있는 경영자원은 대기업에 견주어 제한적이다. 중소기업 부문의 경영자원의 희소는 대기업과의 관계를 규정하는 중요한 요인이 된다. 대기업과 중소기업 사이의 경영자원 부존의 격차, 그리고 그것이 기업 경영에 주는 영향은 각국의 경제 상황에 따라 다르다. 대체로 급속한 경제 발전 과정을 거친 나라에서는 기업 규모 사이에 경영자원 부존 격차가 크고 그 영향도 크다. 이를 정리하면 다음과 같다.

대기업 부문과 직접 경합하지 않는 제품의 시장 분야에서 중소기업은 희소한 자원을 이 분야의 제품생산에 한정하여 투입하고 이를 통하여 존립한다. 이런 시장에 특화한 중소기업은 독자적인 기술로 제품을 고도로 차별화差別化하면서 자립적 경영을 할 수가 있다. 이 분야에서 대기업과 중소기업은 서로 영향을 주지 않고 공생관계共生關係를 유지한다.

중소기업이 제한된 경영자원으로 존립할 수 있는 다른 방법은 외부의 자원을 활용하는 것이다. 가장 일반적인 형태는 상대적으로 풍부한 경영자원을 보유하고 있는 대기업과 하청생산관계下請生産關係를 형성하여 대기업의 생산기술과 제품 판매 능력을 이용, 공생관계를 이루는 것이다. 급속한 경제 발전을 하는 국민경제일수록 이 방법이 일반화되어 대기업과 중소기업 사이에 강한 결합관계를 이루지만, 동시에 중소기업이 대기업에 종속되는 문제도 발생한다.

중소기업이 대기업과 비교하여 지니는 이러한 특성, 즉 의사결정과 기업 활동에서의 차이, 시장경쟁에서 영향력의 차이, 경영자원 부존의 차이 등은 여러 나라의 산업조직의 특성을 규정하고 국민경제의 성과를 결정하는 중요한 요인이 된다.[17]

---

16) 미국 〈중소기업법〉 제3조는 중소기업을 "독립하여 소유되고 경영되며 그 경영 분야에서 지배적인 것이 아닌 것이어야 한다."고 규정하고 있다.

17) 清成忠男·田中利見·港徹雄, 《中小企業論》, 有斐閣, 1998, pp.35~38.

3. 중소기업 범위의 규정과 그 기준

중소기업은 그 특성을 규정하는 것만으로 충분히 이해할 수 있는 것은 아니다. 중소기업이 안고 있는 대기업과의 이질적인 문제점을 해소하고 중소기업만의 장점과 역할을 높이기 위해서는 여러 가지 양적·질적 기준에 따라 중소기업의 특성에 적합하도록 그 범위를 구분할 필요가 있다. 더욱이 정책 대상으로서 중소기업을 정하는 데 있어서는 그 범위의 규정이 더욱 필요하다. 먼저 중소기업의 범위는 다음과 같은 점에서 상대적이다.

첫째, 중소기업의 개념은 그것이 대기업의 발달과 전개에 따라 형성되었다는 점에서 상대적이다. 대기업과의 상대적 관계에 따라서 '중소규모'가 문제로 되고 대기업이 발전하면서 중소기업이 의식되기 시작하였다. 그리고 대기업의 발전과 그 규모의 확대에 따라 중소기업 범위의 상한이 높아졌다.

둘째, 중소기업의 범위는 산업과 업종에 따라 다르다는 점에서 상대적이다. 산업의 자본과 노동의 집약도가 다름에 따라 중소기업의 범위는 변화한다. 자본집약적 업종에서는 중소기업의 양적 범위(종업원 기준)는 낮게 정해지는 것과 달리, 노동집약적 업종에서는 높게 책정되기도 한다.

셋째, 시대에 따라 중소기업의 범위는 변하였다. 시대의 변천에 따라 경제가 발전하면서 대기업의 규모가 확대되는 경향이 있고 이에 맞추어 중소기업 범위의 상한上限은 상승하는 경향을 보였다.

이러한 중소기업의 범위를 구분하는 기준으로는 양적量的 지표와 질적質的 지표를 들 수 있다.

첫째, 양적 지표는 종업원 수, 자본금액, 매출액, 자산액, 시장점유율 등을 활용한다. 이들 지표는 병행되거나 선택적으로 채택되는데, 그것은 객관적이라는 장점이 있다.

둘째, 질적 지표는 중소기업의 경영의 특징을 나타내는 지표이다. 독립성, 소유와 경영의 분리 여부, 경영자의 노동과정의 참가, 가족경영, 경영자의 종업원 장악 여부 등이 제시된다. 그런데 양적 지표가 중소규모라도 대기업의 계열회사 등은 중소기업에서 제외하기도 한다. 그리고 양적 지표와 질적 지표를 병행하여 중소기업을 구분하는 경우도 있다. 사회학적 관점에서는 중소기업을 중산층 또는 중간계층Mittelstand이라고 하여 다른 계층과 구분하기도 하는데 독일의 경우가 그러하다.

규모를 측정하는 지표가 정해지면 중소기업 범위의 상한과 하한下限을 정하는 문제가 제기된다. 먼저 상한은 중소기업을 대기업과 구분하는 경계인데, 기업 규모가 다양해지고 확대되면서 대기업과 중소기업의 중간에 중견기업中堅企業이라는 기업 유형이 형성되었다.[18] 따라서 대기업과 중견기업 또는 중견기업과 중소기업 사이의 경계를 정하는 문제가 중소기업 범위의 상한을 설정하는 문제로 제기되었다.

중견기업을 중소기업과 다른 별도 범주의 기업 규모로 보는 견해에서는 후자가 상한 설정의 문제가 된다. 그러나 중소기업 개념 형성의 역사성(대기업과 상대적·대립적 개념)에 비추어 보면 중견기업도 넓은 의미의 중소기업 범위에 포함된다고 보아야 한다. 다만 중견기업의 출현은 비독점기업 내 중소기업의 범위가 확대되는 경향을 의미한다고 볼 수 있다. 이러한 중소기업 범위의 상한 설정은 현실적으로는 정책 대상으로서 중소기업문제를 해결하려는 중소기업정책의 목적에 따라 달라져 왔다.

중소기업 범위의 하한은 중소기업을 가내노동과 구분하는 경계인데 여기서는 독립성과 기업성을 문제 삼기도 한다. 독립성을 지닌 경영체라고 하더라도 기업성을 가지고 있느냐가 문제로 된다. 왜냐하면 독립성이 확인되어도 기업 이전의 성격을 가지면 기업이라고 볼 수 없기 때문이다.

---

18) 생산력의 발전은 대규모생산의 발전을 촉진하면서 비독점 부문 안에서도 기업 계층이 다시 분화하여 독점자본에 흡수되기도 하지만, 중소기업 상층으로 전환되기도 하면서 비독점기업 안에서 중소기업 상층은 확대되는 경향이 있다는 것이다(中村秀一郎, 《日本中小企業問題》, 合同出版社, 1961, pp.72~73). 이들 기업은 생산의 전문화를 촉진하면서 시장점유율을 확대하여 진입 장벽을 형성하고 주체적 행동으로 기업을 유지할 수 있다는 것이다. 그리고 그 특징으로는 ① 대기업의 계열회사가 아닌 독립회사獨立會社, ② 증권시장을 통한 사회적 자본 조달의 가능성, ③ 동족회사의 성격, ④ 독자적 기술과 설계고안 등에 따라 중소기업과 다른 시장 조건 확보 등을 들고 있다(中村秀一郎, 《中堅企業論》, 東洋經濟新報社, 1968, pp.111~113).

여기서 영세 경영의 평가문제가 제기된다. 가족 중심의 영세 경영이라도 경제계산을 하고 독립성을 지닐 때는 중소기업으로 볼 수 있다. 생업적 자영업 등 영세 경영을 중소기업에 포함할 것인지는 이것을 구분하는 정책 목표에서 정하는 것이 현실적인 양적 기준이다.[19]

---

19) 淸成忠南·田中利見·港徹雄, 앞의 책, pp.1~3.

제3절 경제개발과 중소기업 범위의 변화

1. 중소기업 범위의 변화와 그 특징

중소기업 개념 규정은 현실에서는 정책 대상으로서 중소기업 범위를 정하는 것으로 구체화된다. 중소기업정책은 중소기업문제를 완화, 해소하고 그 역할을 높이는 것을 목적으로 하기 때문에 중소기업정책 대상인 중소기업은 그 목적과 과제에 따라 그 범위가 정해진다.

중소기업문제는 경제의 발전 단계와 국민경제의 특수성에 따라 다를 수 있다. 따라서 그 해소·완화 방안인 중소기업정책의 대상과 과제도 반드시 그 내용이 동일한 것은 아니며 따라서 중소기업의 범위도 경제 발전 단계와 나라마다의 정책 목표에 따라 다르게 규정된다.

현실적으로 중소기업의 범위는 법률로 정하는 것이 보통이며 규모 구분의 지표 선택도 다양한데, 명확한 규정이 필요하기 때문에 질적 기준보다 양적 기준이 선택되는 것이 일반적이다. 그러나 미국처럼 '독립성과 시장에서 지배적이 아닐 것' 등 질적인 기준을 정하고 정책 목표에 따라 구체적인 시행 과정에서 양적 지표를 사용하여 중소기업의 범위를 탄력적으로 규정하는 경우도 있다. 우리나라도 1995년의 〈중소기업기본법〉개정 이후 질적 기준을 도입한 바 있다.

우리나라에서는 〈중소기업기본법〉과 그 시행령에서 이를 정하고 있다. 이 법은 1966년 12월 6일에 법률 제 1840호로 제정·공포되었으며 그 뒤 ① 1970년 12월 31일, ② 1978년 12월 5일, ③ 1982년 12월 31일, ④ 1995년 1월 5일(전문개정), ⑤ 2002년 5월 20일(시행령), ⑥ 2008년 12월 26일, ⑦ 2011년 6월 24일 등 여러 차례에 걸쳐 개정되었는데 그 주된 개정 내용은 중소기업의 범위에 관한 것이었다. 이것은 경제 발전과 기업 규모의 확대 등 변화하는 경제 여건을 반영한 것이었다. 또한 정책 대상으로서 중소기업의 범위를 경제 상황에 따라 신축적으로 대응시켜 정책효과를 높이려는 목적도 있었다. 그 동안의 중소기업 범위의 개정 과정과 그 특징을 보면 다음과 같다.

첫째, 〈중소기업기본법〉은 산업별 범위를 광업, 제조업뿐만 아니라 운수업, 상업, 건설업 등 전 산업을 망라하고 있다. 초기의 .〈중소기업은행법〉(1961년 제정)이 금융 지원 대상으로서 중소기업의 산업별 범위를 광공업과 운수업으로 제한한 것에서 산업의 범위를 확대하였다(표 1).[20]

표 1. 중소기업자의 범위(1982. 12. 31 이전)

	기 준		비고 ① 〈중소기업기본법〉 제 2조 ② 개정(1976. 12. 31)이전의 범위
	종업원	자산 총액(자본금)	
광 업	300명 이하거나	5억 원 이하	200명 이하거나 5천만 원 이하
제 조 업	〃	〃	〃
운 수 업	〃	〃	〃
건 설 업	50명 이하거나	〃	-
상업서비스업	20명 이하거나	5천만 원 이하	20명 이하거나 1천만 원 이하
소 매 업	〃	5천만 원 이하	-
도 매 업	〃	2억 원 이하	-

둘째, 1978년 개정에서는 중소기업의 범위를 기본법을 기준으로 하되 각 시책의 특성에 따라 따로 법률로 정할 수 있도록 하여 융통성을 주었다. 그리고 1982년 12월 31일의 개정 이전에는 종업원 수와 자산액 가운데 택일擇一하여 중

---

20) 〈중소기업기본법〉이 제정되기 이전인 1961년 7월 1일 법률 제641호로 제정된 〈중소기업은행법〉은 금융 지원 대상으로서 중소기업자를 제2조에서 다음과 같이 규정하였다. ① 중소기업자라 함은 광업, 공업과 기타 제조업 및 운수업에 종사하는 자로서 상시 사용하는 종업원 수 또는 총자산액이 대통령령이 정하는 범위 안에 속하는 자를 말한다. ② 〈중소기업협동조합법〉에 따라 설립된 중소기업협동조합, 중소기업협동조합연합회, 중소기업협동조합중앙회와 중소기업자들이 조직한 단체는 이를 중소기업자로 본다. 그리고 이 법의 시행령은 중소기업자의 범위를, ㉠ 상시 사용하는 종업원의 수가 300인 이하이거나 총자산액이 3천만 원 이하인 규모로서 광업 또는 운수업을 경영하는 자연인 또는 법인, ㉡ 상시 사용하는 종업원의 수가 200인 이하이거나 총자산액이 3천만 원 이하인 규모로서 공업, 기타 제조업을 경영하는 자연인 또는 법인, ㉢ 전항 각호의 자연인 또는 법인이 상시 사용하는 종업원의 수는 5인 이상이어야 한다고 규정하였다.

소기업의 범위를 규정하도록 함으로써 일본과 비슷하였다(양적 기준과 시책별 범위 허용). 그러나 이러한 획일적 중소기업 범위의 규정은 중소기업 부문 안에서 여러 업종의 서로 다른 특성을 반영하지 못하는 문제점을 지니고 있었다.

셋째, 그동안 중소기업의 범위는 확대되는 방향으로 개정되었다. 이것은 경쟁력의 강화를 위하여 양산量産체제를 지향하면서 발전한 상층 중소기업(중견기업) 지원체제를 강화하기 위한 것이었다. 그러나 이것은 경쟁력이 취약하여 그 개발 육성이 필요한 소영세기업에 대한 지원을 상대적으로 약화시켰다. 그 결과 정책의 혜택을 크게 받는 상층 중소기업과 그렇지 못한 소영세기업 사이에 발전의 단층을 만들고 나아가 중소기업 안에서 이중구조의 문제를 일으켰다.

넷째, 이러한 점을 반영하여 1982년 12월 31일의 개정에서는 중소기업 가운데 사업체 수에서 다수를 차지하면서도 정책의 지원 대상에서 소외되고 있던 소기업小企業에 대한 육성시책을 강구하도록 중소기업자의 범위를 소기업과 중기업中企業으로 구분하여 규정하였다(표 2). 그리고 중소기업의 범위규정의 기준으로 적용하던 종업원 수와 자산 총액 가운데 실제로 자산액기준이 거의 적용되지 않는 점을 반영하여 종업원 수 기준으로 바꾸었다.

표 2. 중소기업자의 범위(1982. 12. 31 개정)

업 종	소기업자	중기업자
공업, 기타 제조업, 광업 또는 운송업을 주된 사업으로 경영하는 것	상시 사용하는 종업원 수가 20명 이하인 자	상시 사용하는 종업원 수가 21명 이상 300명 이하인 자
건설업을 주된 사업으로 경영하는 것	상시 사용하는 종업원 수가 20명 이하인 자	상시 사용하는 종업원 수가 21명 이상 300명 이하인 자
상업, 기타 서비스업을 주된 사업으로 경영하는 것	상시 사용하는 종업원 수가 5명 이하인 자	상시 사용하는 종업원 수가 6명 이상 20명 이하인 자

다섯째, 1982년 개정에서는 업종의 특성과 자산 규모 등을 고려하여 대통령령으로 중소기업자의 구분 기준을 달리 정할 수 있도록 규정함으로써 획일적 규정에서 오는 경직성을 벗어나 정책의 탄력적 운영이 가능해졌다. 이것은 일본적 규정에 미국적 규정(업종의 특성)을 반영한 것이지만 결국 중소기업의 범위를 확대하는 결과를 가져왔다.

여섯째, 1995년 1월 5일 개정 기본법에서는 중소기업자의 범위의 큰 틀만을 정하고 상세한 것은 대통령령(시행령)이 정하는 기준에 따르도록 하여 중소기업의 범위 규정에 더욱 신축성을 주었다. 중소기업자의 범위는 업종의 특성과 상시근로자 수, 자산 규모, 매출액 등을 참작하여 시행령에서 정할 수 있게 하였다. 여기에 '그 소유 및 경영의 실질적 독립성'이라는 질적 기준(미국적 특성)을 더하여 이것이 시행령에 반영되도록 기본법이 규정하였다(제2조).

① 시행령은 상시근로자 수 기준으로 중소기업자의 범위를 정하되(표 3), 예외적으로 노동집약적 업종을 150여 개로 늘려 업종에 따라 종업원 수 1,000명까지 그 범위의 상한을 확대하였다.

② 종업원 수 기준에 따라 중소기업자 범위에 들어가더라도 자산 규모가 일정한 수준 이상이 되어 외형상 중소기업으로 보기 어려운 자본집약적 업종 30여 개를 정하는 등 범위 규정의 특례 범위를 확대하였다.

③ 기본법이 정한 '그 소유 및 경영의 실질적인 독립성의 기준'을 〈독점규제 및 공정거래에 관한 법률〉의 규정으로 대규모 기업집단에 속하는 회사로 통지받은 회사가 아닐 것으로 정하였다(1997.12.27 개정 시행령 2조). 그 후 대규모 기업집단은 '상호출자 제한 기업집단'으로 변경되었다.

④ 소기업의 범위를 상향 조정하였다[예컨대 제조업의 경우 종업원 수 20명에서 50명으로 조정. 기본법 제2조, 〈표 3〉].

일곱째 현재 〈중소기업기본법〉에는 영세기업零細企業에 관한 규정이 없다. 현실적인 경제통계(광공업통계조사 등)에서 종업원 수 5명 이상을 중소기업으로 정

표 3. 중소기업자의 범위(1995. 7. 1 개정)

	소기업자	중기업자
광업 기타 제조업 광업 또는 운송업	상시 사용하는 종업원 수가 50명 이하인 자	상시 사용하는 종업원 수가 51명 이상 300명 이하인 자
건설업	상시 사용하는 종업원 수가 30명 이하인 자	상시 사용하는 종업원 수가 31명 이상 300명 이하인 자
상업 기타 서비스업	상시 사용하는 종업원 수가 10명 이하인 자	상시 사용하는 종업원 수가 10명 이상 20명 이하인 자

자료: 〈중소기업기본법시행령〉 제2조 및 제3조.

하고 있는 점을 고려하면 결국 종업원 수 4명 이하를 영세기업으로 볼 수 있다. 한편 기본법을 제정할 당시에는 상시종업원 수 5명 이하를 영세기업으로 규정했었다(제9조).

2. 현행 중소기업의 범위와 그 특징

결국 중소기업 범위의 기준으로 일본은 ① 양적 기준과 ② 시책별 특성을, 미국은 ① 질적 기준, ② 양적 기준, ③ 산업별 특성을, 한국은 ① 양적 기준, ② 시책별 특성, ③ 업종의 특성, ④ 질적 기준을 적용하였음을 알 수 있다.

한편 2002년 5월 20일 시행령 개정에서는 중소기업의 범위를 다음과 같이 정하고 있다(표 4).

첫째, 구체적 상한으로 상시 근로자 수(상시종업원 수)와 자본금 또는 매출액의 두 가지 기준을 제시하고 그 가운데 '한 가지 기준'만 충족하면 중소기업에 해당되지만 동시에 〈중소기업기본법〉이 정하는 '독립성의 기준'(표 5)에도 적합해야 한다.

표 4. 중소기업 범위의 규모 기준

해당 업종	기준	
	상시근로자 수	자본금 또는 매출액
제조업	300인 미만	자본금 80억 원 이하
광업, 건설업, 운수업	300인 미만	자본금 30억 원 이하
대형종합소매점 정보처리 및 기타 컴퓨터 운영 관련업	300인 미만	매출액 300억 원 이하
종자 및 묘목 생산업, 어업 전기 가스 및 수도사업 연료 및 관련제품 도매업 호텔업, 휴양 콘도 운영업 여행 알선, 창고 및 운송 관련 서비스업 통신업, 엔지니어링 서비스업 병원, 영화산업, 방송업	200인 미만	매출액 200억 원 이하
도매 및 상품중개업 통신판매업, 방문판매업 산업용 기계장비 임대업, 산업지원, 전문과학 및 기술 서비스업, 공연산업 유원지 및 테마파크운영업 뉴스제공업, 하수처리업 폐기물 처리 및 청소 관련 서비스업	100인 미만	매출액 100억 원 이하
기타 모든 업종	50인 미만	매출액 50억 원 이하

둘째, 다음에 해당하는 기업은 중소기업에서 제외한다.

① 비영리 기업, ② 상시 근로자 수 1,000여 명 이상인 기업, ③ 증권거래법 2조의 규정에 의한 주권상장법인 또는 협회등록법인으로서 자산 총액이 5천억 이상인 법인, ④ 소유 및 경영의 실질적인 독립성의 기준에 적합하지 않는 기업 등으로 이것은 중소기업 범위의 포괄적 상한을 규정한 것이다.

표 5. 중소기업의 소유 및 경영의 실질적인 독립성 기준

독립성 기준	적용 시한	독립성 기준	적용 시기
독점규제 및 공정거래에 관한 법률 제9조 제1항의 규정에 의한 상호출자 제한 기업집단에 속하지 아니하는 회사일 것	2005년 3월 31일 까지	증권거래법 제2조의 규정에 의한 주권상장법인 또는 협회등록법인으로서 자산 총액이 5천억 원 이상인 법인이 발행주식(의결권 없는 주식을 제외) 총 수의 100분의 30 이상을 소유하고 있는 기업이 아닐 것	2005년 4월 1일부터

셋째, 소기업은 상시근로자 50인 미만의 광업·제조업·운수업 영위기업과 이상에 열거한 이외의 업종으로서 상시근로자 10인 미만의 기업을 말하며, 중기업은 중소기업 가운데 소기업을 제외한 기업을 말한다고 하였다.

개정된 〈중소기업기본법〉 시행령의 중소기업 범위는 다음과 같은 특성을 갖는 것이었다.

첫째, 이전에 시책별 특성과 업종의 특성까지를 반영하면서 다양하게 규정되었던 중소기업의 범위를 양적 기준과 질적 기준으로 통합함으로써 그 형식이 명료하게 정리되었다.

둘째, 상시 근로자 수 1,000인, 자산 총액 5천억 원을 포괄적 상한으로 정한 것은 중소기업 범위의 확대 가능성을 시사한 것이다. 기타 모든 업종의 상시종업원 수 50인 미만(이전에는 상업 서비스업 20인 이하)의 기준도 중소기업 범위의 포괄적 확대를 의미한다.

셋째, 구체적인 상한 규정에서 상시 근로자 수와 자본금 또는 매출액을 제시하였고, 또한 택일적 기준을 선택하였는데, 그것은 상시 근로자 수 기준이 업종의 특성(노동집약적 또는 자본집약적)을 반영하는데 경직성을 지닐 수 있는 것을 완

화하면서 범위 규정에 신축성을 부여한 것이다.

넷째, 포괄적 상한으로 제시한 것 가운데 상시 근로자 수 1,000인은 이전의 기본법 시행령에서 노동집약적 업종의 상시종업원 수 상한이었으며 자산 총액 5천억 원은 〈독과점 규제 및 공정거래에 관한 법률〉에서 규제 대상이 되는 대기업 또는 상호출자 제한 기업에 대체되는 기준이다. 이것은 중소기업이 비독과점 기업이어야 한다는 것을 상징적으로 규정한 것이다.

다섯째, '독립성 기준'을 다시 강조한 것은 이전에 양적 기준에 편향된 범위 설정에서 벗어나 질적 기준을 강화한 것으로서 범위 확대 가능성이 가져올 수 있는 산업조직론적 문제점을 해소하려는 것으로 보인다. 곧 경쟁적 시장의 담당자 또는 경쟁적 기업으로서 중소기업의 역할을 반영한 것이다.

다시 2009년 3월 25일 개정된 〈중소기업기본법〉 시행령은 중소기업의 범위를 표 6과 같이 제시하였다. 규모 기준이나 독립성 기준 등에 변화가 있는 것은 아니지만 해당 업종의 내용은 좀 더 간략하게 정리한 것이 특징인데, 업종 분류의 기준을 통계법 제22조에 따른 '한국표준산업분류'를 기준으로 하였다.

표 6. 중소기업의 업종별 상시 근로자 수, 자본금 또는 매출액의 규모 기준
(제3조 제1호 관련)

해당 업종	규모 기준
제조업	상시 근로자 수 300명 미만 또는 자본금 80억 원 이하
광업 건설업 운수업	상시 근로자 수 300명 미만 또는 자본금 30억 원 이하
출판, 영상, 방송통신 및 정보서비스 사업시설관리 및 사업 지원 서비스업 보건 및 사회복지사업	상시 근로자 수 300명 미만 또는 매출액 300억 원 이하

농업, 임업 및 어업 전기, 가스, 증기 및 수도사업 도매 및 소매업 숙박 및 음식점업 금융 및 보험업 전문, 과학 및 기술 서비스업 예술, 스포츠 및 여가 관련 산업	상시 근로자 수 200명 미만 또는 매출액 200억 원 이하
하수처리, 폐기물 처리 및 환경 복원업 교육 서비스업 수리 및 기타서비스업	상시 근로자 수 100명 미만 또는 매출액 100억 원 이하
부동산업 및 임대업	상시 근로자 수 50명 미만 또는 매출액 50억 원 이하

주: ① 해당 업종의 분류 및 분류 부호는 〈통계법〉제22조에 따라 통계청장이 고시한 한국표준산업
　　 분류에 따른다.
　　② 〈중소기업기본법시행령〉 제3조(별표-1).

제4절 중소기업의 비중과 그 성장

1. 높은 중소기업 비중과 중소기업문제

먼저 한국 중소기업은 국민경제에서 차지하는 비중이 매우 높다는 것이 특징이다. 2002년을 기준으로 조사한 결과(표 7)에 따르면 중소기업은 전 산업에 걸쳐 사업체 수에서 절대적으로 높은 비중을 차지하고 있을 뿐만 아니라, 종업원 구성에서도 높은 비중을 점하고 있다. 종업원 규모 1~4명의 영세기업을 포함한 통계로 보아 전 산업에서 중소기업(종업원 300인 미만)은 사업체 구성의 99.9%, 종업원 구성의 87.8%를, 제조업에서는 각각 99.8%와 79.4%라는 높은 비중을 차지하였다.

표 7. 사업체·종업원 구성—규모별

(종업원 수: 명, 구성비: %)

규모(명)	전 산업(A)				제조업(B)			
	사업체		종업원		사업체		종업원	
	사업체 수	구성비	종업원 수	구성비	사업체 수	구성비	종업원 수	구성비
1~4	2,635,372	84.2	4,086,365	32.9	219,442	65.7	473,430	14.0
5~9	281,309	9.0	1,776,285	12.2	54,094	16.2	354,660	10.4
10~19	119,272	3.8	1,582,599	10.8	31,268	9.4	416,623	12.3
20~49	65,799	2.1	1,954,794	13.4	19,776	5.9	593,284	17.5
50~99	18,926	0.6	1,285,580	8.8	5,574	1.7	380,979	11.2
100~299	8,811	0.2	1,417,803	9.7	2,974	0.9	475,062	14.0
300인 이상	2,474	0.1	1,784,896	12.2	793	0.2	698,827	20.6

중 소 기 업				333,128	99.8	2,694,038	79.4
대 기 업				793	0.2	698,827	20.6
합 계	3,131,963	100.0		100.0	333,921	100.0	3,392,865	100.0
제조업의 비중 (B/A)					10.6		23.2

자료: ① 통계청, 《2002년 기준 사업체기초 통계조사보고서》
　　　② 기은경제연구소, 《주요국의 중소기업 관련 통계》, 2004.9.

표 8. 사업체 종업원 구성비(2)

(단위: %)

산업 구분	전 산 업		제 조 업	
	사업체	종업원	사업체	종업원
영 세 기 업	84.2	32.9	65.7	14.0
소 기 업	14.9	36.4	31.5	40.2
중 기 업	0.8	18.5	2.6	25.2
대 기 업	0.1	12.2	0.2	20.6
합 계	100.0	100.0	100.0	100.0

주: ① 기업 규모 구분 기준으로는 ⓐ 영세기업은 종업원 규모 1~4명, ⓑ 소기업은 종업원 규모 5~49명, ⓒ 중기업은 종업원 규모 50~299명, ⓓ 대기업은 종업원 규모 300명 이상을 기준으로 산출한 것임.
　② 따라서 전산업의 경우 소영세기업의 범위가 건설업과 상업 기타서비스업의 범위와 일치하지 않음을 유의할 필요가 있음.
자료: 표 7에서 작성.

　　이런 가운데서도 산업체 수에서는 소영세기업이 높은 비중을 차지하고 있으며 종업원 수 구성에서도 소영세기업은 중요한 비중을 점하고 있다(표 8). 즉 중소기업의 비중이 높을 뿐만 아니라 소영세기업이 무시 못할 위치에 있는 것을 확인할 수 있다(표 9). 그러한 결과는 주요 산업별로 본 기업 규모별 통계자료에서도 알 수 있다(표 10). 이처럼 중소영세기업의 비중이 높다는 것은 국민경제의 발전에서 이들의 역할이 크다는 것을 말하며 이 가운데 소영세기업도 중요한

정책 인식의 대상이 되어야 한다는 것을 의미한다. 높은 비중을 차지하며 중요
한 역할을 하는 중소기업을 경제자원으로 활용하는 것이 경제 발전의 지름길이
기 때문이다. 이와 같은 긍정적인 작용은 자본축적과 고용 증대, 수출 증진 등
여러 측면에서 이루어진다.

표 9. 주요 산업별 규모별 사업체 구성

(단위: 개, %)

	1~4명	5~9	10~19	20~49	50~99	100~299	300명이상	합계	구성비
전 산 업	2,635,372 (84.2)	281,309 (9.0)	119,271 (3.8)	65,799 (2.1)	18,926 (0.6)	8,811 (0.3)	2,474 (0.1)	3,131,963 (100.0)	100.0
제 조	219,442 (65.7)	54,094 (16.2)	31,268 (9.4)	19,776 (5.9)	5,574 (1.7)	2,974 (0.9)	793 (0.2)	333,921 (100.0)	10.7
건 설	43,422 (55.3)	18,440 (23.5)	10,138 (12.9)	4,961 (6.3)	997 (1.3)	495 (0.6)	109 (0.1)	78,582 (100.0)	2.5
도·소매	811,862 (90.3)	59,088 (6.6)	18,033 (2.0)	7,588 (0.8)	1,390 (0.2)	731 (0.1)	182 (0.0)	898,874 (100.0)	28.7
숙박·음식	572,711 (90.1)	50,049 (8.0)	9,425 (1.2)	2,781 (0.6)	392 (0.1)	102 (0.0)	37 (0.0)	635,497 (100.0)	20.3
운 수	291,677 (94.6)	7,585 (2.5)	4,090 (1.3)	2,562 (0.8)	1,054 (0.3)	1,230 (0.4)	155 (0.0)	308,353 (100.0)	9.8
교육서비스	76,633 (67.8)	17,157 (15.2)	7,882 (7.0)	6,113 (5.4)	4,567 (4.0)	521 (0.5)	136 (0.1)	113,009 (100.0)	3.6
기타공공 개인서비스	311,104 (92.6)	16,749 (5.0)	5,577 (1.7)	2,292 (0.7)	299 (0.1)	10.8 (0.0)	8 (0.0)	336,137 (100.0)	10.7

주: ① 괄호 안 수치는 규모별 비중임.
　　② 구성비는 산업별 비중임.
자료: 표 7과 같음.

표 10. 주요 산업별 규모별 종업원 구성

(단위: 명, %)

	1~4명	5~9	10~19	20~49	50~99	100~299	300명 이상	합계	구성비
전산업	4,806,365 (32.9)	1,776,285 (14.6)	1,582,599 (10.8)	1,954,794 (14.4)	1,285,580 (8.8)	1,417,803 (9.7)	1,784,896 (12.2)	14,608,322 (100.0)	100.0
제조	437,430 (13.8)	354,660 (10.5)	416,623 (12.3)	593,284 (17.5)	380,979 (12.3)	475,062 (14.0)	698,827 (20.6)	3,392,865 (100.0)	23.0
건설	93,669 (13.4)	120,548 (17.2)	134,310 (19.2)	143,024 (20.4)	66.236 (9.5)	79,103 (11.3)	63,372 (9.1)	700,262 (100.0)	4.8
도·소매	1,479,825 (55.6)	366,182 (14.0)	233,874 (8.9)	213,276 (8.2)	91,414 (3.5)	117,522 (4.5)	113,640 (4.3)	2,615,733 (100.0)	17.9
숙박·음식	1,163,222 (67.2)	303,077 (17.5)	121,089 (7.0)	78,101 (4.5)	25,796 (1.5)	16,406 (1.0)	22,673 (1.3)	1,730,334 (100.0)	11.8
운수	321,910 (37.2)	48,567 (5.6)	54,281 (6.3)	76,782 (8.9)	75,054 (8.7)	197,754 (21.7)	89,988 (10.4)	864,336 (100.0)	5.9
교육서비스	155,583 (14.8)	108,343 (10.3)	106,932 (10.2)	199,090 (18.7)	309,980 (29.5)	74,670 (7.1)	95,311 (9.1)	1,049,909 (100.0)	7.2
기타공공 개인서비스	489,946 (6.3)	104,721 (13.5)	72,684 (9.4)	65,913 (8.5)	19,904 (2.6)	16,292 (2.1)	3,509 (0.5)	772,969 (100.0)	5.3

주: ① 괄호 안 수치는 규모별 비중임.
   ② 구성비는 산업별 비중임.
자료: 표 7과 같음.

   그러나 이러한 높은 비중의 중소기업이 전근대적인 정체 상태로 남아 있는 한 그 역할은 한계가 있을 뿐만 아니라 국민경제의 근대화와 고도화에 제약 요인이 될 수 있다는 부정적 측면이 있다. 이에 전근대적, 정체적 중소기업의 근대화와 개발의 문제가 대두된다.

   높은 비중의 중소기업이 지니는 두 가지 측면, 즉 긍정적 작용과 부정적 측면은 중소기업문제의 핵심이 되고 있다. 긍정적 역할을 높이면서 부정적 측면을 완화, 해소하는 이중二重의 중소기업문제 의식이 형성되는 것이다. 이것은 중소기업을 적극적인 정책 대상으로 만드는 이유이며 높은 비중이 가져오는 중소기업문제의 특징이기도 하다.

한편 중소기업 비중을 국제적으로 비교한 것이 표 11의 내용이다. 모든 나라에서 중소기업의 비중이 높다는 것을 확인할 수 있다. 그러나 한국과 일본, 독일은 미국과 영국에 견주어 중소기업의 비중이 더욱 높으며, 반대로 미국과 영국에서는 중소기업의 비중이 상대적으로 낮다는 사실을 알 수 있다. 한국, 일본, 독일 등 전자는 중소기업의 비중이 높기 때문에 그 중요성을 인식하는 것이 문제가 되는 것과 달리, 미국, 영국 등 후자는 중소기업의 비중이 낮기 때문에 그 역할을 제고하는 것이 문제가 되고 있다. 전자의 국가에서는 가용경제자원의 활용과 전근대성의 탈피가 중소기업문제의 대상인데, 후자의 국가에서는 비중이 낮은 데서 오는 중소기업 역할의 감소가 문제로 되었다. 즉 산업조직과 시장기능을 활성화하기 위해 경쟁적 기능을 하는 중소기업의 역할을 높이는 것이 낮은 비중의 중소기업을 중요한 것으로 인식하게 만들었다.

표 11. 중소기업의 국제 비교

	사업체 수(개)			종사자 수(천 명)		
	전체	중소기업		전체	중소기업	
			비중(%)			비중(%)
한국(2002)	110,356	109,681	99.4	2,696	2,076	75.8
일본(2001)	650,950	647,098	99.4	11,126	8,253	74.2
대만(2002)	138,288	133,684	96.7	2,563	2,035	78.4
미국(2001)	352,619	314,051	89.1	15,950	6,637	41.6
영국(2002)	298,425	296,325	99.3	3,834	2,024	52.8
독일(2000)	291,885	288,757	98.9	29,089	21,010	72.2

주: ① 중소제조업을 대상으로 하였음.
　　② 한국 종사자 수 5~299명 이하의 사업체.
　　③ 일본 종사주 수 300인 이하 또는 자본금 1억 엔 이하의 사업체.
　　④ 대만은 납입자본금 8,000만 원 이하 또는 상시 종사자 200인 미만사업체.
　　⑤ 영국은 종사자 수 250인 미만인 기업체.
　　⑥ 독일 중소기업은 종업원 수 1~499인 기업체를 대상으로 하였음.
　자료: 기은경제연구소, 《주요국의 중소기업관련 통계》, 2004.9.

뒤늦은 근대화와 급속한 경제 발전을 위하여 위로부터의 식산진흥殖産振興적 개발정책을 추구하면서 선진자본주의를 따라잡아야 하는catch up 후진자본주의의 중소기업문제가 전자였다. 이들 국가는 고전적 자본주의 발전의 길에 따라 자본제화가 진행되지 못한 후진자본주의21) 국가였다. 이들 국가에서는 소생산자형小生産者型과는 다른 지주상인형地主商人型의 산업화(공업화)가 급격히 진전되었기 때문에 전통적 사회관계가 온존하면서 선진제국先進帝國의 외압外壓으로 산업구조의 왜곡이 정착되었다. 이런 경제사적 배경에서 형성된 중소기업문제가 전자의 경우였다. 이에 대하여 후자는 소생산자형에 따라 고전적 자본주의 전개의 과정을 겪으면서 점진적으로 자본제화가 진전되었기 때문에 후진자본주의에서와 같은 구조적 특성이 크게 형성되지 않았다.

그렇지만 중소기업의 비중이 높은 전자의 국가에서나 낮은 후자의 국가에서나 다 같이 중소기업을 중요하게 인식하고 있다. 다만 전자에서는 구조론적構造論的 인식이 주된 흐름이었던 것과 달리, 후자에서는 산업조직론적産業組織論的 인식이 지배적이었던 것이 초기의 추세였다. 그러나 전자의 국가에서도 점차 경제구조가 고도화되면서 후자의 흐름으로 바뀌는 경향에 있다.22)

2. 중소기업의 성장과 기업 규모의 확대

한국경제는 국가주도의 계획적 개발이 시작되면서 1950년대의 저성장에서 고도성장기에 접어들었다. 1962년 이후 〈경제개발5개년계획〉이 추진되면서 한국경제는 양적 규모의 확대와 산업구조의 질적 변화를 이룩하였으며 중소기업도 국민경제의 성장과 유기적 관련 속에서 크게 성장·변화되었다. 한국경제의 높은 경제성장은 공업 부문의 고도성장이 주도한 것이었고 그 결과 광공업의

---

21) 大塚久雄 編, 《後進資本主義の展開過程》, アジア經濟研究所, 1973, p.10.
22) 한국처럼 식민지 지배를 받았던 후진자본주의에서는 그렇지 않은 일본, 독일 등과 같은 후진자본주의(후발선진자본주의)와는 다른 특성의 중소기업문제 의식이 있음을 유의할 필요가 있다.

비중이 높아지는 산업구조의 개선이 진전하였다. 이러한 성장 성과는 대외지향적·외연적 확대 기조 아래의 공업화에 따른 것이었으며 그것은 공급 면에서 제조업의 발전과 수요 면에서의 수출신장에 주도된 것으로 볼 수 있다.

경제개발 초기에 대기업은 수입대체적 공업화 유형에 따라 기존의 중소기업 분야를 잠식하면서 그 존립 기초를 확립하였다. 그들은 중소기업과 상호 보완적 분업관계에서가 아니라 경쟁적으로 존속하였다. 그 결과 중소기업은 경제성장 과정에서 대기업의 진출과 비례하여 정리·소멸되었지만 한편에서는 새로운 존립 기반 위에 신생·발전함으로써 총량 기준에서는 성장을 지속하였다.

표 12는 전 제조업과 중소제조업의 연평균 생산증가율을 나타낸 것이다. 우선 1961년~1991년의 기간 중에 중소제조업의 생산증가율은 13.5%로서 전 제조업의 생산증가율 17.3%에는 미치지 못하였지만 높은 성장을 보여 주었다. 전체적으로 보아 전 제조업과 중소제조업의 생산증가율 격차는 대기업에 견주어 중소기업의 상대적 생산침체 또는 낮은 성장을 의미한다.

표 12. 연평균 생산증가율

(단위: %)

	전 제조업	중소제조업
1967~1971	23.2	11.2
1972~1976	26.5	20.5
1977~1981	13.5	11.4
1982~1986	12.1	14.4
1987~1991	11.2	10.0
(1968~1991)	(17.3)	(13.5)
1992~1993	5.1	4.1
2000~2003	7.7	7.1

주: 생산지수의 증가율임.
자료: 통계청 및 기업은행.

그러나 이러한 결과를 구체적으로 보면 1960~1970년대에 심한 편이었으며 그 후 점차 양자 사이의 격차가 줄어들었음을 알 수 있다. 그렇지만 대기업과 중소기업 사이의 성장 격차는 중소기업이 규모의 경제를 실현하는 데 성장의 제약을 받는다는 사실 이외에도 경제개발 과정에서 대기업에 대한 우선적 지원 그리고 대기업의 중소기업 분야의 침식과 중소기업의 예속적 지배 등의 요인이 겹쳐 발생한 결과였다.

　한국경제의 높은 성장은 경영전략 면에서는 양산체제量産體制를 지향하는 과정이었다. 기업은 생산 규모의 확대에 따라 평균 생산비가 체감된다는 대규모 경제의 법칙law of economies of production on a large scale을 바탕으로 하는 양산체제는 바로 국민경제의 능률 제고를 위한 전략으로 이해되었다. 이 과정에서 중소기업도 규모이익을 추구하여 규모 확대 경향을 보였지만 대기업과의 격차를 해소할 만큼 충분한 것은 아니었다. 중소기업과 대기업 사이의 이중구조 해소와 중소기업의 적정규모화 및 중견 규모화 추진 등 중소기업 근대화의 방향도 중소기업의 능률 제고를 목표로 하는 것이며 능률적 경영 단위를 실현하기 위한 양산체제의 지향을 의미한다. 그 결과 기업 규모는 전반적으로 크게 확대되었다.

　경제개발 초기 양산체제 아래에서 종업원을 기준으로 한 기업 규모의 확대 경향은 다음과 같은 기업 규모의 이동상황에 의하여 실증적으로 분석되었다. 그리고 이것은 마셜A. Marshall의 소기업성장 연속론小企業成長 連續論과 이에 대한 비판인 스타인들J. Steindl의 소기업성장 단층론小企業成長 斷層論이라는 고전적 이론을 한국경제의 개발 초기 과정에서 검증해 본다는 의미를 갖고 있었다.[23]

　1966~1969년의 기간 중 다른 계층으로 규모 이동이 있었던 업체 수는 36.5%에 달하여 개발 초기 활발한 기업 규모 변동이 있었음을 알 수 있다. 그중에서도 상위 규모로의 유출률이 19.5%임에 대하여 하위 규모로의 유출률은 17.0%로서 기업 규모의 상향이동률이 높았다. 그런데 기업 규모의 상위 규모로의 성장률은 종업원 규모 150~199명 계층이 53.9%로서 가장 높았으며 100~149명 계층과 200~299명 계층은 각각 47.0%와 46.9%로서 비교적 높았으나, 74명 이하

---

23) 마셜의 소기업성장 연속론은 이경의, 《현대중소기업경제론》, 지식산업사, 2004, 152~155쪽을, 스타인들의 소기업성장 단층론은 같은 책, 218~222쪽을 참조할 것.

의 계층에서는 모두 30% 이하여서 하위 규모일수록 상위 규모로의 성장률이
더욱 낮게 나타났다. 이와 달리 하위 규모로의 유출률은 작은 규모일수록 높고
큰 규모일수록 낮게 나타나고 있었다(표 13).

표 13. 제조업 유출률 상황(1966~69)

(단위: %)

구분 규모	상위 규모로의 유출률(대기업화율)	하위 규모로의 유출률(중소기업화율)	동일규모에의 정체율	규모 이동률
전 제조업	19.5	17.0	63.5	36.5
중 소 기 업	1.2	-	98.8	1.2
5~9명	15.4	-	84.6	15.4
10~19	19.2 (0.1)	40.8	40.0	60.0
20~29	28.4 (0.3)	42.8	28.8	71.2
30~49	28.3 (1.8)	38.0	33.7	66.3
50~74	27.6 (2.9)	40.7	31.7	68.3
75~99	42.8 (10.4)	35.8	21.4	78.6
100~149	47.0 (27.8)	27.2	25.8	74.2
150~199	53.2 (53.2)	31.7	15.1	84.9
대 기 업	-	0.3	99.7	0.3
200~299	49.9	27.2 (27.2)	25.9	74.1
300명 이상	-	15.2 (0.8)	84.8	15.2

주: 유출률 = $\dfrac{\text{동일 계층에서 다른 계층으로 이동한 사업체 수}}{\text{해당 규모계층의 사업체 수}} \times 100$

자료: 중소기업은행, 《기업 규모 이동조사》, 1972.

반면 다른 계층으로부터의 유입률을 보면 기업 규모의 확대를 의미하는 하위
규모로부터의 유입률이 기업 규모의 축소를 의미하는 상위 규모로부터의 유입

률을 상회하여 기업 규모의 확대 경향을 보여 주고 있다. 더욱이 150~199인과 200~299인 계층은 하위 규모로부터의 유입률이 각각 77.0%와 68.8%에 이르고 있어 중견 중소기업의 활발한 상향성 이동을 알 수 있다(표 14).

표 14. 제조업 유입률 상황(1966~69)

(단위: %)

구분 규모	상위 규모로부터의 유입률(하강률)	하위 규모로부터의 유입률(상승률)	동일 규모에의 정체율	유입 이동률
중소기업	0.3	–	99.7	0.3
5~9명	18.4	–	81.6	18.4
10~19	15.1	37.7	47.2	52.8
20~29	19.0	51.4	29.6	70.4
30~49	16.4	53.0	30.6	69.4
50~74	17.0	52.1	30.9	69.1
75~99	14.7	61.8	27.5	76.5
100~149	14.3	60.4	25.3	74.7
150~199	9.2	77.0	13.8	86.2
대기업	–	41.8	58.2	41.8
200~299	9.4	63.8	11.8	88.2
300명 이상	–	47.8	52.2	47.8

주: 유입률= $\dfrac{\text{다른 계층에서 동일계층으로 이동한 사업체 수}}{\text{해당 규모계층의 사업체 수}}$ $\times 100$

자료: 표 13과 같음.

이를 중화학공업화 경공업으로 구분하여 보면 중화학공업은 상향성 유출이 26.4%, 하향성 유출이 19.9%로서 규모이동률이 46.3%에 달하여 제조업 평균 이동률을 웃돌고 있는데, 이는 중화학공업의 기업 활동의 성쇠盛衰가 활발하였음을 의미한다. 한편 경공업은 상위 규모로의 유출률이 17.6%에 불과하여 중화학공업보다 훨씬 낮은 편인데 다만 75명 이상의 규모계층에서는 상향 이동이 활발하여 중견 규모로의 성장을 뚜렷하게 보여 주고 있다(표 15).

표 15. 중화학공업과 경공업의 유출률 상황(1966~1969)

(단위: %)

산업별 규모	중 화 학 공 업			경 공 업		
	유출률	상위 규모로의 유출률	하위 규모로의 유출률	유출률	상위 규모로의 유출률	하위 규모로의 유출률
제조업	46.3	26.4	19.9	33.8	17.6	16.2
중소기업	1.4	1.4	–	1.2	1.2	–
5~9명	24.8	24.8	–	13.4	13.4	–
10~19	56.4	20.0	36.4	61.5	18.9	42.6
20~29	73.7	35.6	38.1	70.2	25.7	44.5
30~49	66.1	35.1	31.0	66.4	25.2	41.2
50~74	71.5	31.0	40.5	67.0	26.2	40.8
75~99	78.0	44.0	34.0	78.9	42.3	36.6
100~149	77.4	38.7	38.7	73.4	49.2	24.2
150~199	78.5	57.1	21.4	86.1	52.3	33.8
대기업	0.5	–	0.5	0.3	–	0.3
200~299	92.0	56.0	36.0	66.1	42.9	23.2
300명 이상	19.2	–	19.2	14.1	–	14.1

자료: 표 13과 같음.

이상의 분석 결과에서 다음과 같은 것을 알 수 있다.

첫째, 기업 규모는 상위 계층으로의 이동이 하위 계층으로의 이동보다 높아서 전반적인 기업 규모 확대 경향을 나타냄으로써 규모계층의 상향분해를 실증한다. 이와 달리 소규모기업일수록 하위 계층으로의 규모 이동이 높아 낮은 규모에서는 하향분해 현상을 확인할 수 있다.

둘째, 이러한 기업 규모의 상층 이동에 대한 실증적 분석 결과에서 우리는 경제성장이 급속히 진행되는 개발도상국에서는 마셜의 성장연속설이 검증되며,

경제구조가 안정적인 미국경제를 대상으로 실증한 스타인들의 성장단층설은 타당하지 않다는 점을 지적할 수 있다.

셋째, 공업화가 진행됨에 따라 중화학공업은 기업 활동이 활발하였으며 경공업에서는 외자기업의 진출 등으로 전통적인 소영세 중소기업이 침체하는 가운데 그 규모가 하향되었음을 알 수 있다.

넷째, 규모가 큰 기업의 성장과 작은 규모의 침체 속에 기업 규모 사이에 격차, 곧 이중구조가 심화되었음을 알 수 있다.

3. 개방체제 아래 수출중소기업의 성장

1) 개방경제체제와 수출제일주의

개방경제체제란 대외경제관계의 세 가지 측면인 무역거래, 자본거래 및 경상외환거래에 있어서 자유화 조치를 취하고 있는 경제체제를 의미한다. 그것은 전후에 국제자본주의의 주도국으로 등장한 미국경제가 세계경제의 중심으로 되기 위해 제도적 장치를 마련한 관세무역에 관한 일반협정GATT과 국제통화기금IMF의 규정에 따라 구체적으로 실현되기 시작하였다. 전후 국제자본주의는 전전戰前의 식민지 지배체제를 대체하는 새로운 형태의 자본운동체제를 형성하였는데 바로 미국경제를 정점으로 하는 개방경제체제 아래의 국제분업관계로 구체화되었다. 이것은 국제분업의 원리를 바탕으로 하는 것이었고, 따라서 한국경제가 개방경제체제로 이행한다는 것은 미국 자본주의와 일본 자본주의와의 분업관계 그리고 미국경제를 정점으로 하면서 일본경제를 중간자로 하는 한국, 대만 및 기타 동남아 경제권에 대한 국제분업관계 형성의 일환으로 편입된다는 것을 뜻한다.

국제분업체제는 자본주의의 범세계화 과정을 실현하는 틀이자 세계 자본주의체제 속의 선후진국 간의 지배종속적 분업관계가 관철될 수 있는 구조이기도 하다. 개방경제체제를 지향하는 것은 자본주의의 범세계화 과정에 적극적으로 참여하는 것이고 또한 선진경제가 주도하는 세계 자본주의체제에 편입하는 것이며, 국민경제 중 세계 자본주의의 중심부와 관련을 맺은 영역을 확대시키는 것이었다. 이것이 경제에 대한 국가의 적극적 개입으로 이루어지는 가운데 다음과 같은 특징을 나타내었다.

대외적으로는 국민경제 가운데 종속적 영역을 확대시키면서 국민경제의 예속적 관계를 심화시켰고 동시에 자립경제의 기반이 약화되었다. 대내적으로는 대기업과 독점자본의 영역이 확대되면서 국민경제의 분해가 진행되었다. 국민경제가 세계 자본주의의 중심부와 연결된 부문과 그렇지 않은 부문으로 분화되면서 통합화되지 못한 분업체계와 국민경제가 형성되었다. 대외적인 분업체계가 심화되면서 중심부와 연결된 부문의 자본축적 기반이 확충되었다. 그리고 분해되는 국민경제는 이를 위한 틀이 되었다.

개방경제체제 아래 중소기업의 수출을 증진시키고 대외분업관계를 증대시키는 것은 이와 같은 세계 자본주의체제와 중소기업의 관련을 높이는 것이었다. 개방경제체제는 구체적으로 제품의 시장, 원재료 등 소재素材의 공급, 자본의 조달과 나아가 기업의 대외 진출 등 여러 측면을 지닌다. 이들 여러 측면의 대외 관련을 높이면서 경제개발을 이루고자 한 것이 한국경제의 대외지향적 성장 전략이었다.

1960년대 이후 한국경제의 개발은 공업 생산력의 가속적 발전을 위하여 대외지향적 개방경제체제를 추구하였는데, 이는 경제개발에 필요한 자본축적과 부존자원 및 수요 기반이 취약하다는 인식을 바탕으로 한 것이었다. 기술주의적 관점에서 공업화를 달성하기 위하여 이들 제약 요인을 극복하기 위한 성장 전략은 국민경제를 개방경제체제로 전환하게 하였다. 초기에는 수입대체산업의 육성에 중점을 두기도 했으나 점차로 수출주도적 개발export-led development로 전환하였고, 수입대체산업의 경쟁력을 배양하여 그것이 비교우위를 확보하면 수출산업으로 전환시키는 정책[24]이었지만 한국경제가 반드시 그렇게 전개된 것은 아니었다.

개방경제체제는 이에 더하여 수입자유화, 외국차관과 직접투자 유치 등 외자 도입의 적극화 및 외환거래의 자유화로 구체화되었다. 이러한 정책 기조는 새로운 국제분업체계의 형성 추이에 합치되는 것이었으며 그 결과는 국내분업체계의 심화보다는 국민경제를 국제적 분업체계의 일환으로 편입시키도록 하였다.

이때 정책의 중점은 기존의 국내 산업을 수출산업으로 전환하고 새로운 가공형 수출산업을 이식移植하는 등 수출산업육성을 당면의 과제로 삼는 수출제일주의輸出第一主義에 놓이게 되었다. 그래서 수출이 비약적으로 신장되었고 한국경제는 개방체제로 전환되었다. 더욱이 공업 부문에서는 국제시장에서 비교우위를 누릴 수 있는 노동집약산업의 수출산업화를 우선적으로 추진하였으며 이는 중소기업을 수출산업으로 개편하는 전환점을 만들었다.

수출 증진과 수입원자재의 도입 추진 및 수입자유화의 확대, 외국차관과 직접투자 등 외국자본 도입의 적극화를 포괄하는 개방경제체제는 중소기업 육성 방향에도 그대로 적용되었다.

2) 수출중소기업의 성장

그 결과 중소기업 판매액 중 수출액의 비중이 높아졌고 외국산 원자재의 사용 비율도 높아져 1980년대 중반에는 거의 30%에 이르게 되었다. 또한 외자 도입도 적극화되면서 중소기업의 대외 관련, 즉 세계 자본주의체제와의 관련이 깊어졌다.

더욱이 중소기업 제품의 수출은 크게 신장하여 총 수출액 중 차지하는 비율도 40%에 이르게 되었다(표 16). 수출률(출하액 중 수출액 비중)도 1980년대 중반에는 29.7% 선에 이르게 되었는데 이는 중소기업이 수출산업으로 적극적인 역할을 하였음을 말해 준다.

---

24) 전형적 모형은 안행적 산업발전형태론雁行的 産業發展形態論에서 찾을 수 있다(小島淸, 《日本貿易と經濟發展》, 國之書房, 1960, pp.215~223).

표 16. 중소기업 제품의 수출 추이

(단위: 백만 달러)

연도	총 수출(A)	중소기업제품(B)	B/A(%)
1963	84.4	15.7	18.6
1965	180.5	41.6	23.0
1970	1,003.8	322.9	32.3
1975	5,427.4	1,871.5	34.5
1980	17,504.9	5,623.9	32.1
1983	24,222.5	4,894.1	20.2
1987	47,280.9	17,812.3	37.7
1990	65,016.0	27,382.0	42.1
1992	76,631.0	30,676.0	40.0
1995	125,057.0	49,474.0	39.6
2000	172,268.0	63,509.0	36.9
2003	193,817.0	81,699.0	42.2
2008	422,010.0	135,200.0	30.9

자료: ① 중소기업협동조합중앙회.
　　　② 표 11과 같음.

한편 중소기업 수출제품의 유형별 특성을 구분하면 다음과 같다.

첫째, 기존의 국내시장에서 생산력 기반을 갖고 있던 전통적 소비재공업이 수출산업으로 전환한 것으로서 메리야스 직물, 고무제품, 방모紡毛, 피혁제품 등.

둘째, 세계시장, 더욱이 선진국 시장에서 소비 수요가 증가하여 각광을 받았던 가발, 공예품, 도자기, 완구제품 등 우수한 노동력을 필요로 하면서 소비자의 기호에 크게 영향을 받는 제품.

셋째, 전자제품, 통신기기, 금속제품 등 노동집약적이지만 점차 기술노동집약적 성향을 지니는 업종에 속하여 그 비교우위가 선진국에서 개발도상국으로 이행하는 추세에 있는 제품 등(표 17).

표 17. 중소기업 제품의 수출 비율 추이(업종별)

(단위: %)

	1970	1975	1980	1986	1991
음·식료품	4.5	11.7	9.7	13.5	9.4
섬유·의복·가죽공업	30.1	47.1	56.9	57.2	37.8
제재·나무제품·가구	3.2	6.8	6.9	7.6	1.9
종이·종이제품·인쇄·출판	1.8	7.7	7.7	8.8	3.8
화학·석유·석탄·고무·플라스틱	0.6	6.8	9.4	16.7	14.1
비철금속 광물제품	2.5	16.3	12.1	5.9	4.5
제1차금속·금속제품	6.0	10.4	14.8	25.2	12.0
기계·장비	10.0	9.5	21.7	32.6	18.9
기 타	25.7	66.2	59.2	70.3	45.1
제 조 업	9.1	19.6	23.8	29.7	18.8

자료: 상공부·중소기업은행·중소기업협동조합중앙회, 《中小企業實態調査報告》

이와 같은 유형의 중소기업 제품의 수출은 수출주도형 경제개발에 크게 이바지하였다. 그러나 우리나라의 수출산업은 그것이 국내적 생산력 기반에 깊이 분업관계를 갖고 있기보다는 외국의 원료를 수입하여 그것을 가공 수출하는 가공무역 형태로 이루어졌기 때문에 그것이 국내의 다른 산업에 주는 파급효과가 높지 않았다. 막대한 규모의 외자를 도입하고 정부의 정책적 지원 아래 형성된 공업구조와 수출산업 구조는 많은 원자재와 시설재를 수입에 의존하는 가공수출체제였기 때문에 공업 부문 상호 간에 유기적 관련 관계가 결여된 약점을 지니고 있었다. 이것은 외화가득률이 높지 않은 사실에 의해서도 증명되었다.

또한 가공무역이 주도하는 산업구조 아래에서는 원자재 및 부품 공급 산업 등 관련 산업이 충분히 발달하지 못하였다. 그 결과 경제가 양적으로 성장해도 수입 유발효과 때문에 수입구성은 수출용 원자재를 비롯한 원재료와 기계류 수입 증가에 따른 자본재가 큰 비중을 차지하고 있었으며, 이에 수출용 원자재의 비중은 지속적으로 높을 수밖에 없었다.

수출주도형 경제개발이 성공하기 위한 조건으로는 대체로 다음과 같은 것들이 제시되고 있다.[25]

① 수출 부문의 성장률이 보다 높을 것
② 고용 및 개인소득에 대한 수출 부문의 직접적 효과가 더욱 클 것
③ 수출의 신장이 생산성 향상과 새로운 기능의 배양에 더욱 큰 습득효과習得效果, learning effect를 가질 것
④ 수출 부문에 필요한 물자가 수입품보다는 국내 생산 투입물에 의하여 더욱 많이 공급될 것
⑤ 수출소득이 수입품보다는 국내 생산물에 대한 소비성향이 높은 사람들에게 더욱 많이 분배될 것
⑥ 수출소득으로부터 오는 투자가 더욱 생산적일 것
⑦ 수출 부문과 관련 있는 외부경제성 및 연관성이 더욱 광범할 것
⑧ 국내에 유보되는 수출수익이 보다 안정적일 것

이러한 조건이 충족될 때 수출산업이 경제개발에 크게 이바지하고 또 경제개발을 성공적으로 주도할 수 있다고 보는 것이다. 수출중소기업은 노동집약적이며 외국산 부분품 및 원재료 사용비율이 대기업보다 낮으면서도 외화가득율이 더욱 높다[26]는 점에서 볼 때 위에 제시된 조건을 대기업보다는 더욱 충족시킨다고 볼 수 있다.

---

25) Gerald M. Meier, "Conditions of Export-led Development", *Leading Issues in Economic Develpoment*, Oxford Univ. Press, 1976(3rd ed.), pp.717~723.
26) 예컨대 중소제조업의 외화가득률은 82.1%에 이르고 있다는 보고서의 결과도 있다(상공자원부·중소기업협동조합중앙회, 《중소기업실태조사보고(전국편)》, 1992, 241쪽).

제5장

중소기업의 구조 변화와
1970년대 정책 대응

제1절 중소기업 비중의 변화와 계층 분화

생산지표로 보면 중소기업은 현저히 성장하였지만 국민경제 속에서 중소기업은 경제개발 과정에서 특히 초기에 그 비중은 크게 낮아졌는데, 이것은 대기업의 높은 성장과 중소기업의 낮은 성장의 결과였다. 중소기업의 비중 저하는 대기업 또는 독과점 기업이 대외적 분업을 주도하면서 재정 금융상의 특혜와 외국자본의 도입을 바탕으로 자본축적을 하고 그들의 경제력을 집중하는 가운데 이루어졌다. 사업체 수, 종업원 수, 부가가치 등 여러 측면에서 대기업에 견주어 중소기업은 양적으로 그 비중이 감소했을 뿐만 아니라, 이러한 과정은 중소기업 내부에서도 계층 사이 분화分化와 수많은 중소기업의 도산과 신설이 병행하면서 진행되었다.

1960년대 계획적 개발 이후 2000년대에 걸친 기간에 중소기업의 비중은 경제개발 초기에 비하여 추세적 기복은 있었지만, 대체로 감소 추세였다가 1990년대 이후 다소 회복 경향을 보였다(표 1). 기업 계층별로 보면 종업원 규모 49인 이하의 소기업의 비중이 감소하였지만 50인 이상의 중기업의 구성비는 증가하였고, 특히 대기업의 비중이 증가하여 기업 규모의 전반적인 증대와 동시에 중소기업의 상층분해上層分解 현상을 나타내었다. 1960년에 94.5%를 차지했던 소기업 사업체 수 비중은 1985년에는 80.9%로 감소하였고, 이 기간에 9인 이하의 사업체 수는 55.4%에서 32.0%로 그 비중이 크게 감소하였다. 그러나 1992년과 2002년에는 소기업 사업체 수의 비중이 각각 87.7%와 92.2%로, 9인 이하 사업체 비중도 각각 36.3%와 49.7%로 되는 등 1980년대 중반 이후 증가하는 추세를 보였다(표 2).

표 1. 중소기업 비중 추이─제조업

(단위: %)

연 도	사업체 수	종업원 수	부가가치
1963	98.7	66.4	52.8
1967	98.2	58.8	39.3
1970	97.1	49.0	28.5
1975	96.2	45.7	31.7
1980	96.6	49.6	35.2
1985	97.5	56.1	37.6
1990	98.3	61.7	44.3
1995	99.0	68.9	46.3
1999	99.2	73.0	48.3
2002	99.4	77.0	51.9
2004	99.4	75.7	52.8
2006	99.1	75.9	51.1

주: ① 1963~1970년은 중소기업을 종업원 수 5~200명 미만의 사업체로 하였음.
　　② 1975년 이후에는 중소기업을 종업원 수 5~300명 미만의 사업체로 하였음.
자료: ① 1963~1968년, 한국산업은행, 《광공업 통계조사 보고서》 각 연도 자료.
　　② 1969년 이후, 통계청, 《광공업 통계조사 보고서》 각 연도 자료.

이러한 추세는 사업체 수에서뿐만 아니라 종업원 비중이나 부가가치 비중에서도 동일하였는데, 더욱이 1980년대 중반 이후 뚜렷한 추세였으며 결과적으로 중소기업의 비중을 높여 주었다.

중소기업의 비중 감소와 상향적 계층 분화는 경제개발의 방향이 양산체제와 규모이익規模利益을 추구하여 기업의 근대화를 이루려는 데서 온 것이었고, 또 경제 환경의 변화에 중소기업이 민감하게 적응한 결과로 해석할 수 있다. 또한 산업구조가 고도화되면서 소기업을 포함한 중소기업의 전반적인 존립 영역이 확대·다양화되면서 중소기업의 비중이 증가하는 추세를 보이기도 하였다. 그러나 경제의 고도성장 과정이 자본, 기술, 시장 면에서의 대외 종속 및 대외분업 관련의 심화 등과 경제력 집중을 통한 독점적 지배력의 강화, 저임금 기반의 지속 등 구조적 모순을 동반하면서 중소기업은 몰락·도태와 신설의 구조 변화 속에서 진행되었음이 지적될 수 있다.

표 2. 규모별 비중 추이―제조업

(단위: %)

규모	사업체 수					종업원 수					부가가치액				
	1960	1979	1985	1992	2002	1960	1979	1985	1992	2002	1960	1979	1985	1992	2002
5~9	55.4	37.9	32.0	36.3	49.7	14.3	3.6	3.9	6.5	12.9	12.9	1.9	1.5	3.0	5.2
10~19	25.9	21.4	25.9	28.6	25.9	16.6	4.5	6.4	10.3	14.2	15.7	2.6	3.0	5.4	7.1
20~49	13.2	20.2	23.0	22.8	16.6	22.3	9.7	13.1	18.6	20.5	18.4	6.2	7.2	11.5	12.0
소기업	94.5	79.5	80.9	87.7	92.2	53.2	7.8	23.4	35.4	47.6	47.0	10.7	11.7	19.9	24.3
50~99	3.1	9.0	9.7	7.0	4.7	11.4	9.6	12.3	12.9	13.2	9.9	7.4	8.2	9.9	10.2
100~199	1.5	5.8	5.1	3.0	2.0	11.4	12.3	12.8	11.1	11.2	9.4	10.4	10.3	10.9	11.2
200~299	0.7	2.2	1.7	0.9	0.5	10.7	8.1	7.6	6.4	5.0	15.8	7.2	7.3	6.9	6.2
중기업	5.3	17.0	16.5	10.9	7.2	33.5	30.0	32.5	30.4	29.4	35.1	25.0	25.8	27.7	27.6
300~499	0.2	1.5	1.1	0.6	0.3	13.2	8.9	7.6	6.2	5.9	17.7	9.9	9.1	7.5	7.9
500 이상		2.0	1.4	0.8	0.3		43.5	36.2	27.9	17.9		54.4	53.1	44.9	40.2
계	100.0	100.0	100.0	100.0	100.0	100.0	100.0	100.0	100.0	100.0	100.0	100.0	100.0	100.0	100.0
중소기업	99.1	96.5 (94.3)	97.5 (95.8)	98.6 (97.7)	99.4	76.1	52.4 (39.5)	56.2 (48.6)	65.9 (59.5)	77.0	66.5	35.7 (38.5)	37.8 (30.5)	47.6 (40.6)	51.9
대기업	0.9	3.5	2.5	1.4	0.6	23.9	47.6	43.8	34.1	23.0	33.5	64.3	62.2	52.4	48.1

주: ① 괄호 안 숫자는 종업원 규모 200명 이하를 기준으로 할 때의 비율임.
　② 1960년의 중소기업 범위는 종업원 규모 200명 이하, 1979년 이후의 것은 300명 이하가 기준인데 이는 실정법상 범위
　　의 확대에 기인함.
자료: 산업은행 및 경제기획원, 통계청, 《광공업통계조사보고서》

중소기업이 경제 환경의 변화에 적응력이 강하다는 것은 중소기업의 신설률新設率이 높으면서도 도산율倒産率이 높아 다산다사多産多死를 그 특징으로 지닌다는 것을 뜻한다. 그렇기 때문에 산업화가 급격히 진행되고 그 구조가 고도화되는 구조변동기構造變動期에는 다음과 같은 특징이 나타나게 된다.[1]

① 중소기업 수의 현격한 증가
② 중소기업의 교체의 확대(사회적 회전율의 증가)
③ 중소기업 경영자의 세대교체의 진전
④ 중소기업 규모 간 격차의 확대
⑤ 새로운 유형의 고생산성 중소기업의 증가와 성장 등

결국 경제가 동태적으로 발전하는 과정에서는 구조 변동이나 기술 변화에 적응하지 못하는 중소기업은 도태되고 새로운 유형의 중소기업이 증가하며 동시에 신구 중소기업新舊中小企業의 교체는 기업가의 세대교체를 수반하게 된다. 그러나 한국경제의 경우 도산되는 구형舊型 중소기업은 고유 기술과 지역적 수요에 기반을 둔 자생적인 것이었으며, 신형新型 중소기업은 수출산업이나 수입원자재 가공 또는 외국자본과 기술에 의존하거나 대기업과 하청·계열관계를 맺은 것 등이었음을 유의할 필요가 있다.

중소기업의 비중 변화와 계층 분화는 다음과 같은 구조 변화의 특징 속에서 진행된 것이었다.

① 독과점 외자기업과 경쟁적 대립 속에서 자생적 중소기업의 도태
② 외국자본 또는 외자 관련 대기업의 하청·계열기업으로 중소기업의 존립 형태의 변화
③ 개방경제체제 속에서 수출 경기에 따른 수출산업 등 대외분업지향적 중소기업

---

1) 淸成忠南, 《日本中小企業の構造變動》, 新評論, 1972, pp.230~231.

의 성장

④ 독과점 대기업의 지배력이 미치지 못하는 분야 및 저임금 노동의 활용가능한 분야에서 중소기업의 존립

⑤ 새로운 수요 유형, 즉 소득수준의 상승에 따른 수요 패턴의 다양화, 선진화 또는 종속화에 적응하는 중소기업의 존립 등

이런 특징 속에서 중소기업의 비중과 구조는 변화하였다. 중소기업은 생산, 고용, 수출 등의 여러 측면에서 중요한 역할을 한다. 그뿐만 아니라 지역 경제의 발전을 촉진하고 경쟁의 주체로서 기업 사이의 경쟁을 촉진시켜 국민경제에 활력을 불어넣는다. 또 신제품을 개발하거나 새로운 산업의 형성기반이 되고 기업가적 재능을 가진 사람에게 창업의 기회를 제공, 자립정신을 발휘하게 하여 국민경제의 안정적 기반이 된다. 대기업과는 상호 보완적 하청·계열관계를 형성하여 사회적 분업의 이익을 실현시키고 자본축적의 기초를 마련하는 것도 중소기업의 역할이다. 또한 개발도상경제에서는 자립경제 구조의 생산력 기반이 될 수 있는 것도 바로 중소기업이다.

독과점 대기업이 지배적으로 되는 한국경제에서 이러한 중소기업의 역할은 점차적으로 약화되고 있다. 수출주도의 경제순환에서도 국민경제의 저변을 형성하고 안정적 성장의 기반이 되는 것이 중소기업인 것이다. 중소기업의 비중 저하가 국민경제의 고도화와 규모이익이 실현되면서 발생하는 당연한 결과가 아님을 유의할 필요가 있다.

제2절 중소기업의 도산과 신설: 신구기업의 교체

1. 중소기업의 도산과 신설의 실태

중소기업의 구조 변화를 살피는 데 그 도산과 신설의 문제를 분석하는 것은 중요한 과제가 된다. 대기업보다 도산율과 신설률이 높다는 것은 중소기업의 특징이며, 경제 발전이 진행되면서 낡은 중소기업이 도산하고 새로운 중소기업의 신설이 경제구조 변화의 요인으로 작용한다. 일찍이 스타인들J. Steindl은 마셜 A. Marshall의 소기업성장(연속)론을 비판하면서 소기업은 대기업보다도 손실이 빈번하고 많아서 사실상 그 사망률the rate of mortality이 높다고 지적한 바 있다. 현실적으로 소기업은 대기업으로 성장할 수 있는 시간을 얻기 전에 쇠퇴할 가능성이 높고 이러한 소기업의 쇠퇴는 새로운 기업이 보완하면서 대체된다고 보았다. 그 결과 소기업의 공급도 탄력적彈力的이라고 지적하였다.[2]

이것은 뒷날 사회적 대류 현상社會的 對流現象으로 설명되었다. 중소기업의 생성·발전의 특징은 그 다산다사와 사회적 대류 현상으로 지적될 수 있다는 것이다. 장기적으로는 중소기업은 발생·발전과 분해·소멸을 반복하면서 하나의 계층을 형성하되, 이 계층 전체는 확대재생산 된다. 중산적 생산자 층의 성립기, 매뉴팩처시기, 산업혁명 이후 산업자본 단계, 고전적 독점자본 단계와 현대 자본주의에 이르는 경제사의 흐름 속에서 중소기업은 일관되게 다산다사와 사회적 대류 현상을 반복하면서 전개되었다.[3] 그러나 각 단계마다의 양상은 다르게

---

2) J. Steindl, *Small and Big Business; Economic Problems of the Size of Firms*, Oxford: Basil Blackwell, 1947. 米田淸貴·加藤成一 譯,《小企業と大企業─企業規模の經濟的問題》, 嚴松堂, 1966, pp.11~23.
3) 사회적 대류 현상의 기원은 자본주의 성립기에 중산적 생산자층中産的 生産者層의 양극분해 과정에서 나타난 특징에 있다. 곧 중산적 생산자층이 산업자본가와 임금노동자로 분해되지만, 한편에

나타났다고 보았고, 국민경제의 경제사적 특수성에 따라서도 다른 모습을 보였다.

한국경제에서도 경제개발과 함께 전체적으로 중소기업은 성장 추세를 보였지만 모든 중소기업이 그런 것은 아니었으며 개발 경기에 따라 많은 중소기업이 신설되었지만 이와 병행하여 기존 중소기업의 폐업(도산)이 병행하면서 진행되었다. 곧 경제성장 속에서 중소기업은 높은 신설률을 보였지만 그 이면에는 급격한 여건 변동에 따른 폐업이라는 부정적 측면이 수반되었던 것이다.

경제개발 초기인 1960년대 말에 실시한 한 조사 결과(표 3)에 따르면 중소제조업의 신설률은 4.3%이며 폐업률은 1.8%로서 신설이 폐업을 웃돌고 있다. 신설업체 수가 많은 업종은 대체로 생활필수품이면서 동시에 수출 상품으로 각광을 받고 있는 경공업에서였다.[4] 이와 달리 폐업률이 높은 업종은 대체적으로 대규모성 업종이라는 것이 공통된 특징이었다. 더욱이 대기업이 우수한 외국산 부분품을 수입하여 조립·판매하는 이식형적移植型的 특징을 갖게 되어 계열화로 중소기업과 보완관계를 이루지 못하게 되었고, 이들의 중소기업 분야 진출이 기존 중소기업과 경쟁하면서 중소기업을 구축하였던 것이다.

그렇지만 전체적으로는 신설 중소기업 수가 폐업 중소기업 수를 크게 웃돌면서 전체 중소기업 수는 증가·성장하였다. 이런 신설업체 수의 도산업체 수 상회 현상은 1990년대 말 이후 2000년대 이후에도 동일하였음을 표 4의 결과에서도 알 수 있다. 전全 산업을 대상으로 한 자료이기는 하지만 중소기업이 전산업에서 차지하는 비중이 높은 것을 감안할 때 중소기업 부문에서도 같은 추세를 보인 것으로 추론할 수 있다. 곧 경제개발이 추진된 이후 꾸준히 신구 중소기업의 교체라는 특성의 사회적 대류 현상 속에서, 중소기업의 성장과 구조 변화가 진

서 임금노동자는 다시 독립 소생산자로 재생·상승할 가능성이 남아 있으며, 다른 한편에서는 산업자본가로 상승한 사람도 영속하는 것은 아니고 임금노동자로 하강하는 등 재분해의 과정 속에서 중산적 생산자층의 양극분해가 진행된다고 보았다. 이런 특징을 사회적 대류 현상이라고 하였다(大塚久雄, 《大塚久雄著作集》 第四卷, 資本主義社會の形成 1, 岩波書店, 1969, p.241).

4) 이런 현상은 국민 소득수준의 향상에 따른 생필품의 수요 증대와 동시에 제품다양화에 따른 것이라고 분석되고 있다(黃炳昀, 《中小企業競爭에 관한 硏究》, 大韓商工會議所, 1970, 24~25쪽).

행되는 가운데 중소기업의 절대적인 수가 증가한 것으로 볼 수 있다.

표 3. 중소제조업 업종별 신설 및 폐업 상황

(단위: 개, %)

구 분 / 업 종	신 설		폐 업	
	사업체 수	신설률	사업체 수	폐업률
제 조 업	1,031	4.3	428	1.8
식 료 품	184	5.6	77	2.3
음 료 품	2	0.1	2	0.1
섬 유 공 업	137	5.3	51	2.0
회류·의류·장신품	302	8.6	65	1.8
제 제 및 목 제 품	37	3.3	53	4.8
가 구 및 장 치 품	57	5.2	9	0.9
지 류 · 지 류 제 품	–	–	1	0.2
인 쇄 · 출 판	52	5.5	9	0.9
피 혁 · 피 혁 제 품	–	–	–	–
고 무 제 품	1	0.8	4	3.1
화 학 제 품	25	3.9	19	3.0
석 유 · 석 탄	6	0.7	33	3.6
토 석 · 유 리 제 품	37	1.4	27	1.0
제 1 차 금 속	3	0.9	3	0.9
금 속 제 품	78	6.4	19	1.5
기 계	38	3.5	17	1.5
전 기 기 계 기 구	7	2.1	7	2.1
수 송 용 기 계 기 구	25	2.5	19	1.9
기 타	39	2.9	14	2.1

주: 1968년 하반기를 기준으로 한 것임.
자료: 중소기업은행, 《중소기업출사망실태조사보고》, 1968년.

표 4. 전산업 사업자 신규 및 폐업 현황

(단위: 개, %)

구 분 연 도	총사업자 (A)	신규		폐업		배수(B/C)
		신규사업자(B)	신설률(B/A)	폐업자(C)	폐업률(C/A)	
1997	2,930,116	706,320	24.1	340,673	11.6	2.1
1998	2,855,339	580,880	20.3	646,270	22.6	0.9
2000	3,390,772	1,015,424	29.9	715,087	21.1	1.4
2002	3,963,454	1,239,370	31.2	800,261	20.2	1.5
2004	3,942,247	884,932	22.4	731,160	18.5	1.2
2005	4,121,612	880,714	21.3	795,755	19.3	1.1
2006	4,891,024	1,010,360	20.7	795,369	16.3	1.3

주: 부가가치세 기준임.
자료: ① 2007년 《국세통계연보》에서 작성.
    ② 중소기업중앙회, 《해외중소기업통계》, 2008.12, 18쪽.

한편 기업의 도산은 생산 단위로서 기업이 생산활동을 계속하지 못하게 되어 생산능력의 감축과 소득 발생 원천을 감퇴하게 한다. 이에 수반하여 실업문제 등 중요한 경제문제가 제기되기 때문에 중요한 과제로 된다. 기업 도산을 뜻하는 어음부도율을 기준으로 볼 때 중소기업은 대기업보다 훨씬 부도업체 수가 많고, 그 비율도 높은 것을 표 5의 결과에서 알 수 있다. 법인의 경우에도 그러하고, 더구나 개인 기업은 대부분이 중소기업이라는 점을 감안하면 그러한 점이 더욱 뚜렷하게 나타나고 있다. 1998년의 경제 위기에 부도업체 수가 현격히 높았고, 이는 특히 중소기업과 개인 기업에서 더욱 심각한 것으로 보아 경기 침체 때 경기변동의 쿠션으로서 중소기업의 위치를 확인할 수 있다.

표 5. 어음부도율 추이 및 그 실태

	어음 부도율 (%)	부도업체 수(개)					8대 도시(개)		
		계	법 인			개인기업	신설법인(A)	부도법인(B)	A/B (배)
			소계	중소기업	대기업				
1997	0.40	17,168	8,226	8,168	58	8,942	21,057	6,132	3.4
1998	0.38	22,828	10,536	10,497	39	12,292	19,277	7,538	2.6
1999	0.33	6,718	3,371	3,364	7	3,347	29,976	2,429	12.3
2000	0.26	6,603	3,840	3,807	33	2,853	41,460	2,800	14.8
2001	0.23	5,277	3,220	3,209	11	2,057	39,609	2,349	16.9
2002	0.06	4,244	2,710	2,706	4	1,534	38,972	1,973	19.8
2003	0.08	5,308	3,214	3,210	4	2,094	33,497	2,433	13.8

자료: 기은경제연구소, 《주요국의 중소기업관련통계》, 2004.9.

이러한 도산기업의 규모별 계층성은 중소기업 범위 안에서도 동일하다. 표 3에서 폐업한 중소기업의 규모별 구성을 보면 그 56.1%가 종업원 5~9명의 규모이고, 32.6%가 종업원 10~29인 규모여서 30명 미만의 소영세기업이 폐업한 중소기업의 88.4%라는 압도적 비중을 차지하고 있는 것을 알 수 있다.[5]

2. 중소기업 도산의 원인

기업의 도산은 생산 단위인 개별 기업의 재생산이 경영자의 의도와 달리 타율적으로 중단되고 자본가치의 대폭적인 감가減價에 따라 회복의 전망이 없게 되는 경우를 뜻한다.[6] 중소기업의 도산문제가 특히 논의의 초점이 되는 것은

---

5) 朴東燮, 《中小企業論》, 博英社, 1972, 172쪽.
6) 中村秀一郎·壹岐晃才, 《倒産の經濟學》, 日本經濟新聞社, 1963, p.16.

중소기업이 경영내외적經營內外的 요인으로 인하여 도산의 빈도가 높기 때문인데 그 원인을 살펴보면 다음과 같다.

첫째, 구조적構造的 요인이다. 이는 자본축적, 산업구조의 고도화를 중심으로 하는 경제구조 변화에 기인하는 것이다. 여기에 생산력의 발전과 이를 바탕으로 하는 제도적인 여러 경제관계를 포함한다. 구체적으로 ① 대기업의 진출, ② 기술 진보 및 최저 필요자본의 증가, ③ 대체품의 출현, ④ 소비성향의 변화(소득수준의 상승에 따른 소비 수요의 변화), ⑤ 하청·계열관계의 재편성, ⑥ 모기업의 압박(하청대금의 지불 지연 등), ⑦ 유통구조의 변화, ⑧ 노동력의 부족, ⑨ 무역 및 자본자유화에 따른 외국제품과의 경쟁 등이다.

둘째, 경기변동 요인이다. 경기 하강기에 ① 수요의 감소, ② 일시적인 판매대금 회수의 악화, ③ 금융시장의 악화 등이다.

셋째, 기업 내적企業內的인 요인이다. 여기에는 ① 기업가의 능력 및 경험부족, ② 경영자 사이의 내분, ③ 사업계획의 실패 등이 포함된다.[7]

이들 여러 요인이 작용하여 결국은 경영이 악화되고, 기업은 도산에 이르게 된다. 그런데 기업 내적 요인이나 경기변동 요인도 대기업보다 중소기업에 더욱 심한 영향을 주지만, 그렇다고 중소기업에만 고유한 것은 아니다. 그렇기 때문에 우리는 구조적 요인에 따른 중소기업의 도산 메커니즘을 주의 깊게 살펴볼 필요가 있다. 결국 구조 변화기에 중소기업이 갖는 경영의 불안정은 경영 외적 요인의 변화에서 오는 것이 더욱 심각하다. 그것은 대부분 상호 보완관계 또는 경쟁관계에 있는 대기업이나 독과점 기업과 이해상충에서 발생하는 경우가 많기 때문이다. 이 경우 중소기업을 둘러싼 지배적 경제제도인 독과점 대기업과의 관계 속에서 중소기업 도산의 원인이 규명될 필요가 있다.

이때 중소기업 도산의 원인은 국민경제의 재생산구조의 특성을 반영하게 된다. 한국경제의 재생산구조는 개방경제체제 아래 외연적 확대 기조 속에서 형성되었고, 그것은 양산체제를 지향하는 가운데 독과점 대기업 중심의 자본축적

---

7) 藤井寬, 〈倒産問題〉, 市川弘勝 編著, 《現代日本の中小企業》, 新評論, 1969, pp.275~276.

과정이었으며, 국가주도적 개발이 이를 이끌었다고 특징지을 수 있다. 능률성을 위주로 하는 대기업 편중정책 아래에서 독과점기업은 그들의 자본력을 바탕으로 무분별하게 중소기업 분야를 침투하면서 국내시장을 확보하였고, 기존의 토착 중소기업 분야를 잠식하였다. 그 과정에서 전통적 생산방법과 낮은 자본장비를 가진 중소기업은 도산의 빈도가 높지 않을 수 없었고, 특히 지방시장권地方市場圈에 그 수요 기반을 둔 중소기업은 그 존립 기반을 잠식당하였다.

1960년대 말에 발표된 통계조사 결과[8]에 따르면 중소기업 도산의 주된 원인은 과당경쟁, 자금 조달의 곤란, 수요구조의 변화 등의 순으로 나타났다. 또 1960~1970년대에 걸친 다른 조사 결과[9]에서는 과당경쟁이 제품 판매 부문에서 가장 심하며 그 원인은 중소기업체의 난립亂立과 대기업의 중소기업 분야 진출이라고 지적되고 있는데, 특히 후자의 원인은 그 비중이 높아지는 것으로 되어 있다.

이러한 결과는 중소기업 도산의 주된 원인이 되고 있는 과당경쟁이 대기업의 중소기업 분야 침투로 심각하게 된 것임을 말해 준다. 곧 외국자본과 정책적 특혜를 받은 높은 생산성의 독과점 대기업이 낮은 생산성으로 완전경쟁의 시장구조 속에서 존립하는 중소기업 분야를 침투함으로써 과당경쟁이 유발된 것이다. 자본의 집적·집중 과정에서 대자본의 소자본 분야 진출은 대자본과 소자본 사이의 경쟁을 일으키는 것이 아니고, 소자본 상호 간의 경쟁을 격화시킨다. 중소기업 분야는 시장구조가 완전경쟁에 가깝기 때문에 진입장벽barriers to entry이 낮아서 소자본에 의해서도 진입하기 쉽다. 그렇기 때문에 대기업 침투로 기존 시장을 잠식당한 중소기업은 다른 중소기업 분야에 진출함으로써 이 분야에서 중소기업 사이의 경쟁을 격화시킨다.

중소기업 사이의 과당경쟁은 판로販路, 원재료 구입, 노동력 확보, 기술 확보 등의 분야에서 경쟁 형태를 가지며 그 결과는 판매 제품의 외상 판매 대금 회수 기간의 장기화, 판매 대금 어음 결제 기간의 장기화, 원료구입대금의 현금화 또

---

8) 중소기업은행, 《中小企業出死亡實態調査報告》, 1968.
9) 商工部·中小企業銀行, 《中小企業實態調査結果報告》.

는 선금화先金化, 원재료 구입 조건의 악화, 기술노동 확보의 어려움, 판매 부진
에서 오는 할인판매를 부득이하게 만든다. 여기에 시장구조에서 오는 낮은 이
윤(가치 실현력의 취약)이 겹쳐 결국 도산으로 이어지게 된다(그림 1).

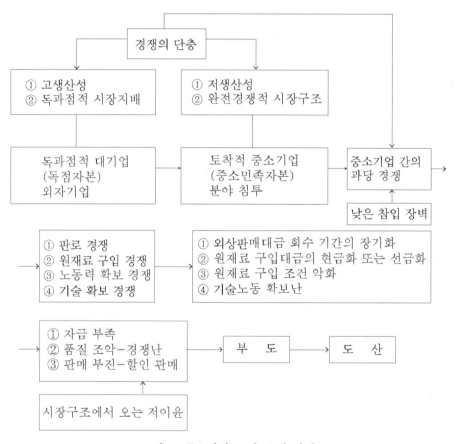

그림 1. 중소기업 도산 요인 관련도

도산한 중소기업은 새로운 분야에서 신설의 기회를 찾지만 항상 대기업 침투
의 가능성이 있으므로 그 존립이 불안정하다. 나아가 산업예비군産業豫備軍이 주
로 취업하는 소영세기업 분야에서 자기노동이나 저임금을 기반으로 존립하는

형태로 하향분해下向分解된다. 이러한 과정 속에서 독과점 대기업은 도산한 중소기업에서 배출하는 과잉노동력을 기초로 하여 낮은 임금으로 자본축적을 지속하게 된다.

제3절 중소기업 존립 분야의 변화

1. 경제개발과 중소기업 존립 분야의 변화

급속한 경제개발 과정에서 중소기업은 한편에서는 대기업의 진출·성장과 반비례하여 정리·도태되었지만, 다른 한편에서는 새로운 존립 기반을 찾아 신생·발전하였다. 경제개발과 국민소득 수준의 향상에 따른 소비구조의 고도화와 다양화 등으로 인한 수요 증가, 수출산업으로서 노동집약적인 중소기업의 비교우위, 중화학공업화에 따른 보완기업 등 새로운 존립 기반이 형성되면서 이들 분야에서 기존 중소기업의 근대화가 이루어지고 새로운 중소기업이 등장·발전하였다. 그러나 종래에 저임금 기반이나 전통적 고유 기술, 지역 수요 및 농촌과 도시의 저소득층을 수요 기반으로 하였던 중소기업은 대기업의 진출에 따라 정리·소멸되거나 그 존립 기반이 불안정한 상태를 지속하였다. 곧 중소기업은 새로운 기반에서 끊임없이 생성되었지만, 다른 한편에서는 기존의 중소기업이 정리·소멸되는 이중적 현상을 나타내면서 그 성장과 구조 변화를 지속하였다.

더욱이 경제개발 초기에 대기업은 대부분이 수입대체적 공업화 유형에 따라 기존의 중소기업 분야를 잠식하면서 그 존립 기반을 확립하였으며 중소기업과 상호 보완적 분업관계에서가 아니라 경쟁·대립적으로 존속하게 되었다. 경제개발 과정에서 양산체제의 지향과 대기업 편중적 불균형성장 전략은 대기업화 및 대규모기업의 중소기업 분야에 대한 침투를 급속하게 만들었고 결과적으로 중소기업의 지배 영역은 크게 축소되었다.

그림 2는 1960년대 말에서 1970년대 중반에 이르기까지 중소기업 존립 분야의 변동을 표시한 것이다. 중소제조업의 세세분류업종을 중소기업 분야, 공존

분야, 대기업 분야로 구분하여 이들 분야 상호 간에 이동 상황을 분석한 것이다. 그 내용을 보면 첫째, 중소기업 분야가 이 기간 중 83개 업종이었던 것이 52개 업종으로 감소하였다. 그 변동 내용은 중소기업 분야에서 25개 업종이 공존 분야로, 11개 업종이 대기업 분야로 전환하였으며, 공존 분야에서 5개 업종이 중소기업 분야로 전환하였다. 둘째, 공존 분야의 변동은 33개 업종이었던 것이 46개 업종으로 증가되었는데, 이는 공존 분야에서 5개 업종이 중소기업 분야로, 15개 업종이 대기업 분야로 각각 전환한 것과 달리, 중소기업 분야에서 25개 업종, 대기업 분야에서 8개 업종이 공존 분야로 전환한 결과였다. 셋째, 대기업 분야는 27개 업종이 45개 업종으로 확대되었다. 그 내용은 중소기업 분야에서 11개 업종, 공존 분야에서 15개 업종이 대기업 분야로 전환하고 대기업 분야에서 8개 업종이 공존 분야로 전환한 데 기인한다.

그 결과 중소기업 분야가 축소하면서 대기업 및 공존 분야가 확대되는 가운데, 특히 대기업의 지배 영역이 크게 신장되었다. 중소기업 분야의 이러한 축소 현상은 각 업종의 개별적 특수성에도 기인한다. 그러나 분야 상호 간에 이동이 있었던 64개의 대부분 업종에서 중소기업의 대기업화 및 대기업의 신규 진입이 활발하게 이루어진 결과 업종 규모가 크게 신장되고 중소기업성 업종이 공존 업종 또는 대규모성 업종으로, 그리고 공존 업종이 대규모성 업종으로 전환한 결과였다.

이러한 중소기업 지배 영역의 상대적 축소 과정에서도 일반적으로 수공업적 기능을 필요로 하는 업종, 시장이 제한적인 상품을 생산하는 업종, 지방시장을 대상으로 하는 업종, 계절적인 수요에 기반을 둔 업종, 정밀가공을 필요로 하는 업종 등은 중소기업 분야로 남아 있었다. 이와 달리 대기업의 존립 분야는 거대한 자본시설을 필요로 하는 업종, 대량생산이 가능한 업종, 거대한 제품을 제작하는 업종 등이 주된 구성이었다. 그러나 이와 같은 대기업과 중소기업의 존립 분야는 경제 발전과 공업화의 진전, 기술 진보에 따라 끊임없이 변화되기 마련이다.[10]

---

10) 中小企業銀行 調査部, 《經濟發展과 中小企業》, 1976, 30～33쪽.

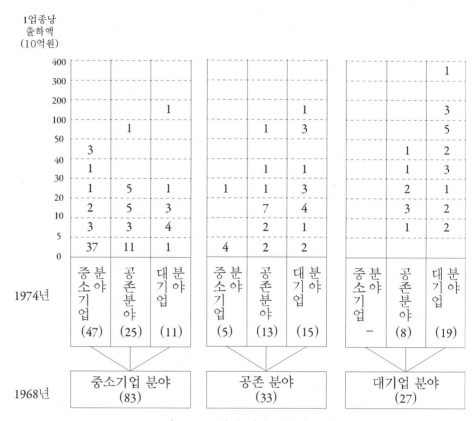

그림 2. 중소기업 사업 분야의 변동

주: ① 중소기업 분야: 중소기업 출하액이 해당 분야 출하액의 70% 이상.
　　② 공존 분야: 중소기업 출하액이 해당 분야 출하액의 31～69%.
　　③ 대기업 분야: 대기업의 출하액이 해당 분야 출하액의 70% 이상.
　　④ 괄호 안 숫자는 산업 세세분류 업종 수.
자료: 경제기획원, 《광공업 통계조사 보고서》에서 작성.
　　　(중소기업은행, 《경제발전과 중소기업》, 1976, 32쪽에서 인용)

2. 자생적 존립 기반의 위축과 대외 관련의 변화

해방 뒤 1950년대의 생산공백기에 지역적 시장을 바탕으로 자생적으로 생성

한 중소영세기업은 1960년 이후 경제개발 초기에는 대외지향적 개발 과정에서
도 지역적 성격에 걸맞은 국내시장을 바탕으로 하여 존립하였다. 광범한 농촌
시장을 중심으로 한 대중시장은 근대적인 유통체계를 가진 도시 중심의 시장권
과 대조적으로 재래시장(상설시장과 정기시장)을 축으로 전개되었다. 이러한 시장
에서 활동하는 소매업자들은 중소기업과 긴밀하게 결합하고 있는 도매업자로
부터 제품을 구입하고 또 영세한 제품은 도매와 소매를 겸하고 있어 중소기업
으로부터 구입·판매하였다. 따라서 이러한 시장과 중소기업은 광범한 일반 대
중의 경제와 결합하고 있는 부문이며 중소기업의 국내시장 판매는 이러한 시장
과 결합하고 있는 것이었다.

경제개발 초기 한국의 시장권은 근대적인 도시형 유통체계를 가진 시장권과
도매업과 결합한 중소기업을 축으로 하는 전근대적(전통적)인 농촌형의 유통체
계를 가진 시장권이라는 이중구조를 지니고 있었다.[11) 이러한 시장구조에서 중
소기업은 생산성이 압도되고 있음에도 후자의 영역을 대상으로 생산의 지역적
성격에 걸맞은 국내시장을 존립 기반으로 하여 대기업의 침투를 견뎌 내고 하
청·계열화가 아닌 형태로 존속하면서 경제 자립의 바탕이 될 수 있었다.

그 후 경제개발 초기 이러한 중소기업의 존립 영역과 형태는 점차 변화되었
다. 수출 증진과 수입원자재의 도입 추진 및 수입자유화의 확대, 외국차관과 직
접투자 등 외국자본 도입의 적극화라는 개방정책이 중소기업 육성정책에도 그
대로 적용되었다. 그 결과 중소기업 판매액 중 수출액의 비중이 높아지고, 외국
산 원자재의 사용비율도 높아져, 1980년대 중반에는 30%에 이르게 되었다(표
6). 이것은 자생적 기반 아래 발전하던 중소기업의 존립 기반이 대외지향적으로
변화되고 중소기업의 대외 관련, 곧 세계 자본주의체제와의 관련이 깊어진 것
을 뜻한다.

---

11) 邊衡尹, 《消費構造의 變化와 流通經濟》, 大韓商工會議所, 1969, 84~85쪽 및 165~166쪽. 1960년
대 후반에 도매상은 대부분의 중소기업에 자금의 전대前貸나 원료를 제공하면서 생산과정에 개입
하고 있었다. 더욱이 메리야스, 내의, 나이론직물, 모직물에 그 경향이 강해서 실질적으로 지배하
고 있는 예도 있었다(85쪽).

표 6. 판매처별 판매액 구성 및 외국산 원자재 투입 비율(중소제조업)

(단위: %)

연도	국 내 판 매 액						수출액	외국산 원자재 사용비율
	타제조업체에의 판매액(주문 판매)			소계	시장판매 및 자가소비	계		
	주문에 의하지 않는 판매	주문에 의한 판매						
		부분품 및 원재료 판매	임가공료 수입					
1970	4.1	10.7	6.1	20.9	70.0	90.9	9.1	25.1
1974	4.3	16.1	3.3	23.7	58.7	82.4	17.6	27.0
1978	7.4	15.5		22.8	56.8	79.8	20.2	22.9
1982	2.7	23.2		25.9	44.3	70.2	29.8	26.3
1986	3.5	29.7		33.2	42.0	70.3	29.7	29.6
1993		63.3	(40.7)		23.0	76.3	23.7	20.8
1997		55.4	(42.2)		26.0	81.4	18.6	20.4
2002		67.3	(51.4)		16.1	81.9	18.1	12.6
2006		70.5	(53.9)		12.1	83.7	16.3	11.4
2008		71.9	(55.0)		10.3	87.7	12.3	10.0

주: ① 1993년 이후 국내 판매액 수치는 주문 판매(제조업, 유통업, 기타)를 나타낸 것이며 괄호 안 수치
　　는 제조업에 대한 주문 판매를 추계하여 산출한 것임.
　 ② 2002년 이후 국내 주문 판매는 수출과 국내 판매를 포함한 수치를 1995년, 1997년, 1998년의 주문
　　판매액 중 수출과 내수의 비율을 평균하여 추정·산출한 것임.
　 ③ 1993년 이후 제조업에 대한 주문 판매 수치는 1992년의 주문 판매(내수) 중 제조업과 유통업, 기타
　　의 비율로 추정·산출한 것임.
　 ④ 수치의 결과 합산이 일치하지 않는 것은 추정·산출로 인한 것임.
자료: 상공부·중소기업은행·중소기업중앙회,《중소기업실태조사보고》, 각 연도를 참조함.

　　1970년대 초까지만 해도 시장 판매 및 자가 소비액 비중이 70%에 이르렀으
나, 그 후 점차 감소하여 1980년대 중반에는 40% 선에 이르렀으며 1990년대 초
에 와서는 15%로 낮아졌다. 이런 추이는 중소기업 제품의 수출 비율(수출액/출하
액)의 증가 때문이기도 하지만, 특히 다른 제조업체에의 판매 비중이 급격히 상

승한 데에 더 큰 원인이 있다.

1973년 〈중화학공업화 선언〉 이후 중화학공업 건설이 본격적으로 추진되면서 대기업과 중소기업 사이에 하청·계열관계가 크게 진전되었다. 그 결과 1980년대 중반에는 타제조업체의 주문에 따른 판매액이 30%, 1990년대에 와서는 50%에 이르게 되었으며 주문에 의하지 않은 타제조업체 판매액을 통합하면 60%를 웃돌았다.

이러한 결과는 대기업과 중소기업 사이의 상호 보완적 분업 관련이 깊어져 산업능률이 높아진 것으로 볼 수 있지만, 동시에 중소기업이 독과점 대기업 자본축적의 바탕으로 깊이 편성되는 가운데 양자 사이에 지배·종속의 문제도 크게 제기되었음을 뜻하는 것이기도 하다.

한편 중소기업의 대외 관련도를 규모별로 살펴본 것이 표 7의 내용인데 대외 관련을 소재(원재료)와 시장(수출)의 두 측면에서 본 것이다. 중소기업의 외국산 원재료 사용비율(소재 관련)은 소규모일수록 낮으며 중규모에서는 높게 나타나고 있다. 이와 달리 수출 비율(시장 관련)은 소규모일수록 낮으며 규모가 커질수록 높아지고 있다. 즉 기업 규모가 작을수록 소재 및 시장 관련이 국내 생산력 기반에 깊으며, 클수록 상대적으로 대외 의존적임을 보여 주고 있다. 이러한 추세를 대기업과 중소기업 사이에 추론하면 소재 및 시장 관련에서 대기업보다는 중소기업이 더 국내 생산력 기반에 깊은 분업관계를 갖고 있다고 할 수 있다. 즉 중소기업은 대기업보다 대내적 분업관계가 높아 대외지향적 개발정책 아래에서 편중된 대외분업적 생산력 기반을 보완해 주고, 자립적 경제구조를 지향할 수 있는 기초라고 할 수 있다.

이처럼 해방 뒤 1950년대에 걸쳐 형성되었던 자생적 중소기업의 존립 기반은 1960년대 이후 경제개발이 진전되면서 크게 변화하였다. 그 특징은 대내지향적 중소기업의 존립 기반이 쇠퇴하고 중소기업이 대외지향적 그리고 대기업 내지 독과점과의 분업체계로 편입된 것이었다. 그럼에도 중소기업은 대기업보다 소재 및 시장 관련에서 국내적 생산력 기반에 분업체계를 더욱 깊게 형성하고 있어서 경제 자립과 국민경제의 균형 발전에 기초가 되고 있다.[12]

표 7. 기업 규모별 대외 관련도

(단위: %)

	외국산 원재료 사용비율					제 품 수 출 비 율				
	1974	1985	1993	2002	2008	1974	1985	1993	2002	2008
5~9인	6.3	11.2	12.6	5.0	4.5	3.0	7.8	14.1	6.8	3.8
10~19	13.8	21.3	12.5	8.1	6.4	6.4	9.3	19.0	12.6	6.0
20~49	29.5	21.6	15.5	10.7	7.1	10.0	23.2	20.9	17.3	9.6
소기업	16.5	18.0	12.5	8.6	6.2	6.5	13.4	17.1	13.4	7.1
50~99	33.9	33.6	21.8	15.9	10.7	21.9	30.0	25.0	19.0	13.6
100~199	33.4	36.6	31.0	19.4	17.3	32.5	32.1	30.2	27.9	22.3
200~299	–	32.5	33.2	23.6	18.0	–	34.5	28.5	31.7	25.2
중 기 업	33.7	34.2	23.8	18.7	14.9	27.2	32.2	25.4	24.9	19.4
중소제조업	27.0	29.5	21.4	12.6	10.0	17.6	26.8	23.7	18.1	12.3

주: 1974년과 1985년의 소기업 및 중기업 수치는 각 규모의 평균치임.
자료: 상공부·중소기업은행·중소기업중앙회,《중소기업실태조사보고》, 각 연도.

---

12) 경제적 역할을 기준으로 민족자본의 개념을 규정하는 경우 객체적 조건으로 원자재 관련과 시장 관련 등 그 재생산 기반이 국내적 분업관계를 더욱 깊이 갖는 자본으로 본다. 그리고 구체적 조건에서는 국민경제 내부에서 생성되어 민족경제의 사회적 생산력 기반이 되면서 외국자본 및 예속 자본에 대립되는 자본을 민족자본이라고 보았다. 이런 기준에서 볼 때 중소기업은 민족자본 또는 민족자본가적 성향을 갖게 된다는 것이다. 그런 시각에서 중소기업을 민족경제의 확립과 경제 자립의 기초라고 보고 있다(趙容範,《後進國經濟論》, 博英社, 1976, 291쪽 및 朴玄埰,〈中小企業問題의 認識〉, 創作과 批評社, 1976 여름, 403~404쪽). 이에 대한 상세한 내용은 이경의,《한국 중소기업의 경제 이론》, 지식산업사, 2014, 제1장 제4절을 참조할 것.

제4절 압축성장과 정책 방향

1. 개방체제와 후발성 이익의 흡수

한국 자본주의는 19세기의 고전적·자생적 발전 과정을 거친 자본주의와는 달리 20세기 자본주의에 속하며, 그 발전은 선진자본주의 따라잡기catch up 과정으로의 발전이라는 측면이 강하다. 그것은 수출지향 공업화정책을 통하여 발전하였기 때문에 국제 협력을 중요시하고 있으며 경제순환의 대외적 연결이 강한 것을 특징으로 하고 있다. 이것이 국민경제의 대외 종속의 계기로 작용할 수 있지만 오히려 고도성장의 계기로 작용해 왔다. 종속적이거나 기형적 자본주의라는 비판에도 개방경제체제는 한국 경제성장의 필요조건이었으며 후발성의 이익을 흡수하기 위해서는 기본적으로 유지해야 할 체제라고 보는 것이 식민지 근대화론자들의 주장이다.

또한 이들은 한국 자본주의는 초기자본주의·산업자본주의·독점자본주의라는 발전의 길을 걷지 않고, 저개발국·증진자본주의·선진자본주의라는 발전의 길을 걸었으며, 그 전개 과정은 이식자본주의移植資本主義의 전개 과정이라고 보았다. 이식자본주의는 개방체제를 기본으로 하며 그 속에서 후발성의 이익을 흡수할 수 있는데, 경제적으로 가장 중요한 것은 선진자본주의로부터의 자본과 기술의 도입이라고 보았다. 외국자본을 도입하여 얻는 이익은 본원적 축적 과정에서 치러야 할 막대한 국민의 희생을 피할 수 있다. 기술 도입으로부터 오는 이익은 기술 도입 건수뿐만 아니라 상품에 체화体貨되어 도입되기도 하기 때문에, 기계나 부품 등 자본재의 도입을 통해서도 막대한 기술이 도입되고 이것이 경제 발전을 뒷받침한다는 것이다. 그리고 그 결과 생기는 국민경제의 대외 종속이나 외국자본의 국민경제 수탈이 문제가 될 수 있지만, 한국의 경우는 오히려 경제성장과 자립경제의 형성으로 귀결되었다고 보았다.[13]

해방 뒤 1950년대 말까지 한국경제는 식민지체제가 해체된 후 국민경제가 형성되는 과도적 형태였다. 그러나 '60년대와 '70년대의 기간은 국가주도적·대외지향적 개발 전략을 추진하면서 고도성장을 달성, '80년대 이후 한국경제 전개의 기초가 되었다. 이 기간을 규정한 기본 요인은 후발성後發性의 이점을 활용한 압축성장壓縮成長을 거쳐서 신흥공업국新興工業國으로 발전하였다는 점이다. 후진국은 선진국이 오랜 기간에 걸쳐 많은 비용을 들여 발전시킨 기술과 제도를 단기간에 적은 비용으로 학습·흡수하는 후발성의 이점을 누릴 수 있다. 외국의 자본과 기술을 원활히 도입하고 무역시장에서 경쟁력 향상을 추구하는 대외지향적 성장 전략은 선진경제와의 격차를 줄이는 압축성장을 수행하도록 하였다. 후진국이 압축성장을 수행하는 데에는 민간자본이 부족하고 시장의 조절 기능이 불충분하였기 때문에, 국가가 기축이 되어 성장을 위한 제도적 환경을 마련하고 외자를 도입·배분하면서 수출주도적 공업화와 수입대체 공업화를 지원하였다. 국가가 시장의 불완전한 조정 기능을 보완 또는 대체하면서 후발성의 이점을 활용하는 기축으로서 강력한 역할을 하였으며 국가주도적·대외지향적 경제개발로 산업화를 전개한 것을 이 시기의 특징이라고 보았고 또한 그것은 이 시기에 대한 긍정적 평가였다. 그런데 뒤늦게 경제개발을 시작한 경제가 급속한 경제개발로 선진경제를 따라잡기 위한 압축성장은 대기업 중심의 성장과 자본(융자)집중을 피할 수 없게 만들었으며, 그 결과로 경제구조의 이중성(이중구조)이 형성되기도 하였다.

후발성의 이익을 추구하는 이식자본주의 전개 과정에 관해서는 알렉산더 거센크론A. Gerschenkron의 논의나 아까마쓰 카나메赤松要의 산업 발전의 안행형태론雁行形態論이 이를 뒷받침한다.

일찍이 로스토우W. W. Rostow는 경제 발전 과정을 단속적斷續的 과정discontineous

---

13) 안병직, 〈한국근현대사 연구의 새로운 패러다임〉, 《창작과 비평》 98, 1997 겨울, 39~47쪽 참조.

process으로 보고 구미선진국을 비롯한 일본, 캐나다 등 여러 나라의 경제 발전 과정을 역사적으로 분석하면서 이를 다섯 단계로 구분하고, 모든 나라들이 획일적으로 이러한 단계를 거친다고 주장하였다.[14] 그런데 후진국 경제개발 과정은 도약 단계跳躍段階를 의미하여 이것은 도약준비 단계에서 선행조건이 충족되면 어떤 계기에 도약 단계에 진입한다고 보았다. 이에 대하여 경제개발에 과연 미리 충족시켜야 할 선행조건이 있으며, 만일 있다면 이들을 사전적으로 충족시키지 않고는 경제개발이 불가능한 것인가에 대한 문제가 제기되었다. 거센크론, 허쉬만A. O. Hirschman, 바란P. A. Baran 등은 다 같이 선행조건이란 관찰자의 창작물이며 또한 선행조건이라는 것이 있다 할지라도 이것들은 획일적이 아니며 절대적인 것도 아니라고 보았다.

더욱이 거센크론은 선행조건으로 자본축적, 경제적·정치적 통일국가의 실현, 개인주의에 입각한 사유권의 확립, 기술의 축적, 농업생산의 증대, 기업 능력, 길드guild체제의 붕괴, 시장의 확보 등을 열거하였다. 그런데 이러한 요건이 모두 충족되어야만 공업화가 가능하다면 그것은 후진국 공업화가 불가능하다고 볼 수밖에 없으며, 후진경제에서는 이들 선행조건이 충족되지 않았다고 해서 공업화에 크게 영향을 미치지 않는다고 보았다. 즉, ① 뒤늦게 공업화를 시작하는 나라에서는 선진국에서 선행조건으로 이해되는 것들이 이미 선행조건이 아니라 별로 중요한 역할을 하지 않는다. ② 선행조건이 결핍될 경우에는 원시축적은 외자 도입으로, 기술 부족은 인력 수입 등으로 그 대체가 가능하다. ③ 선행조건들이 공업화의 결과가 되거나 선행조건의 충족과 공업화 약진이 동시적으로 일어나서 준비 단계가 생략된다고 보았다.

약진 단계에서 경제는 ① 공업화가 대규모 약진의 형태로 일어나면서 공업 부문이 높은 성장을 나타낸다. ② 생산재, 특히 중공업이 급속히 발전한다. ③ 생산구조 면에서 기업의 집중(대규모화) 경향이 나타나서 공업화가 대기업 중심

---

14) W. W. Rostow, *The Stages of Economic Growth*, Cambridge at the Univ. Press, 1960(초판), 1969, 여기서 다섯 단계는 ① 전통사회the traditional society, ② 도약준비the precondition for take off, ③ 도약the take off, ④ 성숙the drive to maturity, ⑤ 대중적 고소비the age of high mass consumption 의 단계를 말한다.

으로 이끌어진다. ④ 정부나 은행의 역할이 크다. 그리고 이러한 공업화 약진 industrialization spurt은 상대적 후진도relative backwardnes에 따라 결정된다고 보았다. 곧 후진도가 깊을수록 위에 설명한 공업화 과정은 더욱 큰 특징으로 진행된다는 것이다.[15] 역사적 경험을 토대로 후발성의 이익을 강조한 거센크론의 공업화 약진에 대한 논의는 한국경제와 같은 이식자본주의 전개 과정의 이론적 모형을 제시한 것이다. 이 이론은 후발성의 이점을 활용하고 국가주도 아래 체계적인 산업정책을 실시하여 급격한 성장과 구조전환을 이룬 1960~1970년대 한국경제의 성장 과정을 잘 설명한다는 것이다.[16]

안행적 산업발전형태론雁行的 産業發展形態論은 개방체제 아래 이식자본주의의 성공적 발전을 산업 형태 면에서 이론적으로 뒷받침하고 있다. 개발도상경제에서 무역패턴은 수입 → 국내 생산(수입대체) → 수출이라는 형태를 갖게 되고 산업구조는 이에 따라 수입대체산업에서 수출산업으로 전환된다. 그 이행 형태는 소비재 중심의 경공업 제품으로부터 중화학공업 제품으로 이행하며 산업구조는 1차산업 중심에서 경공업 중심으로, 다시 중화학공업 중심으로 변화한다는 것이다. 그런데 수입 → 국내 생산(수입대체) → 수출이라는 패턴은 경공업 제품의 수입 → 경공업 제품의 국내 생산(수입대체) → 경공업 제품의 수출이라는 과정을 초기적 특징으로 한다. 그 뒤 중화학공업 제품의 수입 → 중화학공업 제품의 국내 생산 → 중화학공업 제품의 수출이라는 과정이 안행적 형태로 이어지면서 산업구조가 고도화된다는 것이다.[17]

이러한 모형이 한국경제의 공업화와 투자정책에 반영한 것이 표 8의 내용이다. 곧 수입에 의존하던 것을 국내에서 생산하여 대체하고, 다시 이를 수출산업화 하는 과정으로 되어 있다. 그런데 이러한 과정은 소비재로부터 시작하여 중간재를 거쳐 자본재, 나아가 지식 및 정보산업으로 이행되도록 하는 형태를 취하였다.

---

15) A. Gerschenkron, *Economic Backwardness in Historical Perspective*, the Balknap Press of Harvard Univ. Press, 1966.
16) 李濟民, 〈後發産業化의 歷史的 類型과 韓國의 經濟發展〉, 《經濟史學》 26, 1999.
17) 赤松要, 〈わが國産業發展の雁行形態〉, 《一橋論叢》, 第38卷 5号, 1956.11.

표 8. 공업화와 투자정책

	제1차 5개년계획 (1962~1966)	제2차 5개년계획 (1967~1971)	제3차 5개년계획 (1972~1976)	제4차 5개년계획 (1977~1981)
공업화 유형	소비재 수입대체	소비재 수출, 중간재 수입대체	자본재 및 중간재 수입대체	공업구조고도화, 지식 및 정보산업 개발
투자 방향	수입대체산업 육성, 수출제일주의 공업화추진	수출구조 개선, 기술개발 기반구축	중화학공업 추진 중간재 국산화, 기술개발 여건조성	기술 및 숙련노동 집약적 사업개발, 기계류 국산화 본격화, 기술개발 및 활용
주요 신규 성장 산업	화섬사, 비료, 시멘트, 정유, PVC, 전력	합성섬유, 석유화학, 화공약품, 기계류, 철강, 전자, 요업	기계, 철강, 전자, 조선	산업용기계, 철강, 전자기품 및 부품 조선
수출입 유형 ┌수출 　　　　　└수입	소비재, 자본재, 중간재	소비재, 중간재, 중간재, 자본재	소비재, 중간재, 중간재, 자본재	소비재, 중간재, 플랜트, 원자재, 자본재

자료: 경제기획원,《경제백서》, 1976, 429쪽.

2. 압축성장의 그늘과 정책 대응

1) 구조적 모순의 형성과 정책 대응

이러한 이론적 근거와 모형에 따라 추진된 1960년대 이후 압축성장은 높은 성장 성과를 가져왔지만 그에 못지않은 그늘을 남겼고 그에 대한 특단의 정책 대응을 피할 수 없게 만들었다. 그 대표적인 것이 경제적으로는 8·3조치였으며, 정치적으로는 유신체제維新體制였다. 1971년 12월 6일의 국가비상사태선언에 이어 1972년 7월 4일에는 7·4 공동선언이 있었다. 이어서 8월 3일에는 대통령의 긴급명령에 따른 8·3 조치로 경제정책의 일대 변혁을 단행하였다. 그리고 10월 17일에는 이른바 10월 유신이 선포되어 유신체제가 출현하였다. 유신체제는 1972년 10월 17일 집권 공화당정부에 의해 그것이 선포된 때로부터 1979년 10월 26일 이른바 10·26사태로 박정희가 사망하여 공화당정권이 붕괴될 때까지 7년여 동안 지속된 정치체제라고 할 수 있다. 이 체제는 공화당정권의 장기집권 음모에서 비롯된 정치적 성격의 것이었지만 경제적으로는 압축성장의 그늘 속에서 형성된 구조적 모순에 대한 대응이라고 해석할 수 있다.

1960년대 초에 낮은 생산력, 생산구조의 파행성, 대외 의존성, 높은 실업률과 낮은 소득수준의 한국경제는 경제개발 초기의 어려움을 벗어나 1965년 이후 기록적인 고도성장에 진입하였다. 그러나 1970년대에 들어서면서 성장률은 둔화하기 시작하였고 투자의 급속한 퇴조와 광범위한 업계의 불황을 수반하였다. 당시 한국경제가 당면한 과제는 형식적으로는 인플레이션과 불황, 그리고 국제수지의 악화라는 세 가지로 요약할 수 있다(표 9).

표 9. 주요 경제지표

구분＼연도	1965	1966	1967	1968	1969	1970	1971	1972
경제성장률(%)	6.1	12.4	7.8	12.6	15.0	7.9	9.2	7.0
국제수지 (백만 불)	9.1	△103,4	△191,9	△440,3	△548,6	△623	△848	△371
차관원리금상환액(천 불)	(1959~66) 41,231		38,556	60,402	102,692	170,451	215,663	315,028
도매물가 상승률(%)	10.0	8.9	6.4	8.1	6.8	9.2	8.6	14.0
소비자물가 상승률(%)	13.6	12.0	10.9	11.2	10.1	12.7	12.3	11.8

자료: ① 경제기획원, 《주요경제지표》, 1975.
　　　② 까치, 《한국경제론》, 179쪽.

그러나 그 근본 원인은 내생적 축적 기반이 마련되지 않은 상태에서 방대한 외자를 도입하면서 1965년 이후 급속한 외향적 개발을 추진한 결과 경제구조가 취약성을 가진 데 있다. 구조적 취약성은 경제의 대외예속성과 경제력의 집중, 경제 부문 간 및 국민 계층 간 불평등의 심화 등 여러 가지 형태로 나타났다. 그리고 그에 대한 비정상적 정책 대응을 취하게 만들었는데 그 내용을 보면 다음과 같다.

첫째, 외채의 증가와 국제수지 악화였다. 국내에 자생적 축적 기반을 갖추지 못한 상태에서 외자 도입에 크게 의존했던 압축성장은 한편에서 수출지향적 경공업 중심의 급속한 공업화를 가져왔다. 그러나 다른 한편에서는 한국 공업을 국제분업, 특히 미국 일본과 수직적 분업체계에 종속시켰다. 그 때문에 수출산업과 일부 내수소비재 산업이 성장하면서 원자재 및 시설재의 수입 수요가 급속히 증가하였다. 또한 대외 개방의 확대로 중간층의 소비 욕구도 급속히 팽창하면서 최종소비재와 그것을 국내 생산으로 대체하기 위한 자본재의 수입을 증가시켰다. 그 결과 국제수지의 적자 누적과 외채원리금 상환부담이 가중되면서 1970년대에 들어서면서 외자 도입의 증가가 불가피해졌다. 여기에 1971년 8월 18일에 발표된 닉슨R. Nixon 대통령의 신경제정책에서 볼 수 있듯이 선진국의 보호주의 경향은 한국의 수출에 심대한 타격을 주었다.

둘째, 정부 주도 아래의 특혜적 지원정책에 힘입어 급속히 성장한 산업들이 가질 수밖에 없는 구조적 취약성과 열악한 기업 경영 조건을 들 수 있다. 민간 자본과 기술의 축적이 매우 불충분한 조건에서 방대한 외자와 재정투융자를 바탕으로 급성장한 산업들이 빠른 시일 내에 경쟁력을 갖고 정상적 기업으로 성장하기는 어려웠다. 특혜적 성격과 그에 수반하는 자본의 낭비는 고도성장을 주도한 기업을 부실하게 만든 중요한 요인이 되었다. 1960년대 말부터 대기업들의 부실기업문제가 제기되었고 드디어 외채상환을 금융기관이 대불해야 하는 사태가 발생하였다.

셋째, 농업의 피폐로 인한 이농離農의 급증과 그로 인한 도시빈민의 증가가 무거운 사회적 부담으로 등장하였으며 노동운동의 격화와 임금 인상의 압력도 커졌다. 더욱이 1960년대 후반 고도성장 속에서 광공업 부문의 고용 증가로 노동자의 실질임금이 상승하기 시작하면서 저임금을 기반으로 경공업 제품의 수출에 의존하던 경제개발이 압박을 받게 되었다. 이에 외자기업에서 노동조합운동을 제한하는 〈외국인 투자기업의 노동조합 및 노동쟁의 조정에 관한 임시특례법〉(1970.1.1)과 노동권의 행사를 사실상 봉쇄한 〈국가보위에 관한 특별조치법〉(1971.12.27)이 제정되기도 하였다.

이런 구조적 요인이 겹쳐 ① 인플레이션의 악순환, ② 고리사채의 성행, ③ 기업 재무 상태의 취약성, ④ 기업 담보 능력의 부족 등의 사태가 발생하였다. 이를 극복하기 위하여 산업과 기업의 합리화의 필요성이 정책 과제로 제기된 가운데 취해진 대응이 8·3 조치였다.

8·3 조치는 ① 기업사채의 동결, ② 금리의 대폭적 인하, ③ 특별금융채권 발행으로 저리대환 및 저금리의 산업합리화자금의 공급, ④ 중소기업 신용보증기금 및 농수산업 신용보증기금 확충 등 기업들(특히 부실 대기업)에게 엄청난 금융특혜를 제공하는 내용이었다. 여기에 세제 면에서 감가상각율의 할증률 인상 및 국내 자원 이용 기업의 법인세·소득세의 투자공제율 인상 등 특혜를 줌으로써 기업부실을 완화시키는 것이었다. 또한 ① 금융기관의 금리 대폭 인하, ② 환율 안정, ③ 공공요금 인상 억제, ④ 예산 규모 억제 등도 물가안정시책의 일환으로 제시되었다.

그리고 유신체제는 권위주의적, 독재적 또는 억압적 성격을 지닌 것이었다. 그동안의 압축성장은 노동계급 및 도시빈민을 급속히 팽창시켰다. 그로 말미암아 확대·심화된 경제적 불평등에서 비롯된 농민운동, 노동운동, 도시빈민운동의 격화 등 사회적 갈등에 대처하기 위한 가부장적·군사적 권력집단의 지배체제 정비라고 볼 수 있다. 이것은 정치적 성격이 강했지만 기본적으로는 고도성장 과정의 구조적 모순의 산물이었다는 점에서 8·3 조치의 배경과 동일하다.

8·3 조치와 10월 유신은 대외지향적 경제개발이 가져온 구조적 모순에 대한 비정상적, 응급적 대응책이었다. 그러나 그 방향은 종래의 종속적 발전으로 조성된 대외 의존성, 국내 각 계층 사이의 불균등 심화 등 구조적 한계를 근본적

으로 타개하려는 것이 아니었다. 대외 개방을 더욱 촉진하여 외자 도입을 극대화하고 국내 자본축적을 촉진하기 위해 기존 부실기업들에게 방대한 금융특혜와 노동 탄압 등 축적 기반을 제공함으로써 경제성장을 지속하려는 방식이었다. 구조적 모순을 가져온 대외 의존적, 특권적, 특혜적 자본축적의 길을 벗어난 것이 아니었으며 종속적 발전의 문제점을 재검토하는 방향이 아니었다.[18]

2) 1970년대 개발계획과 한국경제의 문제점

이 시기에 수립된 〈제3차 경제개발5개년계획〉(1972~1976)은 ① 성장·안정·균형의 조화 추구, ② 산업구조 고도화, 국제수지 개선 및 주곡主穀의 자급 실천으로 자립적 경제구조 실현, ③ 국토의 종합개발 촉진으로 '지역개발의 균형' 추구 등을 계획의 기본 정신으로 정하였다. 이어서 계획의 중점 목표로는 '농어촌 경제의 혁신적 개발, 수출의 획기적인 증대 및 중화학공업의 건설'과 공업구조 고도화 및 과학기술의 급속한 향상과 인력 개발로 고용 증대 등을 들고 있다. 곧 그동안 외자 의존적, 대외 개방적 공업화가 불러온 대외적 불균형과 함께 대내적 산업 사이의 불균형(농업과 공업, 공업 부문 사이 및 대기업과 중소기업 사이의 불균형 등)과 그리고 공업구조의 취약성 및 외자부실화의 노정과 그것의 완화를 정책적으로 반영하려는 것이었고 또한 산업구조 면에서는 중화학공업의 건설로 극복하려는 의도를 엿볼 수 있다.

그러나 정책 방향이 그간의 고도성과형에서의 구조적 모순이 편향된 대외지향적 개발 전략에서 비롯된 것이라는 점을 충분히 인식한 결과는 아니었다. 오히려 구조적 모순을 기존의 정책을 더욱 심화시키는 가운데 극복하려는 것이어서 그 한계를 지니고 있었다.

한편 〈제4차 경제개발5개년계획〉(1977~1981)은 계획의 목표를 ① 자력성장구조의 실현(투자 재원의 자력 조달, 국제수지의 균형, 산업구조의 고도화), ② 사회개발의 추

---

18) 鄭允炯, 〈유신체제와 8·3조치의 성격〉, 박현채·정윤형·이경의·이대근 편, 《한국경제론》, 까치, 1987, 175~201쪽 참조.

진, ③ 기술의 혁신과 능률의 향상 등에 두었다. 특히 산업구조 고도화에는 경영 능력과 기술 인력의 공급 능력을 확대하여 기술 및 숙련노동집약적 산업구조가 비교우위를 갖는다고 보고 있다. 산업정책은 이러한 비교우위에 입각하여 고용효과가 큰 기계·전자·조선 등 기술 및 숙련노동집약적 산업 중심으로 산업구조를 개선하며 그 결과 자본재 및 중간재의 생산 기반이 확충되면 국제수지가 개선되고 국제경쟁력도 강화될 것으로 보았다.[19]

그런데 〈제4차 경제개발계획〉이 작성된 시점인 1970년대 중반 한국경제에 대하여는 다음과 같은 문제점이 지적되었다.

첫째, 한국경제가 당면한 여러 문제는 경제구조적 측면과 관련되고 있는데, 대외적으로는 해외 의존도의 심화와 국제수지의 적자 누증을 들 수 있다. 그리고 대내적으로는 산업 및 부문 간 불균형성장에 따른 이중구조의 문제로 집약된다.

둘째, 경제의 구조적 불균형은 그동안의 개발 전략이 공업화와 수출 진흥에 역점을 두었기 때문에 농업 부문의 상대적 성장 둔화에 따른 식량수입 부담, 대기업과 중소기업, 수출산업과 내수산업 및 지역 간 불균형 등 산업생산 부문 사이의 불균형성이 나타났다. 그 결과 생산 내부 또는 기업 내부의 구조 면에서도 규모·생산 및 경영기술과 금융 등 여러 부문에서 경제 규모의 확대에 상응하는 질적 개선이 이루어지지 않아 동태적 성장 요인이 결여되어 있다.

셋째, 산업구조의 취약성, 특히 공업구조의 취약성 및 무역구조와 관련된 문제점을 들 수 있다. 막대한 규모의 외자를 도입, 정부의 정책적 지원 아래 형성된 경공업 중심의 공업구조는 전반적으로 원자재나 시설재를 수입에 의존하는 가공수출체제加工輸出體制와 결부됨으로써 공업 부문 사이에 유기적 관련 관계가 결여된 약점을 지니고 있다.

넷째, 수출중심체제에서의 낮은 기업 능률과 국제경쟁력의 악화 경향을 문제점으로 들 수 있다. 급격한 공업화 촉진과 수출체제의 형성 과정에서 한국의 수

---

19) 大韓民國政府, 《第4次 經濟開發5個年計劃》(1977~1981), 1976, 13~16쪽 참조.

출산업은 저임금을 토대로 금융·재정·무역·외환 등 광범위한 정부의 지원에 의존해 왔다.

다섯째, 한국의 기업은 기업자금의 내부 축적이 부족한 상태에서 생산설비 및 운전자금을 외자 도입과 금융차입으로 조달하였기 때문에 이자비용이 생산원가 가운데 큰 비중을 차지하며, 설비 투자의 급격한 확대로 원리금 상환이 기업 경영에 큰 압박을 주고 있다. 그리고 산업조직 면에서는 과당경쟁과 시설과잉 현상을 보인 산업 및 기업들이 편재하고, 다른 한편에서는 독과점 기업이 생성되어 다른 국내 기업과 유기적 관련성을 이루지 못하는 등 자원의 배분 면에서 비효율성이 존재한다.

여섯째, 한국 공업구조의 문제점은 생산재 산업과 원자재 산업, 수출산업과 내수산업 등이 각각 유기적 관련 아래 상승적으로 성장하는 구조적 탄력성 부족과 더불어 대기업과 중소기업 사이의 뚜렷한 발전 격차로 기업구조가 이중적으로 만들어져 있다는 점이다. 소득집중도, 출하집중도, 고용집중도 등이 이미 기업의 성숙 단계를 지나 독점 내지 기업집중도가 높은 선진국 양상과 유사한 패턴을 보이고 있다.

이와 같은 이중구조 심화 현상은 산업 간 및 기업(예컨대 대기업과 중소기업) 사이의 상호 보완적 생산관계를 약화시켜 자금의 비효율적 사용과 전후방 연관효과 및 외부경제의 소멸을 가져왔다. 그 결과 기업의 성장 제한과 안정적 생산 기반의 구축 및 동태적 비교우위를 유지하는 데 문제가 되었다는 것이었다.[20]

이러한 지적을 안고 작성된 〈제4차 5개년계획〉은 공업구조 고도화로 자력 성장구조自力成長構造를 이루어 문제점을 해소하려는 정책 의지를 담았다. 그러나 계획의 시행 과정에서는 이미 착수한 가공형 중화학공업 건설정책을 좀 더 적극적으로 추진하는 데 정책의 중점이 놓이게 된다. 더욱이 재원 조달에서 외국 자본의 유입에 크게 의존하고 개발 방향도 큰 변화를 보이지 않게 되면서 구조적 파행성을 크게 완화시키지 못하였다.

---

20) 경제기획원,《경제백서》, 1976, 411~447쪽 참조.

제5절 1970년대 중소기업정책

1. 〈제3차 5개년계획〉과 중소기업정책

1970년대 경제개발계획은 한국경제가 안고 있는 구조적 문제점을 완화·시정하고 지속적인 고도성장을 추구하는 방향에서 수립·시행되었고, 중소기업정책도 그에 맞추어 추진되었다고 보아야 한다. 먼저 〈제3차 5개년계획〉에서는 구체적으로 다음과 같은 중소기업정책을 채택하였다.[21]

① 수출 및 지방특화산업의 육성
② 시설근대화 및 경영합리화
③ 대기업과의 계열화 조성과 공업단지 활용
④ 기업합병 또는 협업화 조성
⑤ 신용보증기금 조성

이러한 중소기업시책은 균형 있는 지역개발과 수출 증진으로 국제수지 개선, 공업구조 고도화를 위한 중화학공업 건설이라는 개발계획의 방향을 반영한 것으로 볼 수 있다. 경제개발의 진전에 따라 중소기업의 근대화가 추진되었고 그 과정에서 중소기업 도산·신설과 구조개편을 실현하려는 정책 의도를 반영한 것이었다. 특히 대기업과의 계열화 조성은 외자 의존적 대기업의 자본축적을 위한 수직적 분업체제, 즉 계층적 자본축적 구조를 심화시키려는 것이며 중화학

---

21) 경제기획원, 《第3次 經濟開發5個年計劃》(1972~1976), 1971, 65~66쪽.

공업 건설의 기반을 조성하려는 것이었다.

중소기업의 구조개편을 위한 구체적인 정책은 1970년대 초에 상공부가 공고 6612호(1971.11.21일자)로 공표한 〈중소기업의 세 가지 유형 구분〉에 근거를 두고 있다. 중소기업을 유형별로 구분하여 중소기업 근대화 지원체제를 확립하기 위한 구조정책적 시도가 이루어진 것이었다. 중소기업의 적정 규모를 측정하기 위한 여러 지표(생산성·수익성·시장성 및 원가상의 요건)를 기준으로 하여 기존 중소기업의 여러 업종을 고유중소기업형(제1유형), 전문계열화형(제2유형), 대기업화형(제3유형)으로 나누고 이들 유형에 맞추어 중소기업의 적정사업 분야를 확보하기 위한 중소기업 구조개편정책이었다.

특히 이 가운데 고유중소기업형과 전문계열화형에 대하여는 중점 육성 대상 품목 100개를 선정하여 각 품목별로 이른바 '중소기업구조 근대화지표'를 고시하였다. 이 지표에 따라 대상 품목을 생산하는 기업의 경영 기반 강화 및 기업합리화를 도모하도록 하였다.[22] 이러한 유형별 육성시책은 1966년에 제정된 〈중소기업기본법〉의 정책 내용을 시행하기 위한 〈중소기업근대화계획〉의 추진에 해당된다고 볼 수 있다. 이것은 1978년에 제정된 〈중소기업진흥법〉으로 이어지는 중소기업 근대화계획 추진의 중간 단계로서 성격을 갖는 것이기도 하다.

산업의 국제경쟁력 강화를 위해서는 대기업이 주축인 기간산업 부문의 생산기반 확충을 포함하는 산업구조의 재편성이 필요한데 이는 중소기업의 근대화와 구조 고도화가 뒷받침되어야 한다. 곧 중소기업의 체질 개선과 경쟁력 강화를 위한 기업합병, 적정규모화, 전문화 및 계열화를 통한 대기업과의 분업체제 확립 등이 요구된다. 중소기업의 유형 구분에 따른 구조개편은 이러한 정책 의도에 따른 것이고 따라서 그 구체적 정책 실시에서는 ① 전문계열화형과, ② 대기업화형에 중점이 놓였다. 그 결과 자립적 경제개발의 잠재적 가능성이 되고 있는 고유중소기업형의 적극적 육성은 상대적으로 도외시되었다. 오히려 기

---

22) 상공부, 《中小企業에 관한 年次報告》, 1973, 139~193쪽 참조. 이와 같은 조치는 법적 규제는 아니지만 일본에서 〈중소기업근대화촉진법〉(1963)에 기초를 둔 〈중소기업근대화기본계획〉에 따른 업종지정과 당해 업종에서의 적정 규모 실현을 위한 근대화정책의 본격적 전개와 유사하다.

존의 중소기업을 정책적으로 분해하고 상층부 중소기업 육성, 하층부 중소기업 도태라는 계층 분해를 통하여 수출주도형 중화학공업 시대에 독과점 대기업의 자본축적 기반으로 전환시키려는 중소기업의 구조개편정책이었다.

결국 중화학공업의 보완적 기능을 할 수 있는 적정 규모의 중소기업, 곧 중규모 및 중견 규모 중소기업의 육성에 중점이 놓이면서 중소기업 근대화정책이 전개되었다. 이에 따라 구체적인 정책의 흐름은 1960년대 이후의 그것들이 그대로 지속되었다. 왜냐하면 전반적 개발정책의 흐름에 변화가 없었기 때문이었는데 그 주된 내용은 다음과 같다.

① 전문화 및 계열화 시책의 적극적 전개
② 수출진흥정책의 적극화
③ 기업합병의 조성
④ 지방특화산업 육성, 공업단지 조성, 가내공업센터, 영세기업 육성 등 지방공업 육성대책의 시행
⑤ 시설근대화시책

기타 협동조합의 체질 개선, 공동사업의 강화, 구매 촉진을 위한 중소기업 조직화의 강화, 그리고 기업진단 기술 지도 사업을 통한 경영합리화정책이 소극적이지만 강구되었다.[23]

특히 1975년 12월에 제정된 〈중소기업계열화촉진법〉은 모기업과 수급기업 사이의 계열화를 촉진하고, 도급거래 질서를 확립함으로써 분업에 따른 상호이익 증진과 중소기업 근대화를 도모하려는 것이었다. 이 법은 중화학공업화에 따른 대기업과 중소기업 사이의 분업관계 촉진을 위한 법적 기반을 마련하는 것이었다.

또한 1976년 12월에는 〈중소기업기본법〉을 개정하여 중소기업 범위를 확대

---

23) 이상의 시책 내용은 상공부간행 각 연도 《중소기업에 관한 연차보고서》 참조.

하였다.[24] 경제 규모의 확대에 따른 것이지만, 중화학공업의 보완적 기능을 할 중견기업 육성을 위한 법적 조치였다. 이 때문에 정책적 지원이 중소기업 가운 데서도 상층부에 집중되어 중견기업, 중기업, 소영세기업 등 기업 규모 사이에 단층과 격차를 크게 만드는 계기가 되었다.

이 기간에는 구조고도화정책이나 불리시정정책 이외에도 〈경제의 안정과 성 장에 관한 긴급명령 제13호〉에 따른 8·3 조치로 중소기업 부문의 자금난 완화 를 위한 저리자금의 방출, 유류파동 이후 중소기업 불황에 대처한 중소기업의 가동안정[25] 등 보호정책이 시행되기도 하였다. 그 외에 〈물가안정 및 공정거래 에 관한 법률〉의 제정(1975)[26]은 전반적인 독과점의 규제와 함께 시장질서에서 중소기업의 불리시정不利是正을 위한 질서정책의 틀을 제공하였다. 이는 산업조 직정책으로서 중소기업정책을 시행하는 데 중요한 기점이 되었다.[27]

2. 〈제4차 5개년계획〉과 중소기업정책

한편 〈제4차 5개년계획〉에서 중소기업 부문에 대한 정책은 다음과 같이 제시 되었다.

① 〈중소기업계열화촉진법〉을 적극 활용하고 모기업체가 필요로 하는 부품·부속 및 반제품의 생산·가공을 중소기업체가 전담하도록 유도하며, 대기업의 기술이 중소기업에 전파되도록 할 것이다.

---

24) 예컨대 제조업의 경우 종업원 규모 기준으로 중소기업 범위를 상시종업원 200명 이하에서 300명 으로, 그리고 자산액 규모는 5천만 원에서 5억 원으로 대폭 확대·개정하였다.
25) 상공부, 위의 책, 1976, 6쪽 참조.
26) 이 법은 제정 당시 물가 안정을 목표로 하여 독과점 사업자의 가격 규제에 치중하고 경쟁 촉진이 라는 독과점금지정책의 본래적 영역을 소홀히 하였다. 그 뒤 1980년 12월31일에 제정된 〈독과규 제 및 공정거래에 관한 법률〉에 따라 독점금지정책의 제도적 기반이 마련되었다.
27) 이에 관한 내용은 중소기업은행, 《조사월보》, 1976년 8월호, 9~16쪽(〈不公正去來行爲 規制의 意 義〉)을 참고할 것.

② 중소기업의 구조 개선을 촉진하기 위하여 노후시설의 대체 등 시설근대화를 위한 자금 지원을 강화하고, 기업합병企業合倂과 성장 산업으로의 사업 전환事業轉換을 유도할 것이다.

③ 중소기업의 기술혁신과 생산성 향상을 위하여 각종 연구 기관 및 대학을 활용하여 경영 및 기술 지도 사업을 본격적으로 전개할 것이다.

④ 도심지 공해업소의 지방분산시책과 관련 중소기업전용단지中小企業專用團地 또는 업종별 집단화단지集團化團地를 조성하고 단지 안에 공동이용시설과 시험시설을 설치하여 제품을 평준화하고 품질을 높여 전문화·계열화를 촉진할 것이다.[28]

이처럼 〈제4차 5개년계획〉의 중소기업정책은 중화학공업화의 본격적 전개에 따라 계열화 및 전문화시책에 중점을 두었으며 이와 병행하여 시설근대화, 기술혁신, 기업합병, 사업 전환 등 산업구조의 기술집약화에 따른 중소기업 구조 고도화정책을 규정하고 있다. 더욱이 중소기업전용단지 또는 업종별 집단화단지 조성정책은 중소기업정책의 구조고도화와 함께 구조 개선 방향도 지향하고 있음을 반영한다.

한편 1966년에 제정된 〈중소기업기본법〉의 시행법적 성격을 지닌 〈중소기업진흥법〉이 1978년 12월 5일 법률 제3126호로 제정·공표되었다.[29] 1970년대 초의 유형별 중소기업 육성시책의 수립을 거쳐 10여 년 만에 기본법의 시행법이 제정된 것이다. 일본의 경우 1963년에 〈중소기업기본법〉이 제정되면서 바로 중소기업 구조고도화를 위한 〈중소기업근대화촉진법〉이 제정된 것과 대조를 보인다.

중소기업의 근대화 및 협동화사업과 중소기업에 대한 지도·연수사업 등을 실시함으로써 중소기업의 진흥을 도모하고 아울러 균형 있는 국민경제 발전에 이바지(제1조)하기 위하여 제정, 전문 44조로 되어 있는 이 법이 포괄한 주요 내

---

28) 大韓民國政府, 《第4次 經濟開發5個年計劃》(1977~1981), 13~16쪽.

29) 1978년 3월 중소기업 육성을 위한 새로운 방향을 모색하고자 일본 중소기업육성제도조사단(단장 상공부 기획차관보)을 일본에 파견하였고 그 결과를 종합하여 제정된 것이다(成光元, 《中小企業法 解說》, 財團法人 法令編纂普及會, 1986, 114~115쪽).

용은 다음과 같다.[30]

① 산업구조의 고도화와 국제경쟁력 강화 및 국민경제의 발전을 촉진하기 위하여 근대화가 절실히 요청되는 업종을 중소기업 가운데서 우선 육성 업종(優先育成業種)으로 지정하고 이에 대한 대책 강구(제3조)

② 업종별 시설 기준을 고시하고 지원하고 우선 육성 업종을 영위하는 중소기업자 가운데 발전 가능성이 있는 자의 시설근대화, 경영합리화 및 기술 향상 등을 위한 〈중소기업근대화계획〉(中小企業近代化計劃)의 수립 및 근대화 사업의 추진(제5~7조)

③ 경제 사정의 현저한 변화에 따라 사업 전환이 요청되는 중소기업에 대하여 사업 전환 대상 업종을 지정하고 필요한 대책 강구(제9조~10조)

④ 중소기업의 설립을 촉진하고 중소기업을 설립한 자가 성장·발전할 수 있도록 〈창업조성지원계획〉(創業造成支援計劃)의 수립(제11조)

⑤ 중소기업의 집단화, 시설공동화, 기업합병 촉진 등을 위한 협동화 기준을 정하여 그 실천 계획을 수립(제13~14조)하고 협동화 실천 계획을 추진하기 위하여 단지조성사업을 시행(제15조~24조)

⑥ 중소기업에 대한 지도 및 연수사업의 체계적 추진(제6절)

⑦ 지방중소기업 및 민속공예산업의 육성(제17절)

⑧ 중소기업진흥기금의 설치 및 운용(제3장)

⑨ 중소기업진흥공단의 설립(제39조)

이 법은 중소기업 근대화정책 가운데 구조고도화에 치중되었지만 구조 개선의 측면도 포함하고 있다. 그런데 이 법의 시행령은 우선 육성 업종의 지정 대상을 ① 산업구조의 고도화와 계열화 촉진에 필요한 업종, ② 수출 촉진 및 수입대체효과가 높은 업종, ③ 국제경쟁력이 높은 업종으로서 전략적으로 개발할

---

30) 이 법은 1982년 12월 23일자 법률 제3651호로 확대·개정되어 전문 제70조 부칙으로 구성되었다. 〈중소기업진흥법〉이 정한 정책을 추진하기 위하여 1979년 1월에 '중소기업진흥공단'이 설립되었다.

필요가 있는 업종, ④ 국민 생활의 안정과 향상을 도모하는 데 필요한 업종(생필품에 속하는 업종) 등으로 하였다(시행령 제2조). 이것은 이 법이 정한 중소기업 근대화정책의 중점 방향이 개방체제 아래의 산업구조 고도화와 수출주도형 중화학공업 건설의 보완적 기능을 하는 중소기업에 놓여 있음을 말해 준다.

또한 이 기간에는 중소기업 제품의 안정된 판로를 확보하기 위하여 〈중소기업제품판매촉진법〉(1981.12.31)이 제정되었다. 그리고 중소기업의 금융 지원을 위하여 신용보증제도의 개선과 시중은행 및 지방은행의 중소기업에 대한 의무대출 비율을 각각 35%와 55%로 높이고 단자회사의 중소기업 어음 할인 비율을 30% 이상 되도록 하는 등의 금융조치도 있었다. 그러나 중소기업정책의 초점은 〈중소기업진흥법〉의 제정에서 보듯이 중소기업 근대화정책의 체계적이고 적극적인 시행에 있었다. 그리고 자력성장구조의 실현을 위하여 전개된 다양한 중소기업정책은 대외지향적 중화학공업의 육성을 통한 산업구조 고도화와 독과점 대기업을 보완하고 그 자본축적의 바탕을 마련하는 것이었다. 그 결과 경제의 대외 종속성과 독과점구조는 더욱 심화되었고 자립적 경제구조의 잠재적 기반이며 경쟁력 시장의 담당자인 중소기업의 상대적 지위는 개선되지 못하였다.

제6장

경제개발과 소영세기업문제

제1절 소영세기업문제와 그 인식

1. 소영세기업문제의 제기와 그 범위

중소기업은 이질다원적異質多元的이다. 이러한 특성은 중소기업 범위 안에 소영세기업이라는 산업적 범주를 독자적으로 정립할 필요성을 있게 한다. 또한 자본제의 발전에 따라 소영세기업문제라는 경제구조의 모순이 형성되면서 이에 대한 이론적 체계를 마련하고 그 실태를 분석하면서 정책적 대응 방안을 갖게 하였다.

흔히 중소기업문제를 경제구조의 모순으로 볼 때 그 의미는 다음과 같은 것이었다.

중소기업문제의 '문제'는 다름 아닌 '모순'인데 이 모순은 자본주의 발전 과정에서 일어나는 산업구조상의 모순이며, 자본의 운동법칙이 가져오는 모순이다. 곧 자본주의 발전과 이에 따라 산업구조가 고도화하고 그 과정에서 생기는 모순의 하나가 중소기업문제이다. 따라서 중소기업문제는 '역사적' 성격을 지닌다. 자본주의 발전의 각 단계에서 지배적 자본이 그렇지 못한 종속적 자본을 몰락시키고 종속·이용하면서 이루어지는 자본의 운동법칙의 한 측면이 중소기업문제라는 것이다.[1]

그리고 중소기업문제가 산업구조상의 모순이라면 산업구조의 변화에 따라 그 성격이 달라질 수 있다는 점이다. 더욱이 산업구조의 고도화는 자본의 유기적 구성의 고도화를 의미하기 때문에 그에 따라 자본의 역할이 강해지고 모순

---

1) 伊東垈吉, 〈中小工業問題の本質〉, 藤田敬三·伊東垈吉 編, 《中小工業の本質》, 有斐閣, 1960, p.29.

현상으로서 중소기업문제는 더욱 심해질 수밖에 없다. 그러나 산업구조가 경공업 중심에서 중화학공업 중심으로, 다시 지식·정보집약적으로 변화하는 현대 자본주의에서 그것은 새로운 특성을 보이게 된다. 또한 중소기업문제는 자본주의 발전의 일반적 발전 단계와 국민경제의 특수성에 따라 횡적·종적으로 유형화하여 인식하되 중소기업의 '위치(실태)와 역할'을 제시하는 것이어야 한다.[2]

소영세기업문제를 자본주의 발전 과정에서 나오는 산업구조의 모순으로 규정하는 관점에서는 중소기업문제 인식의 틀을 소영세기업문제에도 적용할 수 있다고 본다. 다만 소영세기업을 중소기업의 일부라고 보고 일관해서 '중소기업 일반'으로 규정하던 것과 별도로 소영세기업문제를 구분해서 해명하고 그것을 독자적으로 인식하는 것은 다음과 같은 두 가지 측면에서 살펴 볼 수가 있다.

첫째, 정책적 인식이다. 중소기업을 중기업, 소기업 또는 소영세기업으로 구분하는 것은 경제개발 과정에서 '중소기업 일반'이 아니라, 소영세기업문제라는 새로운 구조적 문제가 나타나 정책 대상으로 차별화의 당위성이 있었기 때문이다.

둘째, 이론적 인식이다. 소영세기업문제는 소영세기업이 중소기업 일반(특히 중기업)과 다른 질적 특성을 지니고 있는 데 바탕을 두고 있다.

먼저 소영세기업문제에 대한 정책적 인식을 살펴보기로 하자. 일본은 1963년에 〈중소기업기본법〉을 제정하면서 처음부터 소규모기업小規模企業이라는 계층을 규정(제23조)하여 '중소기업일반'과 다르게 배려할 필요가 있다고 보았는데 그것은 다음과 같은 이유 때문이었다.

첫째, 일반 중소기업이 기업의 체질 개선을 꾀하고 생산성과 거래 조건을 개선하여 종업원의 경제적·사회적 지위를 높일 것을 기대하는 경제정책적 관점이 이 법의 기본 목표이다. 그런데 소규모기업은 그 기업 기반이 취약하기 때문에 일반 중소기업에 대한 정책 태도와는 달리 사회보장적 입장에서 이른바 사회정책적 배려를 더 할 필요가 있다.

둘째, 소규모기업의 범위를 20명(제조업기준, 상업·서비스업은 5인 이하)으로 정한

---

2) 朴玄埰, 〈中小企業問題의 認識〉, 《民族經濟論》, 한길사, 1978, 131쪽.

것은 제조업 종업원 10명 미만 정도의 중소기업 소득은 근로자의 임금소득과 같은 정도여서 사업주 가족의 생계를 유지하는 데 지나지 않는다. 따라서 사업의 존속 또는 성장에 필요한 자본의 재생산 및 확대재생산을 기대하려면 그보다는 높은 수준이 요구되었기 때문이라고 하였다.[3]

이것은 일본에서 소규모기업의 정책적 인식의 특성 및 그 범주 설정의 근거를 설명한 것이다. 한편 우리나라는,

① 〈중소기업기본법〉을 1966년에 제정하였는데 이때는 소기업에 대하여 별도로 규정하지 않았으며, 다만 영세기업을 종업원 수 5명 이하의 사업체로 하고 그에 대한 시책의 강구를 규정하였다(제9조).

② 그 뒤 1982년에 개정한 〈중소기업기본법〉에서 중소기업자 범위를 소기업자와 중기업자로 나누고 소기업(제조업·광업·운송업·건설업의 경우 종업원 20명 이하, 상업·기타 서비스업은 종업원 5명 이하)의 경영 개선과 그 발전을 위하여 정부가 필요한 시책을 강구하도록 규정하였다(제9조 1항).

③ 그리고 1995년의 개정에서는 소기업의 범위를 시행령에서 규정하도록 하면서 더욱 확대하였다(제조업·광업·운송업의 경우 종업원 수 50명 이하, 건설업은 30명 이하, 상업·기타 서비스업은 10명 이하).

④ 2009년 개정한 〈중소기업기본법의 제12조 2항에 근거한 시행령〉(제18조)은 소기업의 범위를 광업·제조업·건설업·운송업을 주된 사업으로 하는 경우 상시근로자 수가 50명 미만인 기업 그리고 그 이외의 업종을 주된 사업으로 하는 경우 상시 근로자 수가 10명 미만인 기업으로 그 범위를 정하였다.

이러한 소기업 규모 범위의 점차적 확대 추이는 경제개발 과정에서 기업 규모의 확대와 소기업문제에 대한 정책 인식의 변화를 반영한 것이었다.

---

3) 日本 中小企業廳, 《中小企業基本法の解說》, 日本經濟新聞社, 1966(中山金治, 《中小企業近代化の理論と政策》, 千倉書房, 1983, p.66).

2. 소영세기업문제의 인식

한편 '중소기업 일반'과 다른 소영세기업의 질적 특성이 자본 및 그 계층적 성격에 따라 나누어지면서 소영세기업문제가 제기된 것이 이론적 인식인데 이를 좀 더 살펴보면 다음과 같다.

첫째, 중소자본은 약소자본이지만 본질적으로 고용노동에 의존하는 자본제 기업이어서 지배적 자본이 수탈할지라도 스스로의 계층적 지위에 따라 하층에 그것을 떠넘길 수 있다. 이와 달리 소영세기업은 가족노동에 주로 의존하는 자영업자가 많고 약간의 고용노동을 사용하는 경우에도 착취자 성격이 약한 중간적 계급中間的 階級이다. 자본주의 발전 과정에서 소영세기업은 자본가와 노동자로 '계급 분화'의 진행 대상이 되는데 이는 중소자본 사이에서 이루어지는 자본가 내부의 '계층 분화'와는 차이가 있다.[4] 따라서 근대화정책을 받아들이는 방향도 다르다. 중소기업에게는 도산과 신설을 촉진하며 자본제 기업 사이 계층적 축적의 기반을 마련하는 것이지만, 영세규모가 많은 소영세기업에게는 임금노동자화賃金勞動者化를 의미한다.

둘째, 오늘날 중소기업 가운데 분리하여 논의하고 있는 소영세기업은 산업자본주의 단계에서 의식했던 소공업문제小工業問題[5]와는 그 의미가 다르다. 역사적으로 소공업문제의 대상은 가내공업이었고 자본의 문제라기보다는 수공업 또는 가내노동의 문제였으며, 근대적 대규모 공업의 전개에 따라 경쟁·도태하는 대상을 의식하여 형성된 문제였다. 곧 대기업과 소기업 사이에 만들어진 대소공업문제大小工業問題였다. 그런데 독점자본주의 단계에서는 독점자본 또는 대기업이 지배하여 이용하면서 재생산하는 존재로서 중소기업을 의식하여 중소기업문제가 제기되었다. 독점 단계에 와서 소영세기업(경영)의 상당 부문이 공장화되어 중소기업(공업)의 실질적 내용을 이루고 하청·재하청下請·再下請의 조직에 편입하여 '중소기업문제 일반' 속에 들어왔다. 곧 독점자본에 지배·이용되면

---

4) 市川弘勝 編著, 《現代日本の中小企業》, 新評論, 1969, p.241.
5) 伊東垈吉, 앞의 글, 앞의 책, p.33.

서 잔존하는 위치에 있다는 점에서 소영세기업은 중소기업과 공동의 성격을 지
니게 되었다. '중'은 '대'와 '소'의 중간이 아니고, 오히려 '소'와 하나가 되어 대
기업에 대한 중소기업이 되었다.6) 이 점에서 소영세기업은 중소기업과 동질성
을 지니게 되었다.

셋째, 이 단계에서 독점자본 또는 대기업과 중소기업(또는 소영세기업)의 관계
는 일방적인 경쟁·도태競爭·淘汰가 아니라 잔존·이용殘存·利用이며 기계적인 교체
가 아니라 상호제약·의존적相互制約·依存的인, 동시적同時的으로 존재하는 관계라
는 것이다.7)

'중소기업 일반'이 지니는 이러한 동질성에도 현실정책에서는 소영세기업 또
는 중견기업을 '중소기업 일반'에서 구분한다. 이는 이들에 대한 차별적 정책을
통하여 경쟁·도태와 잔존·이용의 법칙을 이루는 새로운 조건과 장場을 추구하
려는 것이다.

소영세기업에게 경쟁·도태는 노동력 유동화勞動力流動化의 바탕이 되어 저임
금 노동으로 잉여가치 창출의 기초를 마련한다. 그러나 자본주의가 크게 진전
한 사회에서도 전근대적인 소영세기업(경영)은 소생산자 또는 가내노동으로 존
립 형태를 변화하지 않고 계속성을 유지하기도 한다. 이때 이들을 어떻게 근대
화하고 자본축적과 경제 발전에 이용하도록 구조 개선하고 그 역할을 높이느냐
하는 과제가 소영세기업문제로 제기된다.

결국 소영세기업에 대한 차별적 근대화정책으로 그것의 경쟁·도태를 추진하
면서도 새로운 단계의 자본축적과 경제 발전의 바탕을 마련하기 위해 이들을
어떻게 잔존·이용하면서 그 역할을 높이느냐가 소영세기업문제의 중요한 정책
적 특징이 된다. 중소기업은 중견기업, 중기업, 소기업, 영세기업(경영)으로 구성
되어 있고 자본축적과 경제개발 과정에서 이들이 재편성되고, 지배적 자본의
지배 영역과 지배 대상을 확대·다양화하는 가운데 소영세기업문제가 제기·형
성된다. 곧 '중소기업 일체'로서가 아니라 그 분화分化를 통한 새로운 자본축적

6) 山中篤太郎,〈中小企業本質論の展開〉, 위의 책, p.7.
7) 위의 글, 위의 책, p.9.

의 계층적 질서가 필요해지고 그 역할 제고의 새로운 국면이 요구되면서 정책
적으로 소영세기업문제가 나왔고 그 정책적 범위도 규정된 것이다.

제2절 소영세기업의 구성: 소기업과 영세기업

1. 소영세기업의 구성과 그 성격

소영세기업을 '중소기업 일반'에서 분화하여 차별정책으로 새로운 자본축적과 경제개발의 기반을 마련하려는 가운데 나온 소영세기업문제는 소영세기업이 독자적 범주와 질적 특성을 지닌다는 것을 전제로 한다. 이질다원적으로 구성된 중소기업은 다음과 같은 내용으로 되어 있다. 독점 단계의 중소기업은 독점자본 때문에 산업자본의 독자성을 잃은 근대적 대공업(거대한 독점적 대경영에 견주어 상대적으로 중규모공업·중공업中工業)과 현대적 소공업(근대적 소공업과 종래의 소경영) 등 중층다원적으로 이루어져 있다. 이들은 다 같이 독점자본 단계에서 독점자본의 지배 때문에 문제를 안고 있다는 공통점을 지니면서 이른바 '중소기업문제'의 본질을 형성한다.

그런데 독점 단계의 소규모 공업, 즉 현대적 소공업(소기업)은 수공업적 가내공업과 매뉴팩처 등 특수한 분야와 형태로 잔존하고 있는 종래의 소경영과 종래의 소경영에 기계화와 전력을 이용하는 근대적 소공업 등으로 이루어져 소영세기업 구성의 기본을 형성한다. 다시 근대적 소공업은 다음과 같은 것을 포함한다.[8]

① 근대적 매뉴팩처와 근대적 가내공업 가운데 전동력이 보급되면서 소자본으로 동력화가 가능하게 되고 산업자본 단계에서 기계의 도입이 늘어난 것

---

8) 伊東垈吉, 앞의 글, 藤田敬三·伊東垈吉 編, 앞의 책, p.42.

② 동력화의 기초 위에서 수공업적으로 생산하는 것

③ 부분적으로 기계를 도입한 것

④ 기계화되었지만 그 기계가 뒤떨어져 수공업의 숙련을 아직 필요로 하는 것

⑤ 부녀자 등의 저임금 노동을 사용하기 위해 간이기계를 도입한 것 등

한편 현대적 소공업을 전형적인 현대적 매뉴팩처와 현대적 영세공업으로 분류하기도 한다. 다시 현대적 영세공업은 자본제 단순 협업을 주요 작업 내용으로 하는 현대적 수공업과 가내노동으로 경영하는 현대적 영세 경영으로 나누기도 한다.[9]

이처럼 소영세기업은 다양하게 구성되지만 그 공통점은 다음과 같이 설명할 수 있다.

첫째, 소영세기업은 가족노동을 주로하는 자영업자가 많고 약간의 고용노동을 사용하는 경우에도 착취자 성격이 약한 중간적 계급의 성격을 지닌다. 자본주의 발전 과정은 소영세기업에게는 자본가와 노동자로의 계급 분화 진행을 의미하며 근대화정책은 영세층이 많은 이들에게는 임금노동자화의 촉구를 의미한다.

둘째, 기업 순환과정의 특성에서 동질성이다. 영세기업에서 소기업으로 상승과 소기업에서 영세기업으로의 하강은 흔히 있는 현상이다. 중기업과는 달리 소영세기업은 확대재생산이 한정적이고 독립성이 약하며 기업의 개인적 성격이 강하여 경제계산이 성립해도 본래 의미에서 확립된 것이 아니라는 공통성을 지닌다.[10]

---

9) 稻葉襄, 《中小企業の經濟理論》, 森山書店, 1969, p.7.

10) 淸成忠南, 《現代日本の小零細企業》(發展のメカニズム), 文雅堂銀行研究社, 1967, p.14.

2. 소기업과 영세기업의 본질

1) 소기업과 영세기업의 구분

공통성을 지닌 산업적 범주인 소영세기업을 다시 소기업과 영세기업으로 구분하는 것은 현실적으로 쉽지 않다. 그러나 그 질적 특성을 고찰하여 양자를 구분하여 볼 수 있다. 곧 소기업은 '자본에 의한 경제계산의 구조'를 갖는 소규모 기업이다. 이에 대하여 영세기업은 가족노동을 중심으로 생산, 판매 및 서비스에 종사하는 '기업 이전의 경영'으로서 '자본과 노동의 분화 과정에서 중간적 존재'이다. 다시 말하면 생업(가내노동)과 기업의 중간적 존재가 바로 영세기업이며 오히려 '영세 경영'이라고 하는 편이 적절한 표현이라는 것이다.[11]

소기업과 영세기업을 이와 같이 구분하는 데 중요한 기준이 되는 것은 '자본과 노동의 분화 과정'이 어느 정도 이루어졌느냐인데 그 내용을 보면 다음과 같다.

① 제1단계에서는 자본과 노동이 미분화되어 있고 임금과 이윤의 범주도 명확히 나누어지지 않아 소득 범주로 보면 업주 소득業主所得이다.

② 제2단계에서는 대부분의 경우 가족종업원이 있지만 이들에게는 노동시장에서 성립하는 임금수준에 따른 임금을 지불하지 않고, 업주나 가족종업원을 포함한 노동비용은 생활비용의 개념으로 여겨진다.

③ 제3단계에서는 업주의 노동과정에 대한 참여가 한정되고 자본적 기능이 명확히 나타난다.

④ 제4단계에서는 노동과정에 종사하는 것은 임금노동자뿐이고, 업주는 자본가의 기능만을 하게 되어 자본과 노동의 분화가 명확해진다.

---

11) 國民金融公庫 調査部,《日本の小零細企業》, 東洋經濟新報社, 1968, p.1.

위의 네 단계 중 제1단계와 제2단계는 생업적 특징이 강하고 이윤 범주도 아직 성립하지 않는다. 기업의 속성을 자본에 따른 경제성장의 구조, 자본의 자기중심운동과 자본축적으로 본다면, 이러한 점은 제3단계에서 맹아적으로 나타나고 제4단계에서 명확해진다. 이처럼 기업적 속성이 제4단계에서 명확해지지만, 이 단계에서도 고용하는 임금노동자의 수가 많지 않을 경우에는 그 생업적 특성이 남아 있게 된다. 이때 기업으로서의 확대재생산의 가능성이 없는 경우에는 이윤도 개인자산으로 축적되어 생업적 특성을 벗어나지 못한다.

결국 '자본과 노동의 분화 과정의 중간적 존재'로서 영세기업은 제4단계의 기업 일부에서도 나타난다고 볼 수 있다. 그러나 자본제적 경영형태로서 최소 규모인 '소기업'은 제4단계에서 형성되는데 그 특징은 다음과 같다.

① 영세기업이 자본제 이전의 경영형태임에 견주어 소기업에서는 이윤 계산이 이루어지고 임금노동자가 고용되어 가계와 경영이 분리된다.
② 제조업에서는 생산에 기계를 사용한다.
③ 시장 면에서 영세기업과 같이 소비자 시장으로부터 단절되지는 않지만, 시장성을 갖지 못하면서 부분 가공에 종사하는 소기업은 모기업에 여전히 종속한다.
④ 따라서 저생산성, 경영불안정성, 열악한 노동조건 등은 소기업에서도 특징적으로 나타난다.
⑤ 더욱이 노동집약적 소기업의 경우, 노동력 부족의 영향을 받을 때 가족노동에 의존하는 영세기업보다 경영불안정성이 더욱 클 수도 있다.[12]

한편 제조업에서 기업의 유형을 가내노동, 영세공업, 소공업, 중공업, 대공업 등 다섯 가지로 유형화하여 기업의 특징을 설명하기도 한다.

이 구분에 따르면 가내노동은 그 성격이 노동자적이고, 영세기업은 직인職人적이며 소공업 이상이 자본가적 성격을 지닌다. 이에 따라 소득 범주는 가내노

---

12) 위의 책, pp.94~101.

동의 경우 공임工賃, 영세기업의 경우는 업주 소득, 소공업 이상에서는 임금·이윤의 형태가 된다. 그러나 생산물, 생산공정, 노동수단, 자본구성, 시장 조건, 가격 형성 등의 측면에서는 소기업과 영세기업 및 가내노동이 동질성을 지니는 것으로 지적되고 있다.[13]

2) 영세기업의 본질

한편 영세기업(영세 경영)의 본질에 대한 논의를 검토해 보면 다음과 같다.

첫째, 영세 경영의 기업적 성격과 생업生業을 분리하여 이해하려는 견해이다. 일본학술진흥회日本學術振興會(1962년 10월)에서 논의한 결론은 영세 경영의 본질은 '기업'과 다른 '생업'적이라는 것이다. 이때 생업이란 ① 가족노동을 주로 하고, ② 이윤 계산을 하지 않으며, ③ 가계 유지와 수익 확대를 목적으로 하는 것이라고 규정하였다. 영세층의 가내노동적 성격을 공통적 특성으로 지적한 것이다. 한편 기업의 범주를 규정하면서 영세기업을 생업적인 것과 분리·이해하려는 견해도 있다. 이를 살펴보면,

> ① 영세 '기업'이란 자가노동 중심의 층보다는 그 위의 '자본'과의 관계에서 중간적인 것으로 보는 것이 적절하며, 따라서 영세기업과 자가노동경영(생업)을 구분하는 것이 이론적·정책적으로 바람직하다.[14]
>
> ② 영세기업은 영세하고 소규모이지만 기업의 형태를 가진 것에 초점이 있으므로 그 가운데 생업적인 것은 포함하지 않는 것이 정책적으로도 바람직하고 연구에도 편리하다.[15]

둘째, 영세공업을 중소기업, 특히 소공업과 분화하지 않는 개념으로 사용하

---

13) 渡會重彦 編, 《日本の小零細企業》(上), 日本經濟評論社, 1977, p.46.
14) 伊東垈吉, 〈日本中小企業研究史〉, 《日本における經濟學の100年》(下卷), 日本評論社, 1969, p.361.
15) 藤田敬三, 《日本産業構造と中小企業》, 岩波書店, 1965, p.392.

는 견해이다.

① 영세공업의 개념을 확립·구분하지 않고 중소공업이 가진 영세성의 구조적 특징을 분명히 하려는 것이다. '자본제적 경제계산성'이라는 분석적 시각에 따라 자본제 기업과 비교해서 영세 경영을 기업 이외의 것 또는 기업으로서 미숙한 것으로 규정하였다.16)

② 자본제 경영형태를 갖고 있으면서도 자본으로서의 운동법칙을 관철할 수 없는 것을 중소자본(공업)이라고 보고, 이에 대하여 자본의 운동법칙을 관철할 수 없을 뿐만 아니라 자본제적 경영형태를 지니지 못하는 미숙하고 불충분한 것을 영세공업으로 규정하였다.17)

셋째, 영세기업문제를 구체적으로 직인職人 및 가내노동 문제로 이해하려는 견해로서 기업적 본질과 생업적 본질을 구분하지 않는 것이다.

① 영세기업은 ㉠ 선대상인先貸商人이 직인적 생산 형태를 이용하고 종속화시킨 선대제 가내공업, ㉡ 공장의 외업부外業部를 형성하는 근대적 가내노동, ㉢ 영세공장군 등의 세 가지로 구성되는 것으로 보았다.18) 이 견해는 대자본 지배 기구 안에 이들 영세공업의 종속성이 점차 강화되면서 그 지배 아래 수많은 가내노동이 형성되고 사실상의 노동자로 재생산되는 등 영세공업의 변화 과정을 재생산의 측면에서 설명한 것이다.

② 다음에 중소기업 하층을 소공업, 영세공업, 가내노동의 세 가지로 나누고 이를 이윤과 소득 범주로 구분하는 견해이다. ㉠ 소공업은 평균이윤 이하를 창출하면서 자본가의 성격을 갖는 기업으로서 기업가 소득은 임금과 이윤의 두 부문을 포함한다. ㉡ 영세공업은 숙련노동력의 임금수준밖에 얻지 못하는 계층으로서

---

16) 山中篤太郎, 〈中小企業と經濟計算〉, 《一橋論叢》, 第42号 第5卷, p.14.
17) 瀧澤菊太郎, 《日本工業の構造分析》, 春秋社, 1965, p.482.
18) 氏原正治郎·高梨昌, 〈零細企業の存立條件〉, 《國民金融公庫調査月報》, 1966年 12月号, 第57号.

직인적 성격을 갖는 경영이다. ⓒ 가내노동은 노동자의 성격을 띠고 임시 일용 노동자만큼의 임금수준을 얻는 공업소득자(반半프롤레타리아)로 유형화한다.[19]

따라서 영세공업은 이윤 범주가 성립하지 않고 사실상의 노동자에 가까운 층으로 보았다. 여기서는 영세공업의 본질을 직인적 또는 자기노동력의 상품화에서 구함으로써 생업과 가내노동 양자를 포괄하는 개념에 가깝다고 보았다.

이처럼 영세기업의 본질에 대한 여러 가지 논의가 있지만 문제의 핵심은 영세기업이 단지 전자본제적 경영의 잔존물이라는 소극적 대상에 그치지 않고, 그 종속성이 심화되면서도 재생산에 적극적으로 이바지하는 현대 자본주의 속의 '근대적 존재'로 평가되어야 한다는 점이다. 영세기업(영세 경영)은 국민 생활과 국민경제의 재생산 과정에 불가결한 존재로서 적극적인 역할을 하면서 점차 확대되고 있다. 때로는 상위자본에 대하여 외업부로서 근대적 가내노동과 수공업 등으로 편성되어 무한한 자본축적의 바탕이 되고 있다.

---

19) 江口英一, 〈零細企業とその人びと〉, 《經濟》, 1966年 7月号.

제3절 소영세기업의 존립과 그 실태

1. 자본의 분열·분산 경향과 소영세기업의 잔존

자본주의적 축적의 일반법칙the general law of capitalistic accumulation[20]과 함께 자본의 집적concentration·집중concentration의 경향이 일어나지만, 그것이 직선적·획일적으로 이루어지는 것은 아니다. 여러 생산 부문에서 극히 불균등할 뿐만 아니라 이 과정은 언제나 소자본의 잔존·신생이라는 반대 경향과 함께 진전된다.

곧 일반적으로 자본주의 발전 과정에서는 대자본(대기업)이 소자본(중소영세기업)을 구축·도태·수탈한다는 자본의 집적·집중 경향이 기본적이지만 그 기본적 경향은 자본의 분열·분산 경향을 수반하고 제약되면서 진행한다. 그 결과 자본의 집적·집중과 분열·분산이라는 모순적 현상은 대자본 또는 독점자본과 소자본 또는 중소영세자본이 공존하는 현상을 가져오는데, 이는 바로 자본주의적 축적의 일반적 법칙에 근거를 둔다. 따라서 산업자본 단계와 독점·경쟁이 병존하는 독점 단계에서 '동태적 분석'으로 이를 해명할 필요가 있다.

초기에는 자본의 집적·집중론을 적극적으로 분석하면서 소자본(중소영세기업)의 '도태·폐쇄론'이 지배적 경향이었다. 그러나 그것은 중소영세기업이 폭넓게 존속하는 현실을 설명할 수 없었다. 점차 자본의 분열·분산 경향을 이론적으로 검토하면서 독점 단계에서 중소영세기업의 잔존·이용이 자본축적과 국민경제의 확대재생산의 바탕이 된다는 분석으로 이어졌다.

---

20) K. Marx, *Capital, A Critique of Political Economy*, Vol. I, *The Process of Capitalistic Production*, ed., by F. Engels, trans., from the Third German Edition by Samuel Moore and Edward Aveling, New York: International Publisher, 1967, Part Ⅶ, Chap. XXV, p.612(金秀行 譯, 《資本論 I》(下), 비봉출판사, 1989, 774쪽).

자본주의적 축적으로 자본의 집적·집중과 독점이 진행되면서 최저필요자본량最低必要資本量이 커지고 중소영세자본의 존립 분야가 좁아지는 필연적 경향에도 중소영세기업이 끊임없이 신생·잔존하는 요인의 분석이 그것이다. 자본의 집적·집중 경향이 모든 부문에서 동일하게 드러나지 않고, 극히 불균등한 형태로 이루어지는 데서 자본의 분열·분산의 계기를 찾고 있다.

자본의 집적·집중의 진행 속도를 규정하는 것은 ① 시장의 크기, ② 이용되는 기술, ③ 노동조건 등이다.

이러한 요인이 자본의 분열·분산 경향을 다음과 같은 부문에서 이루어지게 한다.

① 수요가 소량이거나 변동이 많은 상품의 생산 부문, 여기에 포함되는 것은 ㉠ 특수한 상품 즉, 일부 계층만이 소비하는 사치품처럼 수요의 절대량이 적은 상품, ㉡ 물리적 성질 때문에 운송비 부담이 커서 시장의 지역적 세분화가 필요한 상품, ㉢ 소비자의 기호나 유행에 좌우되기 때문에 표준화할 수 없고 수요가 불안정한 상품 등이다.

② 사회의 표준적 수준보다 크게 낮은 저임금 노동력을 이용할 수 있는 부문[21]이다. ㉠ 이 부문에서는 시장의 확대와 기술개발 및 신기술의 도입이 늦고, 최저필요자본량도 소규모이며, 그 증가 속도도 느리기 때문에 중소영세기업이 존립할 수 있다. ㉡ 따라서 각 생산 부문에서 개별 자본의 규모와 생산 규모의 확대 속도, 최저필요자본량의 크기와 증가 속도, 부문 내의 기업 수의 감소 속도 등도 매우 다르다.

③ 자본제 생산의 발전 과정에서 중소영세자본이 존립할 수 있는 부문이 새롭게 생성되는 경향이 있다. ㉠ 자본제 생산 부문의 다양화가 생산공정의 분화와 독립된 형태 등으로 새로운 생산물이 창조되는 형태로서 진행된다.[22] ㉡ 이때 시

---

21) 저임금 노동력의 이용 가능성은 자본축적 과정에서 필연적으로 창출되는 상대적 과잉인구를 바탕으로 하고 또한 그 부문의 기술적 성격에 따라 좌우되며, 노동자의 조직화 정도와 법적 규제에 의해서도 영향을 받는다.
22) ① 과학기술 발달에 따른 새로운 생산물의 발명, ② 욕망의 다양화와 자본가의 부의 증대에 따른

장의 협소성과 변동성 때문에 대량생산이 부적합한 경우에 새로운 생산 부문은 중소영세자본의 중점 부문이 된다.

④ 중소영세기업이 존립할 수 있는 부문과 신생하는 부문에는 거대화된 대기업 생산 부문에서 존립할 수 없게 된 중소영세기업과 새로 형성된 잠재적 화폐자본 가운데 소영세규모 자본이 밀려든다.

⑤ 자본제 생산의 발전 과정에서 사회적 총자본이 노동과 결합하여 창출된 잉여가치가 거대화됨에 따라 개별 자본가의 부가 늘어나면서 그 가족에 재분할되고 또 잉여가치가 분할(이자, 지대 등)되면서 잠재적 소영세자본을 형성하고 이들이 위와 같은 분야에 진출하여 자립해 간다.

이들 자본이 진출하는 분야는 중소영세기업이 쇄도하기 때문에 경쟁이 격심해진다. 따라서 이러한 중소영세기업의 잔존은 한계가 있고 불안정하며 곧 몰락하기도 하지만 어느 시점에서 '정태적'으로 보면 소영세자본이 잔존·경쟁하면서 존속한다.[23]

이처럼 자본의 집적·집중은 여러 생산 부문에서 매우 불균등하게 일어나며, 그 과정에서 소영세기업은 집요하게 잔존·신생하는 반대 경향을 보인다.

① 소영세기업 부문은 새로 생겨나고, 어느 부문에서는 표준 이하의 생산 조건을 가진 약소자본弱小資本이 잔존하는 경향이 지속해서 존재한다.

② 최저필요자본량이 상대적으로 증가한 생산 부문을 중심으로 거대자본이 존재하지만, 다른 한편에서는 상대적으로 소영세자본이 언제나 상당한 규모로 존재한다.

다양한 사회적 욕구의 증대, ③ 새로운 생산물의 생산을 통해 특별이윤(일시적 독점이윤)을 획득하려는 자본의 욕구가 결합하여 새로운 생산물이 창출된다(K. Marx, *Capital*, Vol. I, pp.444~445).
23) 어느 시점에서 소영세기업이 잔존·경쟁하면서 존립한다는 것은 정태적 관점이다. 그리고 그것이 조만간 몰락한다는 것은 개별 자본(기업) 기준으로 본 것이다. 그러나 자본의 분열·분산과 소영세기업 잔존·신생이 자본주의적 축적의 결과인 한, '동태적 관점'에서 그리고 국민경제적 기준에서 볼 필요가 있고 그렇게 볼 때 소영세기업은 지속적으로 존속하고 신설된다. 소영세기업의 도산과 신설이 지속되는 사회적 대류 현상 속에서 신구기업新舊企業의 교체가 이루어지지만, 전체로서 소영세기업은 새로운 분야가 창출되고 그 수는 증가한다는 것이 실증적 연구의 결과이다.

③ 이것은 독점자본 단계에서 소수 거대자본이 지배하는 부문과 다수의 중소영세
자본(기업)이 경쟁하는 비독점 부문이 병존한다는 독점 단계 고유의 구조를 형
성하는 기초이기도 하다.[24]

2. 소영세기업의 존립 실태와 그 존립 분야 및 조건

1) 소영세기업의 존립 실태

2009년에 개정된 〈중소기업기본법〉에 근거한 시행령 제8조는 소기업의 범위
를 광업·제조업·건설업·운송업을 주된 사업으로 하는 경우 상시근로자 수가
50명 미만인 기업, 그리고 그 이외의 업종을 주된 사업으로 하는 경우 상시근로
자 수가 10명 미만인 기업으로 그 범위를 정하고 있다.

이 기준에 따라 1980년대 중반(1986)에서 2000년대 초반(2002)까지 소영세기
업의 실태와 그 변화 실태를 살펴보기로 한다.

먼저 사업체 수의 변화를 나타낸 것이 표 1의 내용이다. 소영세기업의 범위
는 업종별로 다르게 규정되어 있기 때문에 전 산업에 걸쳐 획일적으로 그 실태
를 분석하기는 어렵다. 그러나 우선 종업원 수 50명 미만을 기준으로 볼 때 이
기간 사업체 수는 1,659,735개에서 3,101,752개가 되어 1,442,017개 증가하였으
며 그 증가율은 86.9%였다. 그리고 10명 미만을 기준으로 하면 같은 기간에
1,574,164개에서 2,916,681개로 1,342,517개 늘어나 85.3% 증가하였다. 더욱이 1
~4명 종업원 규모의 영세사업체는 1,447,584개에서 2,635,372개로 증가하여
1,187,788개라는 가장 많은 수적 증가(82.1%)를 보였다.

---

24) 北原勇, 《獨占資本主義の理論》, 有斐閣, 1960(金在勳 옮김, 《독점자본주의론》, 사계절, 1984, 28~
33쪽 참조).

표 1. 전산업·주요 업종·규모별 사업체 수 변화

(단위: 개, %)

산업별	연도별	1~4명	5~9	10~19	20~49	50~99	100~299	300명 이상	합계	구성비
전산업	1986	1,447,584 (86.3)	126,580 (7.5)	51,986 (3.1)	33,585 (2.0)	10,846 (0.6)	5,834 (0.3)	2,200 (0.1)	1,676,609 (100.0)	100.0
	2002	2,635,372 (84.1)	281,309 (9.0)	119,272 (3.8)	65,799 (2.1)	18,926 (0.6)	8,811 (0.3)	2,474 (0.1)	3,131,963 (100.0)	100.0
제조업	1986	142,910 (65.3)	34,044 (15.5)	18,424 (8.4)	13,792 (6.3)	5,134 (2.3)	3,394 (1.6)	1,255 (0.6)	218,952 (100.0)	13.1
	2002	219,442 (65.6)	54,094 (16.2)	31,268 (9.4)	19,776 (5.9)	5,574 (1.7)	2,974 (0.9)	793 (0.2)	333,921 (100.0)	10.7
건설업	1986	14,201 (60.7)	4,599 (19.7)	2,392 (10.2)	1,282 (5.5)	356 (1.5)	249 (1.1)	305 (1.3)	23,384 (100.0)	1.4
	2002	43,442 (55.3)	18,440 (23.5)	10,138 (12.9)	9,961 (6.3)	997 (1.3)	495 (0.6)	109 (0.1)	78,582 (100.0)	2.5
도소매 음 식 숙 박	1986	930,559 (92.6)	55,532 (5.5)	13,509 (1.3)	4,903 (0.5)	539 (0.1)	218 (0.0)	7.1 (0.0)	1,005,331 (100.0)	60.0
	2002	1,384,573 (90.2)	109,137 (7.1)	27,458 (1.8)	10,369 (0.7)	1,782 (0.1)	833 (0.1)	219 (0.0)	1,534,371 (100.0)	49.0
운 수 창 고 통 신	1986	12,435 (55.5)	3,650 (16.3)	2,423 (10.8)	1,823 (8.1)	970 (4.3)	923 (4.1)	177 (0.8)	22,401 (100.0)	1.3
	2002	295,431 (93.3)	9,956 (3.1)	4,939 (1.6)	3,085 (1.0)	1,334 (0.4)	1,496 (0.6)	218 (0.1)	316,459 (100.0)	10.1
금 융 보 험 부동산 사 업 서비스	1986	58,721 (72.8)	8,983 (11.1)	6,211 (7.7)	5,535 (6.9)	857 (1.1)	235 (0.3)	128 (0.2)	80,670 (100.0)	4.8
	2002	145,161 (66.5)	34,079 (15.6)	20,687 (9.5)	13,821 (6.3)	2,687 (1.2)	1,267 (0.6)	435 (0.2)	218,141 (100.0)	7.0
사회 및 개 인 서비스 기 타	1986	285,592 (88.8)	18,292 (5.7)	8,346 (2.6)	5,743 (1.8)	2,751 (0.9)	623 (0.2)	196 (0.1)	321,543 (100.0)	19.8
	2002	544,810 (84.5)	54,547 (8.5)	23,890 (3.7)	12,982 (2.0)	6,250 (1.0)	1,582 (0.2)	673 (0.1)	644,734 (100.0)	20.6

주: ① 괄호 안 수치는 규모별 비중임. ② 구성비는 업종별 비중임.
　　③ 2002년의 '사회 및 개인서비스·기타'에는 공공행정·사회보장, 교육서비스업, 보건·사회복지사업, 오락·문화·운동
　　　관련 산업, 기타공공·개인서비스업을 포함한 것임.
자료: 경제기획원, 통계청, 《총사업체통계조사보고서》(1986) 및 《사업체기초통계조사보고서》(2002).

이 가운데 제조업의 경우 소영세기업(종업원 수 50명 미만)은 209,170개에서 324,580개로 되어 115,410개 증가(55.2%)하였다. 이 숫자는 같은 기간 전숵 제조업 사업체 수 증가 폭(114,969개)을 능가하는 것이었다. 즉 중규모 이상에서의 사업체 수 감소(9,983개에서 9,341개로)를 소영세기업의 사업체 수의 증가가 보충하여 전 제조업 사업체 수의 증가를 뒷받침하였다. 그렇지만 이러한 추세는 전산업의 증가추이보다 낮은 수준이었다.

즉 사업체 수의 변화 실태로 볼 때 제조업보다는 기타 업종에서 그 증가 추세가 뚜렷하였다. 그것은 같은 기간 주요 업종의 구성비에 반영되고 있다. 도소매·음식·숙박업이 가장 높은 구성비를 보였지만 그 추이는 60.0%에서 49.0%로 감소하였다. 그런 가운데 금융·보험·부동산·사업서비스업과 사회·개인서비스 및 기타 업종 등 새롭게 등장·발전하는 서비스업의 활기찬 진출을 볼 수가 있다.

이와 같은 사업체 수의 증가 실태는 같은 기간 종업원 수의 변화 추이에도 그대로 반영되었다(표 2).

종업원 수 50인 미만을 기준으로 할 때 전산업의 소영세기업 종업원 수는 같은 기간에 5,119,149명에서 10,120,034명으로 5,000,885명 증가(97.7%)하였고, 더욱이 10명 미만 소영세기업에서는 3,406,519명에서 6,582,641명으로 3,176,122명 증가(93.2%)하여 소영세기업이 고용 창출에 적극적으로 이바지하였음을 알 수 있다. 그리고 전산업에서 고용 비중도 10명 미만 소영세기업이 차지하는 것이 38.4%에서 45.1%로 높아졌다. 사업체 수의 증가와 함께 고용 기회의 증대에 소영세기업의 적극적 역할을 말해 준다. 더구나 50명 미만을 기준으로 할 때는 소영세기업의 고용 비중은 57.7%에서 69.3%로 더욱 상승하였다.

그리고 제조업의 경우에도 10명 미만 고용 비중이 15%에서 24.5%로 증가하였으며, 50명 미만은 36.0%에서 54.3%로 크게 높아져 전산업의 증가폭을 웃돌았다. 전산업에서 제조업의 종업원 수 구성비는 낮아졌다. 이것은 비제조업, 특히 도소매·음식·숙박업과 사업서비스, 사회 및 개인서비스 등 서비스업 분야가 신장·발전하면서 그 고용 기회가 크게 창출되고 있음을 반영한 것이다.

표 2. 전산업·주요 업종·규모별 종업원 수 변화

(단위: 명, %)

산업별	연도별	1~4명	5~9	10~19	20~49	50~99	100~299	300명 이상	합계	구성비
전산업	1986	2,613,157 (29.5)	793,362 (8.9)	688,818 (7.8)	1,023,812 (11.5)	739,700 (8.4)	955,709 (10.8)	2,042,090 (23.1)	8,856,658 (100.0)	100.0
	2002	4,806,356 (32.9)	1,776,285 (12.2)	1,582,599 (10.8)	1,954,794 (13.4)	1,285,580 (8.8)	1,417,830 (9.7)	1,784,896 (12.2)	14,608,322 (100.0)	100.0
제조업	1986	287,469 (8.7)	220,465 (6.7)	246,576 (7.5)	430,784 (13.1)	357,362 (10.9)	563,813 (17.1)	1,185,566 (36.0)	3,290,035 (100.0)	37.1
	2002	473,130 (14.0)	354,660 (10.5)	416,623 (12.3)	593,284 (17.5)	380,979 (11.2)	475,062 (14.0)	698,827 (20.6)	3,392,865 (100.0)	23.2
건설업	1986	30,575 (5.1)	29,431 (4.9)	31,800 (5.3)	37,958 (6.3)	24,360 (4.1)	41,283 (6.9)	403,223 (67.4)	598,630 (100.0)	6.8
	2002	93,669 (13.4)	120,548 (17.2)	134,310 (19.2)	143,024 (20.4)	66,236 (9.5)	79,103 (11.3)	63,372 (9.1)	700,262 (100.0)	4.8
도소매 음식 숙박	1986	1,681,710 (68.6)	338,823 (13.8)	175,272 (7.1)	136,136 (5.6)	35,625 (1.5)	34,200 (1.4)	50,973 (2.1)	2,452,759 (100.0)	27.7
	2002	2,643,047 (60.8)	669,254 (15.4)	354,863 (8.2)	291,271 (6.7)	117,182 (2.7)	133,926 (3.1)	136,313 (3.1)	4,346,076 (100.0)	29.8
운수 창고 통신	1986	21,716 (4.8)	24,117 (5.3)	32,758 (7.2)	56,400 (12.4)	69,141 (15.2)	149,290 (32.7)	101,928 (22.3)	456,250 (100.0)	5.2
	2002	332,152 (32.7)	63,623 (6.3)	65,457 (6.5)	93,075 (9.2)	94,282 (9.3)	245,151 (24.1)	121,372 (11.9)	1,015,112 (100.0)	6.9
금융 보험 부동산 사업서 비스	1986	104,877 (17.1)	58,110 (9.5)	84,962 (13.8)	165,068 (26.8)	55,083 (9.0)	39,111 (6.4)	107,670 (17.5)	614,881 (100.0)	6.9
	2002	281,762 (15.2)	219,934 (11.9)	276,565 (14.9)	410,387 (22.1)	179,976 (9.7)	203,511 (11.0)	282,224 (15.2)	1,854,319 (100.0)	12.7
사회 및 개인 서비스 기타	1986	482,632 (37.2)	113,161 (8.7)	108,289 (8.4)	181,913 (14.1)	181,863 (14.0)	94,166 (7.3)	132,860 (10.3)	1,294,884 (100.0)	14.6
	2002	976,366 (30.8)	341,404 (10.8)	307,635 (9.7)	398,818 (12.6)	426,138 (13.4)	255,333 (8.1)	464,941 (14.7)	3,170,632 (100.0)	27.7

주: ① 괄호 안 수치는 규모별 비중임. ② 구성비는 산업별 비중임. ③ 2002년의 '사회 및 개인서비스·기타'에는 공공행정·사회보장, 교육서비스업, 보건·사회복지사업, 오락·문화·운동 관련 산업, 기타공공·개인서비스업을 포함한 것임.
자료: 경제기획원, 통계청, 《총사업체통계조사보고서》(1986) 및 《사업체기초통계조사보고서》(2002).

이처럼 소영세기업은 제조업을 포함한 모든 산업에서 사업체 수와 종업원 수의 양적 비중이 높고 질적 구성에서도 그 중요성이 크다. 그 결과 국민경제의 모세혈관으로서 그 건전한 순환의 바탕이 되고 있으며 경제의 경직성을 막고 활력을 증진시키는 기능을 하고 있다.

또한 광범하게 존립하는 소영세기업(자영업자)은 중산층의 중추로서 사회 안정의 바탕이 되고 있다. 광범한 고용 기회를 창출하여 주고 창업과 혁신의 기수가 되어 국민경제에 활력을 불어넣는 '활력 있는 다수the vital majority'의 기능을 하는 것도 소영세기업이다.[25]

2) 소영세기업의 존립 분야와 조건

실증적 분석을 통한 소영세기업 존립문제의 고전적 검토는 일찍이 19세기 말의 독일에서 '수정자본주의 논쟁'으로 거슬러 올라간다. 앞서 지적한 대로 마르크스는 자본주의적 축적의 일반법칙에서 자본의 집적과 집중을 설명하면서 동시에 개별 자본의 분열과 분산의 가능성도 시사하였다.[26] 그 뒤 정치경제학은 대자본이 소자본을 구축하고 독점화하는 기본적 경향을 주로 강조했을 뿐 그것이 수많은 소영세기업의 잔존과 신생을 수반하면서 이루어지는 측면에 대한 검토는 소홀히 하였다. 그런 가운데 19세기 말 독일에서는 베른슈타인E. Bernstein이 소기업(경영)의 잔존문제를 제기하면서 소위 수정자본주의 논쟁이 이루어졌다.

1882년과 1895년의 독일의 통계를 분석한 베른슈타인은 소기업은 구축되기보다는 오히려 늘어났다고 지적하면서 마르크스의 이론이 소기업 구축에 편중된 데 대하여 수정주의적 입장을 밝혔다. 그러면서 그는 소기업의 존속과 신설을 결정하는 요인으로 ① 소경영이 일부 업종에서 지니는 고유의 이점과 적합성, ② 대경영의 생산공정에서 대경영과 소경영 사이의 분업관계, ③ 생산물을

25) Carson Deane(ed.), *The Vital Majority: Small Business in American Economy*, Essays Marking The Twentieth Anniversary of the U.S. Small Business Administration, 1973.

26) K. Marx, 앞의 책, p.625.

소비자에게 전달하는 데서 소경영의 유리성, ④ 대량생산에 따른 원재료의 저렴화로 소경영 신설의 용이함 등을 들었다. 이러한 이유로 대경영이 소경영을 반드시 흡수·합병하는 것은 아니며 양자는 오히려 함께 발전하고 있다는 것이다. 실제로 양자 사이의 경쟁도 크게 일어나지 않으며 이후에도 그런 방향은 급속히 진행되지 않을 것으로 보았다. 그 결과 소영세 경영은 오히려 증가하지만, 사회적 유동성이 심하여 위로의 상승을 아래에서 이입移入으로 보완하는 가운데 근대사회의 양극화와 붕괴가 이루어지지 않고 있다고 하였다.

이러한 베른슈타인의 견해에 대하여 카우츠키K. Kautsky는 자본주의의 불균형 발전의 법칙을 설명하면서 다음과 같이 지적하였다.

① 자본의 집중이 반드시 모든 부문에서 같은 속도로 진행되는 것은 아니다. 대경영이 점차 한 영역을 빼앗으면서 소경영을 다른 영역으로 구축하지만, 그렇다고 소영세기업자를 모두 프롤레타리아로 전락시키는 것은 아니다.
② 소경영은 어느 활동 영역에서 쫓겨나면 새로운 활동을 구한다. 소경영의 영역이 이에 비례하여 좁아질 수 있지만 소경영의 수가 반드시 감소하는 것은 아니다.
③ 대경영은 그들의 영역을 다양화·다각화하면서 진보하는데 이들 영역에서 소경영은 대경영과의 경쟁으로 또는 소경영 사이의 치열한 경쟁(과당경쟁) 때문에 쇠망한다.
④ 이 때문에 소경영(자본)은 대경영(대자본)에 예속되거나 노동으로 분화되어 대경영의 자본축적의 기초를 마련해 준다. 그리고 대경영은 점차 이 영역으로 침식한다.

불균등하게 이루어지는 자본주의적 축적의 일반법칙은 ① 낮은 임금수준에 기초를 두고 자본주의적 착취의 대상이 되는 소영세 경영을 어느 정도 늘어나도록 조장하고, ② 정교한 사치품을 생산하는 부문 등에서 장기간 소생산 형태를 유지하는데, ③ 이러한 소경영은 겉으로는 독립성을 갖는 것처럼 보이지만 사실상 대경영에 예속해 있다는 것이 카우츠키의 주장이었다. 그러면서 그는 자본의 집중에 따라 멸망하는 '낡은 소경영(자본가로서의 소경영)'과 자본의 집중 과정에서 잔존·신설되는 새로운 소경영(노동자적 소경영)을 구분하였다.[27]

수정자본주의 논쟁에서 베른슈타인과 카우츠키는 소영세기업의 존속 현상에 대하여 서로 다른 입장을 취하였다. 전자는 소영세기업의 존속에 적극적 의미를 부여하면서 마르크스의 자본집중법칙으로의 편향적 흐름에 '수정적' 입장을 취하였다. 이에 대하여 후자는 그것을 자본주의적 축적 과정의 불균등한 발전 결과로 나타나는 소극적 잔존이라고 보면서 낡은 소경영과 새로운 소경영을 구분하였다. 그러나 적극적이든 소극적이든 두 사람은 실태 분석에서 나타난 소영세기업의 실증적 존속을 인정하고 있음을 알 수 있다.

독점자본 단계에서 소영세기업은 자본축적의 기반으로서 그 존속이 필연적이며, 방대한 규모로 존속하고 그 수도 증가하고 있는데 이에 대한 원인과 메커니즘을 설명할 필요가 있다. 즉 소영세기업 수의 절대적 증가와 존립 분야(활동 영역과 산업 분야) 및 존립 조건을 좀 더 적극적으로 분석할 필요가 있는데 이를 살펴보면 다음과 같다.

첫째, 소영세기업의 존립 분야가 지속되고 확대되는 경향이 있는데 이를 설명하면,

① 자본주의가 발전하고 자본의 집적·집중법칙이 진행하면서 최저필요자본량이 증가하는 경향이 있지만 소영세기업의 존립이 가능한 분야도 끊임없이 잔존·확대되는 경향이 있다. 그 원인은 자본의 집적·집중법칙이 불균등하게 전개되는 데 있으며 저임금 기반의 존재, 생산과정의 기술적 성격, 일상적인 소비재 시장의 협소, 영세화 등이 생산의 기계화 및 새로운 생산방법의 도입을 저지·지연시켜서 자본의 집적·집중의 속도를 늦어지게 하는 분야가 형성된다.

② 자본주의 발전과 함께 소영세기업이 존립 가능한 분야가 새로 확대재생산되는 점이다. 사회적 분업이 발달하고 국내외 시장이 확대되면서 이것이 소영세기업

27) '수정자본주의 논쟁'에 대한 자세한 설명은 이경의, 《한국 중소기업의 경제 이론》, 지식산업사, 2014, 제1장 제3절을 참조.

의 존립 가능한 분야를 확대재생산하는 경향을 이루는데 그 주요 요인을 보면 다음과 같다. ㉠ 국민의 소득수준과 생활수준이 상승하면서 수요가 다양해지고 소비재 생산 부문 및 유통·서비스 부문에서 다양한 소영세기업의 존립 분야가 만들어지는 것, ㉡ 발전하는 산업이 그들과 관련한 생산수단, 특히 부분품, 반제품 등을 생산하는 부문에 다양한 소영세기업 분야를 만드는 것, ㉢ 시장의 세분화, 과잉생산, 과잉자본의 경향이 격화하면서 비생산 부문의 비대화 경향이 커져 소매상업 및 서비스 부문의 확대를 촉진하는 것 등이다.

둘째, 소영세기업의 존립 조건에 대한 규명이다. 존립 분야의 증가는 주로 소영세기업 증대의 '수요 측 요인' 때문이지만, 존립 조건의 확대재생산은 '공급 측 요인' 때문이라고 할 수 있다. 이는 소영세기업의 주된 경쟁 능력인 저임금 기반의 존재와 그 확대 경향을 말한다. 이러한 경향을 가져오는 원인은 다음과 같다.

① 자본축적의 진행과 자본의 유기적 구성의 고도화에 따라 상대적 과잉인구의 형성과 그 확대 경향이다.
② 농민층의 분해이다.
③ 소영세기업의 방대한 존재에 따른 노동자의 분산화 조성이다. 이때 소영세기업에 분산된 노동자는 계급화, 조직화의 가능성이 낮고 자본에 대한 대항력이 약하다. 대기업에서 유출·과잉된 상대적 과잉노동력이 소영세기업 분야에 모여들고, 여기서 노동자 사이의 경쟁이 더욱 심해지면서 이들의 조직화는 어렵게 되고 그 결과 저임금 기반을 재생산한다.[28]
④ 소영세기업은 한편에서는 중소자본가로 상승하고 다른 한편에서는 임금노동자로 분화되어 노동의 공급층을 이룬다. 그러나 소영세계층의 분해로 증가하는 임금노동자의 유입이 소영세기업층을 전반적으로 무너뜨리는 것은 아니고 소영세

---

28) 北原勇, 〈資本蓄積における中小企業〉, 楫西光速·岩尾裕純·小林義雄·伊東垈吉 編, 《講座中小企業2》 (獨占資本と中小企業), 有斐閣, 1960, p.88.

기업과 임금노동자 계층을 밀접하게 관련시키면서 소영세기업을 재생산하는데 이러한 노동력 시장의 존재가 소영세규모 생산을 존속시킨다.[29] 즉 이러한 노동력 시장의 존재가 소영세기업을 잔존시키고 증대시키는 중요한 기초 조건을 이룬다.

---

29) 巽信晴, 《獨占段階における中小企業の研究》, 三一書房, 1960, p.25.

제4절 경제 발전과 소영세기업: 이중구조론

1. 경제개발과 이중구조문제

　중소기업 범주에서 소영세기업을 구분·인식하고 이에 대한 차별정책을 펴는 것은 소영세기업의 경쟁·도태와 잔존·이용의 법칙을 관철하고 자본축적의 새로운 조건과 장場을 추구하려는 것이다. 경쟁·도태는 노동력 유동화의 기초가 되어 저임금 노동으로 잉여가치를 창출하는 기초를 마련한다. 그러나 자본주의가 진전하고 경제개발이 이루어지는 과정에서도 전자본제적인 소영세 경영이 소생산자 또는 가내노동의 형태로 여전히 존재하고 증가한다. 또 소기업(소자본)도 오히려 양적으로 늘어나고 그 존립 분야도 확대, 적극적으로 존립한다. 이에 이들을 어떻게 근대화하고 자본축적에 이용하면서 그 역할을 높이느냐는 과제가 제기된다.

　경제개발 과정에서 소영세기업의 개발과 근대화는 뒤떨어진 경영형태를 지닌 소영세기업을 경쟁·도태의 대상으로 삼는다. 그러나 다른 한편에서는 지속적으로 존립·증대하고 있는 소영세기업을 어떻게 근대화하고 잔존·이용하여 그 역할을 높이느냐는 것이 또한 오늘날 소영세기업문제와 정책 인식의 기본 특성이다. 그런데 경제개발 과정에서 중소기업 범주 안에서 규모에 따른 불균형적 발전과 격차문제가 나오면서 구체적으로 소영세기업 범위를 구분하게 만들었다. 이것은 '중소기업 일체'라는 개념에서 시행된 중소기업정책이 상위 규모의 지원에 치우친 결과이기도 한데, 그 때문에 소영세기업에 대한 분화적分化的 인식과 차별정책의 당위성이 제기되었다.

　전근대적인 소영세기업을 경쟁·도태시켜 노동력 유동화의 현상을 만들어 이

것이 저임금 기반을 제공하고 다른 한편으로는 뒤떨어진 경영형태를 개선하여
계층적階層的 자본축적 구조의 기반을 구축하려는 잔존·이용과 역할의 제고라는
두 가지 방향은 현실적으로는 경제개발 과정에서 근대화정책으로 나타났다. 근
대화정책은 경제구조가 근대적 부문과 전근대적 부문으로 구성되어 있으며, 후
자를 근대화하여 경제개발을 촉진하려는 의도에서 비롯하였다.

전근대 부문의 적극적 개선과 그 이용 및 역할을 높이려는 정책 인식을 바탕
으로 하는 것이 근대화 정책이었다. 소영세기업 또는 중소기업의 근대화는 이
들을 전근대 부문으로 보고 이 부문의 경쟁·도태와 잔존·이용으로 지속적인 경
제 발전을 추구하려는 것이었다. 이러한 기도를 이론적으로 뒷받침한 것이 중
소기업문제에 대한 이중구조론적二重構造論的 접근이었고 1957년도 일본의 《경
제백서經濟白書》가 이를 구체화하였다.30)

경제개발의 모형으로 이중경제구조dualistic economy를 이론적으로 분석·체계화
한 사람은 루이스A. Lewis였다.31) 그는 저개발국에 폭넓게 존재하는 잠재실업
disguised unemployment을 자본축적의 바탕으로 활용하여 경제개발을 할 수 있다고
보았다. 즉 농업 부문에 있는 무한한 잠재실업을 낮은 임금(생존수준 임금)으로 공
업 부문에 고용하여 공업 부문의 자본축적이 늘고 나아가 잠재실업이 공업 부
문으로 흡수된 농업 부문은 자본제 농업이 가능해진다고 주장하였다. 이것은
잠재실업이 공업 부문의 이윤소득을 늘려 자본축적의 바탕을 마련하고 농업 부
문의 근대화와 함께 경제개발로 가는 길을 열어 준다는 것이었다.

한 나라의 경제가 전근대적이고 전통적 부문traditional sector과 근대 부문modern
sector인 공업 부문이라는 이질적 구조를 가지고 병존한다는 것을 전제로 한 것
이 루이스의 이중구조 모형이었다. 공업과 농업이라는 이질적 두 부문의 병존
을 전제로 전근대 부문의 해소를 통한 근대화의 방향을 모색한 이 모형을 우리
는 '제1단계 이중구조 해소론'이라고 할 수 있다.

이처럼 루이스의 이중구조론이 공업과 농업이라는 두 부문의 질적 격차(이질

---

30) 이에 대한 상세한 내용은 이경의, 《한국 중소기업의 경제 이론》, 지식산업사, 2014, 제2장을 참조할 것.
31) A. Lewis, "Economic Development with Unlimited Supply of Labor", *The Manchester School*, May, 1954.

성)를 분석의 대상으로 한 것임에 대하여 앞서 지적한 일본《경제백서》의 규정과 그 뒤 전개된 이중구조론은 주로 공업 부문 안에서 대기업과 중소기업 사이의 격차를 논의의 대상으로 했다는 점에서 차이가 있다. 즉 대기업을 근대 부문으로 본 것과 달리 중소영세기업을 전근대 부문으로 보고 둘 사이 격차의 해소문제를 다루고 있다.

일본의 경제(고용)구조는 한편으로는 근대적 대기업, 다른 한편으로는 전근대적 노사관계를 지닌 소기업 및 가족경영을 하는 영세기업과 농업이 양극에 대립하고 중간의 비중이 매우 낮다고 보았다. 대기업을 정점으로 하는 근대적 부문에는 세계의 어떤 선진국에도 뒤지지 않는 근대적 설비를 갖추고 있다. 이 부문과 함께 낮은 임금으로 고용된 낮은 생산력의 노동집약적 생산방법을 갖는 부문(소영세기업과 농업 부문)이 공존한다 말하지만 한 나라 안에 선진국과 후진국의 이중구조가 존재한다는 것이다.[32]

대기업과 중소영세기업 사이의 이중구조라는 인식과 그 해소는 중소기업 구조정책으로 나타났고 그것은 도산과 신설의 연속 속에서 이루어졌다. 중소기업에 대한 차별정책으로 생기는 도산과 그에 따른 노동력 유동화는 대기업과 합리적 중소기업의 저임금 노동공급의 풀pool이 되어 이들의 자본축적의 기반이 되었다. 이러한 중소기업 근대화를 통한 이중구조 해소를 우리는 '제2단계 이중구조 해소론'으로 규정할 수 있다.

2. 소영세기업문제와 이중구조 해소론

대기업을 근대 부문으로 보고 중소영세기업을 전근대 부문으로 보는 이중구조론의 시각과 이를 해소하기 위한 중소기업 근대화정책은 중견 규모 경영의 근대화 또는 능률주의에 기준을 둔 규모경제를 실현하는 방향이었기 때문에,

---

32) 日本經濟企劃廳,《昭和 32年度 經濟白書》, 至誠堂, 1957, pp.33~35.

이질다원적인 '중소기업 일반' 가운데 중기업에 그 지원이 치우쳤다. 그래서 중기업 육성과 소영세기업의 정체·도태·몰락이라는 현상을 가져왔고, 중기업과 소영세기업 사이에 격차문제가 제기되면서 새로운 차원의 이중구조 인식의 기틀이 되었다. 경제개발 과정에서 중소기업의 근대화와 이중구조의 해소는 소영세기업을 상대적으로 침체시켜 성장의 잠재력을 키우지 못하고 새로운 이중구조를 이루게 하였다. 이에 대한 문제 인식에서 출발한 소영세기업의 근대화를 우리는 '제3단계의 이중구조 해소론'으로 규정할 수 있다.

후발경제에서 노동력을 풍부하게 안고 있는 부문은 소영세기업이 중심인 전근대·전자본제 부문이고 이들 부문의 노동력을 낮은 임금으로 개발 대상 부문으로 이동시키는 것은 개발정책의 주안점이 되었다. 이는 산업예비군적 노동력 풀을 이루면서, 전자본제 부문을 근대화한다는 두 가지 의미를 지니기 때문이다. 이와 같은 시각은 당연히 중소기업 근대화에서 구조 개선의 대상을 중소기업 일반이라고 보는 포괄적 관점에서 벗어나, 중소기업문제를 분화적 관점에서 다루도록 만들었다. 중소기업 일반의 틀 안에 만들어진 새로운 이중구조를 인식하고 소영세기업문제를 차별적 시각에서 접근하게 한 것은 바로 이와 같은 점을 반영한 것이었다.

중소기업문제가 제기된 초기에는 대기업에 대한 '중소기업 일반'이라는 관점에서 중소기업을 정책의 대상으로 보았다. 그러나 경제개발이 진행되면서 중소기업 범주 안에서 계층 분화가 발생하고 구조적 단층構造的 斷層이 형성되었다. 그러면서 '중소기업 일반'에서 중기업을 나누고 다시 소영세기업을 구분하여 취급하였다. 일본에서는 1960년 이후 중소기업 일반에서 이러한 분화 경향이 나타났고 1963년에 제정된 〈중소기업기본법〉 이후 중소기업의 중상층中上層과 소영세小零細를 구분하여 취급하기에 이르렀다.

1966년, 우리나라에서 〈중소기업기본법〉을 제정할 당시에는 중소기업 범위 일반으로 규정하였고, 다만 영세기업(제조업의 경우 상시종업원 수 5명 이하)를 별도로 정하였을 뿐이었다. 그러다가 1988년에 중기업과 소기업을 구분하였고, 1996년에는 소기업의 범위를 확대하였다.

중소기업과 대기업 사이의 이중구조문제를 제기한 일본의 《경제백서》에서 이중구조의 특징으로 지적된 것을 보면 ① 한편으로 근대적 대기업, 다른 한편으로는 전근대적 노사관계에 입각한 소기업 및 가족경영에 의한 영세기업과 농업이 양극에 대립하고 중간의 비중이 현저히 낮다. ② 가족노동자의 비중이 큰 가운데 기업 규모별 임금격차가 매우 크다. ③ 노동시장도 이중구조적 봉쇄성과 대기업과 중소기업 사이에 생산성 격차가 크다. ④ 이중구조는 무역에서도 나타난다. 즉 고용구조의 이중성, 생산성 격차, 임금격차, 노동시장의 이중성, 무역구조의 이중성과 그에 따른 경제의 불균형적 발전은 소득수준의 확대를 통하여 사회적 긴장을 증대시킨다고 보았다. 그리고 그 분석에서 '경영 내용의 규모별 격차'로 제시한 지표는 ① 1인당 임금(인건비/종업원 총 수), ② 부가가치 생산성(부가가치/종업원 총 수), ③ 매상고이익율(이익/매상고), ④ 노동장비율(유형고정자산/종업원 총 수), ⑤ 자본생산성(부가가치/유형고정자산), ⑥ 총자본회전율(매상고/총자본) 등이었다. 이들 지표에서 ①~④항은 기업 규모의 증대에 따라 그것들이 커지는 경향이었지만 ⑤, ⑥항은 오히려 작아지는 추세를 보였다.[33]

그리고 이중구조 현상에 대한 좀 더 상세한 설명은 다음과 같다.

첫째, 기업 규모별 임금격차인데, 이것은 생산성 격차에 주로 의존하며 규모별로 대소 순서로 연속적 급경사를 나타낸다.

둘째, 취업구조에서 소규모 집중인데, 선진국에서는 대규모·중규모·소규모의 순으로 취업집중도가 낮아지지만, 일본의 경우는 소규모의 취업집중도가 가장 높고 중규모의 비중이 가장 낮다. 또한 전근대적 취업 형태의 비중이 높다.

셋째, 방대한 잠재실업자가 존재한다. 일반적 수준보다 낮은 임금으로 취업해 있는 노동자군이 대량으로 존재하는데 이들은 농업과 중소영세기업에 대량으로 취업하며 이 부문이 고용 흡수적 역할을 하고 노동집약적 생산방법의 기초이다.

넷째, 과점寡占과 자본집중인데 이것은 대기업에 융자집중融資集中으로 이루어

---

33) 위의 책, p.41.

진 것이며 이것이 기업 규모별 생산성 격차의 확대를 촉진한다.[34]

표 3은 1960년대 중반(1966)이후 2000년대 초(2002)에 걸쳐 제조업의 사업체 수와 종업원 수를 규모별로 살펴본 것이다. 소기업의 사업체 수는 그 비중이 앞도적인 가운데 같은 기간 21,013개에서 101,737개로 4.8배 증가하였다. 경제개발 초기인 '70년대 중반까지는 감소하였다가 그 이후 증가하였으며 더욱이 '80년대 중반 이후 크게 증가하였다. 또한 종업원 수에서도 거의 동일한 추세를 보였다. 같은 기간 223,510명에서 1,283,773명으로 5.7배 증가하여 오히려 사업체 증가율을 능가하였다. 역시 1970년대 중반 이후 증가세가 뚜렷하고 특히 '80년대 중반 이후 더욱 크게 늘어났다. 1966년에 39.4%였던 소기업의 고용 비중은 2002년에 47.6%로 높아져 소기업의 고용집중도가 지속하여 증가했음을 알 수 있다.

소기업 가운데 영세기업이라고 할 수 있는 5～9명의 사업체 수는 같은 기간 12,728개에서 54,845개로 되어 4.3배 증가하였고 전체 사업체 수의 50%를 차지하였다. 종업원 수는 76,880명에서 349,078명으로 4.5배 증가하여 전체에서 차지하는 비중은 12.9%였지만 상대적으로 낮은 비중은 아니었다. 결국 사업체 수와 종업원 수의 소(영세)기업 집중 현상을 확인할 수 있다.

한편 표 4에서 볼 때 같은 기간에 소기업의 부가가치 비중은 24.9%에서 24.3%로 약간 감소하였다. 그러나 1960년대 중반 이후 크게 감소세였던 것이 '80년대 중반 이후 현격히 증대하는 기복 현상을 보인 결과였다.

같은 자료에서 1인당 부가가치(생산성)의 종업원 규모별 격차를 볼 수 있는데 대기업에 견준 격차는 지속적으로 커지는 추세였다. 곧 1966년에 대기업에 견주어 소기업의 1인당 부가가치는 42.7%였던 것이 1986년에는 35.4%로 되었고, 2002년에는 24.4%에 그쳐 그 격차는 더욱 커졌다. 특징적인 것은 '80년대 중반 이후 소기업의 사업체 수와 종업원 수는 크게 증가하면서 그 비중도 높아졌지만 1인당 부가가치 생산성은 오히려 침체·하락하는 추세를 보였다는 점이다.

---

34) 篠原三代平, 〈日本經濟の二重構造〉, 篠原三代平 責任編輯, 《産業構造》(新訂), 春秋社, 1966, pp.82～99 참조.

표 3. 연도별·규모별 사업체·종업원 구성(제조업)

	사업체 수(개)				종업원 수(명)			
	1966	1974	1986	2002	1966	1974	1986	2002
5~9명	12,728 (56.0)	10,576 (46.7)	15,164 (30.3)	54,845 (49.7)	76,880 (13.6)	68,723 (5.3)	102,667 (3.8)	349,078 (12.9)
10~19	5,480 (24.2)	5,064 (22.4)	13,234 (26.4)	28,586 (25.9)	67,783 (12.0)	67,770 (5.2)	180,384 (6.5)	382,420 (14.2)
20~49	2,805 (12.3)	3,293 (14.6)	12,103 (24.2)	18,306 (16.6)	78,847 (13.9)	99,966 (7.7)	382,378 (14.0)	552,275 (20.5)
소기업	21,013 (92.5)	18,933 (83.7)	40,501 (80.9)	101,737 (92.2)	223,510 (39.4)	236,459 (18.2)	665,429 (24.3)	1,283,773 (47.6)
50~99	874 (3.8)	1,538 (6.8)	5,023 (10.0)	5,183 (4.7)	59,541 (10.5)	108,331 (8.3)	352,309 (12.9)	355,599 (13.2)
100~199	452 (2.0)	971 (4.3)	2,490 (5.0)	2,205 (2.0)	58,371 (10.3)	138,500 (10.7)	348,338 (12.7)	302,838 (11.2)
200~299	141 (0.6)	404 (1.8)	869 (1.7)	556 (0.5)	33,949 (6.0)	97,949 (7.5)	212,084 (7.7)	133,706 (5.0)
중기업	1,467 (6.5)	2,913 (12.8)	8,382 (16.7)	7,944 (7.2)	151,861 (26.8)	344,780 (26.6)	912,731 (33.3)	792,143 (29.4)
300~499	116 (0.5)	350 (1.5)	524 (1.0)	364 (0.2)	44,341 (7.8)	135,524 (10.4)	202,221 (7.4)	136,794 (5.1)
500명 이상	122 (0.5)	436 (1.9)	656 (1.3)	311 (0.3)	146,953 (25.9)	582,621 (44.9)	957,972 (35.0)	483,201 (17.9)
대기업	238 (1.0)	786 (3.5)	1,180 (2.4)	675 (0.6)	191,294 (33.8)	717,145 (55.2)	1,160,193 (42.4)	619,995 (23.0)
중소기업	22,480 (99.0)	21,836 (96.5)	48,883 (97.6)	109,681 (99.4)	375,371 (66.2)	581,239 (44.8)	1,578,160 (57.6)	2,075,918 (77.0)
계	22,718 (100.0)	22,632 (100.0)	50,063 (100.0)	110,356 (100.0)	566,665 (100.0)	1,298,384 (100.0)	2,738,353 (100.0)	2,695,911 (100.0)

주: 괄호 안 수치는 규모별 구성비(%)임.
자료: ① 경제기획원, 한국산업은행, 통계청, 《광업·제조업 통계조사보고서》
② 기은경제연구소, 《주요국의 중소기업관련 통계》, 2004.9.

표 4. 규모별 부가가치 비중 및 1인당 부가가치 추이(제조업)

| | 부가가치 비중(%) | | | | 1인당 부가가치 격차 | | | | | | | |
| | | | | | 대기업 = 100.0 | | | | 중기업 = 100.0 | | | |
	1966	1974	1986	2002	1966	1974	1986	2002	1966	1974	1986	2002
5~9명	7.3	2.2	1.5	5.2	36.6	33.7	28.1	19.4	57.5	51.4	50.6	43.3
10~19	7.8	2.7	3.1	7.1	44.3	41.5	33.1	23.7	69.6	63.2	59.5	52.9
20~49	10.0	4.6	7.7	12.0	47.1	48.0	38.5	28.0	74.0	73.1	69.3	62.6
소기업	24.9	9.5	12.4	24.3	42.7	42.0	35.4	24.4	67.0	64.0	63.8	54.1
50~99	8.6	6.9	8.7	10.1	55.3	66.7	47.2	36.7	86.8	101.5	85.1	82.0
100~199	9.0	8.9	10.4	11.3	59.5	66.9	56.8	47.9	93.4	102.0	102.3	107.0
200~299	7.6	5.9	7.5	6.1	85.4	68.1	67.2	59.1	134.3	95.3	121.1	131.9
중기업	25.2	21.7	26.6	27.5	63.6	65.6	55.5	44.8	100.0	100.0	100.0	100.0
300~499	12.7	12.9	8.6	7.9	110.2	98.9	82.3	80.5	173.1	150.6	146.3	179.7
500명 이상	37.2	55.9	52.4	40.2	96.9	100.3	104.0	107.2	152.3	152.7	187.3	239.4
대기업	49.9	68.8	61.0	48.1	100.0	100.0	100.0	100.0	157.2	152.3	180.1	227.3
중소기업	50.1	31.2	39.0	51.9	51.1	56.0	47.0	32.2	80.4	85.3	84.7	71.8
계	100.0	100.0	100.0	100.0	67.6	80.3	69.5	47.8	106.2	122.3	125.2	106.7

자료: ① 경제기획원, 한국산업은행, 통계청,《광업·제조업 통계조사보고서》에서 작성.
　　② 기은경제연구소,《주요국의 중소기업관련 통계》, 2004.9. 참조.

다음에 '중소기업 일반' 안에서 중기업과 소기업의 관계를 보기로 하자. 사업체 수에서 같은 기간 소기업의 경우는 앞서 살핀 바와 같고, 중기업의 구성비 추이는 1970년대 중반(1974년=12.8%)과 1980년대 중반(1986년=16.7%)까지 크게 증가하다가, 2000년대 이후 감소하여 1966년(6.5%)과 2002년(7.2%)은 거의 비슷한 수준을 보였다. 종업원 수에서 중기업의 비중도 같은 증감의 추세를 보였다(표 3). 그러나 중기업과 소기업의 1인당 부가가치(생산성) 격차는 지속적으로 커졌고 '80년대 중반 이후 더욱 현격해졌다. '80년대에 와서 소(영세)기업문제가 정책적으로 대두되기 시작한 배경이기도 하다. 즉 사업체 수와 종업원 수는 증가하고 있지만 그 생산성은 '중소기업 일반' 안에서 중기업과 소기업 사이에 격차가 커지는 이중구조적 특징을 보인 것이다.

이런 특징은 이중구조의 원인을 설명하는 〈자본집중 가설〉에 의하여 뒷받침된다.35) 즉 자본집약도의 격차가 생산성 격차의 원인이 되고 나아가 그것이 임금격차로 이어진다는 주장이다. 대기업과 중소기업 사이의 자본집약도 격차는 경제개발 과정에서 대기업에의 정책 지원과 융자집중에 그 원인이 있다는 것이다. 이렇게 볼 때 중기업과 소영세기업 사이의 이중구조적 격차도 결국 중기업 융자집중으로 말미암은 중기업과 소영세기업 사이의 자본집약도(유형고정자산형성)에 기인한 것으로 설명할 수 있다.

표 5는 이러한 요인의 상관관계를 말해 주고 있다. 1963년부터 1992년 사이의 실태를 볼 때 대기업에 견주어 중소기업의 1인당 유형고정자산 형성은 52.7%에서 40.6%로 감소하였고 이러한 격차는 중기업과 소영세기업 사이에서도 확인할 수 있다. 곧 1인당 유형고정자산 형성(자본집약도)의 격차는 1인당 부가가치 형성(생산성)의 격차로 이어졌고, 결국 그것이 1인당 급여액의 격차를 가져왔으며, 결국 대기업과 중소기업 나아가 중기업과 소영세기업 사이의 이중구조적 특징을 형성한 것이었다.

---

35) 篠原三代平,《産業構造愉》, 筑摩書房, 1970, pp.58~60, p.69.

표 5. 규모별 1인당 생산성 격차(제조업)

(단위: %)

규모	1인당 부가가치				1인당 유형고정자산 형성				1인당 급여액				규모
	1963	1974	1985	1992	1963	1974	1985	1992	1963	1974	1985	1992	
5~9인	43.8	33.7	27.2	28.8	20.9	8.4	19.7	28.2	51.9	52.8	52.7	50.1	5~9인
10~19	46.5	41.5	31.7	32.4	41.9	14.7	26.7	29.1	59.3	65.0	62.0	56.7	10~19
20~49	51.3	47.8	37.4	38.5	60.5	47.3	35.2	33.1	63.0	71.8	70.1	61.0	20~49
50~99	63.3	66.6	45.5	45.6	120.9	36.8	52.1	38.0	70.4	81.3	75.9	67.8	50~99
100~199	73.5	66.9	55.1	61.0	125.6	58.3	54.3	53.0	77.8	84.9	80.8	75.1	100~199
200~499	85.4	84.0	65.5[a] 81.5[b]	67.3 75.5	179.1	78.7	57.2[a] 92.5[b]	56.4 70.9	87.0	93.1	85.5[a] 90.9[b]	80.2 84.5	200~499
500인 이상	100.0	100.0	100.0	100.0	100.0	100.0	100.0	100.0	100.0	100.0	100.0	100.0	500인 이상
제조업	67.7	80.2	68.1	62.2	88.4	73.2	68.0	57.7	74.1	89.2	84.6	75.8	제조업
중소기업	56.7	57.3	46.3 (47.2)	47.0	52.7	41.0	45.2 (44.5)	40.6	65.4	75.5	74.1 (75.0)	66.6	중소기업
대기업	100.0	100.0	100.0	100.0	100.0	100.0	100.0	100.0	100.0	100.0	100.0	100.0	대기업

주: ① 유형고정자산 형성은 취득액 기준.
　　② 괄호 안 숫자는 종업원 규모 300인 이하를 중소기업으로 본 경우이며, 기타는 200인 이하 기준.
　　③ a)는 200~299인, b)는 300~499인.
자료: 산업은행·경제기획원, 《광공업통계조사보고서》

제5절 소영세기업문제의 새로운 인식과 정책 대응

1. 소영세기업의 새로운 인식

경쟁·도태와 잔존·이용이라는 자본의 운동법칙을 기준으로 하여 소영세기업 문제를 인식하던 기본 틀은, 중화학공업이 성숙하고 나아가 지식·정보집약적 산업구조가 전개되면서 새로운 측면을 보이기 시작하였다. 산업구조가 자본 중심의 경성산업硬性産業, hard industry에서 지식·정보 중심의 연성산업軟性産業, soft industry으로 바뀌면서 산업구조상의 모순이라는 소영세기업문제 인식은 일정 부분 바꿀 필요가 생겨났다. 산업의 순환과정에서 자본의 기능이 상대적으로 약해지고 지식·정보의 역할이 점차 강해졌기 때문이다.

물론 이러한 점이 자본의 운동법칙에 기초한 소영세기업문제의 인식을 완전히 벗어나는 것은 아니다. 그러나 이전의 '경쟁·도태와 잔존·이용'이라는 소극적 인식에서 소영세기업의 '위치와 역할'을 더 적극적으로 강조할 필요성이 생겨났다. 소영세기업의 존립 분야나 존립 조건 등 문제 파악의 대상이 변했기 때문이다. 소영세기업문제를 독점자본의 축적 과정과 메커니즘 속에서 분석하려는 추상적 측면에만 그치는 것이 아니다. 국민소득의 향상과 수요의 다양화, 고급화 및 소영세기업의 양적 증대 현상이라는 실증적·사실적 측면으로 그 분석의 초점을 바꾼다. 여기에 다시 지식·정보의 작용이라는 변화를 강조하는 시각이 바로 그것이다.

자본주의 전개에서 나타난 특징을 반영하여 중소영세기업의 분해·소멸과 생성·발전이라는 현상은 다산다사多産多死와 사회적 대류 현상이라는 시각으로 파악되었다.36) 그런데 중화학공업이 성숙하고 지식·정보집약적 산업구조가 전개되면서 소영세기업의 교체 현상과 사회적 대류 현상은 더욱 늘어났는데 그것은 역사상 나타난 현상과는 다른 특징을 지녔다. 산업구조의 지식·정보집약화 속에서 많은 소영세기업이 소멸하면서도 새로운 소영세기업이 진입하는 신구기업의 교체rotation가 지속되는 현상이 더욱 두드러진다.

여기서 새롭게 생성·발전하는 소영세기업의 진입 요인을 보면 다음과 같다.

첫째, 소영세기업 분야가 확대된다는 점인데, 이는 두 가지 측면에서 파악할 수 있다.

① 경제가 고도성장하면서 새로운 소영세기업 분야가 확대된다. 전반적으로 소득 수준이 상승하면서 수요의 다양화, 고급화, 개성화에 따라 소영세기업에 적합한 수요가 확대된다. 곧 수요창조 시대가 소영세기업에 유리하게 작용한다.

② 산업구조 고도화에 따른 노동력 부족이 하청에 대한 의존을 확대시키고 이에 따라 소영세기업 분야가 확대된다.

둘째, 기업자금이 비교적 소액이라도 경영을 할 수 있다는 점이다. 즉 창업에서 자본의 역할이 줄어든다.

① 새로 등장하는 소영세기업 분야는 반드시 자본집약적이 아니고 노동집약적이며 연구개발집약적이라고 볼 수 있다. 전문 능력을 지니면 자금이 적어도 경영을 할 수 있으며 전문 능력을 지닌 사람은 비교적 독립하여 창업하기 쉽다.

② 고성능기계가 일반적인 보급 단계에 들어가면서 낮은 가격으로 이를 구입할 수 있으며 각종의 자동기계가 소영세기업에 적용될 수 있도록 개발되고 비교적 싼 가격으로 구입이 가능하게 된다.

셋째, 기술의 객관화가 계속되어 기술개발의 결과가 널리 보급된다. 일정한

---

36) 淸成忠男, 《日本中小企業の構造變動》, 新評論, 1972, p.27.

교육을 받은 사람은 책을 통한 기술의 습득book learning, 각종 교육과 강습회 등 기술 습득 기회가 늘어나면서 숙련 지식을 요하는 분야에 소영세기업의 진입이 촉진된다.

이러한 요인이 작용하여 소영세기업이 존립할 수 있는 유형은 다음과 같이 제시된다.

> 첫째, 성장 가능성형이다. 수요의 탄력성이 크고 가격탄력성이 작으면서 잠재적 수
> 요가 큰 분야로 기술 수준이 높고 전문지식을 활용하는 장래 성장이 기대되는
> 분야(예컨대 연구개발형 벤처 비즈니스 등)이다.
> 둘째, 특수고급형이다. 수요의 탄력성이 크고 가격탄력성이 작지만 수요 규모가 작
> 고 전통적 기술, 의장意匠, 창의성을 활용하고 고도로 취미적 상품을 공급하는
> 분야(예컨대 고급 주문부인목 등)이다.
> 셋째, 지역적 수요 의존형이다. 수요의 가격탄력성이 작고 소득탄력성은 반드시 큰
> 것이 아닌, 말하자면 필수적인 것으로서 지역 주민 생활의 편의를 위하여 역할
> 하고 지역 경제의 원활한 운영에 이바지하는 것이다.
> 넷째, 소규모생산 운영형이다. 생산의 규모이익이 제한되어 있고 그 때문에 공장단
> 위 및 점포의 크기가 어느 정도 이상으로 커지지 않는 것 등이다.[37]

지식·정보집약적 산업구조에서 이루어지는 소영세기업의 존립 분야에 대한 이와 같은 포괄적 제시는 소영세기업문제 인식의 새로운 장을 열어 주고 있다. 이러한 분야에 신규 진입하는 데 주류를 이루는 기업 유형이 벤처 비즈니스라고 보았다.[38] 지식·정보화 단계의 이러한 소영세기업이 국민경제의 재생산구조라는 거시적 관점에서 소영세기업문제 인식의 기본이 될 수 있느냐는 비판이 있을 수 있다. 그러나 이와 같은 기업 유형이 자본 중심의 독과점적 산업구조에 가격기구의 효율성을 불어넣고, 산업조직의 경직화를 방지하는 데 이바지하면

---

37) 日本中小企業廳, 《70年代の中小企業像》(中小企業政策審議會意見具申の內容と解說), 1972, p.58.
38) 이에 대한 상세한 설명은 이경의, 《한국 중소기업의 경제 이론》, 지식산업사, 2014, 제4장을 참조할 것.

서 국민경제에 활력을 불어넣는 등 소영세기업의 새로운 역할을 인식시키는 계기를 마련해 주고 있다. 그리고 이것은 소영세기업에 대한 정책 인식을 높여 주기도 한다.

2. 소영세기업에 대한 정책 대응

1) 〈소기업 지원을 위한 특별조치법〉의 제정

1966년에 제정된 〈중소기업기본법〉은 영세기업의 구조조정과 발전에 필요한 시책을 강구하도록 규정(제9조)했다. 그 뒤 1982년에 〈중소기업기본법〉을 개정(1992.12.31. 법률 제3650호)하고, 중소기업을 중기업과 소기업으로 구분(제2조)하여 소기업 지원의 법적 근거를 마련하였다. 이에 앞서 1978년에 제정된 〈중소기업진흥법〉에 근거하여 수립된 〈중소기업장기진흥계획〉(1982.4)은 소기업 특별대책법의 제정을 강구하도록 한 바 있다.

이처럼 1960년대 이후 소영세기업에 대한 지원시책은 다양한 형태로 지속되었으나 그것이 체계적인 법적 뒷받침을 받게 된 것은 1997년 4월 10일 법률 제5331호로 〈소기업지원을 위한 특별조치법〉이 제정되면서였다. 이것은 1995년 지방자치제의 실시로 본격화된 지방 중소기업문제, 그리고 여성기업과 함께 소기업 및 소상공인에 대한 지원문제가 1990년대 이후 주된 중소기업정책의 흐름에 포함된 때문이었다.

이 법은 소기업의 자유로운 생산 확충을 촉진하고 구조 개선 및 경제 안정을 도모하여 균형 있는 국민경제의 발전에 이바지함을 목적(제1조)으로 제정되었다. 이 법에서 정한 소기업 지원시책의 방향은 다음과 같다.

첫째, 우선 지원 및 특례 적용 대상이 되는 소기업의 적용 범위를 규정하였다. 중소기업 가운데 제조업과 제조업 관련 서비스업을 영위하는 자가 사업자 등록증을 소지하고 $500m^2$ 미만의 사업장에서 50인 이하(제조업 관련 서비스업의 경

우에는 30인 이하)의 상시종업원을 고용하고 있는 기업을 소기업으로 규정하였다
(제2조). 이것은 산업 및 경제 발전의 근간을 제조업으로 보고 산업공동화産業空
洞化를 방지하면서 제조업 부흥을 구현하려는 시각에서였다.

둘째, 현실적으로 소기업의 활동을 제약하고 있는 각종 행정 규제를 철폐하
는 데 주안점을 두었다. 소기업의 특성이 고려되지 않은 획일적 행정 규제를 철
폐하여 거쳐야 할 제반 절차를 면제 또는 완화시켜 자유로운 생산활동을 보장
할 수 있도록 하였다.

셋째, 소기업의 특성을 최대한 발휘하여 자생적인 경쟁력을 배양할 수 있는
지원시책을 규정하였다. 대다수의 영세사업자가 공장등록증을 받을 수 없어 정
책 지원 대상에서 소외되어 왔으나 이를 사업자등록증으로 대체할 수 있게 했
다. 또한 어음 결제의 장기화 및 수취어음의 부도로 건실한 소기업이 연쇄도산
하는 것을 방지하기 위하여 부도금액을 보험금으로 수령할 수 있는 어음보험제
도를 도입하였다.

넷째, 만성적으로 자금난을 겪고 있는 소기업에 대한 자금 및 신용보증지원
등을 강화하는 데 노력하였다.

이러한 방향에 따라 이 법에 규정된 주요 소기업시책 내용을 보면 다음과 같다.

① 사업자등록증을 공장등록증으로 대체할 수 있는 특례 인정(제4조)
② 공장용도가 아닌 건축물에서 사업활동 영위 가능(제5조)
③ 임금채권 우선면제에 관한 특례적용(제6조)
④ 소기업에 대한 신용보증 및 창업 지원(제7조 및 제8조)
⑤ 공장 신·증축 시에 부담하는 각종 부담금 면제(제9조)
⑥ 연쇄도산 방지를 위한 어음보험제도의 운영(제10조)

그리고 중소기업청장은 소기업의 경영 안정을 위하여 매년 〈소기업지원계
획〉을 수립하여 추진하도록 했다(제13조).

2) 소상공인 지원 강화

(1) 〈소기업 및 소상공인을 위한 특별조치법〉 제정

〈소기업지원을 위한 특별조치법〉은 그 지원 대상이 종업원 기준으로 제조업은 50인 이하(제조업 관련 서비스업은 30인 이하)였고, 또한 업종은 제조업 및 그 관련 서비스업으로 제한하여 전체 소기업의 12.9%만이 적용 대상이었다. 그러나 제조업 및 관련 서비스업 이외에 종사하는 소기업, 그리고 소기업 가운데 보다 더 영세한 기업인 소상공인에 대한 별도의 지원시책을 강구할 필요가 있게 되었다. 이에 따라 2000년 12월에는 이 법을 〈소기업 및 소상공인 지원을 위한 특별조치법〉으로 개정하였다.

소기업 가운데 규모가 더 작고 영세한 기업을 의미하는 소상공인은 소기업과 같이 업종별 상시근로자 수로 구분하고 있다. 곧 제조업·광업·건설업·운수업의 경우에는 상시근로자 수가 10인 미만의 사업자, 기타 업종의 경우에는 상시근로자 수가 5인 미만인 사업자를 의미한다. 이로써 중소기업은 중기업·소기업·소상공인으로 구분되었고 규모의 열세로 말미암아 불이익을 받는 영세기업에 대한 지원체제를 확립했다. 소상공인시책과 그 법 제정은 1997년 이후 경제 위기로 실업 증가와 중산층, 서민의 생활 안정 문제가 심각한 사회경제적 문제로 대두되면서 일자리 창출과 산업 저변 확충이라는 두 가지 과제에 직면한 데서 비롯되었다. 이에 실업자가 손쉽게 창업할 수 있는 다양한 업종을 육성·지원하고 이들의 창업을 통한 새로운 일자리 창출과 나아가 산업 기반의 확충 방안을 추구하면서, 소상공인이라는 새로운 지원 범위가 창안되었다. 이들의 창업과 경영 개선으로 생산적 복지형生産的 福祉型의 고용 창출시책을 추진하게 된 것이다.

도소매업·유통업·서비스업 등의 비제조업은 제조업에 견주어 사업체 수 및 종업원 수의 비중이 높을 뿐만 아니라 창업 절차가 간단하고 창업 시 투자비용도 저렴하여 특별한 기술과 노하우가 없어도 가능하기 때문에 창업이 활성화될 수 있는 특징이 있어 그 정책적 중요성이 인식된 것이다.

(2) '소상공인지원센터'의 설치·운영과 소호SOHO산업의 육성 추진 등

소상공인과 소자본 창업자에 대한 지원은 중소기업청 벤처창업국의 소상공인 지원팀에서 전담하였다. 그리고 소상공인의 창업 및 경영 개선에 대한 상담·자문·정보 제공을 수행할 수 있는 전문조직인 '소상공인지원센터'를 1999년 2월부터 설치·운영하였다. 이것은 미국의 SBDCSmall Business Development Center를 참고하여 설립된 소상공인 전담 지원 기구로서 중소기업청(지방중소기업청)이 직접 운영하도록 했다.

미국에서는 1980년대 제조업 분야의 자동화·정보화 등으로 발생한 대량 실업을 서비스업 부문의 고용 기회 창출로 흡수하여 지속적인 경제성장과 사회 안정을 유지한 사례가 있었다. 이에 우리나라에서도 효율적인 고용 창출을 통한 실업문제 해결과 중산층, 서민층의 생활 안정 및 산업 간 균형 발전을 위해서 소상공인지원센터를 설치·운영하여 소상공인 지원을 본격화했다.

또한 지식정보화 사회의 새로운 산업 부문으로 소호Small Office Home Office산업의 육성을 추진하였다. 소호란 자기 집이나 소규모 사무실에서 정보화를 기반으로 지식정보형 사업을 운영하는 것을 말한다. 각광을 받고 있는 소호산업의 예는 금융재테크 IP(정보 제공 사업자: 그 자산의 재테크 노하우를 상품화하여 이를 PC통신 상으로 제공하는 것), 가상출판업(원고의 취합·편집·인쇄·발주 등을 인터넷으로 해결하는 것) 등으로 21세기 지식정보화 사회에 특징적 산업으로 부각되고 있다.

산업구조의 패러다임이 재편성되는 과정에서 부상하고 있는 산업이며 그 육성은 지식정보화 사회에 능동적으로 대처할 수 있는 기반을 조성하는 것으로 보았다.[39]

또한 전근대적인 경영 방식, 노후화된 시설과 열악한 환경, 규모의 영세성, 무질서한 거래 형태 등으로 말미암아 유통업 가운데서도 낙후되어 있는 재래시장의 현대화를 촉진하기 위하여 〈재래시장육성을 위한 특별조치법〉(2004년 10월 22일)을 제정하였다.

---

39) 中小企業廳,《1999年度 中小企業에 관한 年次報告書》, 208쪽.

그리고 소규모 점포의 현대화사업도 추진되었다. 이는 다국적 유통업체의 국내 진출 확대, 국내 대형 유통업체의 출점 및 다점포화, 편의점을 비롯한 새로운 유통업체의 확산 등 유통 환경 변화에 따라 급격히 경쟁력을 잃어 가고 있는 소규모 소매업에 대한 지원을 강화하여 대형 유통업체 계열의 수준과 같은 쾌적함과 편리성을 갖춘 매장시설로 현대화하려는 사업으로 유통시장이 전면 개방된 1996년 이후 추진되었다. 이 사업은 1994년에 제정된 〈지역 균형 개발 및 지방중소기업 육성에 관한 법률〉에 따라 설치된 지방중소기업자금을 재원으로 하여 지원되었다.

제7장

중화학공업화와 중소기업

제1절 산업구조 고도화와 중화학공업화

1. 산업의 특성과 산업구조의 고도화

오늘날 산업industry의 개념은 흔히 두 가지 측면에서 규정한다. 먼저 거시적 측면에서는 국민경제를 일정한 기준에 따라 몇 가지 활동 부문으로 나누고 그 구성을 나타내는 단위를 산업이라고 본다. 미시적 측면에서는 여러 사업을 일정한 기준에 따라 하나로 통합하고 그 집단단위集團單位를 산업이라고 한다. 이 때 분류의 기준은 수요 측면에서는 요구되는 여러 상품 사이의 대체·보완관계이며, 공급 측면에서는 생산되는 재화의 생산기술상의 유사성에 따른다.

이처럼 산업의 개념을 두 가지 측면에서 규정하지 않을 수 없는 것은 산업이 국민경제 전체라고 하는 거시적 단위와 개개의 기업이라고 하는 미시적 단위의 '중간단위'로서 위치를 갖기 때문이며, 이는 경제이론의 분석체계에 따른 것이기도 하다. 이러한 산업활동은 경제 주체인 개별 기업이 그들의 미시적 경제 환경에 작용하거나 또는 적응한 기업 활동의 결과인데 이것이 산업이라는 집계단위의 형태로 되는 것이다. 동시에 산업은 그것이 형성하는 거시경제의 구성요소로 되기 때문에 거시경제(국민경제) 구성의 형태 및 변화와 그 특징을 분석할 수 있게 한다. 이를 통하여 ① 개별 산업 자체의 특징을 분석하고, ② 산업 내부에서 기업 사이의 관련을 알 수 있으며, ③ 나아가서 국민경제의 구조적 특징을 이해할 수 있다.[1]

---

1) 宮澤健一, 〈産業構造〉, 《經濟學大辭典》, 東洋經濟社, 1980, p.229. 중소기업은 개별 기업small business, small firm과 그 집계 개념인 산업small industry의 두 측면에서 이해·분석되고 있으며 전체 산업활동과 그 발전에 중요한 작용을 하는 실체적 요인이 되고 있다. 이와 달리 산업의 성격과 그 활동은 중소기업 이해의 포괄적 영역이 된다.

이와 같이 산업의 특성을 정하는 것은 국민경제의 전체 활동(거시경제적 측면) 또는 기업의 활동(미시경제적 측면)을 일정의 기준에 따라 분류한 형식논리적인 기능적 의미라고 할 수 있다. 그러나 여기에 몇 가지 특성을 부가적으로 설명할 필요가 있다.

첫째, 산업활동은 부가가치의 창출 또는 가치 창조의 과정이다. 따라서 산업은 국민경제의 재생산 순환과정 가운데서 생산적 측면을 나타내는 것이며 바로 이는 국민경제의 생산력 수준을 뜻한다. 산업은 국민경제 가운데 부분 개념이기는 하지만 그 골격을 형상하여 전체 경제순환의 이해에서 중요한 내부 요인이 된다.

둘째, 산업 현상은 인간과 자연의 관계, 인간과 인간의 관계라는 이원적 체계 속에서 이루어진다. 인간이 자연에 대하여 작용하고 자연이 인간에 주는 반작용 관계라는 인간·자연체계man-nature system 속에서 여러 요소의 통일적 현상으로서 구체화된다. 또한 거기에는 인간과 인간의 관계man-man system에서 사회적 여러 요소가 통일적으로 작용·포함된다. 즉 산업활동에는 이 두 가지 체계가 서로 작용한 생산력과 생산관계가 종합적으로 반영된 구조적 특성이 포함되어 있다.[2]

셋째, 이러한 이유 때문에 산업 현상은 탈가치적이 아닌 역사적·사회적 현상으로 그 실체가 이해되는 것이 요구된다. 즉 산업 현상은 기능론적 관점만으로는 충분히 이해될 수 없으며 구조론적 이해가 병행되어야 한다. 산업 현상은 구조와 기능의 통일적 이해를 거쳐서 정확히 인식할 수 있으며 산업문제의 해결을 위한 실천성의 기본 방향을 올바로 정립할 수 있다.[3]

넷째, 산업 현상은 사회적 분업의 발전에 그 형성의 기점起點이 있으며 동시에 산업 발전은 사회적 분업의 심화를 수반한다. 농업과 공업의 분리라고 하는 사회적 분업의 발전 이전에 농업과 목축업의 분리가 있었다. 즉 농업으로부터 목축업의 분리가 최초의 사회적 분업이라면 농업에서 공업의 분리는 두 번째 사회적 분업이자 산업 발전의 진전이었으며 산업구조의 형성과 변화였다. 산업

---

2) 墨澤一淸, 《理論産業學》(上卷), 時潮社, 1979, p.37.
3) 大韓商工會議所, 《經濟開發과 産業構造의 改善》, 1983, 18~31쪽 참조.

구조의 형성과 사회적 분업은 자본주의적 생산이 일반화되는 단계에서 뚜렷한
분기점을 맞게 되는데 이 단계에서 사회적 분업은 누적적으로 증진되었다. 공
업적 생산이 본격적으로 전개되면서 자본주의적 생산의 최고 단계인 기계적 생
산(대공업의 실현)으로 사회적 분업은 크게 진전되고 산업구조의 변화, 나아가 공
업구조의 다양화 실현에 따라 더욱 전개·심화되었다.

오늘날 산업분석을 하는 데는 산업구조industrial structure와 산업조직industrial
organization의 개념으로 접근한다. 산업구조의 분석은 경제 전체의 생산품 및 자
원이 차지하는 여러 산업의 비율 및 상태를 보는 산업 사이의 구성에 관한 여러
문제를 대상으로 하는 것이다. 이에 대하여 산업 내부에서 기업 사이의 경쟁과
협조관계가 산업조직으로 분석되기도 하지만 두 가지를 포함한 넓은 의미로 산
업구조문제를 다루기도 한다. 전자가 거시경제학적 접근이 되고 후자는 미시경
제학의 응용 분야로 되어 있다.

여기서 산업구조의 분석이 중요성을 갖는 것은 산업구조가 국민경제의 생산
력구조生産力構造를 반영하기 때문이다. 보통 국민경제의 생산력이라고 하면 각
부문의 산업 총계로 표시된다. 각 부문의 산업은 주로 농업, 공업, 서비스업을
말한다. 이들 산업의 재화와 서비스 생산의 크기는 대체로 생산력으로 표시한
다. 또 이들 각 부문의 산업은 여러 가지로 구성되어 있고 또 성장·발전한다.

그리고 생산력은 자본의 유기적 구성의 고도화[4]나 생산 우회성迂廻性의 확대
를 말하고 이것을 생산력의 구조로 표시하기도 한다. 그러나 여기서 문제가 되
는 것은 개별 자본의 테두리에서 생각한 자본의 유기적 구성의 고도화나 생산
의 우회화가 아니라 국민경제구조 전체에서 그것을 말한다. 곧 개개의 산업이
나 기업이 아니라 국민경제 전체로서 생산력을 대상으로 한다. 국민경제 전체
안에는 재화와 서비스를 생산하는 각 산업 부문이 존재하기 때문에 이러한 산
업 부문 자체의 구조 가운데 생산력 구조를 생각해야 한다. 이와 같은 생산력을

---

4) 자본의 유기적 구성의 고도화란 원래 불변자본(생산과정에서 가치를 생산하지 않는 생산수단과 원
   재료의 구입에 충당되는 자본)의 비중이 가변자본(생산과정에서 가치를 창출하는 노동력의 구입에
   투입되는 자본)보다 높아지는 것을 말한다. 구체적으로는 노동자 1인당 자본장비도가 높아지는 것
   으로 표시된다.

나타내 주는 것이 바로 산업의 부문별 구성과 그것의 고도화문제가 된다.

생산력의 크기(생산성)를 나타내는 것은 생산물과 그것을 위하여 투하하는 여러 경제자원(예컨대 자본과 노동 등)의 관계로 표시하고, 이를 투하경제자원당 부가가치액의 크기에 따라 측정하기도 한다. 그러나 생산력의 고저를 여러 산업이 구성되는 방식으로 나타내기도 한다. 생산수단의 생산 부문과 소비수단의 생산 부문 구성이 바로 그것이다. 두 부문의 구성은 균형을 이루는 것이 필요하겠지만 일반적으로 두 부문 가운데 전자의 비율이 높은 산업구조의 국민경제일수록 생산력이 높은 것으로 파악된다. 이것은 자본의 유기적 구성의 고도화나 생산의 우회화가 산업구조 속에서 실현되었다는 것을 말한다.

곧 한나라의 생산력 크기는 개별 자본 단위의 자본의 유기적 구성의 고도화나 생산의 우회화만을 말하는 것이 아니고 이들 한 나라 산업구조의 관점에서 보아야 한다. 산업구성에서 기계·장치·동력 등 생산재를 생산하고(이것은 개별 자본의 유기적 구성을 높이는 조건을 갖춘 사회적 실물자본을 지닌 것을 의미한다), 소비재 산업에 대하여 이러한 생산재 산업의 비중이 높아지는 것을 산업구조의 고도화라고 말하며, 그로 말미암아 국민경제의 생산력은 더욱 커지는 것으로 보았다. 다시 말하면 산업구조는 생산재 및 소비재를 생산하는 산업 부문의 상호전개의 결합에 따라 생산력구조가 결정된다. 이렇게 볼 때 산업구조의 고도화는 국민경제에서 자본의 유기적 구성이 높은 산업의 비중이 커지는 것을 의미하는 것이다.

2. 공업화와 중화학공업화

1) 산업구조의 고도화와 공업화

산업분석의 영역은 다양하게 제시되고 있는데 산업조직론, 산업연관론, 산업구조론(산업구성론), 산업체제론 및 산업기구론 등이 그것이다.[5] 이 가운데 산업구조론에서는 산업을 1차·2차·3차 산업의 세 부문으로 구분하여 그 발전과 고도화를 설명하거나, 나아가 산업구조의 변동을 제2차 산업, 특히 공업 부문을 소비재공업과 투자재공업의 두 부문으로 나누어 그 경험적 법칙을 설명하는 산업발전형태론이 포함된다. 산업구조 변화 또는 고도화에 대한 일반적 경험법칙은 여기에 속한다고 볼 수 있다.[6]

산업구조의 분석은 이론적 연구보다 경험적 해명이 선행하였다. 이는 산업발전에 대한 동태론적 기초 이론이 체계화되지 않은 단계에서 이를 응용하는 산업발전론도 개발될 수 없었기 때문이며, 산업구조론도 초기의 형태론(경험법칙)에서 점차 요인론要因論으로 전개되었다.[7]

산업구조의 변화에 대한 경험법칙은 클라크C. Clark가 정립하였다. 그는 세계 각국의 통계자료를 이용하여 각국 산업구조의 역사적 발전 경향 및 국제 비교를 행한 결과, 경제 진보에 따라 1차, 2차, 3차 산업[8] 사이에 명백히 법칙성을 갖는 변화가 있다는 사실을 밝혔다. 50개국의 센서스 보고에 따라 각국에서 '노동인구'의 산업별 구성 비율을 작성, 국제 비교한 결과 다소의 예외는 있지만 1인당 국민소득이 높은 나라일수록 제1차 산업의 취업자 비율이 낮고 소득수준이 낮은 나라일수록 그 비율이 높다는 경향을 발견하였다. 곧 경제가 진보하면서 노동인구가 농업에서 제조업으로, 다시 제조업으로부터 상업 및 서비스업으로 이동하는 법칙적 경향이 나타난다는 것이다.

이는 17세기 말에 페티W. Petty가 "농업보다는 제조업에 의하는 것이, 제조업보다는 상업에 의하는 것이 소득이 많다."고 한 것을 인용하고 이를 실증적으로 검증한 것이라고 하여 클라크는 '페티의 법칙'이라고 하였다.[9]

---

5) 宮澤健一, 《産業の經濟學》, 東洋經濟新報社, 1975, p.41.

6) 산업을 근대 부문과 전근대 부문으로 나누어 분석하는 이중구조론이나 산업의 안행형태론雁行形態論 또는 제품수명론product life cycle theory도 넓은 의미로는 여기에 속한다고 볼 수 있다.

7) 산업구조의 변화에 대한 상세한 설명은 이경의, 《한국 중소기업의 경제 이론》, 지식산업사, 2014, 제3장을 참조할 것.

8) 산업을 세 부문으로 나누어 제1차 산업에는 농업, 목축업, 어업, 임업 및 수렵업, 제2차 산업에는 광업, 제조업, 건축업, 공공사업, 가스 및 전기업, 제3차 산업에는 상업, 운수업, 행정·가사서비스 및 비물적非物的 산출물을 생산하는 업종을 포함시키는 3분법을 택하였다.

9) Colin Clark, *The Conditions of Economic Progress*, 1940(1st ed.), 1957(3rd ed.), Macmillan & Co. LTD, Chap.9.

그런데 산업을 세 가지로 분류한 이유는 다음과 같이 설명하였다.

① 제1차 산업의 생산물은 주로 생활필수품이기 때문에 수요가 소득 비탄력적이어서 소득증가율만큼 그 수요가 신장하지 않는다.

② 제1차 산업은 수익체감의 법칙, 다시 말하면 생산량의 증가에 따라 생산물 단위당의 생산비가 증가하는 경향을 갖지만, 제2차 산업은 수익체증의 법칙이 작용하고, 제3차 산업에도 이런 업종이 상당히 있다.

③ 제1차, 2차 산업의 생산물은 운반이 가능하여 국제무역의 대상이 되지만 제3차 산업의 생산물은 약간의 업종을 제외하고는 그것이 불가능하다는 것이다.[10]

3분법으로 도출한 클라크의 산업구조에 대한 경험법칙은 한 나라의 역사적 발전 과정의 시간적 흐름으로 분석한 시계열time series적 분석의 결과가 아니다. 동일 시점에서 선진국과 후진국의 산업구성을 1인당 소득수준에 대응하여 국제비교한 횡적cross section 분석에 따른 것이었다. 그리고 구성은 노동력에 한한 것이기 때문에 소득구성에 대하여도 그러한 경향성을 고찰해 볼 필요가 있게 되었다.

쿠즈네츠S. Kuznets[11]와 그 이후의 산업구성 변동에 대한 분석은 노동력뿐만 아니라 소득에 대하여도 횡적 분석과 시계열 분석이 동시에 이루어졌다. 그 결과는 클라크가 말하는 것처럼 획일적 경향을 보이는 것은 아니지만 큰 흐름에서는 노동력 구성과 소득구성이 제1차 산업에서 저하, 제2차 산업에서는 상승이라는 추세를 보였다.[12]

이러한 경험법칙은 경제 발전에 따라 '공업화'라는 산업구조상의 변화(고도화)가 일어난다는 것을 뜻하게 되었다. 더욱이 제2차 산업에서 소득구성비의 증대는 제2차 산업의 성장률이 제1차 산업보다 높아 농업보다는 공업의 우선적 발

---

10) 宮澤健一, 〈産業構造の一般的經驗法則〉, 篠原三代平·馬場正雄 編, 《現代産業論 I》(産業構造). 中央經濟新報社, 1973, pp.3~4.

11) S. Kuznets, *Modern Economic Growth, Rate, Structure and Spread*, 3rd ed. 1967.

12) 宮澤健一, 앞의 글, 앞의 책, pp.4~6.

전을 기초로 하여 경제 진보와 산업구조 고도화가 진행된다는 것을 나타내었다. 그러나 이러한 경향이 너무 기계론적으로 해석되어서는 안 된다는 지적도 있다. 즉 농업의 생산성 상승을 수반하지 않는 공업의 발전은 결과적으로 정체된 농업과 소수의 발전된 공업이라는 왜곡된 산업구조를 형성할 수도 있다는 것이다.[13]

2) 공업구조의 고도화와 중화학공업화

산업구조의 변동은 산업 전반의 구성비 변화뿐만 아니라 제2차 산업, 특히 공업구조 안에서도 그 구성이 변화한다는 점을 인정하게 되었다. 그래서 공업화 과정에 들어선 경제의 공업화 단계에 따른 구조 변화에 대한 경험법칙을 제시한 것이 호프만W. G. Hoffman의 산업구조 발전법칙이다. 그는 처음《공업화의 단계와 유형》이라는 저서[14]에서 1780년대 영국 산업혁명 이후 1929년에 이르는 50년 사이에 공업화를 행한 20개국의 자료에 기초하여 산업구조의 역사적 발전 형태를 연구하였다. 다시 제2차 세계대전 후에《공업의 성장》이라는 저서[15]에서 새로운 통계자료를 보완하였다.

그는 공업을 소비재 산업(최종적으로 소비에 충당되는 재화를 생산하는 산업)과 자본재 산업(생산수단을 생산하는 산업, 따라서 정확히는 투자재 산업)으로 구분하였다. 대체로 공업화 과정에서 소비재 산업이 먼저 발전하지만 곧이어 자본재 산업이 급속히 발전하여 결국에는 절대액에 있어서 소비재 산업보다 크게 된다는 것이다. 따라서 자본재 산업의 절대액(부가가치액)에 대한 소비재 산업의 절대액은 그 비율이 연속적으로 낮아지는 경향을 갖는다고 하였다.

이러한 공업구조의 변화는 지표화되었는데 바로 자본재의 순생산액에 대한

---

13) 池田勝彦, 《産業構造論》(企業行動と産業構造), 中央經濟社, 1973, pp.10~14.

14) W. G. Hoffmann, *Stadien und Typen der Industrialisierung, Ein Beitrag zur quantitativen. Analyse historischer Wirtschaftsprozesse*, 1931.

15) W. G. Hoffmann, *The Growth of Industrial Economies*, trans. from the German by Henderson and W. H. Chaloner, 1958.

소비재의 순생산액의 비율을 공업화 단계별로 표시하였고 이 비율을 '호프만 비율($\frac{\text{소비재공업}}{\text{투자재공업}}$의 비율)'이라고 한다. 이에 따르면 공업화의 제1단계에서는 소비재 산업의 비중이 압도적으로 높아 자본재 산업의 5배에 이른다. 제2단계에서는 자본재 산업의 발전 속도가 빨라 소비재 산업의 우위성은 2.5까지 낮아진다. 제3단계에서는 두 산업의 비율이 거의 같게 되고, 제4단계에서는 자본재 산업의 비율이 더욱 높아지게 된다.

경제가 진보하면서 공업구조 안에서 '호프만 비율'이 낮아지는 경향을 흔히 공업구조의 중화학공업화라고 한다. 이것을 공업구조의 고도화라고 하는 것은 중화학공업(정확히는 자본재 또는 투자재 산업)의 자본장비도(자본의 유기적 구성에서 불변자본의 비율)가 높기 때문인 것으로 풀이된다.

그런데 호프만은 지표화에 사용된 소비재와 자본재 산업의 선정을 '생산물의 최종 용도'에 따라 그 산업 생산물의 75%를 기준으로 하였는데 두 산업의 업종 내용은 다음과 같다.

① 소비재 산업: ㉠ 식료, 음료, 담배, ㉡ 의류(섬유), ㉢ 피혁, ㉣ 가구
② 자본재 산업: ㉠ 철강, 비철금속, ㉡ 기계, ㉢ 수송용 기계, ㉣화학

그 결과 고무, 종이〔紙〕, 인쇄, 건설, 수도, 가스 등의 산업은 분류에서 제외되었는데 그것은 선정된 8개 산업의 순생산액이 전 공업의 3분의 2를 차지하였기 때문이라는 것이다.[16]

이러한 업종 분류를 기준으로 산출된 호프만의 경험법칙은 그 뒤 흔히 '중화학공업화의 경험법칙'으로 적용되었다. 그러나 여기에 대하여는 다음과 같은 점이 유의되어야 한다.

즉 호프만이 본래 의도한 부문 개념과 실제의 계측에서 사용되는 개념(구체적으로는 업종 분류의 사용)이 서로 다르다는 점이다. 실제 계측에서 사용하는 개념은

16) 池田勝彦, 앞의 책, pp.21~24.

관행적으로 쓰이고 있는 중화학공업과 경공업의 구분에 가까울 뿐 '최종 용도별 구분economic use approach'이라고 하는 본래의 부문 개념과 서로 다르다는 것이다. 곧 그가 자본재로 분류한 업종의 생산물에는 투자재로 쓰이는 생산수단이 아니고 소비에 공헌하는 내구소비재가 크게 포함되고 있는 것이다. 따라서 호프만의 법칙은 최종용도별 구분에 따른 두 부문 분할의 경향법칙이라기보다는 '업종별 구분industrial output approach'에 따른 중화학공업화의 경험법칙이라고 보아야 할 것이다.

물론 호프만이 소비재 산업을 경공업, 투자재 산업을 중화학공업과 동일시한 데는 그 당시의 시대적 배경이 있다는 설명도 가능하다. 당시에는 중화학공업의 수요가 주로 직접 투자재 및 군수용재화에 한정되었던 경제 발전 단계에 있었기 때문이기도 하다. 그러나 그 후 경제가 발전하면서 중화학공업 제품은 소비재로 광범하게 쓰이게 되었고, 특히 내구소비재가 크게 발전하게 되었다. 그 결과 호프만이 의도했던 이분법에 따른 호프만의 경험법칙은 실제 업종별 분류에서 도출된 경험법칙(중화학공업화의 경험법칙)과 괴리를 보이고 있다는 분석도 있다.

다만 호프만이 계측을 위하여 정한 업종별 개념에 따른 호프만 비율에 따르면 그 저하 경향(중화학공업화 경향)은 확인될 수 있다. 이러한 경향은 대중소비 시대의 요구에 따라 중화학공업 제품의 많은 비율이 소비재(내구소비재)로 사용되는 것을 의미하며, 반드시 생산의 우회화나 생산력의 증가를 직접 의미하는 것은 아니다.[17]

---

17) 塩野谷祐一, 〈工業化の二部門バタン〉, 《經濟成長と産業構造》, 春秋社, 1965(池田勝彦, 위의 책, pp.36~37 및 宮澤健一, 〈産業構造の一般的經驗法則〉, 篠原三代平·馬場正雄 編, 앞의 책, p.10).

제2절 중화학공업화의 추진과 그 성격

1. 중화학공업화의 추진과 그 배경

한국경제는 1960년대 이후 경공업 제품 수출 위주의 고도성장으로 공업화를 이루었지만, 국제 환경의 변화와 대내적인 산업 사이의 불균형 및 연관성 결여로 말미암은 산업구조의 모순이 깊어지면서 중화학공업화의 추진이 불가피하게 되었다. 이에 정부는 1960년대 말부터 이를 위한 정책을 부분적으로 구성하기 시작하였다. 1967년의 〈기계공업진흥법〉에 이어 1969년에는 〈전자공업진흥법〉, 〈석유화학공업육성법〉 및 〈자동차공업육성계획〉, 그리고 1970년에는 〈철강공업육성법〉과 〈조선공업진흥기본계획〉 등을 마련하고 조세 및 금융상의 지원조치를 취하였다.[18] 그러나 본격적인 중화학공업화가 전개된 것은 역시 1973년 1월의 '중공업공업화선언' 이후였다.

한국경제가 1970년대 초에 중화학공업 건설을 추진하게된 데는 그 불가피성 inevitability과 동시에 가능성feasibility이 있었기 때문이다. 한국경제가 1960년대 이후 외향적 공업화 방식으로 노동집약적 경공업 위주의 수출지향적 고도성장을 이룰 수 있었던 것은 국제 환경이 유리하게 작용했기 때문이었다. 제2차 세계대전 이후 세계 자본주의 경제는 IMF—GATT체제에 의거하여 자유무역의 기조 아래 선진국은 대호황을 지속하였고, 이 과정에서 한국을 비롯한 저개발국은 선진국에 대한 경공업 제품을 수출하여 급속한 경제성장과 공업화를 이룰 수 있었다. 이러한 경제 질서는 미국의 막강한 경제력에 기반을 둔 달러체제였다.

---

18) 한국산업은행, 《산업구조 고도화와 정책방향》, 1985, 43쪽(까치, 《한국경제론》, 214쪽).

1970년대 오면서 미국경제는 상대적으로 약화되었고 EU와 일본의 경제력이 급신장되는 세계경제의 다극화 현상이 진전되었다. 급기야 1971년 8월 미국 닉슨 대통령의 〈경제긴급조치〉[19]는 그때까지 유지되던 IMF―GATT체제의 붕괴를 의미하는 것이었고, 동시에 전후 세계무역의 기본 원리였던 자유주의의 쇠퇴와 동시에 신보호주의의 개막을 여는 것이기도 했다. 여기에 1973년 중동전쟁이 계기가 된 제1차 석유파동oil crisis은 전후 지속되던 대호황 혹은 장기 붐long boom의 시대에 종말을 고하게 하였다. 경공업 제품을 주로 선진자본주의 국가(특히 미국과 일본)에의 수출에 의존하던 한국경제는 선진국의 경공업 제품에 대한 수입 규제가 지속적 경제성장에 위협이 되었다. 여기에 후발 개발도상국의 추격은 한국의 수출시장을 잠식하였다.

이에 한국경제의 진로는 그 변화가 불가피하였다. 그런 가운데 한편에서는 중화학공업화로의 전환을 가능하게 한 대외적 요인이 전개되고 있었다. 곧 경공업(후진국)―중화학공업(선진국)의 형태를 유지해 오던 기존의 국제분업체계가 1970년을 전후해서 변화를 보였다. 즉 선진국의 탈공업화 현상에 따라 중화학공업 내의 조립가공형산업이나 조립라인의 일부가 후진국으로 이전되는 형태로 변화하면서 한국도 중화학공업화 전개의 탈출구가 마련되었다. 그런데 후진국으로 이전되는 중화학공업은 노동집약적산업, 공해산업 그리고 최종소비재의 조립가공 분야 등에 국한되었고 이것들은 선진국에서 사양화되고 있는 산업을 중심으로 한 것이었다. 결국 국제분업체제의 변화에 따라 한국의 중화학공업화가 가능했지만 동시에 그것은 그 구체적 내용을 규정하는 것이기도 했다.

이와 같은 중화학공업화 추진의 불가피성과 가능성은 대내적 측면에서도 검토해 볼 수 있다. 1960년대 이후 경제성장은 경공업 제품 수출이 주도하였고, 경제 규모의 급속한 확대와 높은 성장을 성취하였다. 그러나 외향적 공업화로 말미암아 원료, 자본재 및 자본의 대외 의존이 심화되어 수출의 증대가 국제수지의 적자 폭을 확대하는 모순을 낳았으며 국내 산업 부문 사이의 균형적 발전

---

19) 이 조치의 주요 내용은 ① 달러화貨 금金태환의 일시 정지, ② 대외경제협력 자금 등의 삭감, ③ 10%의 수입과징금의 부과 등으로 요약될 수 있다.

이 저해되었다. 이러한 구조적 모순은 외채의 부담을 가중시켰고 투자 재원 조달에의 압박, 산업구조의 불균형에 따른 국내시장의 위축 등으로 이어지면서 지속적 성장에 제약으로 등장하였다.

1970년의 산업연관표에 나타난 중화학공업의 구조적 취약성은 다음과 같이 지적되었다.

첫째, 원자재의 해외 의존도가 높고 우회생산이 낮은데 이는 기존의 중화학공업이 내구소비재 위주의 최종 가공산업이기 때문이다.

둘째, 전후방관련효과前後方關聯效果가 낮아 다른 공업의 자립을 뒷받침할 기초소재나 자본재 공급산업으로서의 성격이 취약하다. 그리고 기존 공업의 자본성격(외자중심)과 기술체계(선진국 경공업의 이식)로 보아 그것의 원자재나 중간재와 시설재를 외자공여국으로부터 계속 수입해야 하는 조건 아래 있다.

셋째, 중화학공업이 국내 공업과는 고립된 채 저임금에 의존한 선진국 중화학공업의 하청산업下請産業적 성격을 띠고 있어서 수입 유발력이 몹시 높고 수출률은 극히 낮다.[20]

이러한 1970년대 초의 중화학공업의 성격도 중화학공업화 추진의 불가피성을 말해 주고 있다. 원래 중화학공업의 발전은 국민경제의 자립적 발전과 확대 재생산을 도모하는 데 그 의의가 있다. 그것은 각 산업 부문에 생산재를 공급해 주고 관련 산업의 발전을 자극함으로써 산업구조의 고도화를 달성하고 경제잉여의 대외유출을 막을 수 있기 때문이다. 이러한 중화학공업 발전의 성격에 비추어 한국경제의 구조적 모순을 완화시키기 위해서 중화학공업화의 추진은 불가피했다.[21]

국제 환경의 변화와 저임금을 기반으로 하는 경공업 수출주도가 가져온 경제

---

20) 裵翰慶, 〈經濟發展計劃과 自立經濟 確立(總說)〉, 全國經濟人聯合會 編, 《韓國經濟政策三十年史》, 社會思想社, 1975, 21~22쪽.

21) 그러나 한국의 중화학공업화는 대내적 분업 관련이 아니라 국제분업체제에 편승하여 진행됨으로써 이러한 의의를 충분히 살리지 못하였다. 이것은 비단 한국뿐만이 아니라 외향적 공업화를 추진했던 후진국 모두에게 해당되는 것이었으며 이는 '중공업 우선에 의한 국민경제의 자립적 발전'과는 거리가 있었다(M. Dobb, *Papers on Capitalism, Development and Planning*, Routledge & Kegan Paul, 1960, Chap.4).

구조의 모순으로 중화학공업 추진이 불가피한 가운데, 한편으로는 그 대내적 가능성을 1960년대 이후 경제성장의 귀결에서 파악할 수 있다. 경공업 수출위주의 성장은 경공업 제품의 생산을 확대시키면서 소재 및 생산재 등 중화학공업 부문에 대한 후방연관 압력을 창출·강화시켰다. 이러한 공급 측면의 압력과 더불어 생산재의 국내 수요가 최소 생산 규모에 달하여 중화학공업화의 기초적인 국내 조건이 형성되었다.22) 이와 같은 대내외적인 불가피성과 그 가능성의 배경 속에서 중화학공업화가 추진되었다. 그러나 구체적인 추진 과정에서 그 기초 조건이 충족되는 방향으로 전개된 것은 아니었다.

2. 중화학공업화의 진전과 그 성격

중화학공업화정책의 핵심은 철강·화학·비철금속·기계·조선·전자 등 6대 전략 업종을 선정하고 대규모 공업단지(포항·창원·여천·온산·울산·옥포 등지)를 조성하여 이에 참여하는 거대기업에게 특혜적인 재정·금융 지원(외자 도입 포함)을 하는 것이었다. 이러한 중화학공업화 추진에서 특징적인 것은 그것이 단순한 생산재·자본재의 수입대체가 아니라 중화학공업을 수출로 특화하는 산업을 육성하는 것이었다. 1973년의 중화학공업건설 원칙은 '최신공정'으로 '수출지향의 국제 규모'를 실현한다는 것이었다.

그 결과 외형적인 성장이 진전되었고 공업구조는 고도화되었다(표 1). 흔히 생산력구조structure of productive power는 공업 내부에서 생산재공업의 위치 또는 생산재공업과 소비재공업 사이의 구성으로 파악된다. 마르크스의 자본의 유기적 구성의 고도화로 표현하기도 하고 뵘 바베르크Böhn Bawerk가 생산의 우회도迂回度란 뜻으로 말하는 생산력은 바로 생산재공업의 발달과 깊은 관계를 갖고 있다. 그런데 여기서는 그것을 업종별 분류 기준(용도별 기준이 아님)에 입각한 중화학공

업으로 대체하여 파악하고 있으며, 그 결과를 보면 1960년대 경제개발 이후 중
화학공업화가 크게 이루어졌고, 이런 점에서 국민경제의 생산력이 크게 발달한
것으로도 볼 수도 있다.

표 1. 공업구조의 추이(부가가치/노동력 기준)

(단위: %)

	부가가치 기준		노동력 기준	
	경공업	중화학공업	경공업	중화학공업
1962	74.9	25.1	60.7	39.3
1974	45.9	54.2	57.6	42.5
1978	46.6	53.4	52.8	47.2
1982	42.7	57.3	51.3	48.7
1987	42.5	57.5	44.3	55.7
1991	33.9	66.1	45.1	54.9
1992	33.8	66.2	43.9	56.1

주: 1962년 부가가치 기준은 한국은행, 《국민소득계정》 자료임.
자료: ① 통계청, 《광공업통계조사보고서》, 1994.
　　　② 변형윤 편저, 《한국경제론》(제3판), 1996, 269쪽.

　　부가가치 기준으로 경공업 부문은 제조업에서 비중이 74.9%(1962년)였던 것이
45.9%(1974년)로, 다시 33.8%로 지속적 감소세를 보였다. 이에 대하여 중화학공
업의 비중은 1962년의 25.1%에서 1974년에는 54.2%, 그리고 1987년에는 57.5%
로 상승하여 50%를 넘어섰고, 1992년에는 66.2%에 달하였다. 중화학공업화의
이러한 추세는 노동력 기준으로 볼 때도 동일하였다. 그런데 일반적으로 중화
학공업(생산재공업)은 자본집약적 장치공업의 성격을 갖기 때문에 취업노동의 비
중은 높아지기 어렵다. 그러나 생산액(부가가치) 기준으로 비중이 증대한 중화학
공업이 노동력 기준의 비중 증대도 병행하고 있는 것은 중화학공업의 내용이
자본집약적이기보다는 노동집약적 소비재(주로 내구소비재)에 가까운 업종으로 이

루어지고 있음을 말한다. 즉 중화학공업을 경제용도별 기준에 따라 기초생산재 공업, 중간생산재공업 및 최종생산재공업으로 나눌 때 그간의 변화 내용은 주로 최종생산재(내구소비재)공업의 증대를 의미한다고 볼 수 있다.[23]

표 2. 수출 상품 구조 추이

(단위: %)

구분	1962	1972	1980	1985	1990	1993
1차산품	72.3	11.1	7.7	5.2	5.0	7.0
공산품	27.7	88.9	92.3	94.8	95.0	93.0
경공업	–	67.4	48.4	37.7	38.5	29.3
중화학공업	–	21.5	43.9	57.1	56.5	63.7

자료: ① 관세청, 《무역통계연보》, 무역협회, 《무역연감》
　　　② 변형윤 편저, 《한국경제론》(제3판), 509쪽.

한편 수출 상품 구조를 볼 때(표 2) 1960년대에는 경공업 제품 중심의 수출구조형 공업화였지만 1970년대 이후에는 그것이 중화학공업 제품 중심으로 전환되었음을 알 수 있다. 즉 1972년에 중화학공업 제품의 수출 비중은 21.5%에 그쳤지만 1980년에는 43.9%로, 그리고 1993년에는 63.7%까지 증대되었다. 이처럼 수출구조가 중화학공업 위주로 변화하였지만 그것은 외국에서 원자재와 생산수단을 수입, 이를 조립·가공하는 내구소비재 중심의 중화학공업 제품 수출이 많았다. 그래서 수출을 통한 외화가득률外貨稼得率이 낮고 수출의 수입 유발(수입 유발액/총 수출액)이 높아 수출 증대에는 수입 증대가 수반되었고 외화가득도 크지 않았다.

즉 1970년 이후 중화학공업화는 국내 분업 관련보다는 국제분업체제에 편입

---

23) 邊衡尹 編著, 《韓國經濟論》(第3版), 裕豊出版社, 1996, 269～270쪽.

되어 노동집약적인 조립가공형의 중화학공업 제품을 수출하는 데 목표를 두었다. 그 결과 중화학공업화가 수입대체 단계를 거쳐 수출지향 단계로 진행되는 안행적 산업 발전 형태[24]가 순조롭게 진전된 것이 아니었다. 결국 수출지향적 중화학공업화는 가공무역형 산업구조 아래에서 생산수단과 소재 보전의 대외 의존을 심화시켰다. 자본재·중간재를 일본으로부터 수입하고 완제품을 미국시장에 수출하는 무역구조와 결합되었고 국내의 생산과정은 한국·미국·일본의 국제분업 관련 속에서 단순가공·조립공정을 특징으로 하였다.[25]

공업구조에서 중화학공업의 비중이 증대되고 수출 상품 구성에서 중화학공업 제품이 차지하는 비율이 높아졌으나 중화학공업 부문의 생산물이 국내 중화학공업 생산이나 경공업 생산으로 투입되는 비율, 곧 생산수단 생산 부문으로서의 역할은 증가하지 못하고 오히려 감소하였다. 조립가공을 위주로 하는 노동집약적인 중화학공업은 소비재적 성질의 것이기에 국내 여타의 산업 부문에 생산재 및 원료를 공급하는 국내 전방연관효과domestic forward linkage effect가 크지 못하다. 한편 소재 및 생산재 부문의 낙후는 중화학공업에 필요한 투자재를 수입에 의존하게 하여 '투자가 투자를 부르는 자율적 성장 메커니즘'을 확립하지 못하게 하고 가공원료 중심의 원재료 수입으로 수입구조의 경직화를 초래하였다. 그 결과 국내 다른 산업의 생산을 유발하는 국내 후방연쇄효과domestic backward linkage effect도 낮아 공업구조의 불균형을 초래하였다. 결국 중화학공업화가 그것이 본래 지닌 산업적 특성만큼 국내적 분업 관련을 심화시키지 못하였고 동시에 대기업과 중소기업 사이의 상호 보완적 관계의 발전효과도 크지 못하였던 것이 그 초기적 현상이었다.

그러나 중화학공업화가 본격적으로 진전되면서 내구소비재의 성장과 함께 생산수단의 핵심인 일반기계 등 기계설비 부문에서 생산 및 수출도 증대하는 추세를 보였다. 그렇지만 생산 기반의 취약성으로 말미암아 일부 저가·저기술·

---

24) 赤松要, 〈わか國産業發展の雁行形態〉,《一橋論叢》第38卷, 第5号, 1956, p.11.
25) 강철규, 〈국제분업에서 한국자본주의의 위치와 발전방향〉,《사상문예운동》, 1989년 겨울호, 풀빛, 35~36쪽.

저부가가치 제품의 생산 및 수출이 진행되었고 고가·고기술·고부가가치의 제품은 여전히 수입에 의존하는 것이 1980년대 중반 이후의 특징이었다. 이런 현상은 이 시기 소위 3저 호황으로 중화학건설이 가져온 구조적 모순(무리한 외자 도입과 수입 누증에 따른 금융적 종속)에서 벗어나는 경향을 보였다는 종속 형태의 변화 논의와도 관련이 있다. 곧 금융적 종속의 완화의 이면에서 진행되고 있는 기술적 종속(생산수단 종속에서 생산기술 종속)으로 종속 형태가 변화되는 경향이라는 지적도 있다.26)

결국 국제분업체제에 편입·성장한 중화학공업은 소재·생산재 투입이 해외에 의존하는 수입 유발적이며 시장 관련에서도 국내 분업 관련이 극히 낮아서 결국 국민경제의 대외 종속을 심화시킨 측면이 있었다.

---

26) 정윤형 감수, 《한국경제론》, 백산서당, 1991, 134쪽.

제3절 독과점 지배체제의 강화와 중소기업

1. 독과점 지배체제의 강화

한국 자본주의에서 독점자본주의의 확립은 여러 가지 논의[27]가 있지만 대체로 1960년대 이후 1970년대 중반까지를 그 전사前史로 하여 1970년대 후반 혹은 1980년대에 독점자본주의 확립의 지표들이 나타난다고 보고 있다. 즉 중화학공업 건설에 대한 투자와 외채 누적에 따른 1979～1980년의 축적 위기를 경과하면서 생산력이 비약적으로 발전함으로써 독점과 비독점 사이에 현격한 격차와 생산과정 안에 사회적 평균 수준을 월등히 웃도는 독점적 생산력이 정착되었다는 것이다. 이는 중화학공업화 기간 중 국가의 지원과 막대한 외자 도입을 통하여 생산에서 독점적 지위를 차지한 사적 독점체가 산업독점체로 전환되었다는 것을 의미한다는 것이다.[28]

1970년대 후반에서 1980년대 초에 걸쳐 주요 산업에서 독점적 대기업을 중심으로 대량생산체제가 확립되었으며, 독점자본과 비독점자본 사이에 하청·계열관계를 통한 지배·종속관계가 형성·확대·심화되었고 이것이 독점적 자본축적의 바탕이 되었다는 것이다.[29] 즉 1980년대 들어 생산물 시장에서 독점적 지위가 확립되었고 또 생산수단 구매 과정에서 하청관계를 통한 독점적 지배가 강화되었다는 사실에 근거하여 이 시기에 독점적 특성이 나타났다고 보는 것이다.[30]

---

27) 위의 책, 126～132쪽 참조.
28) 홍장표, 〈1980년대 한국자본주의〉, 《1980년대 한국사회의 지배구조》, 풀빛, 1989, 87쪽.
29) 김형기, 《한국의 독점자본과 임노동》, 까치, 1988, 429～430쪽.
30) 이재희, 〈한국대기업의 독점화 과정에 대한 연구〉, 서울대 경제학박사 학위청구논문, 1989, 71쪽. 이에 대하여 1960년대 중반부터 '70년대 초에 걸쳐 대기업의 시장 집중이 현저히 진전되었으며

이 시기는 중화학공업화가 본격적으로 전개되는 기간이었고 그 이후 독과점 체제는 더욱 심화되었으며 독점재벌의 비대화가 초래되었다. 재벌기업은 중화학공업화의 초기 단계에서는 그 참여가 소극적이었으나 특혜적 편중지원에 편승하여 중화학공업 건설에 참여하였고 이에 힘입어 더욱 비대화되었다. 수출지향의 국제적 규모의 중화학공업건설이 정부 주도로 추진되었기 때문에 중소기업은 여기서 배제되는 가운데 독점재벌에 모든 특혜적 지원이 집중되었다. 재벌 위주의 중화학공업화는 막대한 특혜 속에 진전되었고 이에 따라 재벌의 거대화와 독점화는 급속하게 이루어졌다.

독점 대기업의 지배력 강화는 재벌에 소유 집중과 주요 생산 영역 장악 및 시장지배로 나타났다. 10대 재벌의 계열기업수는 1960년에 66개였던 것이 1970년에는 75개로 되었으나, 1979년에는 250개로 크게 증가하였는데, 이는 재벌의 소위 경영다각화체제에 기인한 것이었다. '80년대 재벌은 불황과 특혜적 지원의 축소로 계열기업을 일부 정리하였으나 그 출하액으로 본 경제력 집중은 심화하였다(표 3). 더욱이 5대 재벌의 성장이 현저하였고 '80년대 중반부터 30대 재벌은 제조업 출하액의 과반을 차지하였다.

1980년대 말부터 재벌이 다시 확장을 추구하자 30대 재벌의 계열기업체 수는 1987년 490개로부터 1995년에는 623개로 꾸준히 증가하였다.[31] 이러한 소유 집중은 계열기업 사이에 특혜금융과 상호출자[32]를 통하여 이루어졌다. 주요 재벌기업 내의 상호출자를 매개로 한 상호결합구조를 통해 전 산업, 특히 주요 성장산업 전반에 걸친 재벌의 기업 확장과 경제의 주요 부문에 대한 지배를 이루었다.

1974년에는 1,543개 공산품의 83%가 독과점적 시장구조를 가졌고 이들 총출하액은 공산액의 64%에 해당한다는 지적도 있다. 요컨대 독점자본은 '60년대 중반부터 '70년대 전반에 걸쳐 본격적으로 형성되었다는 주장이다(李憲昶, 《韓國經濟通史》(제2판), 법문사, 2003, 501~502쪽).

31) 위의 책(제5판), 해남, 2012, 555쪽, 2000년대 와서 재벌의 계열기업 수는 급증하는 추세였다. 즉 30대 재벌의 계열기업 수가 2006년에 731개였던 것이 2011년에는 1,150개로 크게 증가하였다(《한겨레신문》, 2012.1.25일자).

32) 상호출자란 계열기업들이 서로 상대기업에 대해 출자하는 것을 의미하는 것으로 이를 통해 가공의 자산증식이 가능하며 가공의 증식된 자산으로 계열기업의 확장을 꾀한다. 국내 주요 재벌들은 규제대상이 되고 있는 직접상호출자 방식을 지양하고 있지만 여러 가지 복잡한 상호출자 방식을 통해 그물망과도 같은 상호결합 방식을 형성하고 있다.

표 3. 제조업 부문에서의 대기업 집단 지배력의 추이

	계열기업 수(개)				출하액 비중(%)				고용 비중(%)			
	5대	10대	20대	30대	5대	10대	20대	30대	5대	10대	20대	30대
1974			139				24.6				13.5	
1977	99	158	276	337	15.7	21.2	29.3	34.1	9.1	12.5	17.4	20.5
1982	89	153	223	271	16.9	23.8	31.4	36.0	9.1	12.8	17.9	22.4
1985	94	147	218	270	23.0	30.2	36.4	40.2	9.7	11.7	15.5	17.6
1989	91	141	215	262	21.4	27.3	32.3	35.4	9.9	12.1	14.9	16.9
1994					24.6	32.1	36.8	39.6	11.1	13.7	16.2	17.7

자료: 李憲昶, 《韓國經濟通史》(제5판), 2012, 556쪽.

　　재벌의 생산 영역 지배는 수출주도 중화학공업을 중심으로 전개되었는데 그
것은 시장의 지배로 실현되었다. 30대 재벌이 참여하고 있는 시장이 1977년에
968개이던 것이 1985년에는 1,475개 시장으로, 1987년에는 1,499개로 늘어나
500여 개의 새로운 시장에 진출하였다. 또한 이들 참여 시장 가운데 1987년 현
재 31.7%인 475개 시장에서 점유율 1위를 유지하였고, 62.8%인 941개 시장에
서는 하나의 재벌이 3위 이내에 포함되고 있으며 특히 103개 시장에서는 시장
점유율이 80% 이상에 이를 만큼 시장에 대한 강한 지배력을 갖추고 있었다.[33]
이처럼 독점 대기업은 소유, 생산 유통을 포함한 경제의 전 영역에서 그 독점
적 지배력을 장악하게 되었다. 기업결합 또는 기업신설을 통해 실현된 독점 대
기업의 지배력 강화는 중화학공업 투자를 중심으로 산업생산 기반의 재편 속
에서 수출주도산업을 중심으로 그 활동 영역을 재구성하면서 그 지배망을 확
대하였다.

---

33) 이규억, 〈경제력집중: 기본시각과 정책방향〉, 한국개발연구원, 《한국개발연구》, 1990년 봄호: 한
　　국신용평가주식회사, 《재벌분석보고서》, 108~109쪽 참조(정윤형 감수, 앞의 책, 197쪽).

2. 독과점구조의 심화와 중소기업

자본주의적 축적의 일반법칙에 따른 자본의 집적·집중 과정은 자본주의가 전형적으로 발전하는 경우에 통상의 부문에서 소자본이 대자본에 의하여 구축되고 흡수된다는 것을 뜻한다. 그러나 사회적 자본의 축적은 자본의 집적·집중이라는 기본적 경향에 따라 이루어지지만, 다른 한편에서는 분산과 분열이라는 반대 경향이 교차되는 가운데 관철된다. 이것은 소자본(소영세기업)이 광범하게 존립하고 또 소자본 존립 분야가 끊임없이 창출됨으로써 대자본 또는 독점자본이 이를 자본축적의 바탕으로 활용한다는 것을 의미한다. 이와 같은 자본의 분산·분열 법칙은 자본축적 과정에서 소자본인 중소기업의 존립 가능성을 제시하여 준다.

자본의 집적·집중과 분산·분열이라는 자본축적의 법칙은 독점자본주의 단계에 이르면 새로운 특성을 나타낸다. 자본의 집적·집중 경향은 생산의 집적과 동시에 생산 부문의 대규모화를 수반하고 이에 따라 필연적으로 독점을 성립시킨다. 독점은 우선 국민경제의 기간이 되는 주요 생산 부문key lines of production에서 이루어지기 때문에 이들 부문에서 소자본(중소기업)의 존립 기회는 점차 감소한다. 곧 거대자본에 의한 독점은 생산재로부터 소비재 부문까지 진출하는데 이는 주식회사제도의 보급으로 더욱 촉진된다.

독점이 사회의 생산 전반에 대하여 소자본의 존립 기회를 가속적으로 잠식하면서 중소기업의 경쟁·도태가 진행된다. 그러나 독점자본 단계에서는 보다 적극적인 자본축적을 위하여 소자본 분야의 존속 확대가 이루어지게 되는 분산·분열의 경향이 병행하여 진행된다. 즉 독점이 중소기업을 '구축·도태'시키는 동시에 '잔존·이용'의 경향이 병행하게 된다. 이것은 독점자본 단계에서는 산업자본 단계에서보다 모순과 갈등·대립이 더욱 심해질 뿐만 아니라 새로운 여러 종속적 모순이 만들어지는 현상을 의미한다.

기본적 모순의 격화와 동시에 새롭게 종속적 모순이 전개되는 독점자본 단계의 독특한 자본축적의 모순이 진행된다. 이는 독점자본 단계의 자본축적 욕구가 산업자본 단계보다 더욱 강렬해지면서 그것을 성취하기 위하여 다각적 형태를 취하기 때문이다. 자유경쟁이 지배적이었던 산업자본 단계에서의 중소기업의 '구축·도태'의 경향은 독점자본 단계에서는 이와 동시에 중소기업의 '신생·잔존·이용'의 경향과 병행한다. 이것은 독점자본이 그들의 자본축적을 위하여 중소기업이 창출한 잉여가치를 수탈한다고 하는 독점 단계 특유의 모순 때문이다. 즉 독점은 중소기업을 그들의 이윤 획득의 대상으로 삼아 잔존·신생하게 한다. 즉 독점자본이 새로운 자본축적의 기반으로 중소기업을 잔존·이용한다는 것이 독점자본 단계의 중소기업문제의 핵심이다.

한국 자본주의의 전개 과정에서도 자본의 집적·집중과 분열·분산의 경향 속에 독과점구조가 정착되는 가운데 중소기업의 소멸과 신설이 교차되는 사회적 대류 현상이 지속되었다. 경제력 집중이 높아지면서 규모가 작은 사업체의 비중은 전반적으로 낮아지는 경향을 보였다. 즉 중소기업의 상대적 쇠퇴 속에 대기업이 크게 성장하면서 시장의 독과점도는 대단히 높은 수준에 이르게 되었다.

그에 따라 중소기업(제조업)의 시장점유율은 현격하게 낮아졌다. 종업원 규모 200인 이하를 기준으로 할 때 중소기업의 시장점유율은 1960년대 초에 60%에 이르던 것이 1990년대에는 30%대 수준으로 떨어졌다. 더욱이 소기업의 시장점유율이 낮아지는 가운데 종업원 규모 500인 이상의 대기업은 0.8%의 사업체가 47.2%의 시장점유율을 차지할 만큼 경제력의 집중이 높아졌다(표 4).

제조업 부문에서 1970년에서 1980년대까지 4대 재벌 또는 12대 재벌의 매출액 집중은 1970년대 후반부터 1980년대 초반까지 크게 증가하였다. 이런 대기업의 독점적 지위는 외국자본과 기술의 도입 그리고 정책의 특혜적 지원에 따라 육성된 중화학공업 부문에서 어마어마한 수준에 이르고 있다(표 5).

그런데 1980년대 중반 이후 중소기업의 시장점유율은 점차 증가하고 특히 종업원 규모 20인 이하의 시장점유율이 상승하는 경향을 보였다. 이것은 경제개발 과정에서 지나친 경제력 집중과 그에 따른 독과점구조의 심화가 경제의 자본주의적 축적 기반을 약화시키게 된 데 대한 반작용과 그에 따른 창업 지원 등 정책 인식에 따른 것으로 보인다.

표 4. 규모별 시장점유율

(단위: %)

규모	1963		1974		1985		1992		규모
	사업체 수	출하액	사업체 수	출하액	사업체 수	출하액	사업체 수	출하액	
5～9인	55.3	10.3	46.7	1.9	32.0	1.2	36.3	2.5	5～9인
10～19	25.0	11.4	22.4	2.5	25.9	2.6	28.6	4.9	10～19
20～49	12.9	13.5	14.6	4.3	23.0	6.6	22.8	10.7	20～49
50～99	3.9	12.2	6.8	6.4	9.7	7.9	7.0	9.7	50～99
100～199	1.6	11.1	4.3	8.7	5.1	10.1	3.0	10.7	100～199
					1.7	6.9	0.9	6.9	
200～499	0.9	13.9	3.3	22.0	1.1	9.3	0.6	7.1	200～499
500인 이상	0.4	28.0	2.1	55.0	1.4	55.3	0.8	47.2	500인 이상
중소기업	98.7	58.5	94.6	23.1	95.8 (97.5)	28.5 (45.4)	98.6 (97.7)	45.7 (38.8)	중소기업
대기업	1.3	41.5	5.3	76.9	42 (2.5)	71.5 (64.6)	1.4	54.3	대기업

주: ① 중소기업의 범위는 통계의 일치를 위하여 200인 이하로 보았음.
　② 1985년의 괄호 안 숫자는 중소기업 범위를 300인 이하로 본 것임.
자료: 산업은행·경제기획원, 《광공업통계조사보고서》

표 5. 독점적 대자본의 제조업 부문 매출액 집중률(1972～1987)

(단위: %)

	4대 재벌		12대 재벌	
	전 부문	중화학공업	전 부문	중화학공업
1972	7.0	24.0	14.2	43.1
1978	13.3	39.5	21.2	55.5
1981	16.2	45.9	31.5	83.7
1987	22.0	55.1	33.4	85.4

자료: 정윤형 감수, 《한국경제론》, 백산서당, 118쪽.

또한 독점적 지배관계는 하청·계열관계를 통하여 중소기업에 대한 지배를 강화하였지만 그 지배의 대상을 확충하여 잔존·이용하는 현상이 병행된 데 따른 것으로도 보인다.

수입원자재에 의존하는 조립가공형의 내구소비재 중심의 것이라고 하더라도 중화학공업의 확대 과정은 기계장비 부문을 중심으로 소재나 부품 공급의 생산 및 수출 증대 현상을 동반하였다. 물론 이것도 독점 대기업의 부품 대기업 확충이 중심이 되어 진행되었지만 그 과정에서 이와 결합된 하청·계열관계를 내용으로 하는 중소기업의 성장이 새로운 현상으로 주목되었다. 곧 독점 대기업과 중소기업 사이에는 '대립관계 속의 상호 의존성' 또는 '상호 의존성 속의 대립관계'라는 특징이 진행된 것으로 볼 수 있다.

이런 현상에 대하여 일찍이 도브M. Dobb은 다음과 같이 설명하였다.[34] 독점자본은 그것이 지배할 수 있는 모든 분야를 지배할 때 그 목적을 달성했다고 할 정도로 모든 것을 흡수하는 특성all-embracing character을 가진다. 그럼에도 생산의 집중화 경향과 독점적 또는 준독점적 조직 형태와 병행하여 중소기업small sale units이 광범하고 완강하게the extent and the stubborness 존속하는 것은,

① 기술적 조건이 대규모의 기업 단위에 유리한 조건이 되지 못하는 기술적 후진 부문

② 중소기업의 기술적 특수성이 인정되는 경우

③ 거대기업the giant firm과 경쟁관계에 있는 중소기업이 전산업의 판매정책에 대하여 거대기업의 지배력을 유지시킨다는 일시적 타협이 있는 경우

④ 대기업 제품의 특수한 부분품을 공급하고 성수기에 대기업의 일정한 생산단계를 보조하는 대기업의 하청업체sub-contractor로서 역할을 하는 경우 등

이라는 것이다.

---

34) M. Dobb, *Studies in the Development of Capitalism*, Routledge & Kegan Paul, 1946(1st ed.), 1963(revised), pp.341~342 및 p.347.

자본의 분산·분열 경향 속에서도 자본의 집적·집중은 그 자본주의적 축적의 주된 흐름이 되었다. 2000년대 와서 30대 재벌 그룹 계열 수가 2006년에 731개에서 2011년에 1,150개로 늘어난 현상이나 재벌그룹 진출 업종 수가 2005년에 13.3개에서 2011년에는 18.6개로 증가한 결과가 그것을 말해 준다.[35) 그리고 재벌기업의 사업다각화와 사업 확장은 중소기업이나 영세자영업자의 사업 분야를 잠식하는 것이었다(예컨대 빵, 물티슈, 순대사업 등).

또한 제조업의 영역을 넘어서 특히 서비스업 진출이 두드러졌다. 대기업의 대형마트는 2003년 265개에서 2009년에는 442개로 증가하였고, 기업형 슈퍼마켓은 2006년 312개에서 2011년 1,045개로 늘어났다. 그 결과 이들의 매출액 규모를 보면 대형마트가 1999년에서 2010년 사이에 네 배로 급성장하였고 기업형 슈퍼마켓도 2006년에서 2011년 사이에 그 매출액이 2.3조원에서 6.1조원으로 2.7배 증가하였다.[36) 그 결과로 말미암아 전통시장과 중소 상인이나 자영영세업의 사업 영역이 위축·폐업하면서 큰 타격을 받았다.

---

35) 공정거래위원회(《한겨레신문》, 2012.1.25.일자).
36) 한국체인스토어협회, 《리테일메거진》.

제4절 중화학공업화와 중소기업 구조 변동

1. 중화학공업화와 기업 규모별 부가가치구성 변동

산업구조의 변화 요인은 수요구조와 공급구조의 두 가지 측면에서 검토될 수 있는데 그것은 바로 수요의 소득탄력성과 생산성 상승률을 의미한다. 중화학공업은 이들 요인을 충족하기 때문에 그 비중이 높아져 공업구조 고도화의 견인 작용을 할 수 있는데 이를 좀 더 살펴보면 다음과 같다.[37]

첫째, 생산성 상승은 높은 자본장비도와 높은 기술 진보로 가능한데 중화학공업은 기술진보율이 높은 업종이 경공업보다 많다. 기술진보율이 높을수록 생산성 상승률이 상대적으로 높고 그 결과 단위 비용의 저하율도 크게 된다.

둘째, 많은 중화학공업 제품은 수요 성장률이 높다. 말하자면 그 수요의 소득 탄력성이 높은데 경공업 제품에 비하여 성장률이 높은 것도 이 때문이다.

셋째, 중화학공업 제품은 전방 및 후방연관효과가 높아 그 성장의 결과가 고도성장으로 이어지게 된다.

결국 시장 확대라는 수요 조건과 생산의 우회화 및 규모의 경제라는 공급 조건을 바탕으로 하여 공업에서 중화학공업의 비중이 높아지고, 기업 측면에서는 기업 규모의 대형화 경향 속에서 생산의 집중화가 진행된다. 이 같은 현상은 한국경제의 개발 과정에서도 동일한 추세를 반영하였는데 먼저 부가가치를 기준으로 공업구조와 기업 규모 변화의 특징을 보기로 한다.

첫째, 중화학공업의 비중이 높아졌다. 1966년에 중화학공업과 경공업의 비중

---

37) 篠原三代平, 《産業構造論》, 筑摩書房, 1970, pp.39～40.

은 각각 36.3%와 63.7%였던 것이 1986년에는 58.6%와 41.4%로 되어 중화학공
업이 경공업의 비중을 앞서게 되었다(표 6).

표 6. 공업 유형별·기업 규모별 부가가치 구성

(단위: %)

	1966	1973	1979	1986
중화학공업	36.3	44.4	50.6	58.6
소기업	30.6	26.7	32.7	46.4
중기업	37.4	40.7	49.0	49.5
대기업	37.2	47.4	52.6	64.7
경 공 업	63.7	55.6	49.4	41.4
소기업	69.4	73.3	67.3	53.6
중기업	62.6	59.3	51.0	50.5
대기업	62.8	52.6	47.4	35.3
합계	100.0	100.0	100.0	100.0

자료: 산업은행·경제기획원, 《광공업통계조사보고서》

　둘째, 이와 같은 중화학공업화율의 상승 경향은 기업 규모별 내용에도 그대
로 반영되었다. 대기업(종업원 규모 300인 이상)은 1966년에 중화학공업의 비중이
37.2%였으나 1986년에는 64.7%로 높아졌다. 또한 중기업(종업원 규모 20~299인)
에서는 중화학공업 비중이 1966년에 37.4%였으나 1986년에는 49.5%로 상승하
였으며 소기업(종업원 규모 5인~19인)에서도 같은 기간에 30.6%에서 46.4%로 높아
졌다. 그러나 중기업과 소기업에서는 아직도 중화학공업의 비중이 경공업의 비
중을 따르지 못하고 있다. 이와 같은 공업 유형별 기업 규모별 내용에서 본 중
화학공업화의 특징은 소기업에서의 비중이 다른 규모에 견주어 상대적으로 높
아졌고 더욱이 '80년대에 와서 그 특징은 더욱 뚜렷하였다.

　셋째, 기업 경영 규모별·공업 유형별 변화를 보면 전 제조업의 경우 대기업,

중기업, 소기업의 부가가치 비중이 1966년에는 각각 49.7%, 35.4%, 14.9%였던 것이 1986년에는 61.9%, 34.4%, 4.6%로 변화되어 큰 규모기업에 부가가치 집중이 이루어졌다. 특히 중기업의 비중은 큰 변화를 보이지 않았지만 소기업은 그 비중이 크게 낮아졌다(표 7).

표 7. 기업 규모별·공업 유형별 부가가치 구성

(단위: %)

	1966	1973	1979	1986
중화학공업				
소기업	12.5	3.4	2.8	3.7
중기업	36.5	26.0	30.2	29.0
대기업	51.0	70.6	67.0	67.3
계	100.0	100.0	100.0	100.0
경공업				
소기업	16.2	7.4	5.8	6.0
중기업	34.8	30.3	32.3	42.0
대기업	49.0	62.3	61.9	52.0
계	100.0	100.0	100.0	100.0
제조업				
소기업	14.9	5.6	4.3	4.6
중기업	35.4	28.4	31.2	34.4
대기업	49.7	66.0	64.5	61.0
계	100.0	100.0	100.0	100.0

자료: 표 6과 같음.

넷째, 큰 규모에 부가가치 집중 현상은 중화학공업에서 더욱 뚜렷하였지만, 경공업에서는 극히 완만한 추세를 보였다. 즉 중화학공업에서 대기업, 중기업, 소기업의 부가가치 비중이 1966년에 각각 51.0%, 36.5%, 12.5%였던 것이 1986년에는 67.3%, 29.0%, 3.7%로 대기업 집중과 동시에 소기업에서의 비중 저하라는 양극화 현상이 뚜렷하게 나타났다. 한편 경공업에서는 그 비율이 1966년에 49.0%, 34.8%, 16.2%였으나 1986년에는 52.0%, 42.0%, 6.0%로 소기업의 비중이 현격히 감소하는 가운데서도 대기업의 그것은 약간 높아지는 데 그쳤다. 이에 견주어 중소기업 가운데 중기업은 그 비중이 오히려 높아짐으로써 중화학공업에서의 대기업 집중, 중기업 비중 저하 현상과 대조를 보였다.

2. 중화학공업화와 기업 규모별 사업체 수 변동

다음에는 사업체 수를 기준으로 공업구조와 기업 경영 규모의 변화를 살펴보기로 한다.

첫째, 공업구조 중 중화학공업과 경공업의 사업체 수 구성이 1966년에는 26.7%와 77.3%였던 것이 1986년에는 40.9%와 59.1%로 변화되었다. 곧 중화학공업의 사업체 수 비율이 상대적으로 높아져서 중화학공업화의 경향을 보였지만 부가가치의 경우와는 달리 경공업 사업체 비율을 능가한 것은 아니었다(표 8).

둘째, 이 내용을 기업 규모별로 보면 대기업에서는 중화학공업과 경공업의 사업체 구성이 1966년에 17.5%와 82.5%였으나 1986년에는 51.5%와 48.5%로 변화되어 중화학공업의 사업체 비율이 경공업의 그것을 능가하게 되었고, 이에 따라 사업체 수 측면에서도 중화학공업화의 특징을 뚜렷이 반영하였다. 중기업에서는 1966년에 34.4%와 65.6%였던 것이 1986년에는 34.7%와 56.3%로 되었고, 소기업의 경우는 같은 기간 25.0%와 75.0%에서 38.4%와 61.6%로 공업 유형별 사업체 구성이 변화되었다. 중기업과 소기업에서도 중화학공업의 사업체 구성이 높아졌으며 소기업의 경우에도 그러하여 중소기업이 중화학공업화의 저변을 형성해 주고 있음을 알 수 있다.

셋째, 사업체 수 기준으로 1966년에 대기업, 중기업, 소기업의 구성은 각각 1.1%, 18.8%, 80.1%였던 것이 1986년에는 2.4%, 40.0%, 56.7%로 되어 기업 규모의 상승·확대 경향을 알 수 있다. 더욱이 중기업의 비중이 크게 증가한 것과 달리 소기업은 그 비중이 크게 낮아졌다.

넷째, 이것은 중화학공업과 경공업에서 동일한 경향을 보였다. 중화학공업에서 사업체 기업 규모 구성은 1966년에 대기업 0.7%, 중기업 24.0%, 소기업 75.1%였으나 1986년에는 그것이 각각 3.0%, 43.7%, 53.3%로 변화되었다. 대기업과 중기업 구성이 높아진 가운데 소기업의 그것은 낮아졌다. 경공업의 경우에도 같은 기간 대·중·소기업의 비중이 1.2%, 16.8%, 82.2%였으나 1986년에는 1.9%, 39.0%, 59.1%로 되어 소기업 사업체 비중이 감소하고 중기업의 비중이 증가하였다(표 9).

표 8. 공업 유형별·기업 규모별 사업체 구성

(단위: 구성비 %)

	1966		1973		1979		1986	
	사업체 수	구성비	사업체 수	구성비	사업체 수	구성비	사업체 수	구성비
중화학공업	6,062	26.7	5,961	25.6	15,871	34.2	20,472	40.9
소기업	4,551	25.0	3,603	21.4	5,303	28.3	10,912	38.4
중기업	1,469	34.4	2,098	36.5	5,056	42.4	8,952	38.4
대기업	42	17.5	260	37.1	512	46.2	608	51.5
경 공 업	16,656	73.3	17,332	74.4	20,933	65.8	29,591	59.1
소기업	13,665	75.0	13,237	78.6	13,463	71.7	17,486	59.1
중기업	2,808	65.6	3,655	63.5	6,873	57.6	11,533	61.6
대기업	198	82.5	440	62.9	697	53.8	572	48.5
계	22,718	100.0	23,293	100.0	31,532	100.0	50,063	100.0

자료: 표 6과 같음.

표 9. 기업 규모별·공업 유형별 사업체 구성

(단위: %)

	1966	1973	1979	1986
중 화 학 공 업				
소기업	75.1	60.4	48.8	53.3
중기업	24.2	35.2	46.5	43.7
대기업	0.7	4.4	4.7	3.0
계	100.0	100.0	100.0	100.0
경 공 업				
소기업	82.0	76.4	64.3	59.1
중기업	16.8	21.1	32.8	39.0
대기업	1.2	2.5	2.9	1.9
계	100.0	100.0	100.0	100.0

자료: 표 6과 같음.

이처럼 중화학공업이나 경공업에서 대기업과 중기업의 비중이 높아지고 소기업의 비중이 낮아지면서 기업의 대규모화 경향을 보였고 이는 중화학공업에서 더욱 뚜렷하였다. 그렇다고 소기업이 일방적으로 도태되는 것은 아니었다. 사업체 수로 볼 때 1966년에 소기업체 수는 18,208개였던 것이 1986년에는 28,398개로 증가하였다. 공업 유형별로 보면 경공업의 경우 13,665개에서 17,486개로 증가하는 데 그쳤지만, 중화학공업 분야에서는 4,551개에서 10,912개로 무려 2.4배 가까이 증가하였다. 이 기간 중 중기업의 사업체도 1,202개에서 8,731개로 증가하였다.

이와 같은 결과는 경제개발로 산업구조가 고도화되고 중화학공업화가 진전되면서 기업 규모가 대형화되어 큰 규모 기업에의 집적·집중과 독점화가 실현되었지만 그것이 광범한 중소기업의 존립 기반 위에서 가능했다는 것을 말해 준다. 더욱이 중기업과 소기업 사업체 수의 현격한 증가는 자본주의적 축적을 실현하는 경제개발이 한편에서는 집적과 집중, 다른 한편에서는 그것을 위한 분산과 분열을 조성하면서 진행된다는 것을 반영한다. 산업의 측면에서 자본의 유기적 구성의 고도화는 중화학공업화로 실현되고, 기업 규모 면에서는 대형화를 수반한다. 그러나 이 과정은 중소기업, 특히 소기업의 광범한 존립과 병행하면서 진전되었다.

제8장

하청·계열화와 1980년대 중소기업정책

제1절 하청·계열화의 경제적 역할

대기업과 중소기업의 하청관계 또는 계열관계는 사회적 분업관계의 한 가지 형태이지만 두 가지는 그 개념이 구분되기도 한다.[1] 기본적으로 대기업이 하청 기업 또는 계열기업의 기술을 이용할 필요가 있고 생산능력을 보조적으로 이용한다는 의미에서 양자는 보완관계 또 보충적 관계에 있는 반면에 상호 대립관계의 측면도 있다. 자본주의경제가 발전하면서 하청관계는 계열화라는 형태로 기업관계가 변화하게 된다. 하청관계는 일반적으로 불안정한 부동적浮動的·유동적 관계이다. 그런데 일정의 하청관계가 지속하고 모기업인 대기업의 기대와 필요에 응할 수 있는 능력을 하청기업이 지니도록 하려면 모기업이 하청기업에 대해 자본·경영·기술 등의 면에서 원조를 제공하게 된다. 여기서 양자가 계열화의 관계로 된다는 것이다.[2] 즉, 계열화는 부동적인 모기업의 하청 이용이 자본·설비·기술·경영관리 및 경영관리자의 여러 측면에서 결합이 밀접하게 되고 자금 대여, 알선 및 자본 투하, 설비·기술의 대여 및 지도, 인원의 파견 등 모기

---

1) 하청·계열관계에 대한 이론적 검토는 이경의, 《한국 중소기업의 경제 이론》, 지식산업사, 2014, 제 3장을 참고할 것.
2) 佐藤芳雄, 〈下請·系列化〉, 加藤誠一 編, 《中小企業問題入門》, 有斐閣, 1976, p.75.
　 우리나라 실정법에서는 하청제도를 계열화와 구분해서 사용하지 않고 계열화의 개념에 포함시켜 규정하고 있다. 예컨대 〈중소기업기본법〉에서는 하청제도에 대한 규정 없이 '전문화 및 계열화의 조성'에 대한 것만을 규정하고 있다. 또한, 〈중소기업계열화촉진법〉(1975년에 제정된 이 법은 1995년에 제정된 〈중소기업의사업영역보호및기업간협력증진에 관한 법률〉에 통합됨)은 계열화라 함은 제조업자, 가공업자, 판매업자 또는 수리업자가 물품, 부품, 반제품, 부속품 및 원료의 제조·가공·수리를 중소기업자에게 위탁하고, 이를 위탁받은 중소기업자가 전문적으로 물품 등을 제조하는 상호분업적 협력관계를 이루는 것을 말한다고 되어 있다(제2조 1항). 이러한 계열화의 개념은 하청관계를 포함하는 것으로서 두 가지를 구분하는 이론적 설명과는 차이가 있다. 또한 계열관계의 모기업체(위탁기업체) 업종에는 제조업뿐만 아니라 판매업자인 유통업까지 포함하고 있음도 유의할 필요가 있다.

업의 생산계열에 하청기업이 더욱 깊이 결합되는 것을 말한다.

하청·계열관계의 조성은 그것이 다음과 같은 경제적 역할을 하기 때문에 국민경제적 요구에 부응하는 것이다.

첫째, 대기업과 중소기업 사이에 공존체제를 확립한다. 일반적으로 대규모의 생산자가 모든 부품이나 그 공정을 자기 공장에서 제작·운영하는 것도 가능하지만, 그것이 경제적이라고 할 수는 없다. 비교적 간단한 부문품의 가공 및 제작은 중소기업이 보유하고 있는 설비와 기술로써 제조할 수도 있다. 그런데 중소기업의 조직은 소규모이고 그 관리비도 저렴하며 임금수준도 대기업보다 낮아서 생산비도 낮다. 따라서 어느 정도 대량생산되는 부문품은 중소기업의 시설과 기술로 생산하는 것이 기술적으로 가능하고 또한 경제적이다. 그런데 하청·계열화가 형성되지 못하면 중소기업은 대기업과 격리되어 그 유지·발전이 어렵고 대기업 측에서는 불필요한 시설 투자를 하지 않을 수 없기 때문에 비능률과 자원의 낭비가 초래된다. 결국 하청·계열화의 진전은 대기업과 중소기업이 각자의 영역을 확보하여 상호 보완관계를 유지하고 기업 사이의 지나친 경쟁으로 일어나는 기업 도산의 위험을 방지한다. 또한 전문화 및 표준화로 질적 및 적정 규모 생산을 실현하여 대기업과 중소기업의 균형 있는 발전과 나아가 국민경제의 국제경쟁력을 배양하게 한다.

둘째, 규모의 경제를 실현하게 한다. 하청·계열화는 능률적인 생산 단위 및 경영 단위에 입각한 사회적 분업의 이익을 촉진하기 때문에 그 경제적 효과가 높다. 대체로 중소기업은 원가 면에서 유리하여 대기업과의 직접적 경쟁을 피하면서 대기업을 보완하고 경우에 따라서는 대기업과 효과적으로 경쟁할 수 있는 생산 분야를 모색하면서 대기업과 경쟁적 공존을 하기도 한다. 또한 중소기업은 대기업이 생산하는 표준화된 대량생산 품목 사이의 간격을 메우거나 대기업보다 경쟁에 유리한 분야에 진출해서 대기업과 공존하기도 한다. 이때 중소기업이 경쟁에서 유리한 점은 분산된 원료의 가공, 지방시장을 대상으로 하고 수송비가 비교적 높은 제품, 서비스업, 공정을 분리할 수 있는 생산 분야, 기예적技藝的 내지 정밀한 수작업, 대규모 경제의 이익이 적은 특수 제품 및 시장 규모가 작은 업종에서 존립하면서 규모의 경제를 실현한다.

셋째, 전문화를 진전시킨다. 기업체당 생산 품목 수가 많고 생산 규모는 작은 다품종 소량생산체제는 일시적·단기적으로는 기업 유지에 도움이 되지만 장기적으로는 기업 경영을 어렵게 하고 나아가 기술 수준의 향상이나 품질 및 성능의 개선을 불가능하게 하여 대외경쟁력을 저하시킨다. 여기서 전문화의 필요성이 있게 되는데 하청·계열화가 이러한 전문화체제를 확립시켜 준다. 기계공업의 예에서 보면 대기업인 모기업과 중소기업인 수급기업受給企業이 상호 보완관계적 분업체제를 이룰 때 수급기업은 몇 개의 제한된 품목을 전문적으로 생산하여 생산능률을 높인다. 그리고 모기업은 이를 구입·조립하여 완성품을 생산함으로써 능률적 생산이 가능하게 된다.

넷째, 기술 수준을 향상시킨다. 하청·계열화는 낮은 기술 수준을 극복하고 기술혁신을 이루게 하는 원동력이 된다. 하청·계열화가 심화되면 모기업은 부품의 생산을 하청·계열기업에 담당시키고 그 품질 향상을 위해 실험 연구·검사 및 신제품의 개발에 전념하도록 하기 때문에 기술 수준이 높아지고 기술혁신도 이룰 수 있게 된다. 이때 중소기업이 스스로의 힘으로 기술혁신이 어려울 경우 대기업이 필요한 기술 및 경영 지도를 실시할 수도 있기 때문에 타율적이기는 하지만 이것이 중소기업의 기술 향상에 도움을 줄 수 있다.

다섯째, 자금 부담을 감소시킬 수 있다. 모기업이 수급기업의 기존 시설을 활용하기 때문에 모기업의 설비 투하 자금의 부담을 경감시킬 뿐만 아니라 국민경제적으로는 가용 시설을 활용하는 이득이 있게 된다. 더욱이 모기업이 기업 경영에 필요한 자금 조달 능력이 부족할 때, 주요 부분에선 직접투자를 하고 보조 부분은 수급기업에 위임함으로써 자금 부담을 줄일 수 있다. 또한 모기업은 수급기업에게 기계설비의 대여, 중고 기계설비의 불하 또는 설비 투자금융의 융자 알선의 편의를 제공하여 수급기업의 설비근대화를 촉진하기도 한다. 그 결과 모기업이 직접 자기 공장을 확보하는 것보다 적은 자금으로 기업 경영을 할 수 있게 된다. 그리고 노임 부담의 경감으로 자금 부담을 줄일 수 있는데 이것은 대기업이 중소기업과의 규모별 임금격차를 활용함을 뜻한다. 곧 모기업은 자기 회사의 노동자에게 지불하는 것보다 낮은 수준의 수급기업 노동자를 간접적으로 활용하여 일정한 생산량을 확보할 수 있게 된다.

여섯째, 산업구조의 합리화에 이바지한다. 하청·계열화는 국민경제적으로 볼 때 산업구조의 합리화를 가져오게 하는데 이것은 공업구조의 고도화와 생산력의 발전이 생산의 분업화와 우회화로 이루어질 수 있다는 것을 의미한다. 즉 하청·계열화는 생산의 분업화와 우회화를 촉진시키고 산업 사이의 최적 상관관계를 조성하며 합리화된 산업구조를 구축할 수 있게 한다.[3]

한편 국민경제적 효과 면에서 하청·계열화의 기능을 다음과 같이 집약하여 설명하기도 한다.

① 사회적 분업을 촉진하여 산업구조의 근대화를 통한 공업의 내포적 발전을 이루게 한다.

② 모기업과 수급기업, 대기업과 중소기업의 균형적인 발전을 이루게 한다.

③ 모기업의 신규 투자를 억제하고 수급기업의 기존 시설을 이용함으로써 국내 가용 자원의 종합적 이용을 가능하게 한다.

④ 전후방 연관관계의 형성에 따라 산업연관을 높이고 고용 및 소득효과를 유발시킨다.

⑤ 국내 기업 사이의 과도한 경쟁에서 오는 기업 도산의 위험을 방지하고 전문화·표준화·단순화로 질적·양적 생산이 가능하게 되어 국제시장에서 경쟁력을 배양한다.[4]

⑥ 기업 혁신의 터전을 마련하여 국내 산업의 발전을 촉진시킨다.[5]

---

3) 중소기업은행 조사부, 《주요업종의 하청실태》, 1970.12, 14~18쪽 참조.

4) 중소기업은행, 〈산업계열화 조성의 현황과 문제점—기계공업의 하청실태를 중심으로〉, 《중소기업논집》(제1집), 1976.12, 349쪽.

5) 하청·계열화가 성립하는 이유에 대하여 대기업과 중소기업의 양측으로 나누어 설명하기도 한다. 먼저 대기업이 하청중소기업을 필요로 하는 이유로서 ① 자본의 절약, ② 위험부담의 전가, ③ 저임금의 간접적 이용 등을 들고 있다. 다음에 중소기업이 대기업의 하청기업이 되는 이유로서는 ① 안정된 시장 확보, ② 모기업으로부터의 지원, ③ 과당경쟁으로부터의 도피 등을 들고 있다(佐藤芳雄, 앞의 글, 加藤誠一 編, 앞의 책, pp.75~77).

제2절 중화학공업화와 하청 · 계열화의 전개

1. 자본축적 기반의 확충과 하청 · 계열화의 전개

이상과 같은 하청·계열관계의 경제적 역할은 중화학공업화가 전개되고 그 안에서 산업조직이 독과점체제로 변화하는 등 경제구조와 환경이 변화되면서 새로운 특징을 보이게 된다. 즉 모기업은 그들의 이윤 창출과 자본축적의 기반을 조성하기 위하여 안정적인 하청·계열기업을 확보하는 것이 필요하게 되었다. 한국경제는 1970년대 말부터 국내외 시장에서 경쟁이 심화되고 원자재 가격, 인건비 등 제조원가의 상승이 누적되면서 모기업인 독과점기업들이 새로운 이윤의 원천이 되는 하청·계열기업인 중소기업과 안정적인 관계를 맺는 것이 요구되었다. 곧 모기업들은 수급기업의 기술과 부품의 품질이 그들의 제품 품질에 영향을 미치는 것은 물론 제품의 가격과 경쟁력 나아가서 이윤의 결정적 요인이 됨을 인식하고 구매관리와 도급관리를 강화하였다.

즉 도급조직을 합리화하고 안정화하는 한편 기술개발, 자금 조달 등에서 수급기업인 중소기업을 지원하여 원가절감과 품질 향상을 실현, 안정적이고 지속적인 분업의 이익과 자본축적의 기반을 확충하려고 노력하였다. 그 결과 모기업의 도급조직은 확대되었고 수급기업의 수주량이 늘어났으며 부가가치가 증대됨에 따라 기술이 축적됨으로써 수급기업의 체질도 강화되었다.[6]

---

6) 배경일, 〈도급제도의 변천—기계공업을 중심으로 하여〉, 중소기업은행, 《기은조사월보》, 1984.9. 참조. 〈중소기업계열화촉진법〉은 이 법이 정한 계열화의 개념 규정에 따라 이루어지는 위탁委託 및 수탁受託 행위를 도급거래都給去來라고 하였고 1995년의 통합법에서는 이를 수·위탁거래受·委託去來라고 규정하였다. 이때 위탁을 하는 자를 위탁기업체(모기업체母企業体)라고 하고 위탁을 받는 자를 수탁기업체(수급기업체)라고 규정하였다. 이에 수급거래는 도급거래(수·위탁거래) 가운데

고도성장 과정에서 중소기업은 대기업과 독과점기업에 의하여 크게 위축되었고 그 영역이 침식되었지만, 다른 한편에서 대기업을 보완하는 기술을 지녔거나 낮은 가격으로 대기업에 부품을 공급하는 경우에는 하청·계열기업이 됨으로써 새로운 존립 형태를 형성하였다. 이것은 독과점 대기업이 경기 상승 국면에 그들과 관련 부문에 있는 중소기업의 생산력을 이용하고 또 자본부족을 보완하기 위하여 중소기업을 이용하기 때문에 이루어진 것이었다. 과잉인구 아래에서 대기업이 중소기업의 저임금 기반을 간접적으로 이용, 그들을 자본축적의 바탕으로 삼기 위한 것이었다. 이와 달리 하청중소기업은 그로 말미암아 대기업과 보완관계를 맺으면서 존립할 수 있었다.

이런 현상은 산업구조가 고도화되고 중화학공업화가 심화되면서 더욱 특징적으로 나타났다. 그런데 경제개발 초기적 특징은 규모의 경제 추구가 기업 기능의 전문화에 따른 기업 사이 분업의 전개보다는 기업 내적으로 이루어졌다. 이는 풍부한 저임금 노동력, 중소기업의 낮은 기술 수준, 전문기업의 결여 등이 결합되어 모기업이 기업 활동의 내재화內製化와 원자재 수입의 확대, 저급품에 수요 집중에 따른 생산의 낮은 전문 기술 의존도 등의 요인이 작용한 결과였다. 결국 기업 간의 관련 관계를 희박하게 만들고 기업 간 거래가 이루어지는 경우에도 깊이 있게 이루어지지 못하여 대기업과 중소기업 사이는 이중 상태가 되었다.[7]

표 1은 이와 같은 낮은 기업 간 분업관계가 1980년대 중반까지도 지속되고 있었음을 반영한다. 중소기업의 총출하액 중 수급판매액의 비율인 수급판매 비율[8]은 1980년까지도 26.2%에 그치고 있다. 물론 1970년대 초의 14.0%에 견주면 거의 배증한 것이지만 전체적으로 보아 결코 만족스러운 수치는 아니었다. 업종별 내용에서는 기계공업, 금속공업, 전기기기, 수송용기기 등 다수의 부품

수탁거래를 의미하는 것으로 볼 수 있지만, 도급거래는 하청거래 또는 수급거래와 같은 개념으로 쓰이기도 했다. 따라서 그동안의 '실태 조사' 등에서 사용된 여러 개념은 반드시 일관성이 있었던 것은 아니다.

7) 중소기업은행, 《중소기업은행 20년사》, 1981, 29~30쪽.
8) 수급판매액은 중소기업의 판매액 가운데 타제조업의 주문에 의하여 이루어지는 것을 뜻하기 때문에 생산공정상의 분업관계를 의미한다.

을 조립하여 완성품을 생산하는 중화학공업 분야에서 40~50%의 수급판매 비율을 나타내 준다. 이들은 모기업 측의 적극적 수주 의존을 특징적으로 설명할 수 있는 분야이고 따라서 이들 분야를 중심으로 대기업과 중소기업 사이에 입체적·중층적 분업구조 형성을 엿볼 수 있다.

표 1. 중소기업의 수급(또는 주문)판매 비율

(단위: %)

		1971	1979	1985	1992
규 모 별	5~9인	5.6	12.4	27.9	65.7
	10~19	15.0	14.2	42.6	59.8
	20~49	20.8	21.3	37.5	49.2
	50~99	18.6	24.1	31.9	47.1
	100~199	11.0	19.1	23.5	43.4
	200~299	–	15.9	25.4	37.6
	전 체	14.0	18.8	26.2	48.2
주 요 업 종 별	섬 유	13.1	19.7	25.7	39.7
	의 복	3.2	14.6	21.1	37.0
	고 무	30.0	21.4	30.5	44.4
	플 라 스 틱	24.9	43.6	41.5	
	금 속	42.8	21.5	31.7	60.4
	기 계	43.0	38.8	52.0	72.7
	전 기 기 기	38.0	34.4	40.7	60.9
	수 송 용 기 기	35.7	31.7	53.4	60.5
	정 밀 기 기	8.0	6.1	20.4	45.8

주: ① 1971년에는 200~299인 규모에 대한 조사가 이루어지지 않았음.

　② 수급판매 비율 = $\dfrac{\text{수급(또는 주문) 판매액}}{\text{중소기업의 출하액}} \times 100$

자료: 상공부·중소기업은행·중소기업협동조합중앙회, 《中小企業實態調査報告》

　이것이 1980년대 중반 이후 1990년대에 오면 상당히 높은 수준으로 발전하고 있는데 이는 중화학공업화가 진전된 결과로 해석된다. 즉 1992년에 중소기업의 수급판매비율은 48.2%에 이르렀고 중화학공업 분야에서는 그것이 60～70%에 이르고 있다.

이러한 결과는 수급기업의 비율을 보여 준 표 2의 내용에서도 그대로 확인된다. 1971년에 18.0%였던 것이 1985년에는 42.2%로 늘어났고 이러한 추세는 '80년대에 들어서면서 더욱 뚜렷하게 나타났으며 1992년에는 73.4%에 이르고 있다. 즉 중소기업 가운데 70% 이상이 수급판매의 형태에 관련을 맺게 되었다.

표 2. 수급기업의 비율

(단위: %)

		1971	1979	1985	1992
규 모 별	5～9인	10.1	14.0	31.0	73.4
	10～19	23.4	25.0	46.3	74.1
	20～49	30.3	29.3	49.8	72.3
	50～99	37.1	46.2	47.9	74.9
	100～199	48.6	46.9	53.0	71.1
	200～299	–	43.6	40.2	70.8
	전 체	18.0	25.7	42.2	73.4
주요업종별	섬 유	30.8	49.3	59.1	81.4
	의 복	4.5	10.8	28.9	79.2
	고 무	53.6	39.2	48.2	75.6
	플 라 스 틱	29.2	64.5	51.4	
	금 속	31.6	22.8	46.2	83.7
	기 계	39.7	44.5	67.9	84.9
	전 기 기 기	40.4	57.2	77.6	81.1
	수 송 용 기 기	42.0	24.9	77.5	30.6
	정 밀 기 기	25.7	26.2	58.4	72.3

주: 수급기업 비율 = $\dfrac{수급기업체 \ 수}{중소기업체 \ 수} \times 100$

자료: 표 1과 같음.

　　1960년대 말에 11.6%에 그쳤던 중소기업(제조업)의 수급거래 사업체 구성은 1980년에도 30%에 그쳤지만 1980년대 중반에는 40%이상으로 높아졌고 1990년대는 70%에 이르게 되었다. 그리고 1990년대와 2000년대에 걸쳐 수·위탁거래(도급거래) 중소기업 비중은 경제의 구조 변동을 반영하면서 대체로 60~70% 수준을 유지하고 있다(표 3).

표 3. 수급거래 유무 및 수·위탁거래 형태별 사업체 구성 추이

(단위: %)

	수·위탁거래(수급거래)		수·위탁거래
	위탁기업	수급기업	(수급거래) 없음
1969	11.6		88.4
1976	19.7		80.3
1980	30.0		70.0
1986	42.5		57.5
1989	66.6		33.4
1993	7.6	57.8	34.6
1996	6.7	66.9	26.4
2002	5.1	63.9	31.0
2005	6.5	59.0	34.5
2009	8.4	47.9	43.5

주: 1969년부터 1989년까지는 수급거래 실적임.
자료: 상공부·중소기업청·중소기업은행·중소기업협동조합중앙회, 《중소기업실태조사보고》, 각 연도.

　　그렇지만 이러한 현상이 일본의 수준에는 미치지 못하고 있다. 일본은 이미 1976년에 하청기업의 비율이 60.7%에 이르고 있다(우리나라는 1976년에 19.7%). 그리고 기업 규모별로 보면 일본에서는 1~19인 규모에서 하청기업 비율이 61.9%(1976년 현재)였으나(표 4), 반대로 우리나라는 1985년에도 5~9인 규모에서 31.0%, 10~

19인 규모에서 46.3%에 그쳤으며 오히려 중규모 이상에서 높은 비율을 보여
(표2) 일본의 경우와 대조적이었다.

표 4. 일본 하청중소기업의 동향

(단위: %)

항목 규모 및 업종　연		하청기업 비율		하청거래 의존도별 기업 비율			
				40% 미만		80% 이상	
		1971	1976	1971	1976	1971	1976
제조업		58.7	60.9	9.3	10.5	76.7	81.3
종업원규모	1～9인	59.2	61.9	8.9	9.7	78.1	82.0
	20～299	53.2	50.8	14.2	19.1	61.0	71.5
	(20～49인)	56.9	50.4	13.8	17.9	62.1	70.3
	(50～299인)	47.1	51.4	15.1	21.3	58.6	73.8
업종	섬 유	75.9	84.5	3.1	5.1	91.5	92.5
	의복·기타섬유제품	71.4	83.9	6.2	6.1	83.8	89.2
	목재·목제품	43.8	42.9	10.8	18.5	72.1	69.7
	화 학	39.0	37.1	18.4	30.6	57.0	56.4
	철 강	66.0	70.4	11.1	13.7	61.3	74.8
	금속제품	71.7	74.8	11.4	10.1	71.7	78.3
	일반기계기구	75.9	82.7	7.3	10.2	78.2	79.8
	전기기계기구	79.0	82.3	6.5	8.2	80.5	85.0
	수송용기계기구	77.9	86.2	6.4	5.7	81.8	88.4
	정밀기계기구	70.8	72.4	8.7	7.8	78.8	86.9

주: ① 하청기업 비율=하청 중소기업 수/중소기업 수×100
　　② 하청거래 의존도별 기업 비율=하청거래 의존도별 기업 수/하청중소기업 수×100
자료: ① 日本中小企業廳, 《1979年度 中小企業白書》
　　② 중소기업은행, 《중소기업은행20년사》, 1981, 33쪽에서 인용.

　이는 '80년대 중반까지는 기계공업 등 부품을 조립하여 완성품을 생산하는 일부 모기업에서 완성·복합제품 생산을 위해 부품 발주 현상이 이루어지고 있었지만 공업구조에서 기업 간 분업이 낮아 입체적 또는 중층적 분업구조와 재도급구조再都給構造가 광범하게 형성되어 있지 못하였음을 말해 준다.9)

　그러나 소영세기업에서 낮은 수급 비율의 특징은 '80년대 중반 이후 점차 개선되어 1992년에는 5~9인 규모의 수급기업 비율이 73.4%에 이르고 있다. 즉 중화학공업의 진전에 따라 광범한 하청·계열관계가 업종별·규모별로 진행되어 보완적·분업적 산업체제가 형성되었고 이를 바탕으로 독점화 단계 자본축적의 기반이 확충·전개되었음을 확인할 수 있다.

2. 하청·계열관계의 구조: 중층적 도급거래의 전개

　도급기업(모기업)과 수급기업 사이의 일반적인 도급거래 형태는 모기업이 수급기업에 대한 1차 도급(하청)을 발판으로, 1차 수급기업이 다른 기업에 대한 재도급 또는 재도급기업에서 다시 타기업에 대한 3차 도급 등으로 전개되어 모기업(독점기업)을 정점으로 하는 피라미드형의 분업적 생산구조가 형성되는 것이다. 1차 도급기업이 ① 생산능력의 한계, ② 노동력 부족, ③ 경비 절감, ④ 경기변동에 따른 손실 분산 등의 이유로 재도급을 전개하였지만 1980년대 중반 이후까지 재도급은 크게 진전되지 못하였다. 곧 재도급 비율은 1978년과 1986년에 각각 27.0%와 29.1%였으며(표 5), 그 수준은 1990년대 초까지 이어지고 있다. 이는 일본이 기계공업에서 '70년대 중반에 이미 수습거래의 약 80%가 재도급에 의존10)하고 있는 것에 견주어 크게 저조한 수준인 것이다.

---

9) 중소기업은행, 위의 책, 31쪽 참조.
10) 日本中小企業廳, 《1975年度 下請中小企業實態調査》.

표 5. 수급기업의 재도급의 비율

(단위: %)

	1978	1986
5% 미만	15.9	14.3
5~10	19.7	19.5
10~30	49.3	44.1
30~50	10.6	11.7
50% 이상	4.5	10.4
재도급기업 비율	27.0	29.1

자료: 중소기업은행, 《도급거래실태조사》, 1978·1986.

　그런데 '90년대 이후 중층적 분업구조重層的 分業構造와 재도급구조의 심화는 표 6의 결과에서 알 수 있다. 도급거래 단계별 수급기업의 사업체 구성에서 볼 때 전체 수급 중소기업 가운데 1차 하도급거래 업체는 감소하고 2차 이상의 하도급거래 업체가 증가하는 하도급거래구조의 변화가 이루어졌다. 곧 전체 제조 수급 중소기업 중에서 1차 수급 중소기업이 차지하고 있는 비중은 1993년에 70.5%였던 것이 2001년에는 62.5%로 감소하였고, 2006년에는 다시 58.2%로 낮아졌다. 이와 달리 2차 도급기업체의 비중은 1993년에 26.2%에서 2006년에는 35.9%로 높아졌고, 3차 이상 도급기업 비중은 같은 기간 3.3%에서 5.9%로 상승하였다.

　기업 규모별로 볼 때 이러한 특징은 소영세기업에서 더욱 뚜렷하였다. 중기업의 1차 도급기업 비중은 1993년에서 2006년 사이에 83.0%에서 77.5%로 감소했고 같은 기간 소기업은 64.1%에서 56.8%로 감소하여 같은 추세이면서도 중기업보다 소기업에서 그 정도가 심하였다. 더욱이 5~9인의 영세규모기업의 1차 도급기업 비중은 같은 기간에 64.4%에서 52.3%로 낮아졌다. 즉 1차 도급기업의

비중 감소와 2차 이상 도급기업의 비중 증가 현상은 중소기업 가운데도 소영세
규모에서 더욱 특징적 현상을 보였다. 이것은 기업 간 분업체계에서 재도급구
조와 중층적·입체적 분업구조의 심화를 반영하는 것이다.

표 6. 기업 규모별·도급기업 거래 단계별 수급기업의 사업체구성 추이

(단위: %)

	1차 도급기업			2차 도급기업			3차(이상) 도급기업		
	1993	2001	2006	1993	2001	2006	1993	2001	2006
5~9 인	64.4	59.0	52.3	32.1	39.4	40.3	3.5	1.6	7.4
10~19	63.8	57.7	58.0	32.2	38.1	36.0	4.0	4.2	6.0
20~49	81.6	68.6	68.0	16.0	30.3	28.6	2.4	1.1	3.1
50~99	84.9	81.1	74.3	12.9	17.3	24.3	2.2	1.6	1.4
100~199	90.3	86.4	83.3	8.9	12.7	16.5	0.8	0.9	0.2
200~299	91.9	97.6	85.8	5.5	2.4	14.1	2.6	–	–
소기업	64.1	60.6	56.8	32.1	37.2	37.0	3.8	2.2	6.2
중기업	83.0	83.6	77.5	14.7	15.1	21.5	2.3	1.3	1.0
제조업	70.5	62.5	58.2	26.2	35.4	35.9	3.3	2.1	5.9

자료: 상공자원부·중소기업청·중소기업협동조합중앙회, 《중소기업실태조사보고》, 각 연도.

　이러한 점은 수급기업의 거래모기업 구성비의 변화로 나타났다. 수급거래 사
업체를 대기업, 중소기업, 양자(중소·대기업)로 구분한 실태 조사 결과(표 7)에서
는 중소기업을 거래모기업으로 하는 사업체 구성이 1976년에 37.5%에서 1993
년에는 54.4%로, 다시 2009년에는 64.5%로 높아졌다. 이와 달리 대기업을 거래
모기업으로 하는 수급기업의 비중은 1976년에 19.5%에서 1993년에 21.2%로 높
아지다가 2000년에는 27.9%로 되었지만 2009년에는 다시 14.0%로 낮아졌다. 한
편 수급기업이 거래모기업을 중소기업과 대기업의 양자로 하는 구성비는 1976

년에 42.9%에서 1993년에 24.4%, 2009년에는 21.5%로 감소하였다. 이는 기업
사이 분업관계가 대기업과 중소기업 사이의 1차 도급거래의 유형에서 소영세기
업―중기업―대기업으로 이어지는 중층적 재도급구조로 변화된 것을 반영한
것이다.

표 7. 규모별 수급기업의 거래모기업 구성비

(단위:%)

	중소기업	대기업	(양자) 중소·대기업	계
1976	37.5	19.5	42.9	100.0
1980	40.5	23.2	36.3	100.0
1986	49.9	19.7	30.4	100.0
1993	54.4	21.2	24.4	100.0
1998	48.5	26.4	25.1	100.0
2000	51.9	27.9	20.2	100.0
2003	66.8	12.6	20.6	100.0
2005	56.6	15.5	27.9	100.0
2009	64.5	14.0	21.5	100.0

자료: 상공부·중소기업청·중소기업은행·중소기업협동조합중앙회,《중소기업실태조사보고》, 각 연도.

이러한 도급거래 유형, 즉 재도급구조의 변화는 수급기업의 모기업 납품액
비중의 변화로 나타났다(표 8). 대기업에 납품액 비중이 1993년의 54.7%에서
2009년에는 43.5%로 감소한 것과 달리, 중소기업의 그것은 같은 기간 45.3%에
서 56.5%로 증가하였다. 이것은 대기업과 중소기업 사이의 기업 간 분업이라는
1차 도급거래 편중에서 중소기업 상호 간 또는 대기업을 정점으로 하는 대기업
―중기업―소기업으로 이어지는 분업체계를 반영하는 2차 이상 도급유형의 광
범한 조성의 결과로 보인다.

표 8. 규모별 수급기업의 모기업 납품액 비중

(단위:%)

	중소기업	대기업	계
1993	45.3	54.7	100.0
1995	45.7	54.3	100.0
1997	47.1	52.9	100.0
1999	41.4	58.6	100.0
2000	44.8	55.2	100.0
2003	56.2	43.8	100.0
2005	48.0	52.0	100.0
2009	56.5	43.5	100.0

자료: 중소기업청·중소기업협동조합중앙회, 《중소기업실태조사보고》, 각 연도.

3. 도급거래 기반의 심화와 그 확충

한편 도급거래구조의 심화가 도급거래 단계별 구성으로 본 일체적 측면에서만 진전된 것은 아니었다. 도급거래 기업 가운데 그들 출하액의 80% 이상을 수급거래에 의존하는 업체의 비중이 1970년에는 52.4%에 지나지 않았던 것이 1985년에는 81.5%로 높아졌고, 1990년대 이후 2000년대에도 그 추세가 지속되고 있다. 이는 중화학공업의 진전에 따라 도급거래가 입체적으로 뿐만 아니라 평면적으로도 현격히 심화된 측면을 확인시켜 준다.[11]

평면적 도급거래 기반의 심화는 안정성을 요하는 것이기도 하며 이를 표 9에서 살펴보면 1979년에 80% 이상 수급거래에 의존하던 사업체 구성이 64.4%였으나 2005년에는 80%로 높아졌다. 이와 달리 20%미만을 수급거래에 의존하는 사업체 구성은 같은 기간에 12%에서 4.2%로 낮아졌다. 이런 현상은 소영세규모

---

11) 상공부·중소기업은행·중소기업협동조합중앙회, 《중소기업실태조사보고》, 각 연도 참조.

기업에서 더욱 뚜렷하였다. 즉 5~9인의 종업원 규모에서 80% 이상을 수급거래에 의존하는 사업체 구성은 1979년에 54.2%였던 것이 2005년에는 82.4%로 증가하였다. 반면에 같은 규모 사업체에서 20% 미만의 경우는 같은 기간 14.5%에서 3.7%로 낮아졌다. 물론 소기업뿐만 아니라 중기업에서도 같은 현상을 보였지만 그 정도는 전자의 경우가 더욱 뚜렷하였다. 즉 기업 규모에 관계없이 수급기업의 수급거래 의존도가 높아지고 또 그만큼 도급거래 기반이 심화된 것이라고 볼 수 있다.

표 9. 수급거래 의존도별 사업체 구성

(단위:%)

	20% 미만			20~40% 미만			40~80% 미만			80% 이상		
	1979	1985	2005	1979	1985	2005	1979	1985	2005	1979	1985	2005
5~9인	14.5	1.1	3.7	6.4	2.7	3.4	24.9	6.6	10.5	54.2	89.5	82.4
10~19	5.8	3.4	3.7	6.5	2.2	4.5	8.0	10.7	10.2	79.7	83.5	81.6
20~49	7.8	2.3	5.6	4.7	7.0	3.8	15.2	8.1	14.1	72.3	81.7	76.5
50~99	20.7	7.9	6.3	6.3	3.0	6.9	16.2	16.5	15.1	56.8	72.6	71.7
100~199	11.3	17.2	7.1	8.0	7.1	4.7	25.5	14.5	14.6	55.2	61.2	73.6
200~299	20.1	18.3	8.0	11.1	8.2	5.8	21.9	20.6	15.6	46.9	52.9	70.6
전체	12.0	4.3	4.2	6.4	4.1	4.0	17.2	10.0	11.3	64.4	81.5	80.5

자료: 상공부·중소기업은행·중소기업청·중소기업협동조합중앙회, 《중소기업실태조사보고》, 각 연도.

한편 수급 의존도와 관련시켜 수급기업의 모기업에 대한 밀착도를 고찰한 것이 표 10의 내용이다. 수급기업의 총 매출액 가운데 가장 큰 비중을 차지하는

모기업에 대한 의존도(1위 모기업 의존도)를 기준으로 수급기업을 거래 유형별로
다음과 같이 구분하였다.

　① 전속형(수급기업 의존도 60% 이상, 1위 모기업 의존도 75% 이상)

　② 준전속형(수급기업 의존도 60% 이상, 1위 모기업 의존도 50% 이상 75% 미만)

　③ 모기업 분산형(수급기업 의존도 80% 이상, 1위 모기업 의존도 50% 미만)

　④ 거래처 분산형(수급기업 의존도 80% 미만, 1위 모기업 의존도 50% 이상)[12]

표 10. 거래 유형별 수급거래 구성

(단위:%)

거래 유형	한국	일본
전속형	24.9	37.3
준전속형	17.7	25.3
모기업 분산형	35.1	17.5
거래처 분산형	22.3	19.5
계	100.0	100.0

　자료: 중소기업은행, 《도급거래실태조사》, 1986.

　이와 같은 구분에 따라 1986년에 수급기업의 내용을 분류하여 일본과 대비한
것이다. 일본의 경우는 전속형과 준전속형이 각각 37.7%와 25.3%인데, 한국은
각각 24.9%, 17.7%에 그치고 있다. 이와 달리 일본의 경우 모기업 분산형과 거
래처 분산형이 17.5%와 19.5%임에 견주어 한국은 35.1%와 22.3%로 일본의 경
우보다 높다. 이것은 수급기업의 모기업 밀착도가 한국이 일본에 뒤지고 있으
며, 이는 도급거래의 불안정성을 반영하고 있다는 것이 1980년대 중반의 분석
이었다.

---

12) 중소기업은행, 《도급거래실태조사》, 1986, 14쪽.

수급기업의 모기업 분산의 정도를 모기업 거래 수의 구성으로 나타낸 것이 표 11의 내용이다. 뚜렷한 분산성의 감소(도급거래의 안정성)의 특징을 발견할 수는 없으나 '90년대 이후를 기준으로 평균 거래모기업 수는 오히려 증가하는 추세를 보이고 있다. 더욱이 소기업보다는 중기업이 평균 거래모기업 수가 많은 가운데 오히려 소기업의 그것도 증가하고 있어서 모기업 분산성이 더욱 높은 것으로 보인다. 1개 모기업을 대상으로 하는 경우, 중기업의 사업체 구성이 소기업보다 훨씬 높으며 21개 이상의 경우에도 이와 같은 추세이다. 이것은 평균 거래모기업 수와도 같은 특징으로, 이는 결국 기업 규모가 클수록 모기업 분산성이 높고 소규모일수록 모기업 분산성이 낮다는 것이 대체적인 윤곽이라고 할 수 있다. 도급거래 의존도가 높으면서 그 분산성이 높은 것은 도급거래 기반의 확충으로 해석할 수 있다.

이처럼 중화학공업화가 진전되고 도급거래가 입체적·평면적으로 전개되면서 중층적 분업체계가 심화되는 것은 중화학공업이 갖는 산업적 특성, 곧 생산의 우회화 측면을 반영하는 것이기도 하다. 생산의 우회화는 공급 측면에서 후회생산의 이익을 발휘하여 국민경제의 생산력을 높여 준다. 그런데 우회생산이란 최종적인 사용 목적을 위하여 필요한 재화를 직접 생산하는 대신 그 준비 과정으로서 간접적으로 기계·재료 등의 생산수단, 또는 생산수단을 위한 생산을 먼저 하는 방법으로 생산의 전반적인 효율을 높여 준다. 중화학공업화는 공급 측면에서는 생산수단의 공급과 우회화를 높여 생산성 상승률을 향상시키지만, 수요 측면에서는 중간재의 수요 확대를 가져온다. 직접적인 사용을 위한 최종재 수요의 확대율을 넘어 그 생산을 위하여 직간접적으로 필요한 중간재의 수요를 높이는 것은 생산구조의 중층화重層化를 수반하는 것이다.

물론 중화학공업에는 중간재 산업뿐만 아니라 내구소비재 산업도 포함되고 자본집약적산업만이 아니라 노동집약적산업도 포함한다. 그렇지만 중화학공업화의 전개가 생산수단 산출의 확대를 기본적 방향으로 하고 내구소비재도 부품생산의 유발효과를 증대시켰기 때문에 관련 산업의 발달, 즉 대기업과 중소기업의 하청·계열관계의 심화를 촉진시켜 주었다.

표 11. 수급기업의 모기업 거래 수별 구성비 추이: 규모별

(단위: %)

모기업 수	연도 규모	1980	1986	1993	2000	2005	2009
1개	소기업	14.7	15.5	20.0	19.5	15.3	13.3
	중기업	15.8	23.1	25.5	20.3	18.7	36.9
	계	15.0	19.1	21.9	18.0	15.5	14.1
2~5	소기업	45.0	42.2	44.2	40.0	39.7	38.6
	중기업	35.9	36.2	34.8	32.8	29.3	25.3
	계	42.2	39.4	41.0	37.5	39.0	37.9
6~10	소기업	18.0	18.8	19.2	22.1	20.4	21.5
	중기업	16.2	13.8	14.8	17.9	15.4	15.8
	계	18.0	16.4	17.7	24.3	20.1	21.1
11~20	소기업	15.6	13.0	9.3	13.3	14.0	13.7
	중기업	15.2	9.7	11.9	14.8	14.8	13.4
	계	15.4	11.4	10.2	13.3	14.1	13.7
21개 이상	소기업	6.7	10.5	7.3	5.1	10.6	12.9
	중기업	17.0	17.2	13.0	14.2	21.8	18.6
	계	9.4	13.7	9.2	6.8	11.3	13.2
평균 거래 모기업 수	소기업	–	–	7.3	7.6	9.1	9.7
	중기업	–	–	10.9	11.9	13.4	11.4
	계	–	–	8.5	8.6	9.4	9.8

주: ① 1980년도의 규모별 수치는 단순 합계·평균한 것임.
　　② 1980년 및 1986년도의 소기업 범위는 종업원 규모 5~19인임.
자료: 상공부·중소기업청·중소기업협동조합중앙회, 《중소기업실태조사보고》, 각 연도.

　그 과정에서 하청·계열관계의 성격이 질적으로 개선되고 있다는 점도 지적
되었다. 모기업이 도급거래를 하는 중요한 이유가 1970년대까지의 저임금 이용
에서 '80년대 이후에는 수 급기업의 전문 기술을 이용하기 위한 것으로 점차
전환되고 있다는 것이다.[13] 수급기업의 '전문 기술 이용'과 '품질 중요시' 경향
은 하청·계열관계가 고도화될 때 모기업과 수급기업의 관계가 기술적으로는 일
방적인 종속적 관계에서 대등한 관계로 이행할 수 있는 가능성을 보여 주는 것
이라고 하겠다. 그러나 자본의 측면에서는 그것이 독과점 자본이 새로운 자본
축적의 기반을 마련하는 과정이라는 점도 주목할 필요가 있다.

---

13) 배경일, 앞의 글, 앞의 책, 7쪽.

제3절 모기업과 수급기업의 관계: 상호 협력과 경쟁·대립

1. 도급거래의 상호 협력적 관계

1) 모기업의 도급거래 동기와 그 변화

표 12는 1970년대에 모기업이 도급(하청)을 실시하게 된 이유를 나타내 준다. 도급 의존의 근본적 이유가 모기업이 전문화된 중소기업의 기술을 이용하고 그들의 생산시설 불비不備와 생산능력의 부족을 보완하려는 데 있다는 점에서 모기업과 수급기업이 생산공정상의 관계를 맺으려는 '근대적 하청'을 지향하고 있음을 볼 수 있다. 또한 하청으로 원가상 유리한 점을 추구하고 저렴한 가격으로 필요한 물품을 조달하려는 시도는 수급기업인 중소제조업체가 대체로 낮은 임금을 이용하는 노동집약적 생산방법을 택하고 있는 것을 활용하려는 것이므로 하청제도의 본질을 반영한 것이라고 할 수 있다. 경기조절의 수단으로 하청기업을 이용하려는 모기업의 의도도 초기적 하청제도의 특징이다. 1970년대 후반에 부품의 국산화율 제고와 수요 급증이 도급거래의 중요한 요인이 된 것은 산업구조의 고도화에 따라 생산공정이 다양화하고 경제 자립화의 과제가 제기되면서 나타난 결과로 보인다.

이와 같은 모기업의 도급거래 형성 이유는 그들의 수급기업 선정 기준에도 그대로 반영된다(표 13). 수급기업은 모기업의 생산 공정을 보완하는 역할을 담당하기 때문에 부품의 품질은 모기업이 생산하는 제품(조립품)의 성능을 좌우한다.

표 12. 모기업의 도급거래 이유

1970 (단위: 업체)				1978[1] (단위: %)	
중요성 순위 　　　이유	제1순위	제2순위	제3순위		
생산시설이 없음	7	1	–	전문 기술 이용	44.0
하청에 의하는 것이 원가상 유리	2	5	2	부품의 국산화율 제고	38.0
생산능력 부족	2	–	2	수요 급증	24.0
전문 기술 이용	4	5	4	생산시설 불비	28.0
경기변동의 조절 수단	1	2	1	저렴한 가격	16.0

주: 1)은 복수 응답 집계 결과임.
자료: ① 중소기업은행 조사부, 《주요업종의 하청실태》, 1970.
　　　② 중소기업은행 조사부, 《도급거래실태조사》, 1978.

표 13. 모기업의 수급기업 선정 기준

1970 (단위: 업체)				1978 (단위: %)			
중요성 순위 　　선정 기준	제1순위	제2순위	제3순위	중요성 순위 　　선정 기준	제1순위	제2순위	제3순위
하청기업의 설비 및 기술의 우수성	11	2	–	가격	16.0	44.0	22.0
가격의 저렴성	2	8	3	품질	76.0	16.0	4.0
제품의 품질 향상도	3	3	–	납기	2.0	30.0	52.0
납기관리의 확실성	–	2	7	사업주의 경영 능력	2.0	4.0	12.0
사업주의 경영 능력	–	–	–	지역의 인근성	2.0	–	6.0
자본력 및 금융력	–	1	–	수급업체의 재무 상태	2.0	6.0	4.0

자료: 표 12와 같음.

따라서 모기업은 수급기업의 설비 및 기술의 우수성이나 제품의 품질 향상도를 중요시하지 않을 수 없다. 다음에 가격의 저렴성은 모기업의 경영 목표인 채산성에 관계된 것이고 제품 납기의 준수도 경영관리의 주된 수단이 된다. 따라서 기술 및 품질, 저렴한 가격, 납기의 확실성의 요인이 수급기업 선정의 주요 기준이 되었고 수급기업의 자금력이나 재무 상태 등은 주요한 기준이 되지 못하였다.

하청제도는 역사적으로 선대객주제先貸客主制에서 하청제도, 다시 계열화의 형태로 발전한다는 주장도 있지만 이러한 발전 과정의 규정은 지나치게 단선적이고 도식적인 견해이기도 하다. 오히려 이들 유형이 혼합적으로 존재하면서 전개되었다고 볼 수 있다. 다만 모기업과 수급기업의 거래 계속성, 양자 사이 관계의 진전도에 따라 하청업체의 유형을 협력공장, 고정하청공장, 수시하청공장으로 구분해 볼 수도 있다. 이때 협력공장은 모기업과 원료시설 및 기술 면에서 생산계열관계를 형성하고 있음은 물론 자본계열관계까지 맺고 있는 전속공장으로 고도화된 하청 형태(계열기업)를 말한다.[14]

표 14. 모기업의 도급거래 방침

(단위: %)

1970		1978[1]	
현재대로 유지	31.3	고정수급업체 수의 확대	50.0
수시하청을 고정하청으로 변화	43.8	부품의 장기생산량 확대	22.0
고정하청을 협력기업으로 변화	18.8	기존거래업체에 대한 도급량 증대	10.0
협력기업 수의 확대	-	현상유지	12.0
하청품목수의 증대	6.1	기타	14.0

주: 1)은 복수 응답 집계임.
자료: 표 12와 같음.

14) 중소기업은행 조사부, 《주요업종의 하청실태》, 1970, 23~24쪽.

이러한 유형에 따를 때 1970년대 우리나라 하청제도는 초기 단계에 머무르고 있었지만 모기업이 부동적 수시하청을 고정하청제로 변화시키고자 하는 방침이 있었음을 알 수 있다(표 14). 고정수급업체 수를 확대하려는 노력이 있었지만, 동시에 부품의 자기 생산량을 확대하려는 부품의 기업내제화企業內製化 경향이 서로 상충되게 나타나는 등 과도적 특징이 있었음을 주목할 필요가 있다. 모기업이 하청기업의 전문 기술을 이용하고 그들 생산능력의 한계를 하청기업의 시설로 보완하며 낮은 단가로 부품을 공급받아 경비의 절감을 추구하여 거래의 안정성을 위하여 장기간의 거래를 지향하는 등 도급거래의 이유는 1980년대에도 지속되었다. 수급기업을 선정하는 기준도 기술 수준과 생산능력의 구비가 주된 것이어서(표 15) 수급기업의 기술력과 개발력 강화가 하청·계열관계에서 중요한 과제로 되었다.

표 15. 모기업의 도급거래 이유 및 수급기업 선정 기준(1986)

(단위: %)

도급거래 이유		수급기업 선정 기준	
전문 기술의 이용	43.9	기술	58.5
생산능력 한계	26.8	생산능력	22.0
경비 절감	17.1	전업 수행 능력	14.6
장기간 거래	12.2	기업가의 신용	4.9
계	100.0	계	100.0

자료: 중소기업은행, 《도급거래실태조사》, 1986.

그런데 도급거래관계의 이러한 지속성에도 1979년 이전(과거)와 그 이후(현재: 1980년대)의 차이점이 지적되기도 하였다. 즉 모기업이 도급거래를 하는 중요한 이유가 과거에는 저임금의 이용이었으나 '80년대에 와서는 모기업이 수급기업의 전문 기술을 이용하는 것으로 변화되었다는 것이다(표 16). 이것은 모기업이 가격보다는 품질을 중요시하는 것을 말해 준다. 그 결과 모기업이 수급기업을 선정하는 기준도 과거에는 낮은 코스트·낮은 단가였던 것이 '80년대 이후에는 부품의 품질과 정도精度를 우선하게 되었다는 것이다(표 17).

표 16. 모기업이 급거래를 이용하는 이유

과 거	현 재
1. 저임금으로 단가가 낮다.	1. 전문 기술을 이용할 수 있다.
2. 경기변동 등에 따른 손실을 분산시킬 수 있다.	2. 설비 투자 등 자본 절약이 가능하다.
3. 일시적인 수요 증대에 대처할 수 있다.	3. 경기변동 등에 따른 손실을 분산시킬 수 있다.
4. 수급기업의 전문 기술을 이용할 수 있다.	4. 저임금으로 단가가 낮다.
5. 납기, 품질 등의 요구에 잘 적응한다.	5. 특수 설비를 이용할 수 있다.
6. 수급기업이 발주량의 증감에 탄력적으로 대응한다.	6. 수급기업이 발주량의 증감에 탄력적으로 대응한다.
7. 설비 투자 등 자본 절약이 가능하다.	7. 납기, 품질 등의 요구에 잘 적응한다.

주: 응답 회사 수가 많은 순으로 7개 항목만을 기재하였음.
자료: 중소기업은행, 《기은조사월보》, 1984.9에서 인용.

이것은 모기업이 저가·저질의 부품보다는 다소 값이 비싸더라도 품질이 좋은 제품을 선호하기 때문이며 이러한 사실은 수급기업의 전문 기술을 이용하려는 도급거래 이유와도 관련이 있다는 것이다. 이것은 모기업과 수급기업이 종속적 관계에서 대등한 관계로 이행되고 있음을 나타낸 것이라는 주장이다.[15]

---

15) 배경일, 〈도급제도의 변천—기계공업을 중심으로 하여〉, 중소기업은행, 《기은조사월보》, 1984.9, 7쪽.

산업구조가 고도화되고 중화학공업화가 진전되면서 하도급거래관계도 그에 상응하여 재편성되고 고도화되는 현상이 나타난다. 전문 기술 이용과 품질 중요시의 경향도 이를 반영한다. 이때 수급기업의 기술력이 개선되어 경쟁력이 강화되면 기술적으로는 모기업과 수급기업 사이의 종속적 관계가 대등한 관계로 이행되는 것이 가능할 것이다. 그러나 이것은 독점 대기업(독립자본)인 모기업과 중소기업(중소자본) 사이에 맺어지는 자본적 관계를 도외시한 일방적 해석에 불과하다. 즉, 하청·계열관계의 고도화는 독점자본이 그 자본축적의 새로운 기반을 마련하는 과정이라는 점도 유의할 필요가 있다.[16]

표 17. 모기업이 중시하는 수급기업 선정 기준

과　거	현　재
1. 저코스트·저단가	1. 품질·정도精度
2. 납기의 준수	2. 납기의 준수
3. 품질·정도精度	3. 협력도
4. 연구개발비	4. 연구개발력
5. 경영자의 능력	5. 저코스트·저단가
6. 양산체제	6. 자금 조달력
7. 모기업에 대한 의존	7. 다품종소량생산력

주 및 자료: 표 16과 같음.

---

16) '종속적 관계'냐 또는 '대등한 관계'냐의 문제는 하청·계열관계의 본질에 대하여 이루어진 논쟁의 쟁점이 된 것이었다. 여기에 대하여는 이경의, 《한국 중소기업의 경제 이론》, 지식산업사, 2014, 제3장을 참조하기 바람.

2) 수급기업의 도급거래 동기와 모기업의 지원

한편 1970년대 초의 조사 결과, 수급기업이 모기업과 하청거래를 하는 중요한 이유로는 ① 판로의 안정과 거래의 계속성, ② 대금 지불의 확실성, ③ 기술 수준의 향상, ④ 전문화의 진전 등이었다(표 18). 앞의 두 항목은 거래의 안정성을 뜻하며, 뒤의 두 항목은 기업 활동의 고도화를 위한 하청제도의 초기적 특성이라고 볼 수 있다. 이것은 앞에서 모기업이 도급거래 이유로 제시한 수급기업의 '전문 기술 및 시설의 이용'이라는 이유와 상응한다.

표 18. 수급생산의 유리점(1970)

(단위: 업체)

중요성 순위 항목	제1순위	제2순위	제3순위
원자재 조달의 안정	8	2	4
자금 조달의 원활		3	6
기술 수준의 향상	15	14	11
판로의 안정	58	27	28
전문화의 진전	12	23	25
거래의 계속성	38	53	38
대금 지불의 확실성	14	29	45
기타	1	–	1

자료: 중소기업은행 조사부, 《주요업종의 하청실태》, 1970.

그런데 1980년대 중반에 실시한 조사 결과에는 수급기업이 모기업과 도급거래를 하는 이유로 거래의 안정성과 함께 모기업의 요청이 중요한 것으로 제시되었다(표 19). 거래의 안정성은 도급거래가 경영활동의 안정성과 밀접한 관련이 있기 때문에 수급기업이 거래의 계속성과 판로의 안정을 추구한 점에서 '70년대 초의 결과와 일관된 이유이기도 하다. 그러나 모기업의 요청에 따라 도급거래가 이루어지고 있다는 사실은 그만큼 수급기업의 위치가 도급거래에서 강화되었음을 뜻한다. 이것은 산업구조가 고도화됨에 따라 생산공정이 다양화되고 모기업의 부품 발주량이 증대하면서 일어난 현상이며 동시에 이에 걸맞은 수급기업 기술 수준의 향상을 반영한 것이기도 하다.

표 19. 수급기업의 도급거래 이유

(단위: 개, %)

	업체 수	거래의 안정성	매출의 증가	제품의 다양성	기술 지원 자금 지원	자재의 공급	모기업의 요청	기타
5〜19인	16	62.5	12.5	18.8	− −	6.2	−	−
20〜99	132	53.1	12.1	4.5	2.3	6.8	19.7	1.5
100〜199	71	42.3	19.7	4.2	− −	4.2	26.8	2.8
200〜299	46	47.8	6.5	2.2	2.2	6.5	34.8	−
전체	265	49.8	13.2	4.9	1.6	6.0	23.0	1.5

자료: 표 15와 같음.

위에서 설명한 바와 같이 모기업은 도급거래에서 모기업과 수급기업의 상호 협력적 특징을 반영하여 수급기업에 다양한 지원을 실시하였다. 모기업은 1970년대 이후부터 1990년 초에 걸쳐 원자재 공급을 비롯하여 기술 및 경영 지도·자금 지원 및 설비 대여 등을 수급기업에 지원하였다(표 20).

이러한 모기업의 지원은 1990년대 이후 도급거래구조의 고도화를 반영하여 더욱 다각화되었다. 원자재 제공, 기술 지원, 경영 지도, 설비 대여 등 이전 방식을 이어가면서도 새로운 방식의 지원이 진전되었다. 특징적인 것은 제품설계 도면의 제공과 정보화 지원, 공동 브랜드 활용 등이다. 중화학공업이 성숙되면서 기술집약화를 넘어선 지식·정보집약화의 단계에 나타난 도급거래의 협력적 특징으로 보인다(표 21).

표 20. 수급기업에 대한 모기업의 지원(1)

(단위: %)

	1976	1980	1983	1986	1989	1992
기술 및 경영 지도	5.3	7.3	7.8	9.6	16.2	8.5
자금 지원	7.1	4.3	5.4	2.8	5.9	7.6
원재료 제공	17.1	17.0	16.4	24.2	25.0	19.3
설비 대여	1.3	2.6	2.2	2.3	3.5	1.6
기타	0.7	0.6	0.2	0.5	0.8	0.6
없음	68.5	72.6	72.0	65.3	58.6	66.9

자료: 상공자원부·중소기업청·중소기업협동조합중앙회, 《중소기업실태조사보고》, 각 연도.

표 21. 수급기업에 대한 모기업의 지원 내용(2)

(단위: %)

	1993	1996	1999	2003	2005	2008
기술 지원	37.2	44.2	42.5	46.9	44.9	29.2
경영 지도	11.5	16.9	26.4	15.1	13.6	9.3
자금 지원	9.2	14.8	12.1	10.9	6.6	8.7
융자 보증	5.3	7.2	4.6	3.1	2.5	–
원자재 제공	56.4	47.9	36.9	40.9	33.1	41.3
설비 대여	9.4	19.4	8.9	12.5	7.2	6.4
제품 설계도면 제공	37.2	33.4	36.3	45.8	42.8	50.1
자본 참여	3.4	2.1	0.8	2.7	1.2	1.6
인력 파견	7.6	4.2	5.5	7.6	3.2	3.3
수출 지원	–	–	6.2	7.5	2.8	–
정보화 지원	–	–	16.4	16.6	10.8	8.0
해외 진출 지원	–	–	2.1	3.0	1.4	–
부품 공동 개발	–	11.0	–	–	–	–
공동브랜드 활용	–	–	–	–	–	2.6

자료: 상공자원부·중소기업청·중소기업협동조합중앙회, 《중소기업실태조사보고》, 각 연도.

그 밖에 융자 보증이나 자본 참여, 그리고 인력 파견의 지원은 모기업와 수급기업의 관계가 하청관계에서 계열관계로 진전된 도급거래 고도화 단계의 특징으로 보인다. 그리고 개방화 시대에 적응하여 낮은 비중이지만 수출 지원이나 해외 진출 지원이 도급거래의 협력적 특징으로 실현되었다.

2. 도급거래의 경쟁·대립적 관계

모기업과 수급기업의 관계는 상호 협력적 성격만이 아니라 경쟁·대립적인 성격도 있어서 두 가지 측면이 병행적으로 진전되고 있다. 도급거래의 경쟁·대립적 측면은 모기업과 수급기업의 도급거래에서 애로 사항으로 구체화된다. 그러나 현실에서 큰 문제가 되어 정책 과제에 이르는 것은 지배적인 위치에 있는 모기업보다는 종속적이면서도 경제적 약자의 위치에 있는 수급기업의 애로 사항에 관한 것이다.

도급거래의 경쟁·대립적 측면은 모기업과 수급기업의 관계가 '종속적 관계'인가 또는 '대등한 관계'인가의 문제에 집약되어 있다. 모기업이 수급기업의 저임금 이용이나 손실의 분산보다 전문 기술과 시설의 활용에 중점을 두면서 종속적 관계가 대등한 관계로 이행된다는 지적에서 중요한 것은 수급기업에 기술축적이 이루어지고 전문기업으로 발전되어 경쟁력을 갖출 때 그것이 가능하게 된다는 점이다. 자본의 논리로 보아 모기업의 '산업자본가로서의 양식'에만 기대할 수는 없는 것이다.

그렇지만 도급거래에서 모기업이 갖는 애로 사항도 적지 않다. 이것은 산업구조가 고도화되는 단계에서 수급기업에 의존이 높아지고, 그들의 전문 기술 이용이나 품질 중요시가 모기업 제품의 질적 향상에 직결되면서 더욱 심각하게 제기되기에 이른다. 그리고 이것은 모기업의 건전한 자본축적의 새로운 기반을 확충하는 과정이기도 하다.

중화학공업화가 본격적으로 진전되는 1980년대 중반 도급거래 시 모기업의

애로 사항은 품질, 납기, 적절한 업체의 부족, 물량 확보, 수급기업의 불안정한
경영 등의 순으로 파악되고 있다(표 22). 이는 바로 산업구조 고도화 단계에서
모기업이 도급거래에서 당면한 과제를 반영하는 것이다. 이를 극복하기 위하여
모기업 방침은 수급기업에 대한 기술 지도의 적극화, 원자재 공급, 설비 제공,
경영 지도, 금융 지원 등을 통해 발주품의 증대와 함께 수급기업체 수를 증가시
키는 것이었다.

표 22. 모기업의 도급거래 애로 사항

(단위: %)

	제1순위	제2순위	제3순위
품질	68.3	26.8	4.9
납기	19.2	43.9	31.7
적절한 업체의 부족	12.2	14.3	19.5
물량 확보	-	9.8	29.3
수급기업의 불안정한 경영	-	4.9	14.6
계	100.0	100.0	100.0

자료: 중소기업은행, 《도급거래실태조사》, 1986.

　한편 수급기업 측에서 본 도급거래상 애로 사항은 ① 저렴한 단가, ② 대금
회수 기간의 장기, ③ 까다로운 품질 검사, ④ 불안정한 발주, ⑤ 납품 기일 촉
박 등이었다(표 23). 모기업의 애로 사항과 반대되는 이런 요인은 바로 모기업과
수급기업의 경쟁·대립적 특성을 반영한다. 더욱이 '대금 회수 기간의 장기' 문
제는 수급기업에 커다란 자금 압박 요인으로 작용하고 있다. 그리고 불안정한

발주가 수급기업의 애로 사항이 되고 있는 것은 1970년대 이후 경쟁업체의 과다에 따른 과당경쟁을 반영하는 것으로, 1990년대 이후 2000년대에도 지속되고 있다. 불규칙한 발주(수시 발주), 거래선 변경 시도 등의 애로 요인도 여기에 포함되며 이는 납품 단가 인하 요인으로 작용하고 있다.

표 23. 수급기업의 도급거래 애로 사항(1)

(단위: %)

	1976	1980	1983	1986	1989	1992
까다로운 품질 검사	18.7	8.1	11.4	13.9	18.2	13.7
저렴한 주문 단가	42.1	36.1	38.0	40.0	40.1	38.5
대금 회수 기간 장기	34.2	37.4	31.4	18.2	16.0	23.1
불안정한 발주	-	14.7	9.4	15.5	13.9	15.3
납품 기일 촉박	-	2.7	9.2	10.9	8.9	5.2
기타	5.6	1.0	0.6	1.5	2.9	4.2

자료: 상공자원부·중소기업은행·중소기업협동조합중앙회, 《중소기업실태조사보고》, 각 연도.

1970년대 이후, 2000년대 이후에도 납품 단가 인하(저렴한 주문 단가) 문제는 수급기업의 중요한 애로 사항이 되고 있다. 표 24에 제시된 애로 요인 가운데 ① 납품 단가 인하, ② 최저가 입찰제로 인한 채산성 악화, ③ 위탁기업과 원가 산정에 대한 상충, ④ 원자재 가격 상승분 납품 단가 미반영 등이 이에 포함되는데, 점차 그 비중이 증가하는 추세에 있다. 이러한 납품 단가 인하는 대기업의 비용 인상(임금 인상, 원자재 가격 상승분, 환차손 등)과 대기업의 자금 사정 악화의 전가가 주요 요인이 되고 있다(표 25). 즉 대기업(모기업)이 받은 어려움을 수급기업에 전가하는 전형적인 수탈구조라고 하겠다.

표 24. 수급기업의 도급거래상 애로 사항(2)(복수 응답)

(단위: %)

	1993	1996	1999	2002	2005	2008
지나친 품질 수준 요구	25.7	32.0	31.6	38.5	34.0	20.6
원자재 가격 상승분 납품 단가 미반영	-	-	-	-	-	54.7
물품 영수증 교부 장기화	3.6	7.0	4.9	4.2	2.5	-
납품 단가 인하	74.6	68.4	74.6	80.2	71.2	60.7
납품 대금 결제 기일 장기화	41.6	44.9	45.9	24.6	28.4	31.5
불규칙한 발주(수시 발주)	35.1	48.3	48.1	53.9	44.3	29.9
납기 단축 촉박	32.9	34.2	13.0	47.1	37.4	33.5
거래선 변경 시도	20.5	26.2	12.5	12.5	16.5	3.8
최저가입찰제로 인한 채산성 악화	-	-	-	17.5	11.7	-
위탁기업과 원가산정에 대한 상충	-	-	-	18.0	11.6	8.5
어음할인료(납기 후 60일 초과어음) 미지급	-	-	23.9	18.3	10.7	13.1
기타	1.7	4.2	4.7	-	-	1.5

자료: 상공자원부·중소기업청·중소기업협동조합중앙회, 《중소기업실태조사보고》, 각 연도.

표 25. 납품 단가 인하의 중요 원인(복수 응답)

(단위: %)

원 인	비 율
대기업의 비용 인상 전가	44.6
수급기업 간 과당경쟁 격화	36.1
생산성 향상 및 원가 절감	20.5
대기업의 자금 사정 악화	2.4
납품 물량 증가	1.2
기타	3.6

자료: 중소기업협동조합중앙회, 2005.11(조덕희, 《중소기업의 성장구조 및 혁신역량분석》, 산업연구원, 2005.12, 51쪽).

납품 단가 인하 압력은 도급거래 유형의 변화로 더욱 가중될 소지가 있다. 2차 수급 및 3차 이상 수급기업의 비중이 높아지는 하도급거래구조의 변화 속에서 1차 하도급기업보다 2차, 3차 하도급기업으로 내려갈수록 모기업과의 교섭력이 상대적으로 약화되기 때문이다. 이와 같은 모기업과 수급기업 사이의 교섭력 격차와 그 약화는 그만큼 수급기업에 납품 단가 인하 등의 거래 조건을 불리하게 만들 것이다. 실제로 2001년부터 2003년까지 평균 4.6%의 납품 단가 인하가 발생하였으며, 2001년 -2.6%, 2002년 -3.9%, 2003년 -6.6%로 그 인하 폭이 매년 높아지는 추세를 보였다.[17]

납품 대금의 결제 문제는 수급기업의 자금 사정에 결정적인 영향을 미치고 있다. 납품 대금 결제 기일이 장기화하고, 어음할인료(납기 후 60일 초과어음)을 미지급하며, 물품 영수증 교부를 장기화하는 것은 수급기업의 자금원활화에 장애

---

17) 조덕희, 《중소기업의 성장구조 및 혁신역량분석》, 산업연구원, 2005.12, 56쪽.

요인이 되고 있다. 판매 대금 결제구조는 '80년대 이후 외상(어음)이 현금을 웃
돌았지만, 1999년을 기점으로 하여 현금의 비중이 50%를 웃도는 등 개선되는
추세를 보였으며, 2005년 이후에는 외상(어음)의 비중이 30%를 밑돌고 있다(표
26). 그러나 판매 대금으로 수취한 어음의 결제 기일은 90일 이상을 기준으로
점차 장기화하는 경향을 보였다(표 27). 2008년 현재 중소제조업의 어음 판매 대
금 수취 기일은 평균 41일, 그리고 수취어음의 결제 기일은 평균 86일로 총 수
취 결제 기일이 127일에 달해 판매 대금을 회수하여 현금화하는 데 4.2개월가량
소요되는 것으로 조사되고 있다.[18]

표 26. 판매 대금 결제 방법 추이

(단위: %)

	현금	외상(어음)
1986	40.7	59.3(47.9)
1989	40.0	60.0(49.7)
1992	40.8	59.2
1996	44.3	59.7
1999	50.2	49.8
2002	60.1	39.9
2005	71.7	28.3
2007	76.0	24.0

자료: 중소기업청, 《중소기업실태조사보고》, 각 연도.

---

18) 어음 수취 기일은 제품 판매 후 어음을 받기까지의 평균 소요일이며, 어음 결제일은 받은 어음의
현금화(결제일)까지의 평균 소요 기일임(중소기업청·중소기업협동조합중앙회, 《중소기업실태조사
결과》, 2009, 21쪽).

표 27. 수급기업의 외상 대금(수취어음) 결제 기일별 사업체 구성

(단위: %)

	1982	1986	1989	1992	1995	1999	2003	2007
10일 미만	-	5.7	0.1	-	-	-		
10~29 (30일미만)	3.9	0.3	0.8	0.4	0.3	-	1.6	0.1
30~59	20.5	10.0	18.2	9.7	6.0	3.1	10.3	8.9
60~89	21	22.9	19.7	13.7	18.9	15.2	24.6	22.8
90일 이상 (90~119일)	49.5	52.6	53.0	49.7	49.5	41	47.7	50.3
120일 이상	-	-	-	20.7	25.7	40.7	15.8	17.9
(평균결제일)	-	-	-	-	(93.2)	(102.9)	(83.1)	(86.6)

자료: 상공부·중소기업청·중소기업협동조합중앙회, 《중소기업실태조사보고》, 각 연도.

또한, 대기업(모기업)이 경기순환 과정에서 하도급생산을 통하여 경기 완충의 효과를 보고 있다는 점도 지적되었다. 수급 중소기업을 완충장치capacity buffer로 활용하는 것인데 불규칙한 발주 또는 수시 발주를 통하여 경기 확장기에는 발주량을 늘리고, 수축기에는 발주량을 크게 줄여 경기변동에 따른 생산조절 부담을 수급 중소기업에 전가한다. 이러한 모기업의 불규칙한 발주(수시 발주)가 경기순환 과정에서 수급기업의 부담을 가중시켜 경영을 어렵게 하고 있다는 것이다.[19]

---

19) 조덕희, 앞의 책, 52~55쪽.

제4절 성장 기반의 확충과 중소기업정책

1. 1980년대 개발 전략의 전환

1960~1970년대에 걸친 한국경제의 고도성장은 경제적 후진성과 종속성을 극복한다는 과제 아래 후발성의 이점을 활용한 압축성장의 결과였다. 압축성장은 국가 주도적이고 대외지향적인 개발 전략으로 추진되었다. 대외지향성은 선진적 기술과 제도의 도입으로 학습효과를 높이려는 것이었다. 강력한 국가 주도성은 시장 기능을 보완·대체하면서 성장 잠재력을 극대화하려는 것이었는데, 이는 자본 동원과 기술 향상에 필수적인 시장 조정 능력의 취약성을 보완하려는 것이었다. 이러한 기조 아래 추진된 경제성장은 재정·금융의 특혜적 지원과 막대한 외자 도입 속에서 실현되었다. 특히 중화학공업의 건설에는 막대한 투자 재원이 투입되었는데 이것이 '70년대 말과 '80년대 초의 석유파동으로 촉발된 경기 하강으로 부실화되고 가동률 저하, 수출경쟁력 약화로 이어지면서 경제 위기가 초래되었다. 외자에 의존한 중화학공업의 부실화와 무역 적자의 확대가 외채를 누적시키고 외환 사정을 악화시키면서 구조적 모순은 깊어졌다.

이에 따라 1980년대 경제정책을 전면적으로 전환하지 않을 수 없게 되었다. 이것은 '60~'70년대 압축성장 속에서 누적된 비효율과 부작용 때문이었는데 그것은 다음과 같은 문제점에 기인한 것이었다.

첫째, 국가 주도적 성장 전략은 시장의 조정 실패를 시정하기 위해서 정부가 시장에 개입하는 것이었는데 그에 따른 부작용이 쌓였다. 경제 규모가 확대되고 복잡해지면서 이를 관료가 통제하는 데는 한계가 있었고 시장실패보다는 정부실패의 부작용이 더 심각해졌다.

둘째, 선진국과의 임금격차와 기술 격차가 축소되면서 국가 주도로 후발성의 이점을 누리는 전략의 유효성이 약화되었다. 저임금의 이점을 가진 후발 개발 도상국의 추격이 심각하였고 요소투입의 증대에 의존하는 외연적外延的 성장 전략은 상대적 과잉인구의 감소와 임금의 인상에 따른 한계를 맞이하였다. 이에 생산요소의 질적 향상과 기술혁신을 주축으로 하는 내연적內延的 성장으로의 전환이 요구되었다.[20]

셋째, 장기간 지속된 정부 개입의 심각한 폐단은 제도의 왜곡과 경제의 불건전성을 낳았다. 개발정책에 종속된 금융산업과 특혜적인 정책금융의 편중은 정경유착의 강화, 기업가정신의 발휘 저해라는 부작용을 낳았다. 또한 재벌형 독점자본의 성장에는 이바지하였지만 중소기업은 낙후되어 경제구조의 불균형과 이중성이 깊어졌다.

넷째, 성장지상주의 이념 아래의 강력하고 광범한 정부 개입은 제도뿐만 아니라 의식의 왜곡을 낳았다. 왜곡된 제도 속에서 의식이 왜곡되고 의식의 왜곡은 다시 제도의 왜곡을 떠받치는 악순환이 이어졌다. 상의하달식上意下達式의 실적 위주 군사독재 문화는 민간 부문의 자율성과 창의성 발휘를 저해하였고, 구조적 비리는 시장의 공정성과 효율성을 저해하여 높은 수준의 경제 발전에 장애가 되었다. 개발독재와 성장지상주의의 산물은 원칙과 건전한 상식이 통하지 않는 사회를 만들었고 사회적 신뢰를 떨어뜨렸다.

이러한 부작용과 비효율을 극복하기 위해서는 1980년대 와서 국가 주도적 개발 전략의 수정이 불가피하였다. 즉 국가 주도적 성장지상주의 전략의 한계와 문제점은 기존 성장 전략의 근본적인 재검토를 요구하였다. 이것이 정치적으로는 유신독재의 종말과 그 궤를 같이 하는 것이었다. '80년대 전반에 정책의 우선순위를 물가 안정에 두면서 통화긴축을 추구하고 경상경비의 지출과 공공투자를 축소·연기한 것은 중화학공업에 편중된 과잉 설비 투자와 그 부실화에 대한 반성에 따른 것이었다. 시장실패로 말미암아 자력적으로 산업합리화를 할

---

20) 趙淳, 〈內延的 成長에로의 轉換〉, 《韓國經濟의 現實과 進路》, 比峰出版社, 1981, 119쪽.

수 없는 경우에 한하여 정부가 개입하는 간접적이고 기능적인 지원 방식으로 개발 전략을 전환하였다. '80년대에는 구조불황·사양산업의 합리화, 중소기업 육성 및 기술개발의 촉진을 통하여 성장 산업의 국제경쟁력을 높이고 첨단기술 산업을 육성하는 산업구조 조정정책을 시행하였다. 주요 산업에 대한 투자세액 공제와 규모를 축소하는 대신 기술혁신을 위한 지원을 강화하였다.

국가 주도적 개발 전략의 수정은 시장친화적인 정책 이념으로의 전환을 의미 한다. 정부의 개입을 축소하여 민간기업의 자율적이고 경쟁적인 환경을 조성한 다는 점에서 시장친화적 성격을 가졌다. 국가 주도적 정책 이념이 대외적으로 유치산업을 보호하려는 중상주의적 이념과 결합하였다면, 시장친화적 정책 이 념은 대외적으로 시장개방의 추구와 결부되었다. 무역 적자의 누적에 대처하기 위하여 비교우위론에 입각한 수출촉진책을 추구하면서, 무역시장 개방과 외채 위기를 벗어나기 위하여 금융시장 개방을 검토하였다. 동시에 독점자본의 폐해 를 완화하고 첨단산업 육성의 필요에 따라 선진적인 기술과 경영 기법을 전파 하는 직접투자의 도입에 대한 규제를 크게 완화하였다. 1984년에 외국인투자의 허용 업종을 열거방식에서 제한 업종 열거방식으로 전환하였고 그 후 투자허용 업종이 지속적으로 확대되었다.[21]

압축성장의 시기에 경제성장은 풍부한 노동력과 자본의 양적 투입 증가에 주 로 기인하였고 기술개발의 기여도는 낮았다. 선진 기술의 흡수와 모방에 의존 하면서 기술개발력의 배양을 위한 노력은 소홀하였기 때문에 성장 잠재력은 점 차 약화되었고, 기술개발을 통한 성장 동인動因의 내부 구축이 요구되었다. 저임 노동력과 선진 기술의 학습·흡수를 동인으로 하는 성장 전략이 한계에 직면하 면서 후발성의 이점에만 의존하지 않는 성장 동인은 바로 기술개발과 기술혁신 이었다. 이에 '80년대 이래 산업 발전을 주도할 산업을 기술집약적 첨단산업으 로 정하였으며 1986년의 〈공업발전법〉 제정을 계기로 정책의 핵심을 기술력 확 대에 두었다. 기술 확산을 촉진하기 위해 관·민의 기술 지원 시스템이 구축되었

---

21) 李憲昶, 《韓國經濟通史》(제2권), 法文社, 2003, 452~459쪽 참조.

고 대기업과 중소기업 모두를 위한 기술 지원 기능을 공업진흥청(1973년 설립, 1996년 중소기업청에 통폐합)이 담당·조정하였다. 기술개발과 성장 동인의 내부 구축을 위한 정책 지향은 바로 외연적 성장에서 내연적 성장 전략으로의 정책 전환의 시도였다.

2. 1980년대 정책 과제와 〈제5차 5개년계획〉의 중소기업정책

국가 주도 대외지향적·외연적 성장 전략 속에 압축성장이 가져온 경제적 모순의 극복은 1980년대 경제 과제가 되었고 이것이 정책 전환의 기본 원인이었다. 특히 '70년대에 노동집약적인 조립가공형 중화학공업의 건설로 빚어진 부정적 측면은 한국경제가 해소해야 할 당면 과제였고 이것은 약화된 성장 기반(저변)을 확충하여 지속적인 고도성장을 가능하게 하는 방향이었다. 이를 위하여 산업적 측면에서 무엇보다 중요한 것은 국내 분업 관련을 높이도록 전략 업종을 선정하고 관련된 부품 및 소재산업을 발전시켜 국내 분업 관련을 누적적으로 높이는 것이었다. 이에 따라 대기업과 중소기업 사이의 상호 보완적인 대내적 분업관계를 심화하고 기술개발을 촉진하여 산업 기반을 확충하면서 국민경제의 대외 종속성과 경제력 집중 완화를 실현하는 것이 중소기업정책 방향으로 귀결되었다.

양적 고도성장 과정에서 대기업과 중소기업의 성장 격차 심화와 공업 내부의 불균형, 지방산업의 취약 등 지역 간 불균형, 경제력 집중에 따른 소득분배의 불균형과 부품공업의 낙후 등 여러 문제점이 균형 있는 경제 발전과 지속적인 성장체제에 취약점으로 작용한다고 보았다. 변화하는 세계 산업의 동향에 효율적으로 대응하여 동태적 비교우위에 입각한 선진 공업구조로의 질적 발전을 이루기 위해서는 이러한 문제점을 시정하여 합리적이고 균형 있는 공업구조로 전환하지 않을 수 없다고 보았다.[22]

이것은 중소기업의 건전한 발전 없이는 대기업의 성장도, 안정적 발전의 바탕도 마련할 수 없으며 국민경제의 지속적 성장도 기대하기 어렵다는 것을 뜻한다. 이에 중소기업의 기술 수준 향상과 체질 개선을 통하여 새로운 중소기업의 구조고도화와 대기업과 중소기업의 분업관계 제고 등 산업재편성의 과제가 제시되기에 이르렀다. 〈제5차 5개년계획〉은 이러한 과제를 안고 중소기업정책을 규정하였다. 선진 공업구조의 실현을 위한 기본 정책에서 중소기업을 산업의 저변底邊이라고 보았다. 즉 산업의 저변을 이루는 중소기업에 대한 지원을 적정화하고 경영기술 지도를 강화하여 중소기업의 자생적 발전 여건을 조성한다는 것이었다.

더욱이 산업 발전의 기초인 기계공업의 발전을 위해서는 안정된 수요 기반, 기술 수준의 향상과 함께 중소부품공업의 발전이 필수적이라고 보았다. 이에 따라 소규모 전문기계공장을 육성하여 부품업체의 전문계열화를 추진함으로써 기계공업의 저변을 확충하고 기계류의 국산화를 촉진할 것을 규정하였다.[23] 이러한 방향에서 이 계획이 제시한 구체적인 중소기업 부문에 대한 시책 내용을 보면 다음과 같다.[24]

이제까지 대부분의 중소기업은 고도성장 과정에서 상대적으로 기술·정보·금융에 대한 접근 기회가 부족하였고, 기술 수준은 낙후하고 대기업과의 합리적 계열화가 이루어지지 않아 발전이 늦은 부문으로 남아 있었다. 따라서 앞으로 중소기업이 산업고도화 과정에서 산업조직의 견실한 저변을 이루도록 건전하게 육성함으로써 내실 있는 공업구조를 이루어 나갈 것이다. 중소기업에 대한 정책 지원 방식은 지나친 보호나 특별 지원에서 비롯되는 기업 체질 약화가 일어나지 않도록 중소기업의 자생적 발전 능력 함양에 중점을 두도록 할 것이다.

① 금융자율화를 통하여 금융 기회를 균등히 하고 세제 지원의 공평성을 높여 건전한 경쟁 기반을 조성함으로써 중소기업 스스로 기술 수준과 제품의 질을 높여

---

22) 大韓民國政府, 《제5차 經濟社會開發 5個年計劃》(1982~1986), 1981, 50쪽.
23) 위의 책, 51~52쪽.
24) 위의 책, 57~58쪽.

생산성이 향상되도록 유도할 것이다.

② 중소기업의 뒤떨어진 기술 및 경영 분야에 대한 지도 기능을 대폭 강화하기 위하여 중소기업진흥공단, 한국생산기술사업단의 기능을 재편하고 지도 기관의 협조체제를 마련하여 기술 및 경영 지도, 정보 제공, 상담 등 서비스 기능을 대폭 강화할 것이며 기술집약적技術集約的 소기업의 육성을 위하여 기술개발주식회사를 중심으로 한 기업화금융venture capital을 확충·정착시킬 것이다.

③ 소규모 기계부품업체의 전문화를 유도하기 위하여 규모가 작은 중소기업에 대하여도 각종 지원 및 유인제도가 공평하게 배분되도록 하고, 특히 대기업과 공정한 거래관계 및 분업적 협력관계를 유지하여 대기업과 중소기업이 서로 공존·공영할 수 있는 신뢰와 협동관계가 이루어지도록 할 것이다.

④ 중소기업의 시설근대화를 위하여 노후시설개체를 촉진하고 공동공장건설 등 중소기업 상호 간의 공동 노력을 제도적으로 뒷받침할 것이다.

3. 성장 기반 확충을 위한 중소기업시책

1) 〈중소기업장기진흥계획〉의 수립과 관계법의 개정 및 제정

〈제5차 5개년계획〉 기간 중 시행된 중소기업정책으로는 첫째, 〈중소기업장기진흥계획〉의 수립을 들 수 있다. 장기적 안목에서 중소기업이 지향해야 할 좌표와 지원정책의 지속적 발전을 강구하고 중소기업을 적극적으로 진흥·육성시켜 대기업과의 불균형에서 비롯된 사업구조의 취약점을 보강, 균형적이고 조화 있는 국민경제의 안정적 성장을 촉진하기 위하여 1980년대(1982~1991) 중소기업의 육성 방향과 비전을 제시한 것이다. 여기에는 중소기업의 범위 조정(소기업 개념 규정, 업종의 특성에 따른 중소기업 범위의 탄력적 규정 등 포함), 중소기업 사업활동 영역의 구분 문제, 새로운 시책의 개발 등이 포함되었다. 또한 협동조합, 중소기업진흥공단, 지방행정기관 등 지원조직의 기능 강화 및 전문화와 이를 위한 법

제정의 필요성(예컨대 〈소기업특별대책법〉의 제정)도 제시되었다.

둘째, 중소기업관계법의 보완·개정 및 제정을 들 수 있다. 〈중소기업기본법〉을 개정(1982.12.31)하여 소기업과 중소기업으로 중소기업 범위를 구분하였고, 창업조성지원정책을 제도화하였으며, 중소기업 공제제도의 확립, 중소기업의 지방이전 촉진 육성과 민속공예산업 육성 등의 시책이 강구되었다. 또한 〈중소기업계열화촉진법〉을 개정(1982.12.31)하여 모기업과 수급기업 사이에 중소기업계열화촉진협회와 모기업 단위별 수급기업협의체를 설치하도록 하였으며, 〈독점규제 및 공정거래에 관한 법률〉의 처벌 요구 근거도 마련하였다. 〈중소기업사업조정법〉을 개정(1982.12.31)하여 중소기업 고유 업종의 개념을 명시하였으며, 〈중소기업협동조합법〉 개정(1982.12.31)에서는 협동소조합 신설을 제도화하였다.25) 그뿐만 아니라 〈하도급거래공정화에 관한 법률〉을 제정하여 하도급에 관한 공정거래 풍토를 정립하도록 하였고(1984.12) 〈중소기업창업지원법〉을 제정(1986.5.12)하여 창업중소기업에 대한 지원시책을 강구하도록 하였다.

2) 산업 기반 확충과 산업조직의 활성화를 위한 시책

첫째, 우선 육성 업종 지정을 확대하고 유망 중소기업을 발굴하여 그 지원을 확대하였다. 〈중소기업진흥법〉 제정 이후 개별 중소기업의 시설근대화, 경영합리화, 기술 경영 지도, 정보 제공, 연구 등 종합적인 지원으로 중소기업이 체질개선을 위한 근대화사업이 추진되었는데, 이것은 상공부 장관이 산업구조의 고도화와 계열화 촉진에 필요하거나 산업연관도가 높고 경쟁력 제고가 요구되어 우선적으로 육성할 필요가 있는 업종을 지정하는 제도이다. 또한 상대적으로 정체된 중소기업을 본격적으로 육성하되 한정된 재원으로 효율적인 육성을 위하여 성장 가능성이 높고 받아들일 태세가 되어 있는 성장 유망 중소기업을

---

25) 상공부, 《中小企業에 관한 年次報告》, 1983, 130~136쪽.

1983년부터 발굴하여 지원하였다. 또한 이와 병행하여 1985년 3월부터 중견 수출업체를 발굴하여 종합적인 지원을 추진하였다.

둘째, 대기업과 중소기업 협력체제를 적극 추진하였다. 수입 유발적 산업구조를 개선하고 산업 저변을 확대, 그 경쟁력을 높이기 위하여 부품공업의 육성 정책을 지속하였다. 이를 위하여 〈중소기업계열화촉진법〉에 의거, 계열화 대상 품목을 고시하였다. 또한 모기업과 수급기업의 협력체제 강화를 위하여 중소기업계열화촉진협의회를 중소기업협동조합중앙회 안에 설치하였다(1983.10.24).[26] 그리고 모기업 단위별 수급기업협의체의 구성을 확대하고 도급거래관계의 공정거래 질서 확립을 유도하였는데 여기서는 부품 생산의 전문성과 규모경제 확보, 모기업의 수급기업에 대한 지도 육성, 수급기업의 제품 품질 개선, 모기업의 불공정거래 행위 억제 등에 주안점을 두었다.[27]

셋째, 중소기업의 국제화와 기술개발을 촉진하였다. 중소기업 제품의 수출 촉진을 위하여 소량·소액 수출 등 중소수출업체의 저변 확대, 중견 수출업체 육성, 부품공업의 수출화, 중소기업 제품의 해외시장 개척을 지원하였다. 나아가 상품수출 중심에서 중소기업의 국제화라는 시각으로 합작투자 유치 및 해외투자를 촉진하여 중소기업의 해외 진출도 정책 대상으로 하였다.[28] 그리고 중소기업의 기술개발을 지원하기 위하여 기술집약형技術集約型 중소기업의 발굴·육성과 벤처 캐피털 지원 활성화, 기술정보 제공 기관의 다변화를 촉진하였다.[29] 특히 기술집약화에 유리한 분야로서는 규모경제가 작용하지 않는 분야, 자본집약도가 낮은 분야, 시장수요가 세분화되는 분야, 고부가가치 소재와 부품 분야로 기술 인력을 활용하는 소규모 생산업종을 들었다.[30]

넷째, 중소기업의 창업조성創業造成과 소기업에 대한 지원을 확대하였다. 새로운 기술의 기업화를 촉진하고 고용 기회를 창출하여 능력 있는 창업 희망자에

---

26) 위의 책, 1984, 151쪽.
27) 위의 책, 1984, 177~178쪽.
28) 위의 책, 1984, 188~212쪽.
29) 위의 책, 1984, 158~175쪽.
30) 위의 책, 1984, 172~173쪽.

게 기업 경영의 기회를 제공하였다. 이는 중소기업의 저변을 확대하고 산업 기반의 안정화에 이바지하기 위하여 창업 기회의 확대를 추진하려는 것이었다. 1982년 〈중소기업진흥법〉을 개정할 때 이에 대한 제도적 기초를 마련하고 1984년에는 상공부 고시에 의거하여 중소기업진흥공단을 통한 창업 조성 지원사업을 촉진하였으며[31] 1984년 12월에는 〈중소기업창업지원법〉을 제정하여 이에 대한 법적 기반을 마련하였다.

한편 양산체제와 규모경제 지향의 고도성장 과정에서 대기업과 중소기업의 불균형 심화, 나아가 중소기업 범위 안에서도 중기업과 소영세기업 사이에 커진 구조적 격차를 완화하기 위하여 소기업 개념을 도입(1982년 〈중소기업기본법〉 개정)하였고 이에 대한 분화적 정책으로 소기업 지원을 강화하였다.

유망 중소기업을 발굴·지원하면서도 창업지원정책과 소기업의 육성정책을 강화한 것은 고도성장 과정에서 잠식된 성장 기반을 보완·조성하고 산업 저변을 확충하여 새로운 자본축적의 바탕을 마련하는 노력이며, 중소영세기업의 활발한 창업·지원은 중화학공업화 과정에서 독과점체제의 강화로 정착해 가는 시장구조의 경직성을 완화하여 산업조직의 활성화를 기하려는 정책이라고 볼 수 있다.

---

31) 위의 책, 1984, 130~132쪽.

제5절 기술집약화와 중소기업정책

1. 〈제6차 5개년계획〉과 중소기업정책

1) 산업 저변의 내실화와 중소기업 육성

능률과 형평을 토대로 한 경제선진화와 국민복지의 증진을 목표로 정한 〈제6차 경제사회발전 5개년계획〉은 ① 경제사회의 제도 발전과 질서의 선진화, ② 산업구조의 개편과 기술입국의 실현, ③ 지역사회의 균형 발전과 국민 생활의 질적 향상 등을 중점 추진 과제로 정하였다. 산업구조의 개편과 기술입국의 실현을 위한 과제 가운데 기계류 부품 및 소재 생산 중소기업의 획기적 성장 발전 계획이 포함되었다.[32] 그리고 산업구조조정의 촉진과 기술입국의 실현을 위해서는 비교우위에 입각한 산업구조 촉진과 더불어 중소기업 육성을 통한 산업 저변의 내실화를 정책 방향으로 제시하였는데 그 내용은 다음과 같다.[33]

① 기계류 부품 및 소재 생산 중소기업의 집중 육성으로 수입대체를 촉진하고 장차 세계의 부품 공급 기지로 발전

② 기술집약적 중소기업의 창업 촉진으로 경쟁력 있는 중소기업 수를 대폭 확대

③ 중소기업의 금융 기회 확대와 신용대출 관행의 정착

④ 계열화 촉진과 하도급거래의 공정화를 통한 대기업과의 협력 보완관계 발전(계열화율: 1984년 42% → 1991년 60%)

---

32) 經濟企劃院, 《제6次 經濟社會開發 5個年計劃》(1987~1991), 1986.9, 9쪽.

33) 위의 책, 14쪽.

⑤ 공공 지원 기관은 공통 애로 사항인 기술개발과 기술 인력 양성 공급에 주력

그리고 기본 정책 방향의 해설 자료 가운데 중소기업 육성을 통한 산업 저변의 내실화에 대해서는 다음과 같이 설명되어 있다.[34]

① 1970년대 대기업 위주의 중화학공업육성정책은 중소기업에 대한 자원 배분을 상대적으로 위축시켜 건실한 산업 저변 구축의 제약 요인으로 작용하였고, 특히 부품·소재산업 기반이 이루어지지 않은 상황에서 조립가공산업을 육성함으로써 수입 유발이 확대되는 등 산업구조의 불균형과 취약성 유발

② 1980년대 들어 정부는 이와 같은 사업구조의 취약성을 보완하고 산업민주주의의 실현을 뒷받침하기 위하여 중소기업에 대한 의무대출 비율의 제고, 신용대출 확대, 각종 재정 지원 확대 등으로 금융 기회 확충에 주력하는 한편, 하도급거래 공정화를 위한 제도적 장치를 마련하고 다수의 경쟁력 있는 중소기업을 육성하기 위하여 창업지원제도를 발전시키는 등 다각적인 노력을 기울임

③ 그리하여 중소기업의 건실한 발전을 뒷받침하기 위한 제도적 장치가 상당히 마련되었고, 중소기업의 생산·수출·고용 등 국민경제에서 차지하는 비중도 크게 높아졌으나, 업종에 따라서는 아직도 기술 수준이 낮고 경영 기법이 낙후되어 있는 실정

④ 중소기업이 겪고 있는 어려움을 크게 나누어 보면 시설 투자를 원활히 뒷받침할 수 있는 금융 기회 문제, 품질 고급화와 생산성 향상을 위한 현장 기술의 개발 문제, 하도급관계에서 부당한 대우나 대기업의 중소기업업종 침투 문제, 시장 정보와 마케팅 능력 문제 등이 있음

㉠ 우선 금융 기회를 확대하기 위해 종래와 같이 금융기관의 의무대출 비율 제고, 신용대출 확대 등을 통한 지원 방안도 계속 확충하여 나가되, 기본적으로 중소기업의 담보 능력 부족, 금융기관의 대기업 선호 경향 등 여러 여건상의

---

34) 위의 책, 86~87쪽.

어려움을 감안하여 신용보증기금[35])의 보증 능력을 강화하고 중소기업 전담금
융기관의 자금 여력을 키워 주는 한편, 담보 위주의 대출관행 개선 등 중소기
업 지원시책이 일선 창구까지 일관성 있게 스며들도록 함.

ㄴ 중소기업의 기술개발을 추진하기 위하여 중소기업진흥공단, 산업연구원, 지
방공업시험소의 기술정보 제공 및 현장 기술 지도 능력을 대폭 강화하고 산업
기술연구조합의 결성 등 공통 애로기술개발을 위한 업계의 공동 노력을 효과
적으로 지원.

⑤ 대기업과의 협조적 보완관계

ㄱ 부품 및 소재 생산에서 중소기업의 역할이 높아짐에 따라 대기업과의 계열화
및 하도급거래의 공정화문제가 과제로 대두

ㄴ 계열화 비율을 1984년의 42%에서 1991년에 60% 수준까지 높이되, 지정계열
화 품목을 합리적으로 조정하고 수급기업협의회를 구성하여 건전하고 협조적
인 계열화관계가 정착되도록 유도하는 한편, 1985년에 제정한 〈하도급거래공
정화에 관한 법률〉을 토대로 하도급 대금 지급 등 하도급거래에서 불공정 행
위를 규제

⑥ 중소기업 고유업종제도의 보완·발전

ㄱ 중소기업 고유업종제도는 중소기업 영역에 대한 대기업의 침투를 방지한다는
장점이 있지만, 기본적으로 경쟁을 제한한다는 단점도 내포

ㄴ 이 제도는 중소기업 고유 영역을 정하여 대기업의 참여를 집적 규제하여 폐해
를 시정한다는 점에서 과도적 제도로 인식되어야 함

ㄷ 그러나 대기업의 문어발식 사업 확장과 중소기업 영역에 대한 대기업의 침투
문제는 현실적인 문제로서 이러한 현실 여건과 기술혁신 및 수입개방정책 등
내외 여건 변화를 고려하여 고유업종제도의 실효성을 높이면서 구체적인 업종
을 발전적으로 보완·개편해 나감

---

35) '신용보증기금'은 〈신용보증기금법〉(1974년 12월 31일 법률 제 2695호)에 근거하여 1976년 6월 1
일에 발족한 독립된 신용보증기금 운영기관이다. 이는 중소기업에 대한 신용보완제도의 중요성에
따라 제정된 〈중소기업신용보증법〉(1967년 3월 3일 법률 제1987호)의 개편·발전에 따른 것이었다.

2) 중소기업정책의 구체적 방향

중소기업 육성을 통한 산업 저변의 내실화에 대한 정책 설명에 기초하여 〈제6차 5개년계획〉은 다음과 같이 이에 대한 정책 방향을 구체적으로 제시하였다.[36)]

① 중소기업 저변 확대를 위한 집중적인 투자 유도

   ㉠ 중소기업 부문에 대한 투자배분 비율을 1984년의 29.7%에서 1991년에는 40% 수준 이상으로 제고

   ㉡ 1986년 제정된 〈중소기업창업지원법〉을 바탕으로 중소기업 창업 지원시책의 본격적 추진

      ⓐ 중소기업 창업투자회사의 적극 육성

      ⓑ 모험기업주식거래제도冒險企業株式去來制度의 도입

      ⓒ 창업 절차 간소화의 지속적 추진

   ㉢ 재정 금융 세제 지원의 지속적 추진

      ⓐ 중소기업 지원을 위한 정부기금 지원의 확충

      ⓑ 금융기관의 사업성 평가 기능 강화 등 신용대출 풍토 조성을 위한 제도적 기반 강화

      ⓒ 신용보증기금의 보증 능력을 강화하고 제2금융권의 중소기업 지원 강화

      ⓓ 창업중소기업 및 중소기업 창업을 지원하는 중소기업 창업 지원 회사에 대한 조세 지원

② 중소기업의 기술 향상 촉진과 산업정보의 원활한 제공

   ㉠ 내실 있는 기술 지도 확대

      ⓐ 공업진흥청, 중소기업진흥공단, 정부출연 연구 기관 등 기술 지도 기관의 체계적이고 종합적인 기술 지도 추진

      ⓑ 대기업 우수 퇴역 기술자를 적극 발굴·활용

      ⓒ 지방공업시험소의 기능을 보강하여 지방중소기업 기술 지원 기관으로 활용

---

36) 위의 책, 220~224쪽.

ⓛ 연구개발의 활성화

　　ⓐ 기술개발 지원 재정자금을 중소기업 부문에 집중 지원

　　ⓑ 국공립 연구 기관 보유 기자재의 중소기업 부문 적극 활용

　　ⓒ 기계 전자부품 등 핵심 전략 부문의 중소기업에 근무하는 고급 인력에 대한
　　　병역특례 등 기술 인력 확보를 위한 유인책 강구

　　ⓓ 기업부설연구소의 설립 요건 완화

ⓒ 산업기술 정보 제공의 확대

　　ⓐ 정보기관 연계 강화로 정보유통의 원활화 추진

　　ⓑ 주요 정보의 데이터베이스화를 추진하여 정보유통전산망 구축

　　ⓒ 고유 업종에 대한 외국인투자 제약 요인 완화 등 중소기업의 해외기업과의 합
　　　작투자를 촉진하여 선진 기술 정보의 적극 도입

③ 중소기업과 대기업의 협력 증대

ⓞ 계열화시책의 내실화

　　ⓐ 산업구조 변화 및 신기술 출현 등에 따라 지정계열화 업종 및 품목을 합리적으
　　　로 조정

　　ⓑ 수급기업협의회 구성을 확대하여 모기업과 수급기업 간 자율적 협조분위기 확
　　　산(1984년 65개 → 1991년 100개)

　　ⓒ 모기업과 수급기업의 공동 직업훈련 실시 유도 및 중소기업진흥공단과 모기업
　　　의 공동 기술 지도 확대

ⓛ 중소기업 사업 영역의 합리적 보호

　　ⓐ 기술혁신, 수입개방정책 등 대내외 여건 변화를 고려하여 고유 업종을 단계적
　　　으로 조정하여 지정제도를 탄력적으로 운용

　　ⓑ 대기업의 중소기업에 대한 불공정거래 행위 규제 강화 등 공정거래 확립을 통
　　　한 중소기업 보호 강화

④ 중소기업의 국제화 추진

ⓞ 중소기업 수출 촉진을 위한 제도적 지원 확충

　　ⓐ 수출입절차 간소화의 지속적 추진

ⓑ 무역진흥공사 및 고려무역高麗貿易의 중소기업 지원 강화

ⓛ 중소기업인의 국제화 인식 제고

ⓐ 해외유관단체 및 기관과의 교류 확대

ⓑ 각국과 민간경제협의회 개최 시 중소기업인 참가 확대

⑤ 중소기업인의 자조적 협동 기능 강화

㉠ 중소기업협동조합의 조직 및 운영에 대한 자율성 확대

ⓐ 조합업무에의 과도한 정부 개입 및 감독 축소

ⓑ 협동조합의 건전한 발전을 저해하는 각종 사업자 단체의 역할 정비

ⓛ 중소기업의 공동활동에 대한 지원 강화

ⓐ 조합의 업종 대표 기능 강화

ⓑ 정보 제공, 교육 등 조합의 간접서비스 제공에 대한 정부 지원 방안 강구

㉢ 협동조합의 조직체계 건실화

ⓐ 업종별 기능별로 전문화 다양화 유도

ⓑ 상업서비스업의 조직화 확대

ⓒ 전국조합 중심의 조직체계를 지방조합 중심으로 유도

㉣ 단체수의계약제도의 합리적 운영

ⓐ 중소기업 간 경쟁 여건의 조성

ⓑ 단체수의계약에 대한 대기업 참여 비율의 지속적 인하

ⓒ 단체수의계약 수수료율을 점진적으로 인하

⑥ 지방중소기업의 육성

㉠ 지방공업화의 기반 구축

ⓐ 도로, 공업용수, 통신 등 간접시설의 확충

ⓑ 지방중소기업 지원 기구 확충

ⓒ 시·군·도의 공업행정기능 강화

ⓓ 지방의 대학·전문대학·공업학교와 중소기업 간의 산학협동체제 구축

ⓛ 농공지구 사업의 지속적 추진

ⓐ 농공지구 대상 지역을 중소도시까지 확대

ⓑ 1991년까지 100개 이상을 지정하고 1,500개 이상 기업 유치

ⓒ 농공지구 입주업체에 대한 자금 지원 확충

ⓒ 지방공예산업의 육성

ⓐ 공예품 전문생산업체의 지정 확대 및 지원의 내실화

ⓑ 올림픽 상품개발과 연개하여 추진

ⓒ 종합전시판매장의 설립 확대를 통한 판로 지원 확대

ⓔ 지방중소기업에 대한 금융 지원 확대

ⓐ 금융기관의 지방조성자금 역내환류 유도

ⓑ 한국은행 자금 지원 시 지방우대제도 확대 실시

2. 구조조정과 기술집약을 위한 중소기업정책

1) 노사 간 협조 강화 · 고용 안정 · 소기업 성장 기반 구축

〈제6차 5개년계획〉에서 정한 이상과 같은 중소기업정책은 그 뒤 구체적 정책으로 이어졌다. 그 외에 이 기간 중 구조조정을 위한 법의 제정 등 새로운 몇 가지 중소기업정책이 제시되었는데 그 내용으로는 먼저 노사 간 협조 강화 및 고용 안정이 추진되었다. 이를 위하여 첫째, 사회민주화 과정에서 추진된 중소기업의 안정적 경영활동에는 중소기업 공제사업이나 중소기업 제품의 판로 확보를 위한 구매 촉진 등 이전의 시책 외에 노사분규의 원만한 해결이 중요한 문제로 제기되면서 노사 간의 협조 강화 방안이 강구되었다. 이를 위해서는 노사분규에 따른 애로중소기업에 대한 금융세제 지원, 노사협의회의 운영, 노무관리 교육 및 정보 제공, 중소기업 미혼여성 노동자 아파트 건립 지원 등이 강구되었다.[37]

---

37) 상공부, 《중소기업에 관한 연차보고서》, 1988, 226~227쪽, 같은 책 1989, 236~238쪽, 같은 책 1990, 232~236쪽.

둘째, 고용 안정을 위한 중소기업의 기술·기능 인력 확보 방안이 제시되었다. 여기에는 ① 중소기업 기술·기능 인력 양성 및 수급계획 수립과 이를 위하여 중소기업협동조합 중앙회에 전문기구 설립, ② 기술·기능 인력 양성기관의 확충, ③ 중소기업의 기술 인력 확보 및 양성을 위한 지원, ④ 중소기업 기술·기능 인력에 대한 병역특례 부여 방안이 제시되었다.[38]

다음에 소기업의 자립성장 기반 구축에 대한 체계적 정책이 제시되었다.[39] 소기업 전담기구를 상공부와 대한상공회의소에 신설하고 특히 상공부에는 소기업과小企業課 신설을 검토하는 등 소기업에 대한 지원 행정을 강화하였다. 그리고 소기업의 조직화를 위한 소기업 사이의 협동조합(소조합) 결성도 추진하였다. 또한 국제화·기술집약화 시대에 대응하기 위하여 기술집약적 소기업의 기반 확충을 통해 산업구조의 고부가가치화와 국제경쟁력 제고에 이바지하도록 하였다.[40]

2) 전문수급기업의 육성과 대기업 사업의 중소기업 이양[41]

첫째, 전문수급기업의 육성을 위하여 모기업은 수급기업에 대하여 경영관리, 공정개선, 공정자동화, 해외 진출 전략 등 경영 전반에 관한 경영컨설팅 실시 방안을 강구하도록 하였다. 또한 중견기업과 소기업 사이의 도급거래를 증진하여 모기업(대기업)—중견기업—소기업으로 이어지는 도급구조의 중층화重層化와 고도화를 추진하여 완성품생산 모기업을 중심으로 하는 단층적單層的 하청거래(1차 하청거래)를 개선하도록 하였다. 그리고 공정한 도급거래의 정착, 모기업 부품의 표준화, 모기업이 영위하는 부품 생산의 일부를 수급기업에 이양하는 것을 추진하였다.

둘째, 〈중소기업의 경영안정 및 구조조정 촉진에 관한 특별조치법〉(1989.3.23.

---

38) 위의 책, 1990, 236~237쪽.
39) 위의 책, 1989, 225~226쪽.
40) 위의 책, 1990, 288쪽.
41) 위의 책, 254~259쪽.

일자 법률 제4092호)에 의거하여 대기업사업의 중소기업 이양 촉진계획을 수립하였다. 이를 시행하기 위하여 중소기업협동조합중앙회와 전국경제인연합회에 이 사업의 전담창구를 설치하고 각종 지원시책을 강구하도록 하였다. 이를 통하여 대기업과 중소기업 사이에 합리적 기능 분담으로 산업의 경제력 집중을 완화, 유효경쟁을 촉진하여 산업능률을 높이게 하였다.

3) 〈중소기업구조조정법〉의 제정과 삼고三高구조로 전환을 위한 기술개발 및 정보화

첫째, 경제 여건의 변화에 따라 경영 상태가 현저하게 약화된 중소기업의 경영 안정을 꾀하고 기술개발과 정보화를 적극 추진함으로써 중소기업의 경쟁력 강화와 구조조정을 촉진하기 위하여 〈중소기업의 경영안정 및 구조조정 촉진에 관한 특별조치법〉(〈중소기업구조조정법〉)을 제정하였다. 여기에는 ㉠ 중소기업구조조정기금의 설치·운영, ㉡ 중소기업의 경영 지원(사업 전환, 유휴시설의 해외 이전 등 포함), ㉢ 중소기업의 기술개발 촉진(중소기업 기술개발계획 수립, 생산연구원生産研究院의 설립 등 포함), ㉣ 대기업 사업의 중소기업 이양 촉진 등의 시행이 포함되었다.

둘째, 고기술·고생산성·고부가가치 생산구조로의 전환을 촉진하였다. 이를 위하여 〈중소기업기술개발계획〉을 수립하여[42] 기술 인력 양성, 기술종합화, 기술개발제품의 우선 구매를 촉진하도록 하였다. 또한 중소기업 정보화를 추진하기 위하여 〈중소기업정보화5개년계획〉을 수립하여[43] 중소기업 정보화의 추진 체제를 조성하고 중소기업정보센터를 설립하도록 하였는데 이들은 〈중소기업구조조정법〉에 의거한 것이었다.

기술개발력의 확충과 정보화 마케팅 능력 등 지적知的 경쟁력을 높이는 것은 시설근대화와 자동차화 등 물적 생산성 향상과 함께 중소기업을 삼고산업三高産業으로 전환시키는 데 필수적 요건이다. 특히 기술력·경영력·정보력 등 지적 경

---

42) 위의 책, 130~136쪽.
43) 위의 책, 140~142쪽.

영자원을 확충하는 것은 고임금 시대에 대응하면서 생산성을 높이고 기술·지식
집약형 중소기업의 창업과 육성 그리고 경쟁력이 취약한 중소기업을 3고의 산
업구조로 전환시키는 데 필수적이라고 보았다.[44]

---

44) 위의 책, 126쪽.

제9장

산업구조의 기술·지식집약화와 중소기업

제1절 중화학공업화의 성숙과 지식집약화

1. 탈공업화와 산업의 지식 · 정보집약화

공업화 또는 중화학공업화가 성숙한 이후의 단계에 어떠한 산업구조의 변동
이 이어지느냐에 대하여는 다양한 견해가 제시되었다. 탈공업화론脫工業化論을
비롯하여 지식산업화, 고가공도산업화高加工度産業化, 시스템산업화, 서비스경제
의 도래 등이 그것이다. 어떤 견해든 산업의 지식·정보집약화, 곧 지식·정보집
약적산업의 발달을 바탕으로 하는 산업구조의 변화를 뜻한다. 즉 탈공업화나
지식집약화란 중화학공업화가 성숙하면서 이루어진 산업구조의 전환이라는 점
에서 산업구조론적 시각을 담고 있다고 볼 수 있다.[1]

일찍이 마셜A. Marshall은 산업 발전에서 지식knowledge의 역할을 강조하였다. 지
식은 생산의 가장 강력한 엔진most powerful engine of production으로서 자연을 극복하
여 우리의 욕망을 채워 준다. 그런데 조직organization은 지식을 돕는다고 하였
다.[2] 곧 인간이 자연에 대한 지배력을 발휘하는 데 가장 강력한 힘이 지식인데,
인간이 지닌 지식이라는 기동력을 최대한으로 높여 주고 구체화해 주는 것이
조직이라고 보았다.

지식이 산업사회의 진보에 작용하는 역할에 대한 이러한 소박하면서도 적극
적인 지적은 1960년대 초에 지식산업knowledge industry이라는 개념이 제기되면서

---

1) 산업구조론은 산업조직과는 다르다. 전자가 국민경제에서 여러 산업의 구성이나 그 비중 그리고
   산업 사이의 사회적 분업의 체계를 의미하지만, 후자는 산업 안에서 경쟁·보완적 관계에 있는 기
   업과 기업 사이의 관련성과 그 구조를 나타낸다는 점에서 두 가지는 다른 개념이다.

2) A. Marshall, *Principles of Economics*, London: Macmillan &co. 8th ed., 1920, Rep., 1969, p.115. 그런
   데 여기에서 조직은 오늘날 산업조직과 산업구조를 포괄한 개념으로 보인다.

새롭게 조명되었다. 여기서 지식산업은 물적物的 생산과 유통을 주된 임무로 하는 산업과는 달리, 지식, 정보, 기술 등의 생산·유통에 종사하는 산업을 의미한다. 그리고 지식산업으로 ① 연구개발, ② 교육, ③ 언론보도기관mass communication, ④ 정보서비스, ⑤ 정보기기 등 다섯 개 분야를 제시하였고, 이를 바탕으로 1958년의 미국 지식산업을 실증적으로 연구하였다.[3] 노동과 자본이라는 전통적 두 생산요소 이외에 지식·정보를 제3의 독립적 생산요소로 보고 이것이 중요한 역할을 하는 산업의 특성을 규정·분석한 것이다.

지식산업론은 탈공업사회론의 전개와 함께 산업의 구조 분석 방법으로 더욱 적극적 의미를 지니게 되었다. 탈공업사회라는 개념은 발전 단계론적 계보에 속하는 새로운 포괄적 사회 개념이다. 산업혁명 이전의 전산업사회pre-industrial society에서 산업사회industrial society로, 다시 탈공업사회post-industrial society로 전환하는 사회 발전의 포괄적 틀 속에서, 산업사회(중화학공업 주도의 산업사회)의 다음 단계의 사회의 성격·구조를 파악하기 위하여 나온 개념이다.[4]

전산업사회가 산업사회로 전환하는 계기를 산업혁명industrial revolution에서 찾듯이, 탈공업사회론은 그 형성의 계기를 정보혁명revolution of information에서 시작하는 것으로 본다. 정보혁명은 제2차 세계대전 뒤에 발달한 정보처리 분야의 혁명적 변화를 말한다. 그것은 ① 통신, 계산, 제어 등 여러 분야에서의 기술혁신, ② 정보과학에서 비롯한 과학혁명, ③ 이들의 영향에서 나온 사회혁신과 조직혁신 등 세 가지 측면을 말하는 것이었다. 흔히 제2차 산업혁명, 오토메이션혁명, 사이버네이션혁명, 지식산업혁명 등으로도 불린다.

산업사회에서 정보혁명을 계기로 전개된 탈공업사회로의 구조 변화를 분석하는 데는 지식산업의 성장을 주축으로 하는 산업구조의 변화가 그 우선적 접근 대상이 된다. 곧, 탈공업사회는 지식산업의 성장을 그 기본적 특징으로 하고 그것은 정보혁명이 계기가 되었다. 결국 탈공업사회는 지식·정보집약산업을 주

---

3) F. Machlup, *The Production and Distribution of Knowledge in the United States*, Princeton Univ. Press, 1962.
4) 탈공업사회라는 용어는 사회학자인 벨D. Bell의 논문에서 비롯된다("The Post Industrial Society", in E. Ginsberg ed., *Technological and Social Change*, Columbia Univ. Press, 1964).

축으로 하는 사회이고 지식산업과 정보산업의 전개는 탈공업사회의 기본 틀이라고 할 수 있다.

중화학공업화의 성숙 이후 전개되는 지식·정보산업은 페티W. Petty나 호프만W. Hoffman의 법칙에서 적용되었던 산업분류의 틀에 대하여 이론적 재검토를 요구하게 만들었다. 곧 이전의 산업 개념은 '생산과정의 유사성'을 기준으로 한 것이었다. 상품의 생산과정에 따른 전통적 산업 개념은 '활동의 단위'라는 관점을 중심으로 한 것이었다. 산업을 어느 공통의 시장에서 경쟁하는 기업집단으로 규정하거나 또는 그것의 소집단을 생산의 유사성에 따라 구분하여 그 구성을 파악하는 것이기 때문에 시장市場과 긴밀한 관련을 갖는 분석이었다.

이에 비해 지식·정보집약산업을 중심으로 하는 새로운 산업의 개념은 명확한 단위의 개념을 제시하지 않는 점에서 차이가 있다. 새로운 산업은 시스템system산업이라는 목적기능론적目的機能論的 산업 개념을 등장하게 한다. 곧 '기능 중심'의 산업 개념을 제기하며, 공통의 '시장이나 생산과정의 유사성'이 아닌 여러 부문을 복합적으로 포괄하는 '활동의 형태' 중심의 새로운 특징을 부여한다. 이런 관점을 정리하면 다음과 같다.

첫째, 산업활동에서 '투입'의 면이다. 이전의 산업 개념에서는 투입 면의 특징을 노동집약적산업 또는 자본집약적산업이라고 표현하였다. 그러나 새로운 산업에서는 노동과 자본이라는 두 요소와 함께 지식·정보라는 제3의 요소가 독자적 중요성을 갖는다. 이를 강조하여 고가공도산업, 지식집약형산업, 연구개발산업이라는 표현이 생겨났다.

둘째, '산출' 면의 특징이다. 지식·정보라는 생산물이 교환의 대상으로서 경제적 가치를 갖는 '상품'으로 그 지위를 확립하였다. 이전의 실물적 생산물 이외에 지식·정보라는 상품의 산출을 주된 대상으로 삼는 산업군이 발전하면서 지식산업과 정보산업의 범주가 주어졌다.

셋째, '조직화'의 측면이다. 기존의 분야나 새로운 분야를 불문하고 다른 종류의 여러 산업 부문이 횡적으로, 종적으로 결합하는 기능보완적 또는 기능집합적 활동을 조직화하는 산업활동의 비중이 늘어났다. 이에 주목하여 시스템산업 등의 개념이 나왔다.

넷째, '생산물의 특성'의 측면이다. 물적 재화인지, 서비스인지의 문제와 이 두 가지 관련성의 특징이다. 지식·정보산업화나 시스템산업화 속에서 물적 재화와 지식·정보의 관계, 나아가 물적 재화와 서비스생산의 관계 등의 관점에서 서비스경제라는 특징이 나왔다.[5]

결국 '활동의 단위'보다 '활동의 형태'가 새로운 산업을 이해하는 방향이다. 일반적으로 중화학공업화가 성숙된 뒤 이루어진 탈공업사회의 새로운 산업구조로의 전환을 지식·정보집약화라고 부른다. 이러한 특성을 '활동의 형태'를 일으키는 배경에 따라 좀 더 정리한 것이 위의 네 가지 내용인데, 이것은 새로운 산업구조가 갖는 여러 기능을 나타내기 때문에 '기능 중심'의 개념 파악이기도 하다.

2. 중화학공업화의 성숙과 지식기반산업의 발달

1970년대 중반 이후 지속적인 성장을 거듭해 온 우리나라 중화학공업은 반도체, 자동차, 철강, 조선 등 주력산업의 급속한 성장에 힘입어 빠르게 성장하였다. 이와 달리 경공업은 '80년대 말 이후 고임금 등으로 경쟁력이 약화, 사양산업이 되면서 그 성장세가 크게 쇠퇴하였다. 그 결과 1980년대 후반 이후 경공업과 중화학공업 사이의 성장 격차도 점차 확대되는 추세를 보였다(표 1).

이를 반영하여 제조업 내 중화학공업의 비중이 1985년의 58.5%에서 1997년에는 75.4%로, 그리고 1999년에는 80.7%로 크게 증가한 것과 달리 경공업은 같은 기간에 41.5%에서 24.6%로, 19.3%로 그 비중이 격감하였다(표 2 및 산업연구원, 같은 책, 126쪽). 경공업 안에서는 1970년대 중반 이후 수출을 주도해 왔던 노동집약적산업인 섬유 및 신발 산업의 침체가 이어졌다.

---

5) 宮澤健一, 《構造變化の動因と産業機構》, 篠原三代平·馬場正雄 編, 《現代産業論 I》(産業構造), 日本經濟新聞社, 1973, pp.24~25.

표 1. 제조업 부문별 성장률 추이

(단위: 기간 중 평균 %)

	71~80	81~85	86~90	91~96
경공업(A)	13.2	7.5	7.2	-0.1
중화학공업(B)	21.1	14.7	17.5	11.2
성장 격차(B-A)	7.9	7.2	10.3	11.3

자료: 산업연구원, 《구조개혁을 통한 산업구조조정의 성과분석 및 향후 정책대응방안》, 2000.11, 103쪽.

표 2. 1980년대 중반 이후 제조업 내 생산구조 변화 추이

(단위: %)

	1985	1990	1994	1995	1996	1997
식 료 품	6.9	5.7	5.6	5.5	5.6	5.7
섬 유	9.5	6.7	58	4.7	4.0	3.6
신 발	2.3	2.2	0.9	0.6	0.5	0.4
경 공 업	41.5	34.1	30.0	26.9	26.6	24.6
섬 유 및 석 탄	4.9	4.8	5.9	6.3	8.0	11.7
산 업 용 화 합 물	4.8	4.6	5.0	5.7	4.8	4.8
철 강	6.7	7.7	6.9	7.3	6.6	6.7
금 속 제 품	4.0	3.8	3.8	4.4	4.8	4.6
전 기 · 전 자 제 품	10.6	11.8	12.4	14.4	12.6	12.7
가 정 용 전 기 전 자	-	5.4	4.4	3.6	3.7	3.1
컴 퓨 터 및 사 무 기 기	-	1.2	1.1	1.1	0.9	1.7
반 도 체 및 통 신 기 기	-	5.2	6.9	9.7	8.1	8.0
자 동 차 및 부 분 품	5.5	10.9	10.9	10.7	10.7	9.7
기 타 수 송 장 비	4.2	2.3	3.6	2.7	3.3	4.3
중 화 학 공 업	58.5	65.9	70.0	73.1	73.4	75.4
제 조 업	100.0	100.0	100.0	100.0	100.0	100.0

자료: ① 한국은행, 《국민계정》, 각 호.
　　　② 표 1과 같음.

이와 달리, 중화학공업 안에서 그동안 성장을 주도해 오던 가정용 전기전자의 비중이 감소하면서 기술집약적 반도체 및 음향 통신기기와 컴퓨터 및 사무기기산업 등 정보통신기술information communication technology 관련 제조업이 새로운 성장주도 산업으로 등장함에 따라 이들 산업의 비중이 꾸준히 증가하였다. 이것은 제조업 가운데 중화학공업이 기술집약적 산업 중심으로 구조개편이 진행되었음을 의미한다.

1980년대 말 이후 산업구조 변화에서 두드러진 특징은 중화학공업화가 성숙하면서 지식·정보집약화가 크게 진행되었고 이를 바탕으로 경제의 서비스화와 지식기반산업 중심의 산업구조 개편이 나타난 것이었다. 이런 지식기반 경제로의 이행은 1990년을 전후하여 서서히 진행된 것으로 이해되고 있다.[6] 지식기반 경제로의 이행 분석은 경제개발협력기구OECD가 채택한 것이 새로운 분류체계로 제시되고 있다.[7]

이에 따를 때는 과거 성장주도 산업을 논의할 때와는 달리 제조업에서 서비스업에 이르기까지 광범위하고 다양한 산업이 그 분석의 대상이 된다. 또한 어느 산업이나 업종이 지식기반산업에 속하냐보다는 지식산업으로 분류되는 산업군이 경제 내에서 어떤 규모로, 어떤 패턴으로 성장하고 있으며 그것이 어떤 구조적 특성을 가지고 있느냐가 더욱 중요하다는 것이다.

표 3에서 보면 지식기반산업은 1985~2000년의 기간 중 연평균 11.7%의 증가율을 보였다. 이는 같은 기간 국내총생산의 증가율 6.7%를 크게 웃도는 수준이다. 또한 지식기반제조업은 같은 기간 연평균 16.4%로 성장하여 연평균 9.7%

---

6) 장석인, 〈구조개혁을 통한 산업구조조정의 성과분석 및 향후 정책대응 방향〉, 산업연구원, 2000.11, 107쪽.

7) 선진국의 지식기반 경제로의 이행을 분석한 최초의 OECD보고서(1998)는 ① 연구개발R&D 활동이 활발하거나, ② 지식기반 경제의 핵심 기반 기술이라고 할 수 있는 정보통신기술ICT 관련 제품과 서비스의 투입 비중이 높거나, ③ 기술혁신의 생산적 활용에 요구되는 높은 숙련 인력의 투입이 높은 산업을 지식기반산업으로 정의하였다(예컨대 우주·항공, 의약, 컴퓨터, 정보통신기기 등과 같은 첨단기술산업과 정보통신서비스, 금융·보험업과 비즈니스서비스업 등). 그러나 그 후 보고서(1999)에서는 어떤 산업이든 생산활동에 있어서 생산요소로서의 지식의 투입이 어느 정도 있기 마련이므로 새로운 기술과 인적 자본의 투입이 다른 산업에 비해 상대적으로 큰 산업을 지식기반산업으로 정의하였다(위의 책, 106~108쪽).

의 성장세인 제조업의 그것보다 빠르게 성장하였다. 더욱이 지식기반제조업 가
운데서도 정보통신제조업은 연평균 28.0%라는 높은 성장을 기록하였다.

표 3. 지식기반산업의 성장(1995년 가격, 부가가치 생산액 기준)

(단위:%)

구분	국내총생산에 대한 구성비					기간 평균성장률			기간 평균성장기여율			
연도와 기간	1985	1990	1995	1997	2000	85~90	90~97	98~00	85~90	90~95	95~97	98~99
농 림 어 업	11.9	7.7	6.2	6.5	5.2	1.2	2.1	-0.4	1.8	1.3	4.4	2.6
제 조 업	24.8	28.1	29.4	29.8	34.2	11.3	8.1	9.7	31.3	31.0	34.8	60.5
지식기반제조업	6.5	10.3	13.9	15.1	21.3	18.0	13.5	17.7	14.5	21.2	25.7	51.0
우주항공·의약	0.8	0.9	0.9	1.0	0.9	11.2	9.0	1.4	1.0	1.0	1.2	1.3
정보통신제조업	0.8	1.7	3.2	4.5	10.5	23.3	22.6	38.1	2.6	5.2	15.8	30.1
중고위기술산업	4.9	7.7	9.8	9.5	9.8	18.1	11.6	6.4	10.9	15.0	8.7	19.6
일 반 제 조 업	18.3	17.7	15.5	14.7	12.9	8.4	4.3	0.0	16.8	9.7	9.1	9.5
SOC·서비스업	62.3	63.6	64.0	63.8	60.3	9.4	7.6	2.2	66.7	67.7	60.9	36.8
지식기반서비스업	16.3	17.7	20.1	20.6	21.5	11.3	9.3	5.6	21.8	25.3	24.6	19.9
정보통신서비스업	1.1	1.5	2.4	3.0	4.5	13.6	18.2	19.3	1.9	4.0	7.5	9.3
금 융 보 험 업	3.1	4.7	6.6	6.6	6.5	20.1	12.0	3.7	8.1	10.4	7.8	6.1
사 업 서 비 스 업	2.0	2.5	3.1	3.1	3.2	15.2	10.8	5.1	3.6	4.3	3.7	2.1
교 육 · 연 구	7.4	5.9	4.8	4.5	4.1	4.6	3.3	1.0	3.7	2.6	2.1	0.4
의 료 · 복 지	2.0	2.2	2.1	2.1	1.9	12.8	6.4	0.6	3.1	2.1	1.7	0.9
문 화 · 오 락	0.8	1.0	1.2	1.3	1.3	14.2	12.6	4.7	1.4	1.9	1.8	1.1
일 반 서 비 스 업	34.7	32.6	30.5	30.0	28.4	7.7	6.0	2.6	29.3	26.1	24.2	24.9
지 식 기 반 산 업	22.8	28.1	34.0	35.7	42.8	13.4	10.9	10.9	36.3	46.5	50.3	70.9
정 보 통 신 산 업	2.0	3.2	5.5	7.5	15.1	17.9	20.4	31.2	4.5	9.3	23.3	39.4
국 내 총 생 산	100.0	100.0	100.0	100.0	100.0	9.0	7.3	4.3	100.0	100.0	100.0	100.0

자료: ① 장석인, 《구조개혁을 통한 산업구조조정의 성과분석 및 향후 정책대응방향》, 産業研究員, 2000,
         130·132쪽의 표를 보완.
      ② 李憲昶, 《韓國經濟通史》(제5판), 해남, 2012, 656쪽.

한편 지식기반서비스업의 경우는 지식기반제조업의 성장세에는 미치지 못하여 같은 기간 8.7%에 그쳤지만 일반 서비스업의 5.4%보다는 빠른 속도로 증가하였다. 지식기반서비스업 가운데 빠른 성장세를 보인 것은 정보통신서비스업(17.0%), 금융보험업(11.9%), 사업서비스업(10.4%) 등이며 이들 산업은 모두 제조업보다도 빠르게 성장한 것으로 분석된다.

이와 같은 지식기반산업의 급속한 성장세를 반영하여 그것이 국내총생산액에서 차지하는 비중은 1985년의 22.8%에서 2000년에는 42.8%로 증가하여 무려 20.0% 포인트나 높아진 것으로 나타났다. 그 가운데서 지식기반제조업의 비중이 같은 기간 6.5%에서 21.3%로 높아져 제조업(24.8% → 34.2%)의 그것보다 급상승하였으며, 지식기반서비스업은 그 구성비가 같은 기간 16.3%에서 21.5%로 높아진 데 그쳤다. 그러나 그것은 일반 서비스업이 34.7%에서 28.4%로 그 비중이 낮아진 것과는 대조를 보였다.

1980년대 중반 이후 지식기반산업은 지속적으로 제조업 전체와 국내총생산 GDP 연평균 성장률을 크게 웃도는 높은 성장률을 기록하면서 성장하였다. 지식기반제조업과 지식기반서비스업의 성장률이 일반 제조업과 일반 서비스업에 견주어 높게 나타나고 있으며 그 결과 경제에서 차지하는 비중도 빠른 속도로 증가하였고 성장기여율도 점차 커지고 있다. 1985~1990년과 1998~1999년 지식기반산업의 평균성장기여율은 36.3%에서 70.9%로 증가하는 가운데 지식기반제조업은 14.5%에서 51.0%(일반 제조업은 16.8% → 9.5%)로 증가하였다. 지식기반서비스업은 21.8%에서 약간 19.9%로 낮아졌지만 일반 서비스업(29.3% → 24.9%) 보다는 감소폭이 적은 편이다.

그러나 이러한 지식기반산업의 빠른 성장은 미국 등 일부 선진국의 경우와는 달리 우주항공, 의약 등 최첨단기술산업보다는 반도체, 컴퓨터, 통신장비를 주축으로 하는 정보통신기술 제조업과 자동차, 석유, 화학 등 중고위기술산업의 성장에 의해 이루어지고 있는 특징을 보였다.

제2절 중소기업의 기술집약화와 고가공도화

1. 중소기업의 기술집약화

중소기업의 기술개발 내지 기술집약화에 대한 요구는 경제개발 초기부터 제기된 정책 과제였다. 이것은 중소기업 자체뿐만 아니라 국민경제의 근대화와 경쟁력 제고의 기초가 되기 때문이었다. 산업구조가 고도화하고, 중화학공업화가 진전되며, 중소기업과 대기업의 분업관계 등 도급거래가 심화·확충되면서 중소기업의 기술집약화 과제는 더욱 절실하게 되었다.

그럼에도 중소기업의 연구 및 기술개발은 중소기업이 지닌 구조적 자금난으로 말미암은 임금 조달과 시설 부족, 여기에 기술 인력 확보의 어려움이 겹치면서 크게 진전되지 못하였다. 기술개발에 대한 정보 부족이나 기술개발 성과의 불확실성 등도 기술개발 부진의 요인이 되었다. 이러한 점은 기업 규모별로 볼 때 중기업보다는 소기업에서 더욱 뚜렷하였다(표 4). 그 결과 기술개발 투자의 사업체가 1990년대까지도 10% 미만의 구성비를 보일 뿐이었다. 그러던 것이 2000년대에 와서 뚜렷한 활기를 보여 2002년에 12.4%였고, 2009년에는 연구·기술개발 투자의 사업체 구성이 27.6%에 이르게 되었다.

기업 규모별로 보면 그 격차가 커서 중기업이 소기업보다 연구·기술개발 투자가 활발하였다. 2002년에 소기업과 중기업의 연구·기술개발 투자 사업체 구성비는 각각 10.4%와 39.4%였으며, 2009년에도 25.5%와 61.1%여서 소규모기업일수록 기술집약 추구의 경향이 상대적으로 부진하였다(표 5).

표 4. 연구 및 기술개발의 애로 사항

(단위: %)

	1988			1990		
	소기업	중기업	계	소기업	중기업	계
인 력 확 보 난	14.5	20.4	17.0	21.2	22.4	21.7
시 설 부 족	7.4	9.3	8.2	7.2	7.7	7.4
정 보 부 족	7.2	11.5	9.0	6.8	9.4	7.8
임 금 조 달 난	28.0	21.9	25.4	23.7	22.7	23.3
인 식 부 족	4.0	4.8	4.3	6.7	6.2	6.5
기 술 개 발 과 불 확 실	10.4	14.4	12.0	13.2	15.3	14.0
특 허 권 보 호 미 흡	0.7	0.7	0.7	0.2	0.8	0.5
애 로 없 음	11.7	7.3	9.9	4.6	5.4	4.9
불 필 요	16.1	9.6	13.4	16.4	10.1	13.9

주: 소기업은 종업원 규모 5~19인, 중기업은 20~299인임.
자료: 상공부·중소기업협동조합 중앙회, 《중소기업실태조사보고》, 각 연도.

표 5. 규모별 연구·기술개발 투자 사업체 구성 추이

(단위: %)

	5~9인	10~19	20~49	50~99	100~199	200~299	소기업	중기업	계	없음
1976	5.9	9.0	14.3	20.3	24.0	21.8	9.7	22.0	9.3	90.7
1980	4.6	6.7	9.3	24.0	24.7	34.0	6.8	27.6	9.7	90.3
1985	5.5	9.4	17.5	30.0	36.8	45.2	10.8	37.3	14.0	86.0
1994	1.4	6.3	16.1	22.0	29.8	48.0	6.5	25.5	8.2	91.8
1999	2.5	8.9	14.0	22.7	27.9	52.6	6.7	26.3	8.3	91.7
2002	6.2	11.0	20.3	34.6	49.0	60.6	10.4	39.4	12.4	87.6
2005	10.5	21.7	32.6	46.2	55.5	70.9	17.4	50.0	19.5	80.5
2009	18.7	27.2	44.8	57.8	64.4	79.1	25.5	61.1	27.6	72.4

주: 1985년까지의 소기업과 중기업의 수치는 평균한 것임.
자료: 상공부·중소기업청·중소기업은행·중소기업협동조합중앙회, 《중소기업실태조사보고》, 각 연도.

그러나 투자액 구성으로 보면 소기업에의 투자 부진은 점차 개선되는 경향을 보였다. 1977년에 소기업과 중기업의 연구·기술개발 투자액 구성은 24.7%와 75.3%로 중규모에 편중되었던 것이 1992년에는 36.5%와 63.5%로 개선되었고, 2003년에는 그것이 56.5%와 43.5%로 역전되었으며, 2009년에도 같은 추세를 이어 갔다(표 6). 즉 경제개발이 지속되고 중화학공업화가 진전·성숙되면서 소기업 부문에서도 연구·개발 투자가 적극화되고 있음을 알 수 있다.

표 6. 기업 규모별 연구·기술개발 투자액 구성 추이

(단위: %)

	1977	1984	1992	2000	2003	2009
5～9인	5.6	1.7	5.2	3.1	7.5	13.3
10～19	7.0	14.3	5.2	10.1	20.2	15.7
20～49	12.1	10.5	26.1	23.3	28.8	28.7
50～99	18.9	20.5	22.7	22.4	17.9	16.8
100～199	34.3	29.6	27.1	21.8	17.3	16.2
200～299	22.0	23.5	13.8	19.4	7.8	9.1
소기업	24.7	26.5	36.5	36.4	56.5	57.8
중기업	75.3	73.6	63.5	63.6	43.5	42.2
계	100.0	100.0	100.0	100.0	100.0	100.0

자료: 상공부·중소기업청·중소기업은행·중소기업협동조합중앙회,《중소기업실태조사》에서 작성.

중소기업의 기술개발에 대한 정책 인식은 1980년대 중반에 크게 제기되기 시작했고 1990년대 후반 이후에 더욱 활기를 띠었다. 중소기업은 전통적 산업을 기반으로 하여 기술집약적 가공산업에서 전문적 기술을 확보하고 있지만 새로운 기업의 창출에도 결정적 역할을 하면서 고용 흡수나 경쟁 촉진에도 크게 이바지하는 등 국민경제의 근간이 되고 있다는 것이다. 더욱이 기술혁신의 흐름이 종합적이며 조직적인 특성을 가지면서 대기업 주도로 전환되고 있는 가운데서도 중소기업은 기술혁신과 진보에서 중요한 역할을 하고 있다.

첫째, 중소기업은 여전히 기존 기술을 응용하여 이를 국민경제에 전파하고 확산함으로써 기술혁신의 과정 및 활용에서 필수적인 매개체 역할을 한다.

둘째, 중소기업은 기술혁신의 주요 원천으로서 개량이나 모방보다는 창조적인 기술혁신에 대한 기여도가 높다. 미국의 국립과학재단NSF, National Science Fund이 경제협력개발기구OECD 5개국을 대상으로 1953년부터 1973년까지 사이에 도입된 주요 기술혁신을 조사한 결과에 따르면 이들 기술혁신 건수 중 중소기업의 비중이 45%나 차지하고 있고, 특히 미국의 경우는 50%나 되고 있어 기술혁신에서 중소기업이 대기업 못지않게 이바지하고 있다는 것이다.

셋째, 중소기업의 기술혁신은 제품의 수명과정life cycle 가운데 유동기幼動期에서의 제품 혁신이 지배적이라는 점이다. 유동기에 중소기업의 제품 혁신이 가격보다 성능을 바탕으로 경쟁하기에 유리한 것과 달리 성숙기에 들어가면 표준화가 진행되기 때문에 대기업의 공정 혁신이 보다 우세해진다.

넷째, 기술집약형 신기업은 중소기업이 주축을 이루고 있으며 이들 중소기업은 급격한 기술혁신을 통해 새로운 핵심 기술을 개발하고 관련 응용 기술을 기업화함으로써 기술혁신을 주도하는데, 주로 컴퓨터, 반도체, 전자용 기기, 의료용 기기, 유전공학, 정밀과학 등 첨단 기술 분야에도 진출하고 있다.

다섯째, 중소기업의 기술혁신에 대한 기여도는 산업별로 서로 다르지만 새로운 산업이나 전문적 기술이 요구되는 첨단 가공산업에서 중소기업의 기술혁신이 활발하다.

중소기업이 가지는 유연성과 신축성이라는 경영적 특성은 중소기업의 기술혁신에 대한 기여도를 높여 준다. 특히 기술집약형 중소기업은 기술혁신과 생산성 향상을 통하여 국민경제의 경쟁력을 높이게 하고 고용 창출과 수출 증대에도 이바지한다고 보았다.[8]

이러한 1980년대 중반의 중소기업 기술혁신에 대한 정책 인식은 기술집약형

---

8) 상공부, 《중소기업에 관한 연차보고서》, 1985년도, 158~159쪽.

중소기업의 발굴·육성으로 이어졌고 중소기업 부문의 기술개발 투자를 촉진하는 계기가 되었다(표 5의 결과). 한편 중소기업의 기술집약화에 유리한 분야로는 ① '규모의 경제'가 작용하지 않는 분야, ② 자본집약도가 낮은 분야, ③ 시장수요가 세분화되는 분야를 들고 있다. 예컨대 마이크로전자산업, 소프트웨어 정보산업, 정밀화학공업, 정밀기계공업, 광학·의료기기와 생물공학, 특히 고부가가치 소재와 부품 분야로서 고급 기술 인력을 활용하는 소규모 전문생산업종이다. 또한 기존 중소기업의 기술집약화 분야로는 보통주물에서 산업기계주물로, 발효공업에서 생물공업으로, 금속양식기에서 산업기계부품으로, 도자기공업에서 정밀요업으로, 봉제완구에서 전자완구로 전환하여 기존의 기술과 경험 및 시장을 살릴 수 있는 업종을 들고 있다.9)

　이러한 기술집약형 중소기업의 발굴·육성은 1986년 7월 〈공업발전법〉의 제정과 시행에 따라 크게 촉진되었다. 〈제6차 5개년계획〉(1987~1991)에서 기술집약적 중소기업의 창업 촉진과 〈중소기업창업지원법〉(1986년 제정)의 제정에 따른 기술집약형 중소기업의 창업 지원도 중소기업의 기술집약화 촉진에 이바지하였다. 1989년에 제정된 〈중소기업구조조정법〉의 중소기업의 기술개발 촉진과 중소기업 정보화의 촉진에 대한 규정은 중소기업 기술집약화의 법적 기반을 조성하였다.

　21세기 국가경쟁력의 바탕이 되는 지식기반산업이 발달하면서 기술·지식집약적 산업이 새로운 성장의 축으로 되었고 이에 맞추어 기술집약적 중소기업의 육성(중소기업의 기술집약화)은 새로운 과제로 부상하였다. 이를 위하여 〈중소기업기술경쟁력 5개년계획〉(2000)이 수립되었으며 중소기업 기술력을 향상하기 위하여 〈공공기관의 중소기업 기술개발지원제도〉(KOSBIR, Korea Small Business Innovation Research Program, 1998)가 추진·시행되었는데 이는 1997년 8월에 제정된 〈벤처기업육성에 관한 특별조치법〉에 근거한 것이었다. 경제의 글로벌화·정보화와 기술의 첨단화·융합화라는 새로운 환경에 대응하여 새롭게 기술혁신형 중소기업Innovation Business의

---

9) 위의 책, 1986, 172~173쪽.

발굴·육성계획을 수립·추진하였다(2001). 더욱이 이러한 중소기업의 기술혁신을 종합적·체계적으로 지원하기 위하여 2001년 4월에는 〈중소기업기술혁신촉진법〉이 제정되어 〈중소기업 기술혁신 촉진계획〉을 수립하도록 하였다.

이러한 법적·정책적 조치가 2000년에 와서 중소기업의 기술개발 투자와 기술집약화가 활기를 띄게 한 배경이었다.

2. 산업의 고가공도화와 중소기업

산업구조의 공업화와 공업구조의 중화학공업화에 이어서 지식집약산업화라는 개념과 함께 고가공도高加工度산업화 또는 산업구조의 고가공도화라는 견해가 제기되었다. 고가공도산업화라는 말은 1967년에 처음으로 나왔다.[10] 이것은 경제성장 과정에서 기초산업에 견주어 가공산업의 비중이 높아진다는 경험법칙을 말한다. 일반적으로 경제성장은 소득수준을 높이고 수요구조를 다양하게 하며, 여기에 맞추어 산업구조도 다양해진다. 이에 따라 기초산업에 비교하여 가공산업의 비중을 높이는 방향으로 산업구조가 다양해진다는 것이다. 공급 면에서 볼 때 기초산업보다 가공산업의 비중이 높아진다는 것은 일정한 원재료의 투입으로 지금보다 더 많은 산출량을 생산하게 되어 원단위계수原單位係數가 낮아진다는 것이다.

이것은 산업 전체로서는 부가가치율을 높이는 과정이며 또한 기술집약형의 가공산업 비중이 높아지는 것으로 볼 수 있다. 단순히 가공산업의 비중이 높아지는 것이 아니고 기술 수준이 높은 가공산업의 비중이 높아지는 것이다. 따라서 가공산업의 비중 확대는 기술집약화의 과정이며, 연구투자집약형의 가공산업 비중이 확대되는 과정이다.

고가공도산업화라는 경험법칙은 생산을 재료, 가공, 조립의 세 단계로 구분

---

10) 篠原三代平, 〈加工度からみた産業構造の一視點〉, 《經濟研究》, 1967.4.

하여 실증적으로 확인·검토되었다. 그 결과 재료산업(공업의 가공부문 또는 비공업 부문업 원재료를 공급하는 공업)보다는 가공산업(부품 및 최종제품이면서도 비조립적인 것을 공급하는 공업)이, 그리고 가공산업보다는 조립산업(복수의 부품으로 조립하여 최종제품을 공급하는 공업)이 더욱 신장한다. 경제가 성장하면서 소득수준이 높아질수록, 국제적으로는 소득수준이 높은 선진경제일수록 이런 경향은 더욱 뚜렷하게 나타난다는 것이다.

고가공도산업화가 일반적 경향으로 되지만, 그것이 단순한 경향으로 그치는 것은 아니다. 각 산업의 내부에서 각각 고가공도화가 이루어진다. 재료산업 내부에서 가공도가 높은 재료산업이 신장하며 이런 경향은 가공산업과 조립산업에서도 동일하게 나타난다. 오히려 가공도가 높지 않은 조립산업보다는 가공도가 높은 가공산업과 재료산업이 더 크게 발전하기도 한다. 즉 고가공도 재료산업, 고가공도 가공산업, 고가공도 조립산업이 각각 높은 신장세를 나타낸다. 그런 가운데 원단위계수가 낮은 고가공도 조립산업의 성장이 뚜렷해진다. 이것은 각 산업의 내부에서 기술집약화와 지식집약화로 고가공도화가 이루어진 결과이다.

기술 진보와 지식집약화로 고가공도가 이루어진 산업은 재료, 가공, 조립이냐를 떠나 다 같이 신장하고 경쟁력이 높아진다. 이와 달리 그렇지 못한 산업, 즉 가공도가 낮은 분야는 낙후·정체하게 된다는 것이다. 산업구조의 근대화과정에서 고가공도화의 방향은 다음과 같이 나타난다.

① 물재物材 면에서는 소재화素材化에서 가공화로, 그리고 조립화組立化로 그 중심이 변화하고,

② 욕구 수준이 높아지면서 수요의 대상이 물재에서 서비스와 정보로 이행하며,

③ 기술의 진전에 따라 산업활동의 중심이 단순히 소재를 산출[粗形, extensive]하는 것에서 그것을 가공하고 집적集積, intensive하는 것으로 바뀐다.

그 결과 고가공도화로 원단위계수가 낮아지고 부가가치율이 높아지는데 그

방향으로는,

① 단순 육체노동을 중심으로 한 에너지소비적 성격에서 과학기술의 성과에 바탕을 둔 지적 노동과 정보소비적 성격으로,

② 원재료를 많이 소비하는 경향에서 원재료를 적게 소비하는 방향으로,

③ 단일상품수요에 바탕을 둔 생산체제에서 시스템수요에 바탕을 둔 생산체제로 전환한다는 것이다.[11]

결국 고가공도화의 내용과 방향은 지식집약화의 그것과 일치하는 부분이 많다. 원래 고가공도화와 지식집약화는 반드시 같은 개념은 아니다. 그러나 현실적으로 고가공도화는 지식노동의 투입도의 확대로 실현되는 경우가 압도적으로 많다. 결과적으로 고가공도화는 지식집약화와 일치하는 부분이 많다. 따라서 고가공도화는 지식집약화의 그리고 지식집약형산업은 고가공도산업의 다른 표현에 지나지 않는다.[12]

위와 같은 산업의 고가공도화 모형을 참고로 하여 우리나라 공업을 다음과 같이 분류[13]하여 그 구조를 가공형별, 기업 규모별로 변화를 살펴보기로 한다.

① 소재형: 목재품, 가구, 고무제품, 화학·석유정제, 석탄제품, 토석·유리제품, 철강, 비철금속

② 저가공형: 음식료품, 섬유, 피혁, 신발류, 지류, 금속제품

③ 고가공형: 의류, 인쇄출판, 일반기계, 전기기기, 운송용기기, 정밀기기, 기타 제조업

기준에 따라 1966년부터 1986년의 기간에 부가가치 구성을 기준으로 한 공업

---

11) 篠原三代平, 〈高加工度産業化〉, 篠原三代平·馬場正雄 編, 앞의 책, pp.226~227.
12) 篠原三代平, 위의 글, 위의 책, p.228.
13) 중소기업은행, 《중소기업은행20년사》, 1981, 13쪽.

구조의 변화를 보면 다음과 같다.

첫째, 한편에서 소재공업의 비중은 미미한 감소를 보이면서, 다른 한편에서 산업의 가공도는 높아졌다. 곧 소재공업의 비중은 1966년의 31.6%에서 1986년에는 30.9%로 낮아졌고 가공산업 가운데 고가공형산업이 20.6%에서 37.3%로 크게 상승되었다(표 7). 이것은 소재공업이 상대적으로 발전하지 못한 가운데 산업구조의 가공도만 높아지는 가공형 공업구조의 특징을 보인 것이다.

표 7. 가공도별 기업 규모별 부가가치 구성

(단위: %)

	1966	1973	1979	1986
소 재 형	31.6	37.2	3.5	30.9
소기업	30.1	26.1	31.2	28.1
중기업	32.2	36.3	33.2	31.2
대기업	31.6	38.6	33.8	30.9
저 가 공 형	47.8	41.5	37.6	31.8
소기업	39.9	45.3	37.6	35.0
중기업	48.9	46.8	39.2	36.6
대기업	49.4	38.8	36.9	28.9
고 가 공 형	20.6	21.3	28.9	37.3
소기업	30.0	28.6	31.2	36.9
중기업	18.9	16.9	27.6	32.2
대기업	19.0	22.6	29.3	40.2
제 조 업	100.0	100.0	100.0	100.0

주: 소기업은 종업원 규모 5~19인, 중기업은 20~299인임.
자료: 산업은행·경제기획원,《광공업통계조사보고서》

둘째, 이와 같은 점은 대기업의 경우에 더욱 뚜렷하게 나타났다. 대기업에서 소재형산업은 같은 기간 31.6%에서 30.9%로 큰 변동이 없었으나 고가공도형은 19.0%에서 40.2%로 그 비중이 크게 증대하였지만, 저가공형은 49.4%에서 28.9%

로 오히려 낮아졌다. 그 결과 대기업에서는 고가공형산업의 비중이 가장 높아지게 되었다. 한편 중기업 가운데서는 저가공형산업이 가장 높은 비중을 차지한 것과 달리 소기업 가운데서는 고가공형의 비중이 높아졌다.

셋째, 대기업에서는 소재형산업의 비중이 중기업이나 소기업의 그것과 큰 차이를 보이지 않았다. 이것은 아직도 중기업이나 소기업 분야에서도 소재공업이 대기업에서의 그것과 비슷한 역할을 하고 있음을 나타낸다.

넷째, 상위규모기업에의 부가가치 집중 현상은 모든 산업에 공통적인 특징이지만, 특히 고가공형에서 더욱 두드러지게 나타났다. 고가공형 공업에서 대기업의 비중은 1966년에 45.8%였던 것이 1986년에는 65.7%로 크게 높아졌고, 소재형의 경우는 49.7%에서 61.1%로 증대되었으나, 저가공형의 경우는 51.3%에서 약간 55.3%로 높아지는 데 그쳤다. 한편 전 제조업에서 중기업의 비중이 약간 감소하는 가운데 저가공형의 경우만 그 비중이 높아졌다. 소기업은 모든 산업에서 그 비중이 현저히 감소한 중에서도 고가공형과 소재형의 경우가 더욱 심하였고, 저가공형의 경우는 그 정도가 상대적으로 약하였다(표 8).

결국 소기업 안에서는 고가공형산업의 비중이 높지만 고가공형 분야에 대한 대기업의 진출이 크게 이루어져서 이 분야에 생산 집중 현상이 가장 뚜렷하였다.

가공도로 본 우리나라 산업구조의 변화는 저가공형 공업의 비중이 크게 낮아지고, 소재형 공업의 비중이 불변에 가까운 약간의 감소 속에 특히, 고가공형 공업의 비중이 크게 높아지고 있는 경향이 1960년대 중반 경제개발 이후 1986년대 중반까지의 특징이었다. 그런데 그간의 경제개발 과정에서 이룬 산업구조의 급격한 변화에 비추어 소재형 공업의 상대적 부진은 공업구조의 취약성을 나타내는 것이었다.

소재공업이 충분히 확충되지 못한 가운데 나타난 고가공도화의 경향을 양적인 기준으로 보아 선진국에서의 그것과 비교하여 무조건 바람직하다고만 규정하기는 어렵다. 왜냐하면 소재공업 기반이 충분히 발전하지 못한 가운데 이루어진 고가공도화는 소재의 수입 의존을 의미하는 것이며 결국 이에 의존한 가공형 산업구조의 정착을 뜻하기 때문이다. 이것은 대외 의존적 공업화의 결과

정착된 국민경제구조의 파행성을 반영할 뿐이었다.

표 8. 가공도별·기업 규모별 부가가치 구성

(단위: %)

	1966	1973	1979	1986
소 재 형				
소기업	14.2	3.9	4.0	4.2
중기업	36.1	27.7	30.9	34.7
대기업	49.7	68.4	65.1	61.1
계	100.0	100.0	100.0	100.0
저 가 공 형				
소기업	12.4	6.2	4.3	5.1
중기업	36.3	32.0	32.5	39.6
대기업	51.3	61.8	63.2	55.3
계	100.0	100.0	100.0	100.0
고 가 공 형				
소기업	21.7	7.5	4.6	4.6
중기업	32.5	22.6	30.0	29.7
대기업	45.8	69.9	65.4	65.7
계	100.0	100.0	100.0	100.0
제 조 업				
소기업	14.9	5.6	4.3	4.6
중기업	35.4	28.4	31.2	34.4
대기업	49.7	66.0	64.5	61.0
계	100.0	100.0	100.0	100.0

주 및 자료: 표 7과 같음.

그런 가운데 소공업은 소재형 분야와 특히 고가공형 분야에서 존립의 기반을 잡고 있어서 산업구조의 변화에 따른 소기업의 존립방향을 시사해 주기도 하였다.

경제성장은 1인당 소득수준을 향상시키고 수요 증가와 욕구구조의 다양화를 일으키고 그에 수반하여 가공산업의 비중이 확대되기 마련이다. 그리고 기술혁신이 진행하면서 투입원재료의 절감과 새로운 원재료가 개발된다. 그로 말미암아 기초산업의 생산액에 견주어 가공산업의 생산액이 상대적으로 높아지고 부가가치도 확대하게 된다. 가공산업은 흔히 노동집약산업으로 이해되지만 고가공형산업은 단순노동집약적이라기보다는 고도의 기술집약형을 뜻하기 때문에 노동력 부족과 임금 상승을 수반하면서 발전된다.

기술집약적인 경우 기술은 반드시 대형화된 장치산업에만 해당되는 것은 아니며 중소기업에 활용되는 중형 및 소형의 기술을 포함한다. 따라서 가공산업의 경우 중형 및 소형의 기술혁신을 통하여 수요나 욕구구조의 다양화에 대응할 수도 있다.

고가공도산업은 물재物材의 중요성 못지않게 고도의 인적 능력에 따라 뒷받침되기 때문에 소기업의 창의와 능력을 발휘할 수 있는 영역을 제공한다.

첫째, 소득수준이 상승함에 따라 다양화되고 고급화된 수요가 증가하고 더욱이 소비재 부문에서는 새로운 제품을 제공하고 새로운 시장의 개척이 요구되는데 여기에는 중소기업의 특성이 적합하다.

둘째, 기술혁신과 생산의 고도화에 수반하여 특히 기계공업에서는 부품의 수가 많고 생산공정이 복잡한 기계가 발달한다. 그 결과 조립산업인 대기업의 주변에 그것을 보완하는 중소기업이 발달하게 된다.

셋째, 기술혁신으로 새로운 재료, 새로운 제품의 생산이 이루어질 때 그 소재를 가공하는 가공 분야가 발달하는데 이들 분야가 중소기업의 활동 영역을 제공한다.

결국 소득수준의 상승, 수요의 다양화, 고급화된 기술혁신의 진전에 수반하여 가공기술의 향상 등 수요와 공급의 두 측면에서 고급 기술을 요구하는 고가공산업이 전개된다. 경공업과 중화학공업을 막론하고 가공도가 높은 산업이 성장하게 되는데 중소기업이 이 분야에 다수 존립할 수 있게 된다.[14]

---

14) 日本中小企業廳, 《七0年代の中小企業像》, 通商産業調査會, 1972, pp.138~139.

제3절 중소기업의 지식집약화와 벤처 비즈니스의 등장

1. 지식집약화와 중소기업

　탈공업사회로의 구조 변화는 지식·정보산업의 성장을 주축으로 하는 산업구조의 변화를 의미한다. 즉 탈공업사회의 중추적 산업은 지식·정보집약적산업이다. 여기서는 산업활동을 하는 데 지식과 정보의 역할이 상대적으로 증대한다.

　지식집약화는 산업활동에서 인간에 체화(体化)된 지식의 작용 또는 지식으로 체화된 인간의 역할이 상대적으로 늘어나는 것을 의미한다. 마셜도 인간성의 합리성과 지적인 향상을 바탕으로 하는 산업활동에서 인간의 작용과 지식의 역할을 산업 진보의 강력한 엔진이라고 보았다. 그러나 오늘날의 지식집약화는 마셜 시대의 그것과 다른 의미를 지니고 있다. 현대의 지식집약화는 정보혁명에 기초를 둔 지식으로 체화된 인간(노동)의 역할이 늘어나는 것을 의미한다. 곧 지식·정보집약적 전문적 인간(노동)의 작용이 관심의 중요 대상이다.

　지식집약화란 산업활동과 경영활동의 여러 측면에서 지식노동의 투입도를 확대하는 것이다. 지식노동은 객관화된 지식을 적극적으로 활용하는 유형의 노동이다. 객관적 지식을 가지고 새로운 지식을 창조하는 것도 지식노동의 특징 가운데 하나이다.

　그런데 객관화된 지식에는 두 가지가 있다. 하나는 과학적 지식이며, 다른 하나는 경험적 사실을 정리하면서 형성된 법칙적 지식이다. 따라서 엄밀한 의미에서 지식집약화는 산업활동이나 경영활동에 한정된 개념이 아니며 또한 현 시점에만 그치는 것이 아니라 연속성을 갖는 개념이다.

　지식노동과 대비되는 개념으로 기능노동과 단순노동이 있다. 기능노동은 숙

런노동을, 단순노동은 숙련을 필요로 하지 않는 육체적 작업노동을 말한다. 공업화 또는 중화학공업화가 이루어지면서 노동력 부족이 심화되고 기능이 기술로 바뀌면서 이들 노동도 서서히 지식노동으로 바뀌고 있다. 결국 지식집약화가 가속화되었다.

지식집약화는 공업화와 함께 이루어졌고, 특히 중화학공업화에서 촉진되었다. 중화학공업화는 자본집약화론의 근거가 된다. 그러나 지식집약화를 수반하지 않는 기능노동집약적 또는 단순노동집약적 중화학공업화는 경쟁력을 잃고 있다. 지식집약적이면서도 노동집약적인 중화학공업이 경쟁력을 확보하고 있다.

이처럼 공업화 과정에서, 특히 중화학공업화의 진전과 함께 지식집약화가 가속화되었다. 그런데 현 시점에서 지식집약화의 필요성을 제기하는 것은 '지식노동의 투입도의 확대' 이상의 의미를 지닌다. 중화학공업화의 성숙이 지식의 축적과 지식집약화를 가속화하는 바탕이 되었다. 그러나 중화학공업화는 여러 가지 문제를 가져왔다.

중화학공업화가 가져온 문제점을 해결하기 위하여 축적된 지식을 보다 창조적으로 사용하는 데 오늘날 지식집약화의 의의가 있다. 이런 점에서 지식집약화는 과거의 지식집약화와 단절되면서 기존의 산업체제의 전환을 추구한다는 의미에서 불연속성을 갖는다.

중화학공업화가 가져온 문제를 해결하려는 차원의 지식집약화 연구는 중화학공업의 성숙과 동시에 불연속적 형태의 지식집약화로 진전되었다. 이런 불연속성은 '지식노동의 투입도의 확대'라는 평면적 의미 외에 정보혁명 과정에서 발달한 정보기술information technology: IT과 정보지식에 기초를 둔 지식으로 체화된 노동의 투입 확대라는 의미를 지니고 있다. 곧 종래의 지식노동이 아닌 지식·정보집약적 노동의 투입 확대가 지식집약화의 새로운 의미이다.

지식노동의 투입 확대라는 의미의 지식집약화에서 지식노동은 '노동의 한 측면'이다. 산업 및 경영활동에서 자본이 아닌 노동에 중점을 두는 개념이다. 노동의 주체는 인간이고, 따라서 지식노동의 주체도 인간이다. 새로운 지식집약화 분야에서도 지식노동자가 주된 계층이 되고 이들을 이끄는 기업가가 필요하다.

지식집약화를 위해서는 지식노동을 담당하는 인간의 질을 높이고 양을 늘리는 것, 말하자면 인적 경영자원의 축적이 필요하다. 인적 경영자원을 활용하기 위해서는 조직화가 필요하다. 그러나 조직은 지식노동의 활동을 도울 뿐이며 조직이 지식집약화를 담당하는 것은 아니다. 그 담당자는 어디까지나 지식노동의 주체인 개인(인간)이다. 개인이 지배하는 조직(지식노동을 돕는 조직)이 필요하다. 지식집약화 시대의 기업가적 경영은 이를 바탕으로 전개된다.[15]

지식집약화와 기업 규모의 관계를 획일적으로 말하기는 어렵다. 대기업에 유리한 것도 아니며 그렇다고 반드시 중소기업에 유리한 것도 아니다. 그러나 기업가정신을 발휘하는 고도의 지식집약적 기업의 규모는 반드시 대기업은 아니며 오히려 중소규모의 새로운 기업이 많다.

양산체제지향적, 모방적, 생산제일주의적 중화학공업에서 능력을 발휘하던 대기업에는 관료주의적 조직구조에서 오는 경직성이 있다. 그래서 지식집약형 산업구조에서 창조적 기업 활동을 하는 기업이 되기에는 어려움이 있다. 중화학공업 시대에 대기업은 효율적이었으며 대기업은 중화학공업 시대에 적합한 기업 규모였다. 그러나 탈공업화시대에 이러한 대기업 규모는 한계가 있다.

첫째, 점차 지식이 경영자원화하면서 지식의 생산과 유통에서 반드시 규모이익이 작용하는 것은 아니다. 대기업은 많은 정보와 우수한 기술자를 갖고 있고 많은 자금도 있다. 그 결과 강력한 마케팅 능력과 연구개발력을 갖고 있는 것으로 보기 쉽다. 그러나 이러한 것은 잠재적 능력일 수 있다. 이것을 실현하는 데는 경직화된 조직이 장애가 되고, 결과적으로 대기업은 대량의 인재와 자금을 낭비하기 쉽다. 대조직은 지속적이고 규격화된 업무를 대량으로 처리하는 대량생산과 대량유통에는 효율적이지만 연성 기능軟性機能에는 한계가 있다.

둘째, 연구개발은 조직이 아닌 개인의 창조력에 따라 성패가 좌우된다. 오히려 조직은 개인의 창의력 발휘를 방해하기도 한다. 더욱이 경직화된 대조직은 새로운 것의 창조를 우려하여 개인의 창의력 발휘를 억압하기도 한다. 실험 설

---

15) 清成忠南, 《知識集約産業》(省資源時代の企業戰略), 日本經濟新聞社, 1974, pp.37~40 및 pp.86~
    88.

비와 자금은 어디까지나 연구개발의 수단이자 필요조건일 뿐이며, 그것만으로 연구개발이 이루어지는 충분조건은 아니다.

셋째, 마케팅 측면에서도 대량생산, 대량유통의 시대에는 종래 대기업의 대규모 마케팅이 효율적일 수 있다. 그러나 마케팅이 질적으로 변하는 경우에는 대기업의 시장 장악력이 반드시 강력한 것은 아니다. 대기업이 갖고 있는 많은 정보가 반드시 의사결정에 적극적 역할을 하는 것도 아니다. 대기업은 변화에 기민하게 반응하지 않기 때문이다. 만약 정확한 정보를 갖고 있어도 대조직의 특성이 조직 안에서 정보의 원활한 전달을 어렵게 만들기도 한다.

넷째, 대기업 중심의 산업사회는 '피라미드형의 수직적 체계를 축으로 하는 능력주의' 사회이다. 능력주의는 산업사회의 기능을 활성화하기 위하여 계층적 시스템을 강화하고 결국 거대한 통합적이고 계층적 사회를 만든다. 이러한 산업제도는 개인의 독창적, 독립적 능력 발휘를 억제하면서 오히려 그 능력을 빼앗기도 한다. 따라서 이 속에서 성장한 개인의 능력이 스스로 해방하여 자기를 회복하려는 의식을 조성한다.

대기업 중심의 산업사회에서 성장한 개인은 그 제도의 심한 모순을 의식하고 자기 스스로를 위하여 독립하려는 욕구가 높아진다. 그러면서 대기업 경영자와는 다른 기업가가 탄생하는데 이들이 지식집약형 사회의 기업가 유형(벤처 기업가)이다. 이들은 경영자일 뿐 아니라 기업가entrepreneur이다. 대기업 중심의 산업사회에서 자랐지만 그 사회의 모순을 극복하면서 자아실현을 추구하는 기업가이다. 이들의 모순 극복과 자아실현의 형태가 이직移職, spin off이다.[16]

이러한 지식집약·연구개발집약적 산업의 주요 담당자가 활동하기에 적합한 기업 규모는 대기업보다는 참신한 중소영세기업과 일부 중견기업이다. 그리고 여기서 지식집약·연구개발의 담당자는 대기업 내지 중견기업에서 이탈한 기술자계층technocrat이다.

---

16) 淸成忠男,《ベンチア·キヤビタル》, 新時代社, 1972, pp.33~40.

2. 벤처 비즈니스의 등장과 그 특징

1) 벤처 비즈니스의 등장

벤처 비즈니스는 영세기업(또는 소영세기업), 중견기업, 주변기업 등과 함께 중소기업의 유사 개념에 속한다. 중소기업의 한 가지 유형이며 중소기업 분야의 범주에 속하지만 일반의 중소기업과 질적으로 차이가 있기 때문에 양적 기준의 중소기업 범위로는 측정할 수 없다.[17] 따라서 새로운 개념의 중소기업을 연구하는 대상이 된다.

현실에서는 기술력, 인재, 경영노하우, 마케팅, 자금력 등 총제적으로 경영자원을 축적하면서 적극적으로 발전하는 분야의 중소기업도 있다. 이와 달리 불황을 계기로 대기업의 모순을 떠안거나 구조 변화에도 적응하지 못하면서 정체, 도산, 휴·폐업에 들어가는 중소기업도 있는 등 중소기업의 존립 형태는 다양하다. 중소기업은 이처럼 두 가지의 극단적인 유형을 포함하고 있지만 그것은 다 같이 산업구조에서 중요한 역할을 한다. 이때 전자, 곧 발전하는 중소기업의 대표적 유형으로 제시될 수 있는 것이 중견기업中堅企業과 벤처 비즈니스이다. 이들은 독자적으로 우월한 기술과 경영 노하우를 무기로 적극적으로 경영을 확대하며 기업가정신도 왕성한 자주 독립의 기업 유형이다.

벤처 비즈니스는 흔히 '지식·정보집약적, 연구개발집약적 또는 디자인개발집약적 능력 발휘형의 신규기업'이라고 정의한다.

벤처 비즈니스venture business라는 말은 1970년대 초에 일본에서 만들어졌다. 구미歐美에서 다양하게 부르고 있는 지식집약형의 신기업[18]을 벤처 비즈니스라고 정의한 것으로서 법률상·행정상의 정의와 관계없이 새로운 시대 기업 유형의

---

17) 內藤英憲·池田光男, 《現代の中小企業》(本質論からベンチアービジネス論まて), 中小企業りサーチセンタ, 1994, p.104.

18) small technology firm, new technology based firm, small business venture, new research based enterprise, new venture, small and high technology business, start-up business, dynamic small firm 등이다(趙觀行, 《現代中小企業論》(全訂版), 에코노미아, 1987, 170쪽).

이상형理想型으로 제시한 것이다.[19] 구체적으로 이 용어는 1970년에 일본에서
간행된 《도시형신규개업실태조사》(都市型新規開業實態調查)의 해설에 처음으로 등
장하였다. 즉 최근에 출현한 중소기업에 벤처 비즈니스라는 이름을 붙이고 그
특징을 설명하였는데 이때 나카무라中村와 기요나리淸成 교수가 이 조사에서 주
도적 역할을 하였다.[20]

새로운 기술과 제품을 개발하고 새로운 경영 기법을 택하는 등 창조적 활동
을 하는 지식집약적인 새로운 유형의 중소기업은 1950년대 이래 미국에서, 그
리고 그 뒤 영국이나 일본 등 선진국에서도 꾸준히 발전하였다. 그 산업적 배경
은 중화학공업화의 성숙이며 그 결과 새로운 혁신형의 중소기업이 출현하였다.
여기서 일본의 실태를 보면 다음과 같다.

1965년 이후 고도성장에 수반하여 여러 분야에 많은 소기업이 신설되었는데
소기업의 이러한 급증 현상에 대하여 두 가지의 견해가 나왔다. 하나는 소기업
의 뚜렷한 증가는 저임금 노동에 의존하는 전근대적 기업의 증가이며 대기업과
중소기업 사이에 큰 부가가치 생산성과 임금격차를 나타내고 이중구조가 더욱
확대·강화된 것이라는 견해이다. 다른 하나는 노동력 부족으로 말미암아 고임
금 경제로 이행하는 과정에서 이중구조가 해소된 것은 아니지만, 이런 상황에
서 소기업의 증가는 지금까지와 다른 유형의 기업 발생이라고 보는 견해이다.

후자의 견해를 뒷받침하기 위하여 실태 조사를 한 결과 새로 개업하는 기업
의 많은 수는 높은 생산성을 이루고 높은 임금을 지불하는 기업이며, 이전에 낮
은 생산성과 낮은 임금에 바탕을 둔 소기업과는 전혀 다른 기업군이었다. 새로
운 도시형都市型 산업에서는 연구개발, 디자인개발 등의 새로운 기업이 생겨나

---

19) 中村秀一郎·淸成忠南·太田一郎 編著, 《中小企業の知識集約化戰略》(大企業に勝つ第三の經營ビジョ
ン), 日本經營出版會, 1973, p.28. 최초로 이 용어가 일본에 소개된 것은 1970년 5월에 벤처 비즈
니스에 대한 제2회 보스턴 대학 경영세미나(Boston College Management Seminar)에 참가한 通産省
의 佃近雄에 의한 것이었으며 淸成忠南 등이 그 특징을 받아 그것의 사회경제적 의의를 적극적으
로 평가한 것은 1970년 말에서 1971년에 이르러서였다(淸成忠南·太田一郎·平尾光司, 《新版ベンチ
ャビジネス》, 日本經濟新聞社, 1973, p.9).
20) 일본에서 만들어진 영어(和製英語)이기 때문에 영문으로 venture business라는 표기 자체를 반대하
는 견해도 있다(趙觀行, 앞의 책, 170쪽). 그러나 반드시 그렇게 생각할 필요는 없다. 이 용어를
만든 사람들도 그렇게 표기하고 있지 않은가(淸成忠南·中村秀一郎·平尾光司, 앞의 책, p.9).

고 있다. 그들 경영자의 많은 수는 대기업에서 이직한 높은 학력의 소유자이며 대기업에서 경험한 고도의 전문 능력을 발휘하기 위하여 주체적인 길을 택한 사람들이라는 사실을 1970년의 실태 조사에서 확인하였다. 더욱이 1960년대 후반부터 소규모기업의 신생·증대 현상 속에서 신구기업新舊企業이 교체되면서 중소기업 분야의 사회적 대류 현상의 문제로 이것을 논의하기 시작하였고[21] 이들 새로운 기업을 벤처 비즈니스의 단초적 형태라고 규정하였다.[22]

이러한 벤처 비즈니스의 등장은 바로 중화학공업의 성숙을 그 산업적 배경으로 한다. 수요의 다양화에 따른 시장의 세분화, 공급 면에서 기술의 전문화와 그것의 종합화, 그리고 연성기술soft technology에 대한 사회적 수요의 증가, 사회적 분업의 심화와 외부경제효과의 축적 등 산업사회의 변동이 벤처 비즈니스의 신설·등장을 가능하게 한 배경이 되었다.

2) 벤처 비즈니스의 특징

벤처 비즈니스의 특징은 경영자의 특징과 경영적 특징의 두 측면에서 고찰할 수 있는데 먼저 경영자의 특징은 다음과 같다.

첫째, 벤처 비즈니스의 주체는 경영자이면서 기업가이다. 기업가로서 사회적 변동에 도전하고 적극적으로 모험성을 가지며, 변동에 대한 예견력과 창조력을 갖는다. 그리고 창조력을 현대적 경영으로 이루어 가는 능력을 지닌다.

둘째, 일반적으로 높은 학력을 갖는다. 그들의 학력은 높은 편이고 대학 졸업자가 많으며, 구미에서는 대학원 졸업자도 적지 않다. 현대적인 혁신적 기업의 경영자는 고도로 지식집약적이기 때문에 스스로 높은 학력을 지니는 것이 일반적이다.

셋째, 대기업에서 이직한 자가 많다. 이들은 대기업 안에서 일류 제품생산자product champion로 활약했던 자들이다. 모험에 매력을 느끼고 활력vitality이 넘쳐

---

21) 淸成忠南,《現代中小企業の新展開》, 日本經濟新聞社, 1972, pp.65~94.
22) 內藤英憲·池田光男, 앞의 책, pp.157~158.

기존 조직에 도전하려는 사람들이 자유롭게 창조력을 발휘하려고 독립한다.

넷째, 비교적 젊은 계층이다. 창업할 때 나이는 일본과 구미에서 보면 30대가 압도적이다. 일정한 전문 지식과 경영 능력을 갖고 활기가 넘치는 30대의 전문 기술자 계층technostructure이 독립한 것이다.

다섯째, 새로운 기업관과 산업사회관을 지닌다. 그들은 대기업체제의 모순을 충분히 의식하고 거기에서 벗어났기 때문에 이를 극복하는 데부터 출발한다. 그래서 종업원이 창의력을 발휘하도록 하고 공공성을 존중하며 수요자 및 제휴하는 기업의 이익도 배려하는 새로운 사고를 갖는다. 자본을 가지고 다른 기업을 지배하지 않는 점에서 그 행동은 대기업과 결정적으로 다르다.

다음 벤처 비즈니스의 경영적 특징을 보면 다음과 같다.

첫째, 독자적인 기업 특성을 갖는다. 벤처 비즈니스는 혁신적인 기업으로서 기존의 기업에 도전하는 등 독자적인 기업 특성을 갖고 산업사회에서 합리적인 존립 기반을 확보한다. 또한 개성 있는 전문가 기업이다.

둘째, 시장지향적이다. 수요의 변화에 적극적으로 적응하는 자세를 갖는다는 점에서 수요를 계획하고 유도하는 기존의 대기업과 대조적이다. 그들은 어디까지나 수요자의 입장에서 마케팅을 한다. 일반적으로 신기술이 기업화하는 과정은 마케팅지향market pull형과 기술개발후진technology push형이 있다. 전자는 시장의 수요에 맞추어 고급 기술high technology의 개발을 추진하는 유형이다. 후자는 기술적 관점에서 개발을 추진하여 결과적으로 시장의 수요를 이에 맞추는 유형이다. 벤처 비즈니스는 전자의 경우가 압도적이다.

셋째, 고도로 지식집약적이며, 더욱이 연구개발집약적 또는 디자인개발집약적이다. 벤처 비즈니스는 고도의 전문 지식을 집약하여 연구개발 및 디자인개발 등을 바탕으로 창조성을 발휘한다. 시장의 수요를 정확하게 파악하여 둘 이상의 고급 기술 및 전문 기능을 결합한다. 그래서 연성 기능軟性機能, soft function이 강하다.

넷째, 인적 경영자원이 축적된다. 창조성이 풍부한 전문가 집단이 바로 벤처 비즈니스이다.

다섯째, 동태적 조직을 가진다. 벤처 비즈니스는 각 개인이 충분히 창조력을 발휘할 수 있는 동태적 조직을 갖추려고 한다. 대기업의 조직처럼 조직이 사람을 지배하는 것이 아니고 개인(사람)이 조직을 지배한다. 주체성과 창의성을 가진 개인을 우선하는 조직이다.

여섯째, 시스템적 사고를 갖는다. 벤처 비즈니스는 외부경제 의존형 기업으로서 사회적 분업을 활용한다. 모든 기능을 자기완결적으로 지니는 것이 아니고 외부의 전문기업을 네트워크network로 엮는다. 상호 보완적인 많은 기업이 모여서 이른바 시스템system을 이룬다. 개별 기업은 전문 기능을 판매하고 그 결과 전문 기능이 여러 산업에 걸치면서 퍼진다.

이러한 벤처 비즈니스는 성취 욕구가 강하여 기업행동도 신속하다. 더구나 소규모이기 때문에 연구개발에서 연구 → 개발 → 설계 → 시험제작 → 실험 → 재설계라는 제품 제작과 재점검 과정도 원활하고 신속하게 순환한다. 동시에 연구개발과 마케팅의 연관성 검토 과정도 원활하다. 그 결과 대기업보다도 개발 속도가 빠르고 개발 비용도 낮아서 일반적으로 생각하는 만큼 모험성이 큰 것도 아니다.[23]

벤처 비즈니스는 활기찬 발전과 성장 가능성 못지않게 실패와 도산의 비율도 높은데 그것은 다음과 같다.

첫째, 창업 시기이다. 벤처 비즈니스의 창업 단계에 일어나는 경영문제는 매우 많다. 자금 부족, 생산설비의 부족, 인재 확보의 어려움, 판로의 확보난, 기술력의 부족, 경영 정보 능력의 부족 문제가 그것이다. 창의력과 의욕이 충분해도 실용화 초기 단계에서 특히 자금과 기술 부족, 판로의 확보난 등으로 실패하는 경우가 많다.

둘째, 성장 전기에 직면하는 위기이다. 창업이 목적한 대로 이루어져서 급히

---

23) 清成忠南, 〈ベンチア·ビジネス論〉, 越後和典 編, 《産業組織論》, 有斐閣, 1974.4, pp.240~241.

판매가 늘어나는 경우에도 양산화量産化 기술이 부족하고 제품의 성능 미달과 불량률이 높으면 거래처의 신뢰를 잃는 경우가 생긴다.

셋째, 성장 후기에 오는 위기이다. 금융기관과 벤처 캐피털venture capital에서 대출을 충분히 받아 자금이 풍부해지면 여러 가지 신규사업을 일으킨다. 토지에 투자하는 등 본 사업 이외에 투자하여 실패하는 경우가 생긴다. 자금이 풍부할수록 경영 자세와 자금계획을 철저히 할 필요가 있다.

넷째, 새로운 공장이 가동하여 생산능력이 늘어나지만, 다른 한편에서는 기존 상품의 판매가 혼미해질 수도 있는데 이것이 새로운 상품의 판매 부진과 겹치면 다시 도산 위기를 맞는다.

이처럼 벤처 비즈니스는 자주 도산 위기를 맞는다. 이를 막으려면 철저한 재무관리로 재무 체질을 강화하고 경영 내용을 충실히 해야 한다.

제4절 벤처기업의 형성과 그 구조

1. 새로운 중소기업의 출현과 벤처기업의 형성

벤처 비즈니스를 우리나라에서는 흔히 벤처기업이라고 부른다.[24) 일본에서도 벤처형 기업 또는 벤처기업이라고 하기도 한다.[25) 더욱이 우리나라는 1997년에 〈벤처기업에 관한 특별조치법〉을 제정하면서 벤처기업에 관한 법률적 정의를 규정하였다. 이 법은 기존 기업의 벤처기업으로의 전환과 벤처기업 창업을 촉진하여 산업의 구조조정과 경쟁력 제고에 이바지할 목적으로 만들어졌는데, 이 법 제2조가 정한 벤처기업은 다음과 같다.

① 〈중소기업기본법〉제2조의 규정에 따른 중소기업으로서

② 〈중소기업창업지원법〉(1986.5.12. 제정)에 따른 중소기업 창업투자회사 및 중소기업 창업투자조합의 투자회사

③ 〈여신전문금융업법〉에 따른 신기술사업금융업자 및 신기술사업투자조합의 투자기업[26)

④ 특허권, 신용신안권 또는 의장권意匠權 등의 원리와 기술을 주된 부분으로 사업화하는 기업

⑤ 〈공업발전법〉(1986.7.1. 제정)으로 기술개발 성과를 사업화하거나 신기술을 사용

---

24) 趙觀行, 앞의 책, p.169.
25) 清成忠南·田中利見·港澈雄, 《中小企業論》, (市場經濟の活力と革新の擔り手を考える), 有斐閣, 1998, p.215.
26) 우리나라 벤처 캐피틸venture capital은 크게 중소기업 창업지원회사(및 조합)와 신기술사업금융회사(또는 투자조합)로 이원화되어 있다.

또는 지식을 집약하는 사업 등

1990년대 말에 법적 규정으로 그 개념이 구체화되고 그 지원시책이 법제화된 우리나라 벤처기업의 형성 기원은 이미 1970년대 중반으로 거슬러 올라갈 수 있다. 즉 1976년에 실시한 〈중소기업신규개업사례조사〉[27]에 따르면 신규기업의 교체 과정에서 새로 진입하는 '새로운 중소기업'의 특성이 다음과 같이 검출되었다.[28]

첫째, 개업 시의 나이는 30대가 전체의 39.0%로서 가장 많고 여기에 중년층의 초년기에 해당하는 연령층(40~44세)의 개업을 합하면 전체의 65.4%가 청년층에 의하여 개업된 것이어서 대도시의 신규참입 중소기업자의 주류는 청년층이다.

둘째, 신규참입 중소기업자의 약 절반(47.2%)은 대졸 이상 고학력의 소유자다.

셋째, 신규참입 중소기업자의 주류는 잠재실업자나 정년퇴직자가 아니고 대기업 또는 중소기업의 종업원으로 경험을 쌓은 사람들인데 제조업 전력자가 60%에 이르고 상업 기타 부문 전력자도 20%에 이른다.

넷째, 제조업에서 경험을 갖고 참입한 중소기업자의 경험 연수별 구성을 보면 5~10년 미만이 63.2%이고 10~15년 미만이 25.0%로 5년 이상의 경험으로 전문 기능이나 전문 지식을 체득한 자가 대부분이었다.

다섯째, 능력의 발휘와 이상의 실현이 중요한 개업 동기가 되고 있다. 곧 능력 발휘(26.5%)와 이상 실현(27.8%)이 창업의 지배적인 동기이며 소득 동기나 이윤 동기는 크게 작용하고 있지 않다.

이러한 특징은 1980년대 중반(1985)에 실시한 〈중소기업창업실태조사〉(중소기업은행 조사부)에서 더욱 현저하게 나타났다.

① 창업 시 나이는 77.3%가 청년층(44세 이하)이었다.

---

27) 中小企業銀行 調査部, 《中小企業新規開業事例調査》, 1976.
28) 趙觀行, 《現代中小企業論》, 에코노미아, 1982, 35~38쪽 참조.

② 신규참입 중소기업자의 70% 이상이 대졸 이상(대졸 69.0%, 전문대졸 4.8%)의 높은
학력 소유자이다(표 9).

표 9. 창업 연령별 학력 분포

(단위: 개, %)

	중졸 이하		고졸		전문대졸		대졸 이상		계		
	사업체	구성	사업체	구성	사업체	구성	사업체	구성	사업체	구성	연령별 구성
24~29세	2	5.8	9	26.5	1	3.0	22	64.7	34	100.0	7.1
30~39	7	3.0	49	21.5	12	5.3	160	70.2	228	100.0	47.8
40~44	1	0.9	19	17.8	8	7.5	79	73.8	107	100.0	22.4
45~49	2	4.0	9	18.0	1	2.0	38	76.0	50	100.0	10.5
50~59	11	22.4	10	20.4	1	2.0	27	55.1	49	100.0	10.3
60세 이상	2	22.2	4	44.4	–	–	3	33.3	9	100.0	1.9
계	25	5.1	100	21.0	23	4.8	329	69.0	477	100.0	100.0

자료: 중소기업은행 조사부,《한국의 중소기업》, 1985, 115쪽에서 작성.

③ 신규참입 중소기업자의 주류는 잠재실업자나 정년퇴직자가 아니고 창업하기
이전에 봉급생활자의 경험이 있는 자가 82.8%였다.

④ 대기업 또는 중소기업의 종업원으로 경험을 쌓은 자들이 대부분 중소기업 창업
자였다. 대기업이 32.9%, 중기업이 54.6%, 소기업출신자가 10.6%였다. 즉 약
90%가 종업원 규모 20인 이상의 중기업 또는 대기업에 근무한 후 창업하였다.

⑤ 주로 대기업이나 중기업의 임원 및 중간관리직으로 근무한 후 10년 이내에 이
직하여 창업한 것으로 나타났다(표 10).[29]

⑥ 창업에서는 소득 욕구보다 자기실현의 욕구가 중요한 동기였던 것으로 나타났

---

29) 중소기업은행 조사부,《한국의 중소기업》, 1985, 118쪽.

다. 자기의 능력·기술 발휘와 동시에 강한 사업경영의 동기, 삶의 보람추구나 타
인에 고용거부 등도 자기성취와 독립성의 실현 의식이라고 하겠다(표 11).

표 10. 최종 근무처별 퇴직 시 지위

(단위: %)

규모	임원	중간관리직	일반직	계
대 기 업	12.4	16.5	4.0	32.9
중 기 업	25.6	25.3	5.6	56.6
소 기 업	4.5	3.8	2.3	10.6
전 체	42.5	45.6	11.9	100.0

주: 규모는 최종 근무처의 종업원 규모임.
자료: 중소기업은행 조사부,《한국의 중소기업》, 1985, 118쪽.

표 11. 중소기업자의 창업 동기

(단위: %)

동 기 별	한 국	일 본
자신의 능력·기술 발휘	71.3	68.6
삶의 보람 추구	19.1	54.2
타인에 고용 거부	19.7	29.6
시간의 자유로운 활용	4.4	15.5
고향에 정착	6.5	3.9
봉급생활자 보다 많은 수입	13.4	27.0
노후 대비 안정된 수입	6.5	16.0
사업경영에 동경	66.9	38.8
모 험	4.0	6.5
특별한 동기 없음	3.6	3.1
기타	4.0	14.1

주: 복수 응답임.
자료: 중소기업은행 조사부,《한국의 중소기업》, 1985, 121쪽.

이러한 실증적 조사 결과에 대하여는 다음과 같이 해석하였다.

① 대도시에서 새로 창업하는 중소기업자는 비교적 학력이 높은 청년층이며 그들
　은 오랜 경험을 토대로 자기의 이상을 실현하거나 능력을 발휘하고자 창업한다.

② 이런 청년기업자들은 새로운 시대 및 경영 감각을 지니고 전문 기능이나 전문
　지식을 활용해 높은 생산성을 이룩한다.

③ 경제 환경 또는 존립 조건의 변동에 적극적으로 적응할 수 있는 것으로 생각되
　며 그들이 경영하는 기업은 대체로 근대적 체질을 갖추고 있다.

④ 이상 실현 및 능력 발휘형의 창업이 주류를 이루고 있어 중소기업이 청년들에
　게 이상 실현과 능력 발휘의 장을 제공하는 것으로 볼 수 있다. 그러한 중소기업
　은 장래의 기업가를 양성하는 학교로서 역할을 한다.

⑤ 독립 자영을 지향하는 중소기업의 활발한 진입은 중소기업의 근대화와 자주 독
　립성 및 경제의 체질을 강화시킨다.[30]

　　1970년대 중반에 새로운 중소기업의 출현 및 그 특징에 대한 실증적 확인에
이어 1980년대 중반에 검출된 새로운 기업 유형은 중화학공업화의 진전에 따라
등장하는 혁신형 중소기업 유형, 곧 벤처기업의 단초적 형태로 볼 수 있다. 이
에 맞추어 정책적으로도 여기에 대한 대응이 있었다. 〈제5차 5개년계획〉은 기
술집약적 소기업의 육성을 위하여 기술개발주식회사를 중심으로 한 기업화금
융venture capital을 확충·정착시킨 것을 '80년대 초에 규정한 바 있다. 또한 1985년
도 〈중소기업에 관한 연차보고서〉에서는 기술집약형 중소기업NTBF의 발굴·육
성으로 중소기업의 기술개발을 추진하고 동시에 벤처 캐피털[31]의 지원을 활성

---

30) 趙觀行, 《現代中小企業論》(全訂版), 에코노미아, 1987, 39쪽.

31) 벤처 캐피털이라는 용어는 미국에서 자연발생적으로 생겨났고 1960년대에 거의 일반화되었다. 이
　것은 모험성이 큰 새로운 사업을 시작하는 기업가, 또는 역사가 짧은 기업에 출자하여 기업이 성
　장한 뒤에 주식을 매각, 자본이득을 얻는 것을 목적으로 하는 기업이다. 주로 첨단기술산업 등에
　서 신제품이나 신기술의 개발 또는 기업화를 지향하는 창업 단계나 초기 성장 단계의 기업인 벤
　처기업 등에 높은 위험부담을 각오하고, 높은 자본이득capital profit을 얻고자 투자와 경영 자문 등
　을 하는 투자가, 투자가 그룹 또는 투자회사를 벤처 캐피털이라고 한다. 즉 높은 모험성high risk과

화한다는 정책이 제시되었다.〈제6차 5개년계획〉에서는 1986년에 제정된〈중소기업창업지원법〉을 바탕으로 중소기업의 창업 지원을 본격적으로 추진하되 중소기업창업투자회사를 적극 육성하고 모험기업주식거래제도冒險企業株式去來制度의 도입을 규정하기도 하였다.32)

벤처기업에 대한 이러한 정책 인식은 중화학공업화의 진전에 따라 벤처기업 형성의 산업구조적 배경이 조성되고 그에 따라 이를 뒷받침할 정책 요구를 반영한 것으로 보인다. 그렇지만 혁신형 중소기업인 벤처기업은 중화학공업의 성숙 그리고 탈공업화로 이어지는 산업구조 전환의 특징 속에서 확산·전개되고 그에 따라 이를 육성·발전시키기 위한 정책도 구체화되었다.

2. 벤처기업의 실태와 그 구조

1) 벤처기업의 실태와 중소기업의 정보화

1990년대에 와서 중화학공업화가 성숙하고 산업의 탈공업화와 기술·지식·정보집약화가 진전되면서 지식기반산업이 성장의 근간을 이루게 되었다. 이와 병행하여 중소기업의 지식집약화가 전개되고 지식·정보집약적, 연구개발집약적, 디자인개발집약적인 혁신형 중소기업인 벤처기업이 크게 성장하였다.

1998년에 2,042개였던 벤처기업은 2003년에는 7,702개로 되어 3.8배 증가하였다. 업종별로는 제조업 분야에서 증가가 컸다. 1998년에 1,296개였던 제조업 분야의 벤처기업은 2003년에 5,234개로 4.0배 증가하였으며 다음으로는 정보처리 분야였다. 이 분야는 같은 기간 636개에서 1,832개로 늘어나 2.9배 증가하였다(표 12).

높은 수익high return의 비즈니스에 도전하는 기업가에게 대출하는 융자자금을 의미하였으나 포괄적으로 그 과정에서 이루어지는 경영 자문 및 그것을 수행하는 주체까지를 의미하게 되었다(위의 책, 184쪽).
32) 여기서 중소기업창업투자회사는 벤처 캐피털을, 모험기업은 벤처기업을 뜻하는 것으로 보인다.

표 12. 연도별 업종별 벤처기업 현황 추이

(단위: 개)

	제조업	정보처리	연구개발	건설·운수	도·소매업	농림·어업·광업	기타	계
1998	1,296 (63.5)	636 (31.2)					110 (5.3)	2,042 (100.0)
1999	3,478 (70.4)	1,248 (25.3)	69 (1.4)	65 (1.3)	26 (0.5)	20 (0.4)	28 (0.6)	4,934 (100.0)
2000	5,363 (61.0)	2,925 (33.2)	213 (2.4)	144 (1.6)	74 (0.8)	28 (0.3)	51 (0.6)	8,798 (100.0)
2001	6,889 (60.5)	3,715 (32.6)	333 (2.9)	206 (1.8)	116 (1.0)	28 (0.2)	105 (0.9)	11,392 (100.0)
2002	5,678 (64.7)	2,390 (37.2)	286 (3.3)	172 (2.0)	119 (1.4)	21 (0.2)	111 (1.3)	8,778 (100.0)
2003	5,234 (67.9)	1,832 (23.8)	278 (3.2)	117 (1.5)	144 (1.9)	25 (0.3)	72 (0.9)	7,702 (100.0)

주: 괄호 안 수치는 업종별 구성비(%)임.
자료: 중소기업청,《중소기업관련통계》, 매월 호(기은경제연구소,《주요국의 중소기업관련 통계》, 2004.9, 112쪽).

　　업종별 구성을 보면 2003년 현재 제조업이 67.9%로 압도적 비중을 차지하고 있고 다음에는 정보처리(23.8%), 연구개발(3.2%) 순이었다.

　　한편 벤처기업을 유형별로 살펴본 것이 표 13의 내용인데 신기술개발과 기술 평가를 포함하는 신기술기업이 가장 높은 비중이다. 1998년에 이 기업 유형은 964개였던 것이 2002년에는 6,329개, 2003년에는 5,501개로 증가하였다. 구성비 에서 보면 1998년에 47.5%였으나 2003년에는 71.4%로 상승하여 그 비중이 크 게 높아졌다. 이와 달리 벤처 캐피털 투자기업이나 연구개발 기업은 상대적으 로 그 비중이 감소하였다. 전자의 비중은 1998년에 24.2%였으나 2003년에는 9.3%로 그 비중이 낮아졌고 후자도 같은 기간 28.6%에서 19.3%로 그 비중이 감 소하였다.

표 13. 연도별·유형별 벤처기업 현황 추이

(단위: 개)

	벤처 캐피털 투자기업	연구개발 기업	신기술기업		계
			신기술개발기업	기술평가기업	
1998	494 (24.2)	584 (28.6)	766 (37.5)	198 (10.0)	2,042 (100.0)
1999	845 (17.1)	917 (18.9)	1,708 (34.6)	1,464 (29.7)	4,934 (100.0)
2000	1,393 (15.8)	830 (9.4)	1,668 (19.0)	4,907 (55.8)	8,798 (100.0)
2001	1,545 (13.6)	1,292 (11.3)	2,402 (21.1)	6,153 (54.0)	11,392 (100.0)
2002	1,124 (12.8)	1,325 (15.1)	6,329	(72.1)	8,778 (100.0)
2003	718 (9.3)	1,483 (19.3)	5,501	(71.4)	7,702 (100.0)

주: 괄호 안 수치는 유형별 구성비(%)임.
자료: 중소기업청, 《중소기업관련통계》, 매월 호(기은경제연구소, 《주요국의 중소기업관련통계》, 2004.9, 112쪽).

한편 중소기업의 지식·정보집약화의 한 가지 기준인 정보화 추진 현황을 살펴본 것이 표 14이다. 기초 정보 소프트웨어s/w 활용이나 홈페이지 구축 운영 등 기본적 정보화 단계의 수준에 있는 사업체의 구성이 높다. 그 외에 전사적 자원 관리, 전사적 문서 교환, 전자상거래, 인트라넷 등의 진전도 상당한 비중을 보였다. 그러나 CIM(통합생산관리 정보시스템), CRM(고객정보관리를 위한 판매, 마케팅지원 시스템), SCM(효율적인 부품 조달을 위한 부품관리, 재고관리 솔루션) 등 높은 단계의 정보화는 2000년대에 와서도 미미한 수준에 그치고 있다.

표 14. 정보화 추진 현황 사업체 구성 추이

(단위: %)

	2003	2005	2008
기초 정보 S/W 활용	82.6	82.5	98.2
홈페이지 구축 운영	55.5	47.5	20.9
인트라넷	16.2	18.2	5.5
전사문서 교환	24.2	22.2	8.7
전사적 자원 관리	17.5	14.8	9.3
전자상거래	6.2	7.7	7.3
CIM	3.5	2.1	1.2
CRM	2.6	2.1	1.1
SCM	5.7	3.4	1.5

주: 복수 응답임.
자료: 중소기업청·중소기업협동조합중앙회, 《중소기업실태조사보고》, 각 연도.

2) 벤처기업의 특징과 구조

한편 벤처기업의 경영자의 특징을 보면(표 15) 연령별로 보아 30~40대의 청년층이 창업자의 주류를 형성하고 있다. 특히 정보통신 분야에서는 20~30 대가, 일반 제조 분야에서는 40대의 창업이 상대적으로 높은 비중을 차지하였 다(표 16). 창업자의 학력은 학사 출신의 창업 비율이 높은 가운데 석·박사의 비중도 30~40%에 이르고 있어서 창업자의 고학력을 반영하고 있다. 첨단 제 조업 등 바이오(73.6%)와 광학 분야(60.6%)에서는 석·박사의 창업 비율이 더욱 높다.[33)]

---

33) 중소기업청 벤처기업국, 《2002년도 벤처기업경영실태조사결과》, 2002.10, 11쪽.

표 15. 벤처기업 경영자의 특징

(단위: %)

구분\n연도	연령			학력			전공	
	20대	30~40대	50~60대	학사	석·박사	기타	이공계	기타
2002	6.0	85.0	9.0	48.7	40.0	15.2	61.2	38.8
2009	0.1	62.0	37.9	51.0	31.7	17.3	59.6	40.4

자료: ① 중소기업청 벤처기업국, 《2002년도 벤처기업 경영실태조사결과》, 2002.10.
② 중소기업청·벤처기업협회, 《2009년 벤처기업정밀실태조사》, 2009.11.

표 16. 분야별 창업 당시 창업자 연령

(단위: %)

창업 연령	첨단 제조	일반 제조	정보통신서비스	기타	계
20대	3.0	4.9	10.8	6.3	6.0
30대	49.1	46.1	56.5	46.5	50.2
40대	38.4	36.7	27.7	36.6	34.9
50대	8.0	10.5	4.3	8.5	7.6
60대	1.5	1.8	0.8	2.1	1.4
계	100.0	100.0	100.0	100.0	100.0

자료: 표 15의 ①과 같음.

　전체적으로 보아 대학 졸업자 이상의 고학력 소유자가 창업자의 80% 이상을 차지하고 있어 벤처기업 창업자의 고학력 현상을 확인할 수 있다. 그리고 창업자의 전공을 보면 이공계가 60%에 이르고 있다. 분야별로 벤처기업 창업자의 업무 경력을 보면 기술개발에 종사한 경력의 소유자가 50% 이상이며 통신기기·방송기기, 소프트웨어개발, 에너지·의료·정밀기기, 컴퓨터·반도체·전자·부품 등 첨단 분야일수록 기술개발 분야의 경력자 비율이 높다. 반면에 이들 분야에서 경영관리나 전략기획, 경리·자금 종사경력자의 비중은 상대적으로 낮다(표 17).

그리고 벤처기업 경영자의 근무 연수 경력은 창업 이전에 11.4년, 창업 이후가 7.9년으로, 이를 합하면 20년 가까운 경력을 소유하였다. 더욱이 창업 이전의경력은 통신기기·방송기기 분야가 높았으며 창업 이후에는 음식료·섬유·금속등의 경력 연수가 길어서 첨단 분야가 창업 이전 경력이 긴 편이었다(표 18).

표 17. 업종·근로자 수별 벤처기업 대표이사 업무 경력 분야별 분포 현황

(단위: %, 복수 응답)

구분		표본수	기술개발	영업·마케팅	연구개발	경영관리	생산제조	전략기획	경리·자금	기타
전체		2,058	50.2	38.3	34.6	30.0	21.1	19.0	10.2	8.6
8대업종	에너지·의료·정밀	336	54.2	37.8	37.8	26.2	23.5	13.4	8.9	5.4
	컴퓨터·반도체·전자·부품	275	53.1	35.3	39.3	29.1	24.0	22.9	9.5	7.6
	통신기기·방송기기	136	57.4	30.9	47.8	25.7	10.3	15.4	5.1	4.4
	음식료·섬유·(비)금속	413	39.5	40.7	26.6	32.2	30.5	16.2	14.8	12.6
	기계·제조·자동차 관련	390	53.6	39.7	26.7	29.0	32.1	14.9	12.3	9.0
	소프트웨어 개발	249	57.0	40.6	39.8	30.5	3.2	29.7	6.8	6.4
	정보통신·방송서비스	34	44.1	41.2	26.5	35.3	0.0	41.2	5.9	5.9
	기타	225	43.6	37.3	40.4	35.6	7.1	21.3	8.0	12.0

자료: 중소기업청·벤처기업협회, 《2009년 벤처기업정밀실태조사》, 2009.11.

표 18. 업종·근로자 수별 벤처기업 대표이사의 자사 사업 분야 경력

(단위: 년)

구분		창업 이전		창업 이후	
		표본 수	경력 연수	표본 수	경력 연수
8대 업종	전체	2,038	11.4	2,047	7.9
	에너지·의료·정밀	333	11.2	335	8.0
	컴퓨터·반도체·전자·부품	272	12.1	272	8.2
	통신기기·방송기기	134	12.7	135	8.1
	음식료·섬유·(비)금속	409	10.9	412	9.1
	기계·제조·자동차 관련	386	12.2	388	8.2
	소프트웨어 개발	247	9.8	248	6.0
	정보통신·방송서비스	33	7.7	34	6.0
	기타	224	11.7	223	7.1

자료: 중소기업청·벤처기업협회, 《2009년 벤처기업정밀실태조사》, 2009.11.

벤처기업 창업 시 애로 사항으로는 창업자금의 조달과 판매선 확보 및 개척이 가장 컸고, 필요 인력의 확보도 주요 애로 사항이었다. 이어서 시설 및 설비확보, 사업용 입지 확보 등 물적 설비가 주요 애로 사항인데 이것은 결국 창업자금 조달 문제에 관련되는 것으로 재정상의 요인이 창업에 가장 큰 어려움이되고 있다. 이어서 창업을 위한 기술개발이 주요 애로 사항이었고 인허가 행정절차나 정보 획득, 경영 노하우 등은 비교적 큰 어려움이 아니었다(표 19).

표 19. 벤처기업 창업 시 주요 애로 사항

(단위: %)

구분	전혀 어려움 없음	어려움 없는 편임	보통	어려움 있는 편임	매우 큰 어려움	긍정 응답률 (Top2)
창업 관련 인허가 행정절차	6.4	17.8	52.5	21.3	2.0	23.3
창업 관련 지원 기관의 협조	4.5	20.5	52.5	20.5	2.0	22.5
창업자금의 조달	1.0	5.8	26.7	46.1	20.4	66.5
창업을 위해 필요한 기술개발	2.5	11.8	35.2	40.6	9.9	50.5
필요 인력의 확보	1.1	6.3	29.8	48.2	14.6	62.8
창업정보 획득	1.7	13.2	53.9	28.1	3.1	31.2
회계, 재무 등 경영 노하우	1.5	11.5	45.0	35.2	6.8	42.0
판매선 확보 및 개척	1.0	6.0	28.4	42.5	22.1	64.6
시설 및 설비 확보	0.6	6.3	32.8	47.2	13.1	60.3
본사 및 공장입지 확보	1.6	6.8	36.6	39.6	15.4	55.0

주: 긍정 응답률은 어려움 있는 편임+매우 큰 어려움.
자료: 표 18과 같음.

한편 2000년 초를 기준으로 볼 때 벤처기업은 대체로 성장의 창업기를 벗어나 초기성장 내지 고도성장기에 진입한 것으로 보였다. 이와 달리 성숙기나 정체기에 이른 벤처기업의 비중은 낮게 나타났다(표 20). 분야별로는 첨단 제조와 정보통신 서비스 등 첨단 분야의 벤처기업이 초기 성장 단계에 많이 진입하고 있었던 반면에 일반 제조 분야의 벤처기업은 고도성장기에서 그 비중이 높았다 (표 21). 지식기반산업이 확충되고 경제가 이를 동력으로 성장하는 지식·정보집약화가 심화될수록 벤처기업은 초기성장기를 넘어 고도성장기에 더욱 진입할 것으로 보인다.

표 20. 벤처기업의 성장 단계

(단위: %)

성장 단계	2000년	2001년	2002년
창업기	13.5	11.0	7.2
초기성장기	45.8	49.2	53.7
고도성장기	33	31.2	32.1
성숙기	2.9	2.7	2.9
정체기	4.9	5.9	4.2
계	100	100	100

자료: 중소기업청 벤처기업국, 《2002년도 벤처기업 경영실태조사결과》, 2002.10.

표 21. 분야별 벤처기업의 성장 단계

(단위: %)

	첨단 제조	일반 제조	정보통신서비스	기타	계
창업기	8.7	4.5	6.5	9.6	7.1
초기성장기	55.0	40.1	61.9	58.9	53.7
고도성장기	30.2	44.5	26.3	25.0	32.1
성숙기	3.0	3.8	2.2	2.3	2.9
정체기	3.0	7.0	3.1	4.1	4.1
계	100	100	100	100	100

자료: 중소기업청 벤처기업국, 《2002년도 벤처기업 경영실태조사결과》, 2002.10.

제10장

1990년대 이후 중소기업정책과 그 과제

제1절 1990년대의 정책 과제와 중소기업정책의 방향

1970년대까지의 후발성 이익흡수와 압축성장으로 실현한 고도성장 시대는 1980년대에 들어와 국가 주도적 개발 이념에서 벗어나 시장 친화적이며 내연적 성장의 방향으로 전환되었다. 경제성장 지상주의정책이 경제안정정책으로 전환하면서 민간의 자율과 시장 기능을 중요시하게 되었고 성장정책도 외연적 성장 기조에서 경영합리화와 기술혁신, 노동자의 질적 향상과 참여의식 제고를 바탕으로 하는 내연적 성장으로 전환되기 시작하였다. 산업구조에서는 중화학공업화의 진전·성숙으로 기술·지식집약화가 진전되면서 지식기반산업이 성장하고 지식정보화 시대를 지향하게 되었다. 이에 맞추어 중소기업도 새로운 기업 형태가 출현하였고 지식집약화의 형태로 발전하기 시작하였다.

'80년대 이후 변화하기 시작한 이러한 흐름은 '90년대에 와서 더욱 가속화되었다. 개발 초기의 국가 주도적 개발 전략과 이념은 시장중심주의로 확고하게 전환하면서 정부의 시장규제 기능은 경제자유화와 규제 완화로 약화·해체되기에 이르렀다.

'80년대 이후 대내적 정부 개입의 폐단을 시정하려는 노력의 일환으로 추진하던 시장친화적 정책 이념은 '90년대에 와서 세계화globalization 전략을 통한 전면적 개방체제 속의 시장중심주의로 전환되었다. 1993년 우르과이라운드Uruguay Round가 타결되면서 1995년에 출범한 세계무역기구WTO, World Trade Organization 중심의 소위 WTO체제 아래 국제적 차원의 시장 원리에 입각한 자유경쟁은 더욱 가속화하였다. 1961년에 경제자유화 실현을 기본 이념으로 주요 서방국가의 시장 원리에 따른 정책 수립을 지향하면서 설립된 경제협력기구OECD에 1996년에 가입한 것도 전면적 개방체제로의 전환과 그 속에서 시장중심주의정책을 더욱 촉진하였다.

이처럼 중소기업을 둘러싼 경제 및 정책 환경은 크게 변화하였다. 개방화 시대를 맞아 중소기업은 국내외 시장을 가리지 아니하고 국내 기업과의 경쟁을 넘어 외국 기업과도 경쟁이 불가피해졌고, 경제의 세계화가 크게 진전되면서 대내외 시장에서 자유경쟁에 직면한 것이 중소기업의 경영 여건이었다. 또한 '자율과 경쟁'의 토대 위에서 경제사회제도와 질서를 효율화하려는 정책 기조의 전환에서 중소기업정책은 '80년대까지의 근대화 촉진을 위한 적극적 보호정책에서 '90년대에는 자율과 경쟁을 중요시하는 정책 기조로 전환되었다.

WTO체제의 출범으로 무한경쟁 시대의 진입이 예고되면서 국내 경제정책의 방향도 전환하지 않을 수 없었다. 국경 없는 대경쟁Mega-Competition의 시대를 맞아 중소기업은 이제 '보호의 객체'가 아니라 '경쟁의 주체'로 전환해야 했다. 이에 중소기업정책은 고유 업종의 보호 등에서 볼 수 있듯이 대기업으로부터 중소기업을 직접적으로 보호·지원하거나 한계기업의 구제에 노력하는 '보호와 지원'의 정책에서 벗어나 자생적인 경쟁력을 배양하는 정책을 시행함으로써 중소기업이 새로운 시대에 맞는 '경제의 뿌리' 역할을 하도록 해야 하는 정책 방향의 전환이 요구되었다.

과거 전략산업 위주의 성장정책을 추구하던 '보호와 육성'의 정책 흐름을 지양하고 '자율과 경쟁'의 방향에 따라 다수의 중소기업에 공통적으로 혜택이 돌아가는 기능별·부문별 지원으로 중소기업정책의 중심이 옮겨갔다. 곧 특정 업종이나 개별 기업 중심의 직접지원 방식의 정책이 줄어들고 간접 지원 방식의 기능별·부문별 지원을 확대하는 방향으로 전환되었다.

'자율과 경쟁'의 흐름에서 중소기업의 경쟁력 확보는 기술혁신과 지식집약화를 요청하고 있었다. 설비근대화와 자동화 등 유형有形, hard의 경영자원에 따른 물적 생산성뿐만 아니라 인력·기술·정보·마케팅 능력·관리 능력 등 무형無形, soft의 경영자원 축적에 바탕을 둔 지적 경쟁력도 아울러 향상되어야 중소기업의 자생력이 배양될 수 있게 되었다. 특히 과학과 기술의 결합으로 기술혁신이 빠른 속도로 진행되어 지식과 기술이 경쟁력 강화와 가치 창조의 핵심으로 자리

잡는 지식혁명과 정보통신혁명의 시대에 중소기업은 그 기동성과 유연성의 장
점을 활용하는 정책이 필요하게 되었다.

1990년대 후반 지식집약형 중소기업, 즉 벤처기업의 성장이 주목을 끌면서
이것이 산업에 새로운 활력을 불어넣었고 〈벤처기업육성에 관한 특별조치법〉
의 제정은 새로운 기업과 신산업의 기반이 될 중소기업에 대한 지원체제를 마
련하는 것이었다.

이에 중소기업은 지식·정보집약 시대에 새로운 산업구조를 조성하는 데 선
도적 역할을 담당하는 산업층으로서 기능을 하게 되었다. 중소기업정책도 기존
의 근대화·구조고도화와 구조개편의 차원을 넘어서 중소기업이 새로운 산업사
회를 형성하고 이를 이끌어 가는 역할을 높이는 방향으로 전개되었다.

또한 1995년 지방자치제의 실시로 본격화된 지방중소기업문제, 그리고 소기
업 및 소상공인과 여성기업에 대한 지원문제도 중소기업정책의 흐름을 규정하
는 주요 내용들이었다.

제2절 제7차 및 〈신경제5개년계획〉과 중소기업정책

1. 〈제7차 5개년계획〉의 중소기업정책

1) 기본 방향과 중소기업정책

〈제7차 5개년계획〉은 계획 기간 동안 자율과 경쟁, 개방에 입각한 시장경제 질서를 정착시켜 나감으로써 민간의 창의를 바탕으로 경제 활력이 최대한 발현 될 수 있는 경제 운용의 틀을 정립하고 아울러 '공정한 경쟁질서'가 확립되도록 경제·사회 각 분야의 제도를 개선해 나갈 것을 목표로 했다. 이에 따라 이 계획 의 중소기업정책은 기업 경영과 산업조직의 효율화라는 틀 속에서 '중소기업의 경쟁력을 강화'하는 것을 목적으로 했다. 대기업과 중소기업의 협력관계를 발전 시키고 중소기업의 경쟁력 강화에 주력하되 한계기업의 퇴출과 기업의 역동적 인 생성·소멸이 이루어져 경쟁력 있는 기업의 창출이 추진되도록 한다는 것이 었다.[1] 그러나 이 계획 내용은 '문민정부'로 정권이 교체되면서 폐기되고 〈신경 제5개년계획〉이 수립되었다. 〈제7차 5개년계획〉에서 중소기업정책은 다음과 같다.[2]

앞으로 산업구조 및 세계시장 변화에 신축적으로 대응해 나가기 위해서는 중 소기업의 육성이 필수적 과제이다. 중소기업은 경제력 집중 현상을 완화하여 경제의 유효경쟁有效競爭을 촉진하고 여건 변화에 신축적으로 대응할 수 있는 튼 튼한 경제구조의 바탕이 된다는 점에서 우리 경제 발전의 중요한 원동력이다.

---

1) 大韓民國政府, 《第7次經濟社會發展5個年計劃》(1992~1996), 1992, 74쪽.
2) 위의 책, 82~85쪽.

산업구조적 측면에서 보면 1990년대 우리 산업은 전기·전자와 일반기계 그리고 자동차 등 전자·기계류 산업이 성장을 주도할 것으로 전망된다. 특히 이러한 산업은 부품·소재 분야의 발전 없이는 경쟁력 확보가 어려우므로 전문 중소부품업체의 역할이 더욱 중요해질 것이다. 또한 앞으로 세계시장 수요가 다품종 소량수요多品種 小量需要로 전환되고 완성품보다는 부품·소재의 수출이 증대될 것으로 예상되므로 중소기업의 역할이 더욱 필요하다.

2) 구조조정시책의 적극 추진

중소기업의 기술개발 및 생산자동화·사업 전환·창업 촉진 등 구조조정시책을 적극 추진해 나갈 것이다. 이를 위하여 중소기업 구조조정 기금을 1992년 말까지 1조 원 규모로 조성하고 계속 재정 지원을 확대할 것이다.

중소기업의 기술개발을 중점 지원해 나가되, 특히 제2차 기계류·부품·소재국산화 계획을 중소기업의 공통애용기술 중심으로 추진해 나갈 것이다. 공장자동화 기술을 개발하여 1996년까지 1,700개 중소기업에 보급하고 자동화 시설 투자와 인력 양성을 확대해 나갈 것이다.

또한 향후 10년 동안 기술개발비를 매출액의 5% 이상 투자하는 기술선진화 중소기업 2,000개를 선정해 지원하고, 매년 기술집약형 중소기업 중심으로 5,000개 이상의 신규 창업이 이루어지도록 유도하면서 경쟁력 약화 업종에 대해서는 사업 전환을 유도해 나갈 것이다.

3) 조립 대기업과 부품 중소기업 사이의 협력관계 발전

산업의 초기 발전 단계에서는 기술집약도가 낮은 조립가공 위주의 대기업 중심으로 발전하게 되나 어느 정도 수준에 이르게 되면 관련 부품산업의 발전 없이는 한계에 이르게 된다.

선진국, 특히 일본의 자동차회사 등이 효율적인 계열화체제를 구축하고 있지만, 우리 대기업은 규모가 작고 비관련업종에 광범위하게 다각화해 있어 제품 개발·품질관리·마케팅 등에서 경쟁력이 크게 뒤지고 있다. 더욱이 대기업의 조립산업과 중소기업의 부품산업이 균형 발전하지 못함으로써 조립 대기업이 부품 조달을 주로 수입에 의존함에 따라 국제수지 적자의 구조적 요인으로 작용하고 있다.

향후 수급기업의 생산 및 기술력을 높이기 위해 모기업의 수급기업에 대한 기술 이전 및 기술 지도를 강화하고 제2차 기계류 국산화계획은 제조업체인 중소기업과 수요업체인 대기업을 연계하여 추진할 것이다.

또한 부품 중소기업의 경쟁력을 높이기 위해 조립 대기업의 부품 중소기업에 대한 10% 미만의 지분 참여를 허용하여 기술·인력·자금상의 협력관계를 지속적으로 발전시켜 나갈 것이다.

아울러 건전한 계열화관계를 정립하기 위해 납품 대금의 지급 지연 등 불공정 하도급거래에 대한 감시 기능을 강화해 나갈 것이다. 이를 위하여 공정거래위원회의 조사 기구를 확대·개편하고 불공정 하도급거래에 대한 정보수집 능력을 확충해 나갈 것이다(표 1).

표 1. 조립 대기업과 부품 중소기업의 관계 비교

	대기업과 중소기업의 관계
미국	·조립 대기업이 주요 부품을 자체생산 조달 ·그 결과 조립 대기업의 규모가 지나치게 커지고, 부품 생산 중소기업 사이의 경쟁 요소가 미약하여 효율성 저하
일본	·조립 대기업과 독립관계에 있는 중소기업이 부품 생산 공급 ·조립 대기업은 부품 생산 중소기업의 소액주주로 참여하여 기술개발, 인력 및 자금 지원 ·그 결과 부품 생산 중소기업은 지속적인 품질 향상과 시장의 안정성을 확보
한국	·조립 대기업이 부품 중소기업과의 협력관계를 심화시키지 못하고 많은 부품을 대일 수입에 의존 ·그 결과 부품 중소기업의 시장안정성이 확보되지 못하고 조립 대기업의 경쟁력도 약화

4) 자금 · 인력 · 입지난 등 경영 애로 요인 타개

중소기업이 겪고 있는 자금·인력·입지 등의 애로를 적극 타개해 나갈 것이다. 중소기업의 자금난 완화를 위해서 금융기관의 중소기업 의무대출 비율을 45%로 확대하고 중소기업은행의 자본금을 확대해 나갈 것이다.

담보력이 부족한 영세중소기업에 대한 신용보증 확대를 위해 신용보증기금 및 기술신용보증기금을 확대 지원하는 한편, 중소기업 공제사업기금을 늘려 경영을 안정시킬 것이다.

중소기업의 인력난 완화를 위하여 '기술대학' 제도를 도입하고 중소기업진흥공단 연수원의 훈련 과정 확대, 업종별 전문 직업훈련원의 연수 기능 강화 등을 통해 전문 인력의 공급 확대에 주력할 것이다.

중소기업의 입지난 해소를 위하여 중소기업용 소규모 공단 조성과 임대공단 및 아파트형 공장 공급을 확대해 나갈 것이다.

5) 소기업 및 지방 중소기업의 중점 육성

전체 제조업 가운데 종업원 20명 이하의 소기업은 1988년 현재 업체 수 면에서 85.9%를 차지하고 있으나 종업원 수 및 생산액 면에서는 각각 18.2% 및 6.7%에 지나지 않으며 수도권 집중 경향으로 중소제조업의 42.5%가 수도권에 집중되어 있다. 앞으로 중소기업의 저변을 확대하고 지방화 시대에 대비하기 위하여 소기업 및 지방중소기업의 육성에 더 중점을 둘 것이다.

소기업육성을 위해 소기업의 창업과 전문화를 유도하면서 기술적 분업구조가 강화되도록 소기업에 특화된 지원제도를 중점 추진할 것이다. 이를 위해 각종 금융기관 중심으로 유망 소기업을 매년 300개 이상 발굴하여 자금 지원 및 기술 지도를 확대하고 신용부 무담보 소액 지원 자금을 확대하면서 신용보증을 원활히 해 나갈 것이다. 나아가 지역별 특성에 맞도록 지방중소기업을 육성·발전시켜 나가기 위해 가칭 〈지방중소기업육성법〉 제정을 검토할 것이다.

2. 〈신경제5개년계획〉의 중소기업정책

1) 〈신경제 100일계획〉의 중소기업정책

자발적인 '참여'와 능동적인 '창의력' 발휘를 경제 발전의 새로운 원동력으로 삼은 〈신경제5개년계획〉에서 중소기업정책은 두 부문으로 나뉘어 있다. 먼저 경제 활력의 회복과 경쟁력 강화를 위한 〈신경제 100일계획〉은 일곱 가지 중점 과제를 제시하고 있다. 그 가운데 중소기업을 내실 있게 육성하기 위하여 '중소기업의 구조 개선'을 추진한다는 것이 그 하나로 포함되어 있다. 이것은 오히려 단기적 정책의 성격을 지닌 것으로 그 내용은 다음과 같다.[3)]

　① 경기활성화의 효과가 중소기업 부문에서 가장 크게 나타날 수 있도록 중소기업의
　　구조 개선을 추진
　② 아울러 중소기업이 지원제도를 손쉽게 이용할 수 있도록 중소기업 지원제도 정비

이 두 가지 기조 아래서 제시된 중소기업정책 내용은 다음과 같다.

　① 중소기업 구조조정 추진
　　㉠ 정부재정의 절감분을 포함, 약 1조 4,000억 원에 상당하는 공공재원을 조성하
　　　여 중소기업 관련 제품구매와 자동화自動化·합리화合理化·기술개발 등 구조조
　　　정 사업에 투입
　　㉡ 특히 중소기업의 구조조정 사업을 대기업과 공동으로 추진하거나 중소기업
　　　이 대기업과 튼튼한 계열·협력관계를 이루도록 하는 데 중점 지원
　② 금융규제 개선을 통한 자금난 완화
　　㉠ 중소기업에 대해서는 여신금지업종의 부동산을 제외한 모든 부동산에 대하

---

3) 大韓民國政府, 《新經濟5個年計劃─參與와 創意로 새로운 跳躍을─》(1993~1997), 1993.7, 21~23쪽.

여 담보취득 허용

ⓛ 중소기업에 대한 은행의 상업어음 할인한도제 폐지

ⓒ 향후 6개월 동안 중소제조업체가 할인 의뢰하는 모든 어음의 재할인 기간(대기업 발행어음 포함)을 현행 90일에서 120일까지 연장

ⓔ 중소기업의 회사채 발행은 지급보증을 받은 경우 평점에 관계없이 전액 허용하고 증권회사의 중소기업 회사채 지급보증 규모 확대

ⓜ 현행 유망 중소기업 설비자금(2,500억 원)이 조만간 소진될 전망이므로 2,500억 원을 추가 지원

ⓗ 상반기 중 10억 달러 규모의 외화대출 자금이 중소기업체에 승인 또는 집행될 수 있도록 각 은행에 특별창구 개설 운용

③ 중소기업의 판로 지원

ⓐ 23개 정부투자기관의 1993년 중소기업 물자구매 예산의 65%(1조원 규모)를 상반기 중 조기 집행

ⓛ 무역진흥공사에 중소기업 자기상표 수출지원센터를 설치·운영

ⓒ 국내 및 주요 해외시장에 중소기업 제품 상설전시장을 설치(무역협회, 무역진흥공사가 지원)

④ 중소기업 지원제도 정비

ⓐ 복잡다기한 현행 중소기업 지원제도를 통폐합

ⓛ 특히 정부의 구조조정 기금도 현재 업종별·지역별·사업별로 분산 사용되고 있는 것을 구조조정효과가 큰 분야에 집중 사용하는 방식으로 개편

ⓒ 세제지원제도도 알기 쉽게 개선하고 7개 지방국세청에 서류 작성 등을 대행해 주는 '조세상담센터'를 설치·운영

ⓔ 출연연구소가 개발한 기술을 중소기업에 무상으로 양허하는 방안을 마련하여 실시

ⓜ 중소기업진흥공단 안에 중소기업의 사무자동화와 생산자동화를 지원하는 '정보화사업단' 설치

ⓗ 정부구매제도를 개선하여 중소기업의 신기술개발제품을 안정적으로 사줄 수

　　　있도록 제도적으로 뒷받침

　⑤ 지방중소기업에 대한 신용정보 제공체제 마련

　　　신용보증기관의 각 지방 점포에서는 그 지역의 중소기업에 대한 신용조사 자
　　　료를 보유·관리하고 있기 때문에 이를 활용하여 중소기업이 거래 희망 기업
　　　에 대한 정보를 손쉽게 제공받을 수 있는 체제 구축

　⑥ '중소기업 애로타개위원회' 설치

　　㉠ 부총리 또는 상공부장관 주재로 관계부처 장관, 금융기관장, 중소기협중앙회
　　　장, 경제단체장 등이 참여하여 월 1회 정례적으로 개최

　　㉡ 이상의 모든 육성시책과 제도개선 사항이 실제로 현장에 침투되고 있는지 점검

2) 〈신경제5개년계획〉의 중소기업정책

　성장 잠재력의 강화를 목적으로 선정한 경제시책의 13개 중점 과제로서 '중
소기업의 경쟁력 강화'를 들고 있다. 이것은 문민정부 중소기업정책 가운데 장
기적 성격을 지닌 것으로 그 내용은 다음과 같다.[4]

　① 구조고도화 촉진 및 생산기술력 강화

　　㉠ 유망 중소 제조업체에 대한 구조 개선 사업을 지속 추진

　　㉡ 중소기업 특성에 맞는 자동화·정보화사업 확대

　　　ⓐ 사업단계별로 전문업체, 공공기관 간의 연계지원체제를 구축

　　　ⓑ 중소기업진흥공단·생산기술연구원·산업기술정보원 등의 기술 연수 및 대외
　　　　기술협력을 확대

　　㉢ 기술력 강화 및 개발기술의 사업화 촉진

　　　ⓐ 공공기관의 기술 지도 사업을 체계화하고 모기업의 수급기업에 대한 기술 지
　　　　도를 적극 유도

　　　ⓑ 기업과 대학, 연구 기관 간 공동기술개발을 확대하고 기반 시설 확충

---

4) 위의 책, 134~135쪽.

    ⓒ 〈기술자 풀pool제〉 도입 및 기술훈련기관의 기술 연수 확대

    ⓔ 기술집약형 창업의 촉진을 위해 창업보육센터 설립 확대 및 창업투자 회사의 내실화를 위한 여건 마련

    ⓜ 정보망 확충 등으로 시장개척 및 해외투자 활성화를 뒷받침

② 민간 부문의 자율적 협력 기반 구축

    ㉠ 중소기업과 대기업 사이의 협력 기반 조성

        ⓐ 모기업의 수급기업체협의회 구성 확대 및 운영 활성화

        ⓑ 대기업의 협력중소기업에 대한 자율적 자본 참여, 연계보증, 기술협력 확대 유도

        ⓒ 지정계열화품목을 조정하고 계열화 예시제를 활성화하는 한편, 조립 대기업과 중소부품업체 사이에 공동기술개발 장려

    ㉡ 중소기업 간 공동협력사업을 촉진하고 시설공동화, 공장집단화 등을 위한 협동화단지의 확대 조성과 공동집배송센터 건립 추진

    ㉢ 공정한 수급거래 풍토의 정착 및 수급거래 활성화 추진

③ 지방 중소기업의 발전

    ㉠ 지역 특성에 맞는 중소기업 육성 계획을 자치단체 주관으로 수립

    ㉡ 자치단체의 중소기업 행정 전담 조직을 마련하고 지방의 지원 기관들을 집결시킨 '지방중소기업 종합지원센터' 설치·운영

    ㉢ 지방소재 금융기관 및 신용보증기관의 역할 증대

    ㉣ 소기업육성시책을 특성화하고, 신용보증기관의 소액간이보증 활성화 등으로 안정적 경영 기반을 조성하며, 중층적重層的 계열화를 통해 부품 생산 전문소기업의 성장을 촉진

④ 지원체제의 개편

    ㉠ 현행 8개의 중소기업 관련 법률을 통합·정비하고 지원 기관들의 기능을 전문화할 수 있도록 개편

    ㉡ 중소기업 지원자금을 개편, 단순화하고 중소기업 의무대출비율제도는 신용대출관행의 정착에 따라 단계적으로 완화

    ㉢ 유망 중소기업제도 등 특성별 시책을 통합·정비하여 지원의 효율성 제고

ⓔ 고유업종제도 및 단체수의계약제도를 단계적으로 개선

제3절 '활력 있는 다수'로 중소·벤처기업 육성: '국민의 정부'의 중소기업정책

1998년에 '문민정부'로부터 정권을 이어받은 '국민의 정부'는 그 경제 청사진에서 "'활력 있는 다수'로 중소·벤처기업 육성"을 중소기업정책의 기본으로 제시했다. 대기업과 중소기업의 균형 있는 발전 등 이전의 정책을 지속하면서, 지역 밀착적인 중소기업 육성이나 벤처기업을 21세기 꽃으로 발전시키려는 정책 내용 등으로 1990년대 중소기업정책을 더욱 적극화하면서 21세기를 지향하였다.

특히 기술·지식집약형의 산업구조로 전환을 촉진하고 고용문제를 해결하기 위하여 그 정책 대상을 벤처기업 육성에서 찾고 있다. 지식·정보집약화 시대의 첨병으로 벤처기업을 들고 있다.

또한 '활력 있는 다수vital majority'의 개념을 중소기업정책 방향으로 적극 도입하고 있다. 이것은 이미 미국에서는 1970년대 초에5) 그리고 일본에서는 1980년대에 중소기업정책의 기본 방향으로6) 정한 바 있다. 우리나라에서는 1990년대 말, 나아가 2000년대의 중소기업정책에 도입되고 있다.

민주주의와 시장경제의 병행 발전을 추구하는 '국민의 정부'의 경제철학에 적합한 개념이기도 하다.7) 시장경제의 활성화와 활력 있는 경제를 실현하기 위해서는 경쟁적 시장구조의 담당자이며 그 쇄신 기능을 담당하는 중소기업의 활력vitality이 필수적 요소이기 때문이다. '국민의 정부 경제 청사진'에서 중소기업

---

5) Dean Carson ed., *The Vital Majority, Small Business in the American Economy*, Essays Marking the Twentieth Anniverary of the U.S. Small Business Administration, 1973.

6) 日本中小企業廳, 《中小企業の再發見》(80年代中小企業ビジョン), 財團法人 通商産業調査會, 1982.

7) 대한민국정부, 《국민과 함께 내일을 연다》(〈국민의 정부〉 경제청사진, DJnomics), 한가람출판사, 1998, 15쪽.

정책은 다음과 같다.[8]

어느 나라를 막론하고 중소기업이 '활력 있는 다수'의 역할을 충실히 수행할 때에야 비로소 건전한 경제구조를 유지·발전시킬 수 있다. "미국의 의류패션은 1년에 여섯 번씩이나 바뀌고 있다."고 세계적인 미래학자 앨빈 토플러가 말한 데서도 쉽게 짐작할 수 있듯이 현대 소비자의 기호는 급변하고 있을 뿐만 아니라 더욱 다양해지고 있다.

게다가 정보 통신 등의 기술은 비약적으로 발전하고 있으며 경제의 서비스화 또한 빠르게 이루어지고 있다. 세계화globalization와 더불어 지방화localization는 시대의 조류이며, 경쟁의 단위가 국가에서 점차 지방으로 이전하고 있다. 이와 같이 변화된 환경에는 거대한 관료조직처럼 경직화된 대기업보다는 유연성 있는 중소기업이 더욱 강력한 경쟁력을 가진다고 할 수 있다.

'국민의 정부'는 21세기를 맞아 새롭게 전개될 경제 환경에 중소기업이 효과적으로 적응하고 중소기업이 갖는 경쟁 우위 요인을 충분히 활용할 수 있도록 경영 환경을 조성할 것이다. 이를 위해 중소기업의 만성적인 자금난과 인력난 그리고 판매난을 해소하도록 하는 한편, 중소기업의 구조고도화를 적극적으로 지원할 계획이다. 또한 지방에서도 활발한 생산활동과 역동적인 고용 기회의 창출이 가능하도록 지역 밀착적인 중소기업을 육성할 것이다. 아울러 앞으로 전개될 지식기반의 경제 시대에 대비하는 차원에서 기술·지식집약형 중소기업, 특히 벤처기업의 육성에 주력할 방침이다.

1. 중소기업의 자금 · 인력 · 판매난을 해소

'국민의 정부'는 중소기업들이 만성적인 자금난·인력난·판매난을 극복할 수 있도록 모든 노력을 다할 것이다.

---

8) 위의 책, 270~280쪽.

우선 중소기업의 가장 큰 어려움인 자금난을 완화할 것이다. 중소기업의 자금난은 과거 대기업 중심의 성장우선정책의 결과로 심화되었지만 근본적으로는 중소기업의 구조적 특성인 경영 규모의 영세성, 신용도의 취약성 등에 그 원인이 있다. 역대 정권은 금리를 인위적으로 묶어 놓은 채 신용할당으로 자금을 배분함으로써 만성적인 자금 공급 부족과 초과수요 현상을 자초했다.

이 과정에서 중소기업의 특성은 송두리째 무시되었다. 이미 알 수 있듯이 중소기업은 부채비율이 대기업보다 훨씬 높을 뿐만 아니라 금융권에서 자금 조달하기가 어려워 사채시장에 의존해 온 형편이다.

'국민의 정부'는 실질적인 금리자유화를 통해 금융기관이 중소기업에 대한 대출을 원활하게 할 수 있는 여건을 조성할 것이다. 이 경우 중소기업이 부담하는 금융비용은 증가하겠지만 자금가용성은 확대될 것이다.

중소기업이 시장의 수급원칙에 따라 자금을 공급받을 수 있도록 하는 한편 중소기업의 구조적 취약성도 보완할 것이다. 신용보증기관에 대한 정부의 출연을 확대하고 지역신용보증조합을 활성화해 신용보증 여력을 높일 것이다. 또한 중소기업이 상업어음을 원활하게 할인받을 수 있도록 지원하는 한편, 중소기업의 연쇄도산을 방지하기 위해 어음보험기금도 확충할 계획이다. 어음발행의 남발과 지급기일의 장기화에 따른 중소기업의 어려움을 시정하기 위하여 어음제도 개선 방안도 마련할 방침이다.

둘째, 중소기업의 만성적인 인력난을 완화할 것이다. 우리나라의 중소기업은 필요 인력의 공급 부족과 높은 이직률에 시달리고 있다. 정부는 기술 인력의 공급 확대를 위해서 실업계 및 이공계 인력 공급의 장기적 목표에 맞추어 교육정책을 수립할 계획이다. 인문계 고등학교를 실업계 고등학교로 전환하는 방안도 세워둔 상태이다. 또한 여성 인력의 산업활동 참여를 보장하기 위해 시간제 고용을 확대하고, 탁아소 등 보육시설도 확충할 것이다.

셋째, 중소기업의 판매난을 개선할 것이다. 정부와 공공기관의 중소기업 제품 구매를 확대하고, 중소기업의 판로 지원 기능을 담당할 종합유통센터를 건립할 방침이다. 동시에 내수 중소기업의 수출기업화를 위한 수출가이드 및 수출 지원단을 운영하고, 수출중소기업의 해외마케팅을 지원할 계획이다. 또한 우수 중소기업 제품의 홍보를 위해 인터넷 중소기업관에 수록되어 있는 수출업체를 확대하고 중소기업의 해외시장 개척을 지원하기 위한 거점 확보와 무역인프라 확충을 꾀할 것이다.

2. 경쟁력 있는 중소기업으로 탈바꿈

현재 우리 경제는 경제 전반에 걸친 구조조정 과정에 있으며 중소기업 부문도 예외일 수는 없다. 중소기업도 재무구조의 건전성을 높이고 고유의 장점을 최대한 발휘할 수 있도록 경영 혁신을 꾀해야 한다. 또한 경쟁력이 취약한 저부가가치 노동집약적산업에서 고부가가치 기술집약적산업으로 전환하고, 동일 산업 안에서 질적 고도화를 추구해 나가야 한다.

정부는 중소기업의 구조고도화를 촉진하기 위해 구조 개선 사업을 지속적으로 추진할 계획이다. 즉, 중소기업을 경제 발전의 주역으로 육성하기 위해 채권 발행 등으로 재원을 조성하여 향후 5년 동안(1998~2002년) 총 2만 5천여 중소기업의 생산 및 경영 혁신을 지원할 것이다. 또한 중소기업의 구조고도화를 위한 중장기정책 방향의 설정 및 업종별·부문별 추진 방안 마련을 위해 중소기업 구조 개선 기본계획을 수립·시행할 것이다.

중소기업의 기술력 제고를 위한 지원시책도 지속적으로 추진할 계획이다. 우리나라 중소기업의 전반적인 기술 수준은 선진국의 45~50% 수준에 그치고 있으며, 독자적인 기술개발 능력을 갖춘 중소기업이 전체 중소기업의 2%에 지나지 않는다. 중소기업의 매출액 대비 연구개발 투자 비율도 대기업의 10분의 1에 지나지 않는다.

정부는 중소기업의 기술력 제고를 위해 향후 5년을 '중소기업 기술력 제고 전략 기간'으로 설정하고, 중소기업 기술력 제고 중장기계획의 수립·추진을 통해 중소기업의 기술력을 선진국 수준으로 향상시킬 계획이다. 또한 중소기업의 취약 기술 조사, 개발자금 지원, 기술 지도 및 기술력 평가 등을 통해 각 단계별로 일관성 있고 체계적인 기술 지원이 이루어지도록 하는 한편 산·학·연 기술협력체제도 강화할 것이다.

3. 지역 밀착적인 중소기업을 육성

세계화를 바탕으로 한 지방화 시대에는 지방을 중심으로 한 경제활성화가 국가 경제 발전의 원동력이 된다. 이제까지 대형사업, 대규모투자가 경제 발전을 주도했다면 앞으로는 지역 특성에 맞는 중소기업들이 지속적인 발전과 고용의 주체가 될 것이다. '국민의 정부'는 지방자치를 실질적으로 정착시키기 위하여 중앙정부는 중소기업정책의 기본 방향만을 수립하고, 지역 특성에 맞는 세부 지원 방안은 지방자체단체가 자율적으로 마련하여 집행하도록 할 계획이다.

우선 어려운 경제 여건에도 지역 균형 개발 등을 위해 정부와 지방자치단체가 공동으로 조성하고 있는 지방 중소기업 육성자금을 확충할 것이다.

또한 2000년까지 지방 중소기업에 대하여 체계적이며 종합적인 지원 서비스를 제공할 것이다. 중소기업 지원 기관, 대기업, 연구소, 대학 등과의 유기적인 협조체제를 구축하여 해당 지역 중소기업에게 경영 정보를 제공하고, 기술 지원 기능 등을 담당하는 중소기업종합지원센터를 전국 16개 시·도에 건립할 계획이다. 한편 현재 지방 중소기업청에 설치되어 있는 금융지원협의회와 지역협동기술지원센터 등의 기능도 활성화시킬 것이다.

아울러 지방자치단체가 지역 특화산업의 전략산업화를 추진할 수 있도록 유도할 것이다. 시도별로 두세 개의 특화산업을 선정하여 5년 동안 총 40개의 지역 특화산업을 육성하도록 할 것이다. 더욱이 지역 특화산업 활성화의 추진 주체가 될 특화산업조합의 설립을 유도하여 신제품개발 등 공동사업비를 지원할 계획이다.

4. 벤처기업을 21세기의 꽃으로

세계 각국은 오래전부터 21세기를 대비한 구조개혁의 돌파구를 활발한 벤처기업의 생성과 발전에서 찾아 왔다. 그 결과 고부가가치산업 중심의 산업구조 전환과 고용 기회의 역동적 창출을 실현했다. 미국이 창의적인 벤처기업의 활력을 바탕으로 일본에 뒤졌던 산업 경쟁력을 다시 회복하고 있음은 물론, 지속적인 고용 증가로 제2차 세계대전 이후 가장 낮은 실업률을 보이고 있는 것은 우리에게 시사하는 바가 크다(표 2).

표 2. 벤처기업과 다른 기업의 비교(1996년)

(단위: 명, %)

	중소기업		대기업
	벤처기업	일반기업	
평균고용인원	46	21	988
매출성장률	42.7	7.8	11.3
매출이익률	10.2	0.6	0.5
연구개발 비용	12.5	0.3	3.1

자료: 한국은행, 《기업경영분석》, 벤처기업협회.

'국민의 정부'는 기술·지식집약형 산업구조로 전환을 촉진하고, 우리 경제의 최대 현안 과제인 고용문제를 해소하기 위해 향후 5년 동안 2만 개의 벤처기업을 육성할 계획이다.

이를 위해 우선 벤처기업의 가장 큰 애로 요인으로 지적되고 있는 벤처자금을 원활히 공급할 것이다. 벤처기업은 고위험—고수익이라는 기업 특성 때문에 일반 금융기관으로부터 자금을 조달받기가 쉽지 않으므로 벤처기업을 전문적으로 지원하는 창업투자회사를 대형화하고 그 업무 영역 또한 확대할 계획이다. 개인투자자(엔젤)를 통한 벤처자금의 획기적인 확충 방안도 아울러 강구하고, 벤처기업의 직접금융 활성화를 위한 장외 시장 발전 방안도 마련할 것이다.

벤처기업의 육성을 위하여 정부는 벤처기업인들이 자유롭게 기업을 경영할 수 있는 여건을 중점적으로 조성할 계획이다. 젊고 유능한 기술 인력이 벤처기업의 창업 및 기업 활동에 쉽게 참여할 수 있도록 현행 병역특례 전문연구요원 제도를 개선할 것이다. 또한 미국의 벤처기업 활성화에 가장 큰 유인이 되었던 스톡옵션제를 활성화하는 방안도 검토할 계획이다. 아울러 기술력을 하나의 자산으로 평가하고 인정해 줌으로써 벤처기업이 새로운 기술에 적극적으로 도전할 수 있도록 기술담보제도를 활성화할 것이다.

나아가 창업 강좌를 벤처기업 중심의 전문 강좌로 운영하며, 현재 44개뿐인 대학연구소 중심의 창업보육센터를 대폭 확대하고, 전국 주요 도시에 벤처타운을 조성해 벤처기업에 일괄 서비스를 제공할 계획이다.

5. 대기업과 중소기업이 함께 발전하는 관계로

과거에는 대기업 중심의 성장 전략 때문에 대기업의 불공정거래가 산업 발전이라는 명분 아래 용인된 측면이 있었다. 그러나 앞으로는 시장경제의 정착으로 대기업의 불공정거래가 축소되고 능력 있는 중소기업에게 더 많은 발전 기회가 주어질 것이다.

정부는 경제 여건의 변화에 따라 중소기업 고유업종제도, 단체수의계약제도 등 경쟁을 저해하고 있는 관련 제도들을 점진적으로 개선·조정할 것이며, 이를 통해 우리 중소기업이 더욱 강한 체질을 가질 수 있는 여건을 조성할 것이다.

경제는 경쟁으로만 발전하거나 효율성을 유지할 수 있는 것이 아니며, 기업들의 협력이 경쟁력을 높이는 유력한 수단이 되기도 한다. 더욱이 글로벌화가 진전되는 21세기 경제 환경에서 우리 산업의 경쟁력이 유지되기 위해서는 대기업과 중소기업의 균형 있는 발전과 협력이 요구된다. 이러한 차원에서 정부는 중소기업과 대기업 사이의 하도급구조를 합리적으로 개선하여 양자 사이에 동반자적 협력관계가 구축되도록 할 것이다. 이와 같이 대기업과 중소기업 사이에 협조적 관계가 유지되려면 공정한 거래 질서가 정착되어야 한다. 특히 정부는 중소기업이 대기업으로부터 거래대금을 결제받는 과정에서 대기업의 불공정 행위가 일어나지 않도록 공정거래위원회의 기능을 강화할 것이다.

제4절 주요 법령의 개편 · 제정 및
행정지원체제의 확장 · 정비

1. 주요 법령의 개편 · 제정과 그 체계

〈신경제5개년계획〉은 중소기업의 경쟁력을 강화하기 위한 방안으로 지원 체제의 개편이 필요함을 지적하면서 현행 8개의 중소기업 관련법을 통합 정비하고 지원 기관들의 기능을 전문화할 수 있도록 개편하는 방향을 제시한 바 있다.

종전 중소기업관계법의 대부분이 제 · 개정된 이후 장기간의 시일이 경과하였고, 급속하게 변하고 있는 대내외의 경제 여건에 대처하는 데 미흡하였다. 이에 따라 국제화와 개방화 시대에 부응할 수 있도록 '보호와 지원' 위주에서 '자율과 경쟁'을 바탕으로 국제경쟁력을 강화할 수 있는 체제로 전환하고자 하는 취지에서 중소기업 관련 8개법의 제 · 개정안을 1994년 정기국회의 의결을 거쳐 1994년 12월 22일 및 1995년 1월 5일에 각각 공포했다.

법령의 개편 내용(표 3)을 보면 이전의 8개법을 5개법으로 통폐합했는데, 그 체제는 ① 중소기업시책의 기본 방향을 제시하는 〈중소기업기본법〉을 정점으로 하여, ② 중소기업의 창업에 관한 〈중소기업창업지원법〉, ③ 창업된 중소기업의 육성과 구조조정을 지원하는 〈중소기업진흥 및 제품구매촉진에 관한 법률〉, ④ 육성된 중소기업의 사업 영역을 보호하며 대기업과 협력을 유도하는 〈중소기업의 사업영역보호 및 기업 간 협력증진에 관한 법률〉, ⑤ 중소기업의 조직을 육성하는 〈중소기업협동조합법〉으로 구성되었다.

표 3. 주요 법령의 통폐합

개편 이전		개편 이후	비고
중소기업기본법(1966년 제정)		중소기업기본법	전문 개정
구조 조정 시책	중소기업창업지원법(1986년 제정)	중소기업창업지원법	부분 개정
	중소기업진흥법(1978년 제정) 중소기업경영안정및구조조정촉진에관한 특별조치법(1989년 제정) 중소기업제품구매촉진법(1981년 제정)	중소기업 진흥 및 제품 구매촉진에관한 법률	제정 (통폐합)
산업 조직 시책	중소기업사업조정법(1961년 제정) 중소기업계열화촉진법(1975년 제정)	중소기업의 사업·영역 보호 및 기업 간 협력 증진에 관한 법률	제정 (통폐합)
	중소기업협동조합법(1961년 제정)	중소기업협동조합법	1993년 개정
8개법		5개법	

자료:《중소기업에 관한 연차보고서》, 1995, 194쪽.

　　내용 면에서는 우선 1966년에 제정된 〈중소기업기본법〉이 전문 개정되었다. 이전의 제35조의 법체계가 전문 제21조로 축소 개정되는 가운데 광범위하게 제시되었던 주요 시책 내용이 하위법에 위양되고, 창업과 국제화 등의 내용이 적극적으로 규정되었으며, 중소기업 범위도 시행령에서 구체적으로 규정하도록 했다.

　　동시에 각 법률에 중복 규정되어 있거나 실효성이 없는 조항, 기업규제적이고 국제 규범에 맞지 않는 조항 등은 정비했다. 그리고 중소기업의 경쟁력을 강화하는 기능을 중점 보강하면서 중소기업관계법을 기능별로 체계적으로 재정립하고 그 내용도 단순 명료하게 하여 효율적인 시책 추진에 도움이 되게 하는 것이 법체계 개편의 취지였다.

　　그 뒤 지역 진흥에 대한 관심이 높아지면서 〈지역 균형 개발 및 지방중소기

업육성에 관한 법률〉이 제정되었고(1994.1.7) 소기업 육성을 위하여 〈소기업지
원을 위한 특별조치법〉이 제정되었다(1997.4.10). 이 법은 뒤에 소상공인 지원의
필요성에 따라 〈소기업 및 소상공인 지원을 위한 특별조치법〉(2000)으로 통합
되었으며 여성기업 지원을 위하여 〈여성기업지원에 관한 법률〉도 제정되었다.
기타 〈벤처기업육성에 관한 특별조치법〉(1997) 등 여러 관련법이 제정되었다.
그 결과 중소기업 관련법은 헌법 제123조 제3항 및 제5항을 정점으로 하여 〈중
소기업기본법〉 등 일반법과 기타 특별법으로 그 체계가 구성되었는데 이들 법
률과 주요 내용은 표 4와 같다.

표 4. 중요 기업 관련법체계 및 주요 내용

구분	법률명	주요 내용
기본 방향	· 중소기업기본법(1966)	· 중소기업정책 방향, 중소기업자의 범위 등
창업 및 벤처 지원	· 중소기업창업지원법(1986) · 벤처기업육성에 관한 특별조치법(1997)	· 중소기업창업의 촉진, 창업 절차 및 지원 등 · 벤처기업 육성 기반 구축, 입지·인력 공급 등의 원활화
조직화 지원	· 중소기업협동조합법(1961)	· 중소기업의 협동을 위한 조직화 등
경영 안정 및 구조 개선 지원	· 중소기업의 구조개선 및 경영안정지원을 위한 특별조치법(1995)	· 구조 개선 지원, 중소기업 긴급 경영 안정 지원 등
	· 중소기업 사업 영역 보호 및 기업 간 협력증진에 관한 법률(1995)	· 중소기업의 고유 업종 지정, 대기업과의 협력 등
	· 중소기업 진흥 및 제품구매촉진에 관한 법률(1994)	· 중소기업의 구조고도화 및 경영 안정 지원, 중소기업의 판매 촉진

	· 신용보증기금법(1974) · 기술신용보증기금법(1986)	· 중소기업의 신용보증으로 금융 지원 활성화
	· 중소기업 기술혁신 촉진법(2001)	· 중소기업의 기술혁신 촉진
	· 중소기업 인력 지원 촉진법(2003)	· 인력 수급 및 인력구조 고도화
	· 재래시장육성을 위한 특별법(2004)	· 재래시장의 현대화 촉진으로 중소 유통업 근대화
지방 중소기업 지원	· 지역 균형 개발 및 지방중소기업 육성에 관한 법률(1994) · 지역신용보증재단법(2000)	· 지방 중소기업의 육성 지원 · 소기업, 소상공인에 대한 신용보증 지원
사회정책 지원	· 소기업 및 소상공인 지원을 위한 특별조치법(2000) · 여성기업지원에 관한 법률(1999)	· 소기업 및 소상공인 대한 특례, 경영애로지원, 어음보험 등 · 여성기업의 활동 촉진, 창업 지원 등

자료: 중소기업특별위원회·중소기업청,《2000년도 중소기업에 관한 연차보고서》, 66~67쪽 등.

2. 행정지원체제의 확장 · 정비

중소기업전담행정기구는 1960년 7월에 과도정부 아래 상공부 안에 중소기업과가 설치되면서 비롯되었다. 그 뒤 1968년에 중소기업국이 발촉하여 기업과와 지도과 등 두 과를 두었으며 그 후 1990년대 중반에 이르기까지 중소기업행정기구는 그 체계를 유지하였다. 그 뒤 1996년 2월 중소기업에 대한 실질적인 지원을 강화하고 중소기업정책의 체계적이고 적극적 추진을 위하여 통상산업부 산하에 중소기업청을 신설함으로써 중소기업 지원행정체계가 확충·정비되었다 (그림 1).

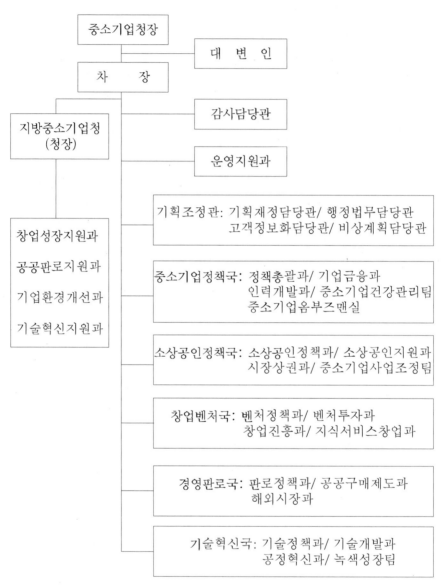

그림 1. 한국 중소기업청 기구(2012.6)

주: 지방청의 조직은 지방청별로 차이가 있음.

외국의 예를 보면 미국의 경우 1953년에 중소기업청Small Business Administration, SBA을 설치하고 지방에 10개의 지청regional office과 66개의 지방사무소district office 를 설치·운영하였다. 일본의 경우에도 1948년에 통산산업성 산하에 중소기업청 을 설치했고 지방조직으로는 통산산업성의 외국으로 8개의 지방 통상산업국을 설치하여 중소기업 지원시책을 추진하였다.

중소기업청이 신설됨으로써 중소기업에 대한 지원 행정은 통상산업부의 중 소기업정책관실, 중소기업청, 중소기업진흥공단으로 이어지는 체계 속에서 행 해지게 되었다. 중소기업청은 중소기업정책의 방향을 제시하고 새로운 정책 수 립 및 그 시행 기능을 수행한다. 소속 기관인 지방중소기업청과 중소기업진흥 공단은 자금, 판로, 인력, 기술, 창업 및 벤처기업 지원 등 중소기업 지원 업무를 현장에서 지원한다. 그리고 소상공인지원센터는 소상공인의 창업 및 경영 개선 을 지원하는 업무를 담당하였다.[9]

---

9) 1998년 정부조직 개편에서는 중소기업특별위원회가 대통령 직속 기관으로 설치되어 범부처에 관련 되어 있는 중소기업시책의 협의·조정을 도모하기도 했다.

제5절 중소기업정책의 과제: '경쟁과 혁신', '활력과 창조'의 주체인 중소기업의 역할 제고

1. 지속되는 '구조정책의 대상'으로서 중소기업

'보호와 육성'을 기본으로 했던 1980년대까지의 중소기업정책은 1990년대에 와서 '자율과 경쟁'의 원리를 바탕으로 전환되었다. 여기서 더 나아가 2000년대 중소기업정책은 '경쟁과 혁신' 그리고 '활력과 창조'의 주체로서 중소기업의 역할을 높이는 것이 그 과제로 제시된다.

1960년대 이후 1990년대까지 40년에 걸친 경제개발 과정에서 중소기업정책은 중소기업의 양적 확대와 질적 고도화에 크게 이바지했다. 그러나 중소기업의 구조 변동 과정에서 특히, 1980년대 이후 대기업과 중소기업 사이의 부가가치 생산성과 임금격차가 오히려 확대되고 있는 부정적 측면을 보이고 있다. 그동안의 중소기업정책의 전개도 양적으로는 소영세기업이 늘어나 그 지위가 상승했고 창업의 활성화로 산업조직에 활력을 증가시켰다. 이와 달리 질적으로는 기업 규모의 격차가 해소되지 않은 채 여전히 구조적 문제를 남겨 두고 있다.

소영세기업의 양적인 증가로 그 지위의 상대적 증가는 혁신형 중소기업의 창출이라는 새로운 측면을 보였지만, 저임금 노동에 의존하는 전근대적 중소기업의 존속으로 말미암아 이중구조적 측면이 심화되는 구조적 문제도 동시에 진전시킨 것으로 볼 수 있다. 이러한 구조적 문제는 2000년대 중소기업정책이 해결해야 할 과제로 남아 있다.

경영합리화·자동화·정보화·기술개발·지식집약화 등의 정책 과제가 지속적으로 제기되는 이유도 여기에 있다.

2. 개방화 · 세계화 시대에 '국민경제의 기반'으로서 중소기업

국민경제가 개방화·세계화하면서 중소기업은 국제적으로 다양한 경제적 관계를 맺게 된다. 상품을 수출하고 해외투자를 하며 기술 도입을 하는 국가 간 경제협력 및 기술협력을 시행한다. 즉 개방화·세계화가 진전되는 가운데 중소기업은 상품 및 자본뿐만 아니라 기술정보 등 다양한 면에서 해외와 교류를 진행하고 개방적 경제제도의 확립에 중요한 역할을 한다. 이런 가운데 중소기업은 개방화·세계화의 흐름에 대응하여 구조전환을 진행해야 하고, 국제적으로 평가받을 만한 기술력과 경영력을 갖추고 국민경제의 기반이 되어야 한다.

개방화·세계화가 진행될수록 국민경제는 대내적인 생산력 기반을 확충해야 한다. 대외적 개방과 세계화는 대내적으로 견고한 생산력 기반을 전제로 하여 성공적으로 진행할 수 있기 때문이다. 이때 중소기업은 대내적 생산력 기반으로 역할을 해야 한다.

대내적 생산력 기반의 확충은 무엇보다도 국민경제의 균형 있는 성장과 대기업과 중소기업 사이의 분업체제 심화로 이루어질 수 있다. 공정한 거래를 바탕으로 하는 하청·계열제도의 진전은 기업 간 분업체계의 발전, 나아가 가공형 산업구조를 개선하고 산업제도의 효율성을 높이는 길이기도 하다. 또한 부분품의 해외 의존도를 낮추어 무역수지의 적자 요인을 완화시키고 산업 간·기업 간 유기적 관련도를 높여서 균형 있는 경제구조를 형성하여 경제 자립의 기틀을 굳게 한다.

이를 위해서는 중소기업의 기술력을 높이고 경쟁력을 배양하여 효율적인 경제단위로 발전하는 것이 요구된다.

3. '경쟁의 뿌리, 시장적 경쟁의 담당자'로서 중소기업

세계무역기구가 출범함으로써 국경 없는 무한경쟁 시대에 돌입했다. 전세계

적 규모의 완전경쟁과 새로운 세계경제 질서에 대응하기 위해서는 중소기업은
경쟁력을 확보하여 '경제의 기반'이면서 동시에 '경쟁의 뿌리'가 되어야 한다.
무한경쟁 시대에 경쟁의 바탕이면서 주체가 되어야 한다는 것이다.

또한 산업조직의 측면에서 보면 산업구조 고도화는 필연적으로 대기업체제
와 독과점적 시장구조를 전개하면서 경쟁배제적, 경쟁제한적 경향을 심화시켜
경제사회를 경직화시키게 된다. 독점의 폐해를 시정하고 경제를 건전하게 발전
시키려면 자유경쟁적 특성의 중소기업의 역할이 중요시되어야 한다. '시장적 경
쟁의 담당자'로서 중소기업의 역할을 높여야 시장이 활성화된다.

경쟁을 촉진하는 담당자인 중소기업은 시장과 산업조직을 활성화하는 기능
을 하고 이를 통하여 자원의 효율적 배분에 이바지한다. 곧, 중소기업은 경쟁의
뿌리 또는 시장적 경쟁의 담당자로서 경제를 발전시키고 효율성을 높이는 역할
을 한다.

4. 지식정보화 시대에 '혁신의 주체'로서 중소기업

지식·기술·정보의 창출과 활용이 산업 발전의 중심적 역할을 하는 지식정보
화 시대에는 상대적으로 기동성과 유연성의 장점을 지닌 중소기업의 역할이 증
대될 것으로 전망된다. 동시에 창의성과 전문성을 보유한 중소·벤처기업의 성
장 잠재력이 확충되고 새로운 틈새시장과 세계시장에 대한 접근 기회도 확대될
것이다.

지식정보화 시대와 글로벌경쟁의 시대에 중소기업은 기술혁신의 주체로서
등장할 것이다. 기술경쟁이 가속화하면서 기술·지식집약형 중소기업은 기술개
발과 고용 창출을 주도하면서 네트워크화 및 지식집약화를 선도하고 전자상거
래 등 정보화의 첨병 역할을 수행하여 새로운 지식·정보집약적 산업구조로 전
환에 주체적·선도적 역할을 할 것이다.

5. '활력 있는 다수'로서 중소기업

중소기업은 다양한 존재 양식을 갖는다. 세계적인 일류의 기술을 보유한 기업에서부터 하청관계의 기업, 생업적 영세기업 등 경영 기반이 다른 다양한 중소기업이 존재한다. 이러한 다양한 중소기업의 대다수는 '활력 있는 다수'로서 인력·자금력·기술력이 불충분한 가운데서도 경영 환경의 변화에 대응하면서 끈질기게 존속하고 계층으로서 중소기업은 상향·성장·확대된다.

이러한 다수의 중소기업의 적응 노력이 쌓이면서 경제의 적응력, 높은 시장 성과의 기초가 이루어진다. 또한 다수 중소기업은 시대의 흐름에 따라 선진적 수준에 이르는 중소기업으로 탄생하며, 이러한 도전으로 경제사회는 진보와 활력을 갖게 된다.

① 높은 도산율과 신설률 속에서 신구기업이 교체되는 사회적 대류 현상이 진행되고 새로운 기업이 진입한다.
② 시장적 경쟁의 담당자가 되어 시장구조의 경직성을 개선하고 시장 기능을 활성화하면서 지배적 대기업에 자극을 주고 도전하는 가운데 경제의 노화 현상을 막고 활력을 증진시킨다.
③ 지식·정보집약적인 혁신형 중소기업은 기술개발과 혁신의 주체로서 새로운 요소를 산업사회에 투입하면서 새로운 에너지를 공급한다.
④ 중소기업은 새로운 산업과 성장하는 기업 및 대기업의 양성 기반이 되는 등 '활력 있는 다수'로서 경제사회를 쇄신하는 기능regenerative function을 한다.

6. 가치 창조의 원천: '창조의 모체'로서 중소기업

지식혁명이 본격화하고 과학과 기술의 결합으로 기술혁신이 빠른 속도로 진행되면서 지식과 기술이 경쟁력 강화와 가치 창출의 핵심으로 자리 잡는다. 유형의 경영자원 못지않게 무형의 경영자원이 중요시되면서 창의력과 기술력을 갖춘 중소·벤처기업이 지식정보화 시대의 핵심 주체가 된다.

새로운 기술을 기업화하고 새로운 마케팅기법과 경영 형태를 전개하는 혁신형 중소기업은 산업구조가 지식·정보집약적으로 전환되면서 나타나기 시작했다. 지적 활동의 집약도가 높은 지식집약형 산업구조에서 연구개발, 디자인, 전문적 판단, 각종의 매니지먼트 외에 고도의 경험 지식의 뒷받침을 받은 인간의 지적 능력을 행사하는 중소기업은 지식정보화 시대에 창조의 모체가 된다.

새로운 가치를 창출하는 창조성을 중요시하는 시대에 이러한 창조성과 활력을 주도하는 창조의 주체로서 중소기업이 활동하는 환경을 정비하고, 그 모체로서 다수의 중소기업이 유효한 경쟁의 담당자로 발전할 수 있도록 하는 과제가 제기된다.

지식집약·연구개발형 중소기업은 다음과 같은 기능을 통해 창조의 모체가 된다.

① 기술 진보와 혁신을 양성하는 기능
② 기업가적 재능과 경영 능력 등 인적 능력을 배양하는 기능
③ 새로운 산업과 혁신형 중소기업의 담당자인 기업가와 경영자를 양성하는 기능
④ 새로운 산업과 대기업의 양성 기반이 되는 기능
⑤ 창조성과 왕성한 활력을 배양하여 산업구조를 변형시키고 경제사회를 진보·발전시키는 원천이며 기반이 되는 기능(묘상기능, seedbed function)

7. '자율과 자유의 원천'으로서 중소기업

미국의 〈중소기업법〉(Small Business Acc)은 중소기업의 범위를 규정하면서 ① 독립하여 소유·경영되며, ② 그 영업 분야에서 지배적이 아닐 것이라는 질적 기준을 제시하고 있다. 이것은 자유경쟁기업제도와 중산층의 소멸 방지를 위한

문제의식으로 중소기업문제가 제기되었던 것을 이어받은 것이었다. 과도한 경제력 집중이 가져오는 폐해가 지적되었고, 자유경쟁기업제도가 경제의 발전을 가져오는 바람직한 제도임을 확인하는 가운데 이를 유지하기 위해서 중소기업을 보호·육성해야 한다는 중소기업정책 인식이 형성되었다.

이러한 경제적 측면에서 중소기업문제 인식은 정치적 민주주의 발전에도 연결되었다. 1942년 경제개발위원회The Committee for Economic Development는 중소기업을 미국 생활의 기초가 되는 자유의 표시이고 경제적 민주주의의 기초로서 이것이 없으면 정치적 민주주의도 있을 수 없다고 지적했다.

이어서 1953년의 〈중소기업법〉은 미국에서 민간기업 경제체제의 본질은 자유경쟁에 있다고 했고, 완전한 자유경쟁으로서만 자유시장 기업 참가의 자유 그리고 개인의 창의 및 독자적 판단의 표현과 기회가 보장된다고 했다. 그리고 1973년에 간행된《활력 있는 다수》(The Vital Majority)의 서문은 중소기업은 미국의 국가적 교의national creed인 기회와 자유의 자랑스러운 상징이다. 그것은 모든 미국인이 스스로의 방법과 판단으로 어느 것이나 얻을 수 있는 기회를 나타내는 것이다. 그리고 그로 말미암아 중소기업은 좋은 아이디어와 발상best ideas and inventions을 공급했고, 이것은 산업과 과학의 성장을 가속화시켰다고 지적했다.

이처럼 자율과 자유의 원천인 중소기업은 ① 안정성과 만족, ② 기회의 자유 보장, ③ 아이디어와 발상의 원천, ④ 국민의 생계 기반, ⑤ 미국 활력의 근원으로까지 보고 있다.

8. '지역 진흥·산업 저변 확충·고용 창출의 기반'으로서 중소기업

첫째, 1995년 6월 지방자치단체가 본격화된 이후 지방 중소기업 육성과 지역 진흥에 대한 관심이 높아지고 있다. 중앙집권적 경제성장은 전국을 일원적·획일적으로 보는 정책을 추구했고 기업 성장 정책과 국민경제의 총량적 규모에 몰두하여 지역 경제와의 관계를 소홀히 하는 경향을 가졌다. 그 결과 과밀과 과

소 현상을 고정화시켜 지역적 불균형의 문제가 제기되었고 도시문제의 해소와 지역 사이 격차 해소가 중소기업정책의 과제로 제시되었다.

지역에서 중소기업은 주민의 생활 공간이며 일상생활에 필요한 재화와 서비스를 가장 가까이서 공급한다. 더욱이 지역적으로 광범위하게 전개되어 있는 소영세기업은 지역 주민의 생업적 기반이며 여기에 종사하는 사람들에게는 생계를 의지하는 생활의 장이다. 따라서 지방 중소기업은 기업발전을 지향하는 집단과 생활의 장인 생업적 소영세기업으로 분화하여 대응하는 정책이 필요하다.

둘째, 소상공인을 포함한 소영세기업은 경제의 모세혈관으로 산업의 저변을 형성하고 있다. 소영세기업의 진흥은 경제를 활성화시키고 쇄신하는 기능을 한다. 또한 중산층과 서민층의 생활 안정 문제 등 사회문제도 소영세기업의 새로운 고용 창출 기능으로 해소될 수 있다는 점은 미국의 1970년대 경험이 말해주고 있다. 곧 제조업 분야의 자동화, 정보화 등으로 발생한 대량실업을 서비스업과 소영세기업 부문의 고용 기회 창출로 흡수하여 지속적인 경제성장과 사회 안정을 유지한 것이다.

소상공인은 주로 가게, 음식점, 세탁소 등 소매업과 서비스업을 영위하는 소영세규모 사업자로서 이들의 건전한 발전은 경제의 저변을 확충하고 고용 기회 창출, 나아가 중산층과 서민층의 생활 안정의 기초가 된다.

이러한 역할 외에 산업구조가 지식집약화하면서 소영세기업은 새로운 정책 인식의 대상이 된다. 지식집약형 혁신기업인 벤처기업의 창업과 운영이 대부분 소영세기업의 형태로 전개되기 때문이다.

셋째, 여성기업의 역할을 높이는 과제이다. 산업구조가 세분화·다극화하고 지식정보사회가 진전되면서 여성의 경제활동 참여가 확대되고, 또한 여성의 고학력화로 가사 전업 위주에서 전문경영직 진출 기회도 확대되고 있다. 경제 발전이 고도성장기에서 성숙기에 진입하면서 여성의 경제활동 참여가 불가피해진다. 남성 위주의 인력 공급은 인력 수요에 제대로 대응하지 못하고 이에 여성인력 진출은 노동시장의 안정에도 이바지하게 된다. 이러한 흐름을 반영하여 미국에서는 소수민족minority 우대정책과 같은 흐름에서 여성기업정책이 시행되고 있으며, APEC과 OECD 등 국제기구에서도 여성경제인 활성화시책을 강구하는 것이 국제사회의 흐름이다.

이처럼 지방 중소기업, 소영세기업, 그리고 여성기업에 대한 적극적 시책은 중소기업 내부의 취약한 부문에 대한 지원의 강화라는 점에서도 의미가 크다.

중소기업정책은 자본주의 발전 과정에서 형성된 구조적 모순이며 산업구조상의 모순인 중소기업문제를 완화·해소하고 중소기업의 역할을 높이는 것을 목적으로 한다. 구조적 모순의 실체는 산업자본주의 단계에서는 '경쟁·도태'였으나 자본주의가 독립자본 단계에 진입하면서 '잔존·이용'과 함께 중소기업의 '역할을 적극적으로 높이는 것'이 중소기업정책 과제가 되었다.

산업구조가 중화학공업 중심에서 탈공업사회로 진입하면서 지식집약형 산업구조가 전개된다. 이에 맞추어 중소기업 부문에서는 지식집약형 혁신적 중소기업 형태인 벤처기업이 성장한다. 이때 지식집약형 중소기업은 지식집약화를 지향하는 새로운 산업사회를 선도하는 역할을 하게 된다.

'경쟁과 혁신', 그리고 '활력과 창조'의 주체가 되는 중소기업은 새로운 산업사회의 전개에 적극적이고 선도적인 역할을 하게 된다. 2000년대 중소기업정책의 과제는 중소기업의 이러한 적극적 역할을 더욱 높여 주는 것이다.

정책의 유형 면에서 보면 부분적으로 구조정책적 중소기업정책의 과제가 지속되겠지만 전반적으로는 산업조직정책적 중소기업정책으로 중심이 이동할 것으로 보인다. 소극적으로 중소기업의 시장적 불리를 시정하는 산업조직정책을 넘어서 산업조직의 쇄신과 활성화를 지향하는 적극적인 역할 제고의 산업조직정책으로 전환될 것으로 전망된다.

중소기업문제의 완화·해소와 그 역할을 높이는 것을 목적으로 하는 중소기업정책의 지향점이 전자에서 후자로 그 중심이 옮겨 간다는 의미이다.

참 고 문 헌

단행본·기타

경제기획원, 《경제백서》, 1976년판.

經濟企劃院, 《第2次經濟開發5個年計劃(案)》(1967~1971).

_____, 《第6次經濟社會發展5個年計劃》, 1986.

기은경제연구소, 《주요국의 중소기업관련통계》, 2004.9.

김대환, 윤진호 역, 《세계적 규모의 자본축적》(I)(2), 한길사, 1986.

金秀行 譯, 《資本論》(下), 비봉출판사, 1989.

金潤煥 外, 《韓國經濟의 展開過程》, 돌베개, 1981.

金在勳 옮김, 《독점자본주의론》, 사계절, 1984.

김형기, 《한국의 독점자본과 임노동》, 까치, 1988.

大韓民國政府, 《經濟開發三個年計劃(案)》, 1959.

_____, 《第1次經濟開發5個年計劃》(1962~1966), 1962.

_____, 《第3次經濟開發5個年計劃》(1972~1976), 1971.

_____, 《第4次經濟開發5個年計劃》(1977~1981), 1976.

_____, 《第5次經濟社會發展5個年計劃》(1982~1986), 1981.

_____, 《第7次經濟社會發展5個年計劃》(1991~1996), 1992.

_____, 《新경제5個年計劃》(93-97)—參與와 創意로 새로운 跳躍을—, 1993.

대한민국정부, 《국민과 함께 내일을 연다》, 〈국민의 정부〉 경제청사진, 1998.

朴東燮, 《中小企業論》, 博英社, 1972.

朴玄埰, 《民族經濟論》, 한길사, 1978.

박현채·정윤형·이경의·이대근 편, 《한국경제론》, 까치, 1987.

배한경, 《한국공업화의 전개와 과제》, 아시아경제연구소, 1970.

邊衡尹, 《消費構造의 變化와 流通經濟》, 大韓商工會議所, 1969.

_____, 《韓國經濟의 診斷과 反省》, 지식산업사, 1980.

_____ 編著, 《韓國經濟論》, 裕豊出版社, 1977.

_____·金潤煥 編著, 《韓國經濟論》(第3版), 裕豊出版社, 1966.

사계절 편집부, 《韓國近代經濟史硏究》, 사계절, 1983.

상공부, 《중소기업에 관한 연차보고서》, 각 연도.

_____, 《中小企業에 관한 年次報告書》, 1983.

_____, 《중소기업에 관한 연차보고서》, 1985.

_____, 《중소기업에 관한 연차보고서》, 1988.

_____·중소기업은행, 《中小企業實態調査報告》.

_____·중소기업은행·중소기업협동중앙회, 《중소기업실태조사보고》, 각 연도.

_____·한국산업은행, 《광업 및 제조업 실태조사보고서》, 각 연도.

상공자원부·중소기업협동중앙회, 《중소기업실태조사보고》(전국편), 1992.

서울商大, 《經濟論集》, 第Ⅲ卷 第3号.

成光元, 《中小企業法解說》, 財團法人 法令編纂普及會, 1986.

孫世一 編, 《韓國論爭史Ⅲ》, 청람문화사, 1976.

安秉直, 《三一運動》, 春秋文庫, 한국일보사, 1976.

_____·中村哲 共編著, 《近代朝鮮工業化의硏究》, 일조각, 1993.

_____·李大根·中村哲·梶村秀樹 編, 《近代朝鮮의 經濟構造》, 比峰出版社, 1989.

여강출판사(영인), 《朝鮮經濟統計要覽》, 1986.

450

吳斗煥 編著,《工業化의 諸類型(Ⅱ)》―韓國의 歷史的經驗―, 經文社, 1996.

이경의,《현대중소기업경제론》, 지식산업사, 2004.

_____,《한국중소기업사》, 지식산업사, 2010.

李大根,《韓國戰爭과 1950年代의 資本蓄積》, 까치, 1987.

_____,《世界經濟論》, 博英社, 1998.

_____·鄭雲映 編,《韓國資本主義論》, 까치, 1984.

李憲昶,《韓國經濟通史》(제2판), 범문사, 2003.

장석인,《구조개혁을 통한 산업구조조정의 성과분석 및 향후정책 대응방향》, 산업연구원, 2000.11.

장시원 편역,《식민지반봉건사회론》, 한울, 1984.

全國經濟人聯合會 編,《韓國經濟政策三十年史》, 社會思想社, 1975.

전석담·최운규,《조선근대사회경제사》, 이성과현실, 1989.

정윤형 감수,《한국경제론》, 백산서당, 1991.

趙觀行,《現代中小企業論》, 에코노미아, 1982.

_____,《現代中小企業論》(全詮版), 에코노미아, 1987.

조덕희,《중소기업의 성장구조 및 혁신역량분석》, 산업연구원, 2005.

朝鮮銀行調査部,《朝鮮經濟統計要覽》, 1949.

_____,《朝鮮經濟年報》, 1948.

_____,《經濟年鑑》, 1949.

趙淳,《韓國經濟의 現實과 進路》, 比峰出版社, 1981.

趙容範,《後進國經濟論》, 博英社, 1976.

中小企業銀行,《中小企業銀行五年史》, 1966.

_____,《中小企業出死亡實態調査報告》, 1968.

_____,《중소기업은행10년사》, 1971.

_____,《중소기업은행20년사》, 1981.

_____,《조사월보》, 1976.8.

_____,《도급거래실태조사》, 1986.

_____,《기은조사월보》, 1984.9.

_____ 企劃調査部,《海外各國의 中小企業關係法》, 1965.

중소기업은행 조사부,《주요업종의 하청실태》, 1970.

_____,《中小企業新規開業事例調査》, 1976.

_____,《經濟發展과 中小企業》, 1976.

_____,《한국의 중소기업》, 1985.

중소기업중앙회,《해외중소기업통계》, 2008.12.

중소기업청벤처기업국,《2002년도 벤처기업경영실태조사결과》, 2002.10.

중소기업청·벤처기업협회,《2009년 벤처기업정밀실태조사》, 2009.11.

中小企業廳,《1997年度 中小企業에 관한 年次報告書》.

_____,《1999年度 中小企業에 관한 年次報告書》.

_____·중소기업협동조합중앙회,《2000년도 중소기업에 관한 연사보고서》.

중소기업청·중소기업협동조합중앙회,《중소기업실태조사결과》, 2009.

중소기업특별위원회·중소기업청,《2000년도 중소기업에 관한 연차보고서》.

창작과비평사,《창작과비평》, 1976 여름.

창작과비평사,《창작과비평》제57호, 부정기간행물 1호, 1985.

창작과비평사,《창작과비평》, 1997 겨울.

통계청,《광공업통계조사보고서》, 각 연도.

풀빛,《사상문예운동》, 1989년 겨울호.

학민사,《한국경제의 구조》, 민족경제의 발전과 왜곡, 1983.

한길사,《1950年代의 認識》, 1991.

_____,《한국사 13》, 식민지시기 사회경제1, 1994.

_____,《한국사 14》, 식민지시기 사회경제2, 1994.

한국산업은행,《산업구조고도화와 정책방향》, 1985.

_____,《광공업통계조사보고서》, 각 연도.

한국은행,《기업경영분석》, 1962.

_____,《한국의 국민소득》(1953~1963), 1965.

洪性囿,《韓國經濟의 資本蓄積過程》, 고려대아시아문제연구소, 1965.

452

黃炳晙,《中小企業競爭에 관한 硏究》, 大韓商工會議所, 1970.

＿＿＿＿,《韓國의 工業經濟》, 고려대아시아문제연구소, 1971.

加藤誠一 編,《中小企業問題入門》, 有斐閣, 1976.

高橋龜吉,《現代朝鮮經濟論》, 千倉書房, 1936.

國民金融公庫 調査部,《日本の小零細企業》(上), 日本經濟評論社, 1977.

宮澤健一,《産業の經濟學》, 東洋經濟新報社, 1975.

內藤英憲·池田光男,《現代の中小企業》, 中小企業リサ―チセンタ, 1994.

大塚久雄,《大塚久雄著作集》第四卷, 資本主義社會の形成, 岩波書店, 1969.

＿＿＿＿ 編,《後進資本主義の展開過程》, アジア 經濟研究所, 1973.

稻葉襄,《中小企業の經濟理論》, 森山書店, 1969.

渡會重彦,《日本の小零細企業》(上), 日本經濟評論社, 1997.

東洋經濟社,《經濟學大辭典》, 1980.

藤田敬三·伊東垈吉 編,《中小工業の本質》, 有斐閣, 1960.

＿＿＿＿,《日本産業構造と中小企業》, 岩波書店, 1966.

＿＿＿＿·竹內正己 編,《中小企業論》(第4版), 有斐閣, 1999.

瀧澤菊太郎,《日本工業の構造分析》, 春秋社, 1965.

墨澤一淸,《理論産業學》(上卷), 時潮社, 1979.

米田淸貴·加藤誠一 譯,《小企業と大企業》―企業規模の經濟的問題, 嚴松堂, 1966.

北原勇,《獨占資本主義の理論》, 有斐閣, 1960.

上田宗次郎,《現代資本主義と中小企業經營》, 新評論, 1974.

小島淸,《日本貿易と經濟發展》, 國之書房, 1960.

篠原三代平,《産業構造論》, 筑摩書房, 1970.

＿＿＿＿·責任編輯,《産業構造》(新訂), 春秋社, 1966.

＿＿＿＿·馬場正雄 編,《現代産業論 1》(産業構造), 中央經濟新報社, 1973.

巽信晴,《獨占段階における中小企業の研究》, 三一書房, 1960.

巽信晴·佐藤芳雄 編,《新中小企業論さ學ぶ》(新版), 有斐閣, 2000.

市川弘勝 編著,《現代日本の中小企業》, 新評論, 1969.

越後和典 編,《産業組織論》, 有斐閣, 1974.

日本經濟企劃廳,《昭和32年度 經濟白書》, 至誠堂, 1957.

日本中小企業廳,《中小企業基本法の解說》, 日本經濟新報社, 1966.

_____,《70年代の中小企業像》(中小企業政策審議會意見具申の内容と解說), 1972.

_____,《1975年度 下請中小企業實態調查》.

_____,《1979年度 中小企業白書》.

_____,《中小企業の再發見》(80年代中小企業ビジョン), 財團法人 通商産業調
　　　　査會, 1982.

楫西光速·小林義雄·岩尾裕純·伊東岱吉 編《講坐中小企業 2》(獨占資本と中小企業), 有斐閣, 1960.

_____,《講坐中小企業 4》(勞動問題), 有斐閣, 1960.

中山金治,《中小企業近代化の理論と政策》, 千倉書房, 1963.

中村秀一郎,《日本中小企業問題》, 合同出版社, 1961.

_____,《中堅企業論》, 東洋經濟新報社, 1968.

_____·壹岐晃才,《倒産の經濟學》, 日本經濟新聞社, 1966.

_____·清成忠南·太田一郎 編著,《中小企業の知識集約化戰略》(大企業に勝フ第三
　　　　の經營ビジョン), 日本經營出版會, 1973.

池田勝彦,《産業構造論》(企業行動と産業構造), 中央經濟社, 1973.

清成忠南, 1972,《日本中小企業の構造變動》, 新評論.

_____,《現代中小企業の新展開》, 日本經濟新聞社, 1972.

_____,《ベンチア·ギアビダル》, 新時代社, 1972.

_____,《知識集約産業》(省資源時代の企業戰略), 日本經濟新聞社, 1974.

_____,《現代日本の小零細企業》(發展のメガニスム), 文雅堂銀行研究社, 1967.

_____·太田一郎·平尾光司,《新版ベンチア·ビジネス》, 日本經濟新聞社, 1973.

_____·田中利見·港徹雄,《中小企業論》(市場經濟の活力と革新の担い手を考える), 有斐閣,
　　　　1998.

454

Amin, Samir, *The Capital Accumulation on a World Scale*, MRP, 1974.

_____, *Unequal Development*, Harvest Press and MRP, 1976.

Carson, Dean(ed.), *The Vital Majority, Small Business in the American Economy*, Essays Marking the Twentieth Anniversary of the U.S. Small Business Administration, 1973.

Clark, Colin, *The Conditions of Economic Progress*, Macmillan&Co, 1940(1st ed.), 1967(3rd ed.).

Dobb, M., *Studies in the Development of Capitalism*, Routledge & Kegan Paul, 1946(1st ed.), 1963(revised).

_____, *Papers on Capitalism, Development and Planning*, Routledge & Kegan Paul, 1960.

Gerschenkron, A., *Economic Backwardness in Historical Perspective*, The Balknap Press of Havard Univ. Press, 1966.

Ginsberg, E., *Technological and Social Change*, Columbia Univ. Press, 1964(ed.).

Hirschman. A. O., *The Strategy of Economic Development*, Yale Univ., 1965.

Hoffman. W. G., *Stadien und Typen der Industrialisierung, Ein Beitrag zur quantitavuen Analyse historischer Wirtschafts prozesse*, 1961.

_____, *The Growth of Industrial Economies*, trans. from the German by Henderson and W. H. Chaloner, 1968.

Kuznets, S., *Modern Economic Growth, Rate, Structure and Spread*, 3rd ed., 1967.

Machlup, F., *The Production and Distribution of Knowledge in the United States*, Princeton Univ. Press, 1962.

Marshall, A., 8th ed., 1920, Rep., *Principles of Economics*, London: Macmillan&Co, 1969.

Marx, K., *Capital, A Critique of Political Economy*, Vol. I, *The Process of Capitalistic Production*, ed. by F. Eengels, trans. from the third German Edition by Samuel Moore and Edward Aveling, New York: International Publisher, 1967.

Meier, G. M., *Leading Issues in Economics Develpoment*, Oxford Univ. Press, 1976(3rd ed.).

Rostow, W. W., *The Stages of Economic Growth*, Cambridge at the Univ. Press, 1969.

Steindl, J., *Small and Big Business, Economic Problems of the Size of Firms*, Oxford: Basil Blackwell, 1947.

Staley, E. and R. Morse, *Small Industry for Developing Countries*, New York: McGraw—Hill, 1966.

United Nations, *Toward a New Trade Policy for Development(Prebish Report)*, 1964.

2. 논문·기타

강철규, 〈국제분업에서 한국자본주의의 위치와 발전방향〉, 《사상문예운동》, 풀빛, 1989년 겨울호.

高承濟, 〈工業化로의 産業構造 改編〉(總說), 全國經濟人聯合會 編, 《韓國經濟政策三十年史》, 社會思想社, 1975.

堀和生, 〈1930年代 朝鮮工業化의 再生産條件─商品市場分析을 中心으로─〉, 安秉直·李大根·中村哲·梶村秀樹 編, 《近代朝鮮의 經濟構造》, 比峰出版社, 1989.

堀和生, 〈1930年代 社會的 分業의 再編成─京畿道 京城府의 分析을 통하여〉, 安秉直·中村哲 共編著, 《近代朝鮮工業化의 硏究》, 일조각, 1993.

김낙년, 〈식민지 조선의 공업화〉, 《한국사 13》, 식민지시기의 사회경제, 한길사, 1994.

金大中, 〈近代化와 中産層〉, 《朝鮮日報》, 1966년 1월 27일자.

김대환, 〈국제환경의 변화와 중화학공업의 전개〉, 박현채·정윤형·이경의·이대근 편, 《한국경제론》, 까치, 1987.

_____, 〈1950년대 韓國經濟의 연구─工業을 중심으로〉, 《1950年代의 認識》, 한길사, 1981.

金成嬉, 〈近代化와 中産層〉, 《朝鮮日報》, 1966년 1월 26일자.

金潤煥, 〈韓國經濟의 座標〉, 邊衡尹·金潤煥 編, 《韓國經濟論》, 유풍출판사, 1977.

梶村秀樹, 〈舊植民地社會構成体論〉, 梶村秀樹 外, 《韓國近代經濟史硏究》, 사계절, 1983.

朴贊一,〈미국의 經濟援助의 성격과 그 경제적 귀결〉,《韓國經濟의 展開過程》, 돌베개, 1981.

朴玄埰,〈中小企業問題의 認識〉,《創作과批評》, 1976 여름.

_____,〈한국현대사회의 성격과 발전단계〉,《창작과 비평》 제57호 부정기간행물, 1985.

朴喜範,〈中産層育成論에 관한 再論〉(林鐘哲 敎授 所論에 부친다.),《靑脈》, 1966년 6월호.

배경일,〈도급제도의 변천—기계공업을 중심으로 하여〉, 중소기업은행,《기은조사월보》, 1984.9.

裵翰慶,〈經濟發展計劃과 自立經濟 確立(總說)〉, 全國經濟人聯合會,《韓國經濟政策三十年史》, 社會思想社, 1975.

邊衡尹,〈韓國經濟開發計劃의 方向〉,《韓國經濟의 診斷과 反省》, 지식산업사, 1980.

小谷汪之,〈(반)식민지·반봉건 사회구성의 개념규정〉,《식민지반봉건사회론》, 한울, 1984.

星埜淳,〈사회구성체 이행의 제유형〉, 장시원 편역,《식민지반봉건사회론》, 한울, 1984.

慎鏞廈,〈韓國近代化와 中産層의 改編〉,《政經研究》, 1966년 4월호.

안병직,〈한국근현대사 연구의 새로운 패러다임〉,《창작과비평》 98, 1997 겨울.

_____,〈植民地經濟의 성격과 分斷의 경제적 의의〉,《韓國經濟의 展開過程》, 돌베개, 1981.

_____,〈日帝의 朝鮮支配와 收奪構造〉,《韓國經濟의 展開過程》, 1981.

_____·堀和生,〈總論—植民地朝鮮工業化의 歷史的 條件과 그 性格〉, 安秉直·中村哲 共編著,《近代朝鮮工業化의 研究》, 일조각, 1993.

吳萬植,〈輸出産業 體質強化와 國際化〉, 全國經濟人聯合會 編,《韓國經濟政策三十年史》, 社會思想社, 1975.

이규억,〈경제력 집중: 기본시각과 정책방향〉, 한국개발연구원,《한국개발연구》, 1980년 봄호.

이대근,〈6·25의 사회경제적 인식〉, 李大根·鄭雲暎 編,《韓國資本主義論》, 까치, 1984.

_____,〈차관경제의 전개〉,《韓國資本主義論》, 까치, 1984.

_____,〈한국자본주의의 성격에 관하여〉,《創作과批評》, 부정기간행물 1호, 1985.

이재희,〈한국대기업의 독점화 과정에 대한 연구〉, 서울대 경제학박사 학위논문, 1989.

李濟民,〈後發産業化의 歷史的 類型과 韓國의 經濟發展〉,《經濟史學》 26, 1999.

이헌창, 〈8·15의 사회경제적 인식〉, 李大根·鄭雲暎 編, 《韓國資本主義論》, 1984.

林鐘哲, 〈官主導的 外延的 成長戰略의 成就와 限界〉, 《政經文化》, 1981년 10월호.

_____, 〈近代化와 中産層—經濟學的 考察〉, 《朝鮮日報》, 1966년 1월 29일자.

鄭允炯, 〈유신체제와 8·3조치의 성격〉, 《한국경제론》, 까치, 1987.

_____, 〈經濟成長과 獨占資本〉, 《韓國經濟의 展開過程》, 돌베개, 1981.

朝鮮銀行 調査部, 〈南朝鮮道別經濟動向調査〉, 《朝鮮經濟年報》, 1948.

趙淳, 〈內延的 成長에로의 轉換〉, 《韓國經濟의 現實과 進路》, 比峰出版社, 1981.

朱益鐘, 〈日帝下 平壤의 메리야스工業에 관한 硏究〉, 서울대 경제학박사학위논문, 1994.8.

중소기업은행, 〈산업계열화 조성의 현황과 문제점—기계공업의 하청실태를 중심으로〉,
         《중소기업논집》(제1집), 1976.

허수열, 〈식민지적 공업화의 특징〉, 吳斗煥 編著, 《工業化의 諸類型(Ⅱ)》, 經文社, 1996.

洪性囿, 《韓國經濟의 資本蓄積過程과 財政金融政策》, 《經濟論集》 第Ⅲ卷 第3号, 서울商大, 1964.

홍장표, 〈1980년대 한국자본주의〉, 《1980년대 한국사회의 지배구조》, 풀빛, 1989.

江口英一, 〈零細企業とその人びと〉, 《經濟》, 1966年 7月号.

宮澤健一, 《構造變化の動因と産業機構》, 篠原三代平·馬場正雄 編 , 《現代産業論I》
         (産業構造), 日本經濟新聞社, 1973.

_____, 〈産業構造の一般的經驗法則〉, 《現代産業論》(産業構造), 1973.

_____, 〈産業構造〉, 《經濟學大辭典》, 東洋經濟社, 1980.

大川一司, 〈過剰就業と傾斜構造〉, 《經濟の進步と安定》, 1968.

藤井寬, 〈倒産問題〉, 市川弘勝 編著, 《現代日本の中小企業》, 新評論, 1969.

北原勇, 〈資本蓄積における 中小企業〉, 楫西光速·岩尾裕純·小林義雄·伊東垈吉 編,
         《講座中小企業2》, 有斐閣, 1960.

山中篤太郎, 〈中小企業と經濟計算〉, 《一橋論叢》, 第42号 第5卷.

_____, 〈中小企業本質論の展開〉, 藤田敬三·伊東垈吉 編 《中小工業の本質》, 有斐閣, 1960.

小林良正, 〈日本經濟の二重構造について〉, 《經濟セミナ》, 1960年 2月号.

篠原三代平, 〈日本經濟の二重構造〉, 篠原三代平 責任編集, 《産業構造》(新訂), 春秋社, 1966.

_____, 〈高加工度産業化〉, 《現代産業論》(産業構造), 日本經濟新聞社, 1973.

_____, 〈加工度からみた産業構造の一視點〉, 《經濟研究》, 1967.4.

氏原正治郎·高梨昌, 〈零細企業の存立條件〉, 《國民金融公庫調査月報》, 1966年 12月号.

塩野谷祐一, 〈工業化の二部門パタン〉, 《經濟成長と産業構造》, 春秋社, 1965.

伊東垈吉, 〈日本の中小企業構造と勞動問題の特質〉, 《講座中小企業4》(勞動問題), 有斐閣, 1960.

_____, 〈日本中小企業研究史〉, 《日本における經濟學の100年》(下卷), 日本評論社, 1969.

_____, 〈中小企業問題の本質〉, 藤田敬三·伊東垈吉 編, 《中小工業の本質》, 有斐閣, 1960.

赤松要, 〈わが國産業發展の雁行形態〉, 《一橋論叢》, 第38卷 5号, 1956.11.

佐藤芳雄, 〈下請·系列化〉, 加藤誠一 編, 《中小企業問題入門》, 有斐閣, 1976.

清成忠南, 〈ベンチアービジネス論〉, 越後和典 編, 《産業組織論》, 有斐閣, 1974.

Bell, Daniel, "The Post Industrial Society", in E.Ginsberg (ed.), *Technological and Social Change*, Columbia Univ. Press, 1964.

Meier G.M, "Conditions of Export—led Development", *Leading Issues in Economic Develpoment*, Oxford Univ. Press, 1976(3rd ed.).

Lewis, A., "Economic Development with Unlimited Supply of Labor", *The Manchester School*, May, 1954.

찾 아 보 기

460

462

466

470

474

476

478